Copyright © 1989 by Wayne State University Press, Detroit, Michigan 48201.
Portuguese translation published by arrangement with Wayne State University Press.
Copyright da edição brasileira © 2016 É Realizações
Título original: *An Introduction to Political Philosophy: Ten Essays by Leo Strauss*

Editor
Edson Manoel de Oliveira Filho

Produção editorial, capa e projeto gráfico
É Realizações Editora

Preparação de texto
Evandro Lisboa Freire

Revisão
Marta Almeida de Sá

Diagramação
A2

Reservados todos os direitos desta obra. Proibida toda e qualquer reprodução desta edição por qualquer meio ou forma, seja ela eletrônica ou mecânica, fotocópia, gravação ou qualquer outro meio de reprodução, sem permissão expressa do editor.

CIP-Brasil. Catalogação na Publicação
Sindicato Nacional dos Editores de Livros, RJ

S893i

Strauss, Leo
Introdução à filosofia política : dez ensaios / Leo Strauss ; organização e apresentação Hilail Gildin; tradução, posfácio e notas Élcio Verçosa Filho. - 1. ed. - São Paulo : É Realizações, 2016. 400 p. ; 23 cm.

Tradução de: An introduction to political philosophy: ten essays by Leo Strauss
Inclui índice
ISBN 978-85-8033-240-7

1. Ciência política - Filosofia. 2. Direito - Filosofia. I. Título.

16-30876

CDD: 320.09
CDU: 32(09)

02/03/2016   02/03/2016

É Realizações Editora, Livraria e Distribuidora Ltda.
Rua França Pinto, 498 · São Paulo SP · 04016-002
Caixa Postal: 45321 · 04010-970 · Telefax: (5511) 5572 5363
atendimento@erealizacoes.com.br · www.erealizacoes.com.br

Este livro foi impresso pela Intergraf Indústria Gráfica, em março de 2016. Os tipos são da família Sabon LT Std e Trajan-Normal Regular. O papel do miolo é lux cream 70g, e o da capa, cartão ningbo 250g.

LEO STRAUSS
INTRODUÇÃO À FILOSOFIA POLÍTICA
DEZ ENSAIOS

Organização e apresentação
Hilail Gildin

Tradução, posfácio e notas
Élcio Verçosa Filho

É Realizações
Editora

Sumário

Prefácio 7

Apresentação
Por Hilail Gildin 9

PARTE 1

    1. O que é filosofia política? 27

    2. Sobre a filosofia política clássica 75

    3. As três ondas da modernidade 93

    4. O direito natural e a abordagem histórica 109

    5. Um epílogo 131

PARTE 2

    6. Introdução à *História da Filosofia Política* 161

    7. Platão – 427-347 a.C. 169

PARTE 3

    8. Progresso ou retorno? A crise contemporânea da civilização ocidental 239

    9. O que é educação liberal? 295

    10. Educação liberal e responsabilidade 303

Sobre as notas e a tradução
Por Élcio Verçosa Filho 325

Posfácio – Leo Strauss e a filosofia
Por Élcio Verçosa Filho 327

Principais obras publicadas de Leo Strauss 390

Índice 391

Prefácio

Uma versão mais breve dessa coletânea de ensaios introdutórios ao pensamento de Strauss foi publicada em 1975 com o título *Political Philosophy: Six Essays by Leo Strauss* [Filosofia Política: Seis Ensaios de Leo Strauss]. Esta edição contém, além dos seis textos originais, outros quatro importantes ensaios. Seu título reflete o propósito da coletânea. Todos os textos estão publicados sem abreviações.

Diversas sugestões úteis foram feitas por Laurence Berns, assim como por leitores anônimos. Gisela Berns, William Elton e Stanley Corngold ofereceram conselhos úteis a respeito de algumas das traduções que aparecem nas notas do editor. A assistência de todos eles é, aqui, gratamente reconhecida.

Outro elemento bem-vindo dessa edição é o índice preparado por Marilyn Flaig. Todas as traduções entre colchetes foram inseridas pelo editor.

Apresentação

Por Hilail Gildin

Leo Strauss pode ser descrito como o único filósofo importante do nosso tempo que buscou restaurar a filosofia política tal como ela foi praticada por pensadores como Platão, Maquiavel, Hobbes e Montesquieu. Strauss é mais conhecido entre os estudiosos por seus pioneiros e sólidos estudos sobre os grandes filósofos políticos do passado. No entanto, o leitor atento encontra em suas obras algo mais que a recuperação de *insights* importantes de pensadores célebres do passado. Quanto mais o leitor se apropria desses *insights*, mais vê despertada a suspeita de que os grandes filósofos políticos do passado possuíam um entendimento da vida política e, com ela, da vida humana, superior, digamos, ao entendimento de Marx, Freud ou T. S. Eliot. Ele começa a experimentar, não sem algum assombro, o que significa compreender os negócios humanos. Numa palavra, o leitor inteligente começa a se dar conta de que aquilo que, à primeira vista, parecia ser uma interpretação "meramente histórica" é, com efeito, ao mesmo tempo, um argumento em favor da retomada da filosofia política. Mais à frente se falará um pouco mais sobre as razões que levaram Strauss a escolher expressar o seu pensamento dessa maneira. No entanto, antes de seguir em frente, é importante esclarecer um possível mal-entendido.

Nos últimos anos, adeptos influentes da escola analítica de filosofia, depois de livrarem-se sem estardalhaço do tabu que proíbe todo juízo de valor de ser verdadeiro, passaram a exibir certo interesse na filosofia política normativa. Considera-se, geralmente, que o resultado mais expressivo dessa emancipação é a obra *A Theory of Justice* [Uma Teoria da Justiça], de John Rawls.[1] O livro de Rawls pode servir como exemplo das diferenças fundamentais entre a filosofia política que Strauss busca fazer reviver e aquilo que foi realizado pela escola analítica. Mesmo os maiores admiradores de Rawls são obrigados a admitir o seguinte: o seu livro não é o mais indicado para alguém que quisesse chegar a alguma compreensão dos mecanismos internos da vida política. Para ser justo com ele, é preciso acrescentar que o livro não tem como propósito oferecer essa compreensão. Aparentemente, Rawls pensou que era possível estabelecer as normas pelas quais a vida política deveria ser governada na ausência dessa compreensão. Em todo caso, a tentativa de atingir um entendimento global das coisas políticas é essencial àquilo que Strauss quer dizer com a expressão filosofia política, ao passo que, de acordo com a abordagem representada por Rawls, é possível prescindir desse entendimento. Ao falar de filosofia política, no que se segue, estaremos nos referindo à filosofia política no sentido que Strauss dá ao termo.

Não haveria necessidade de resgatar a filosofia política se ela não tivesse sido abandonada. As causas desse abandono estão refletidas no prestígio de duas escolas diferentes e incompatíveis do pensamento contemporâneo. Para os adeptos dessas escolas, não é mais possível aceitar como verdadeira a doutrina de nenhum filósofo político do passado sem desconsiderar deliberadamente algo que deveria ser óbvio para toda pessoa competente do nosso tempo. De acordo com uma delas, o defeito compartilhado por todos os filósofos políticos encontra expressão no caráter manifestamente "não científico" da sua obra, o que faz com que as conclusões de um filósofo político jamais estejam em consonância com as conclusões dos outros. Os adeptos da segunda escola contemporânea, chamada de historicismo, oporiam à filosofia política uma objeção de tipo diverso. Estes diriam que nenhum contemporâneo cujo sentido de história ainda esteja intacto poderia aceitar a reivindicação dos grandes filósofos políticos do passado de que suas doutrinas eram permanentemente válidas, por mais que se encontre o que admirar nos autores que as propuseram. Ficará claro nos ensaios que se seguem que Strauss não considerava essas objeções de igual valor, ainda que achasse necessário devotar um bom tanto de atenção a cada uma delas.

---

[1] *A Theory of Justice*. Cambridge, Belknap Press, 1971.

As objeções à filosofia política em nome da ciência pressupõem uma distinção entre filosofia e ciência que era desconhecida antes do século XIX. Até essa época, filosofia natural e ciência natural, filosofia política e ciência política, filosofia moral e ciência moral eram expressões equivalentes. Na Terceira Parte de "O Que é Filosofia Política", assim como no ensaio intitulado "As Três Ondas da Modernidade", ambos incluídos nesta coletânea, Strauss descreve o desenvolvimento da filosofia política moderna, um desenvolvimento que pode ajudar a entender por que essa distinção passou a vigorar. Strauss faz remontar a origem da filosofia política moderna a Maquiavel. As páginas finais do seu *Reflexões sobre Maquiavel*[2] propõem a questão de até que ponto *toda* filosofia ou ciência moderna se acha em casa no novo continente que Maquiavel dizia ter descoberto. Ele descreve Hobbes como o primeiro grande filósofo político moderno a desenvolver uma nova ciência política a conter uma doutrina moral que não estava exposta à objeção de ignorar os homens como eles são, a objeção que Maquiavel opôs aos seus antecessores. A crítica de Hobbes ao que havia sido obtido pelos filósofos políticos anteriores faz lembrar as espécies de objeções que se ouvem hoje em dia. Depois de listar os diversos ramos do conhecimento humano, Hobbes faz o seguinte comentário sobre as suas realizações:

> E, de fato, os geômetras fizeram admiravelmente a sua parte. Pois qualquer que seja a assistência aportada à vida do homem, seja pela observação dos céus, seja pela descrição da Terra, pela notação dos tempos ou os mais remotos experimentos de navegação; enfim, quaisquer que sejam as coisas em que a nossa era presente difere da simplicidade rude dos tempos antigos, devemos reconhecer como dívida apenas aquilo que devemos à geometria. Se os filósofos morais tivessem cumprido seu dever de maneira tão feliz, não sei o que poderia ser acrescentado pela indústria humana à plenitude dessa felicidade que é consistente com a vida humana. Pois fosse a natureza das ações humanas conhecida tão distintamente quanto a natureza da quantidade nas figuras geométricas, a força da avareza e da ambição, que é sustentada pelas opiniões errôneas do vulgo quanto à natureza do certo e do errado, já teria, presentemente, evanescido; e o gênero humano gozaria

---

[2] Em edição brasileira: *Reflexões sobre Maquiavel*. Trad. Élcio Verçosa. São Paulo, É Realizações, 2015. (N. E.)

de uma paz tão imortal que, a não ser com propósitos de habitação, no caso em que a Terra se tornasse pequena demais para seus habitantes, dificilmente restaria algum motivo para a guerra. Mas agora, ao contrário, que nem à espada nem à pena seja permitido qualquer cessação; que o conhecimento da lei da natureza cesse o seu crescimento, não avançando um mínimo que seja além da sua estatura ancestral; que deva haver essa disputa entre as diversas facções de filósofos; que uma mesma ação seja abominada por uns e da mesma forma elevada por outros; que o mesmo homem abrace em tempos diversos diversas opiniões, e estime as suas ações de modo muito diferente em si mesmo do que o faz nos outros; todos estes, eu digo, são tantos sinais, tantos argumentos manifestos de que tudo o que até aqui foi escrito pelos filósofos morais não fez qualquer progresso no conhecimento da verdade...[3]

Em outro escrito, Hobbes afirma a necessidade de uma ciência da política que faça por merecer um lugar entre as realizações de Copérnico, Kepler e Galileu, proclamando que a sua própria filosofia política seria essa ciência. Uma vez que, segundo pensava Hobbes, a sua obra teria dado aos homens o seu primeiro entendimento distinto dos males que cercam a condição humana e o claro conhecimento do que a sociedade pode fazer para remediá-los, ele acredita que a sua filosofia tornou possível uma vida política baseada no conhecimento da verdade política e capaz de ser guiada por esse conhecimento. As mudanças que depois foram operadas na filosofia política de Hobbes são também descritas por Strauss, que mostra o quanto os filósofos que as fizeram – Locke em particular – estavam em dívida com as inovações introduzidas por Hobbes. Strauss revela, também, o quanto essas mudanças estavam baseadas numa aceitação das premissas hobbesianas, podendo, portanto, ser descritas como o produto de uma crítica e de um desenvolvimento interno da doutrina do filósofo inglês. As versões posteriores da nova ciência política, ao menos em sua forma popular, foram caracterizadas, não menos que a versão de Hobbes, pela confiança na solidez dessa ciência e nos efeitos sociais benéficos que resultariam da sua ampla difusão. A expressão mais conhecida dessa confiança foi a crença no progresso. Strauss mostra como, no momento mesmo em que a filosofia política moderna começou a exercer uma influência prática,

---

[3] *De Cive*, Ep. Ded.

ela teve de se haver com uma crise no interior das suas próprias fileiras. Ele chama essa crise, que associa a Rousseau, de a primeira crise da modernidade. Mas também as opiniões de Rousseau, segundo Strauss, podem ser entendidas, em grande parte, como o resultado de uma crítica interna dos seus grandes predecessores modernos. Com efeito, a crítica rousseauniana tende tanto à destruição dos princípios dos seus antecessores quanto ao desenvolvimento ulterior desses princípios. Com isso Rousseau abre uma nova época na filosofia política moderna, uma época cujo traço mais facilmente reconhecível é a substituição da natureza pela história como a chave para o entendimento do homem. Por um tempo acreditou-se que essa substituição era compatível com um conhecimento dos negócios humanos que fosse capaz de fornecer aos homens uma orientação racional. Nietzsche atacou a crença nessa compatibilidade e argumentou que a intuição sobre a historicidade do homem tornava necessário o abandono da fé tradicional na razão. Com Nietzsche, começa o que Strauss chama de a segunda e atual crise da modernidade. Embora as críticas de Rousseau e Nietzsche não tenham tornado nula a influência da primeira filosofia política moderna, elas muito fizeram para minar a confiança que se tinha em princípios e doutrinas. Ao entrar em contato com a versão straussiana do desenvolvimento da filosofia política moderna, o leitor é levado a se perguntar se a sequência de transformações que ela descreve não é, ao menos, um resultado compreensível, ou se a "vergonhosa diversidade" das filosofias políticas modernas não seria, dada a existência da filosofia moderna, mais um reflexo da riqueza do espírito humano do que o seria a ausência dessa diversidade. Strauss certamente dificulta nossa adesão à opinião superficial de que a atordoante variedade de filosofias políticas modernas representa um universo de alternativas entre as quais estaríamos tentados a escolher se não fôssemos impedidos de fazê-lo pela inquietação que essa diversidade, com razão, desperta. Seja como for, a filosofia ou ciência moderna foi originalmente inspirada pela esperança de obter um sucesso inquestionável em todos os seus ramos de especialização, inclusive na filosofia política. Durante o século XIX, e contemporaneamente ao que Strauss chamou de a primeira crise da modernidade, passou-se a fazer uma distinção entre os campos da filosofia moderna que haviam, de certo modo, cumprido essa promessa e aqueles que não o fizeram. As partes bem-sucedidas da filosofia moderna – a ciência natural moderna, e a física em particular – passaram a ser conhecidas como "ciência", enquanto as partes menos bem-sucedidas continuaram com o nome de "filosofia".[4] Aqueles para quem o desenvolvimento da filosofia política moderna demonstrou o seu fracasso em cumprir a promessa original começaram a buscar esse cumprimento num entendimento das coisas humanas que fizesse parte da "ciência" no novo sentido do termo, e que estivesse, portanto, livre das intermináveis controvérsias que a filosofia parecia estar condenada a gerar e as quais ela se mostrava incapaz de resolver. Aqueles, de outro lado, para os quais o desenvolvimento da filosofia política moderna havia culminado não na sua autodestruição, mas na descoberta de uma nova dimensão da realidade, a "dimensão histórica", terminaram buscando entender a própria "ciência" à luz dessa descoberta.

Os esforços para fundar uma nova ciência da política ainda persistem. Esses esforços se distinguem dos esforços de Hobbes, na medida em que a nova ciência é representada como um campo da ciência e não da filosofia. Tendo em vista que as ciências existentes, não por sua própria culpa, não fornecem diretrizes claras para o estudo apropriado das eleições, revoluções, guerras civis e outras atividades políticas, o projeto da nova ciência teve de ser precedido por reflexões relativas à natureza da ciência. O propósito dessas reflexões é determinar a razão pela qual as ciências naturais foram bem-sucedidas, a fim de tornar possível um sucesso comparável nos outros campos. Infelizmente, essas reflexões têm o caráter de filosofia e não de ciência. A tentativa de chegar a um entendimento da política que seja independente da filosofia provou, assim, ser ele próprio dependente da filosofia num grau que está longe de ser negligenciável.

Um traço bem conhecido que é comum a quase todas as tentativas atuais de tornar o estudo da política científico é a distinção entre fatos e valores. O efeito dessa distinção é proibir a ciência política de fazer juízos de valor ou de validá-los, ao mesmo tempo que ela continua livre para estudar aqueles que fazem juízos de valor e as causas que os levam a fazê-lo. Por vezes, a distinção entre fatos e valores é proposta como se fosse uma verdade óbvia que mesmo a familiaridade mais superficial com a ciência deveria levar a aceitar. Nem a distinção em questão nem os argumentos que visam a aumentar a sua plausibilidade pareciam razoáveis a Strauss. Não lhe parecia nada óbvio que seja impossível concluir, com base em dados objetivos, que alguém é um covarde ou um tolo. E tampouco o persuadia a tese de que os homens

---

[4] Leo Strauss, *Natural Right and History*. Chicago, University of Chicago Press, 1953, p. 78-79.

poderiam ser compelidos a concordar a respeito de fatos, ao passo que os valores sempre serão controversos. Parecia-lhe que havia casos nos quais o consenso, por exemplo, em relação ao fato de alguém ser um "muquirana" ou um "rabugento" – presumivelmente juízos de valor – pode ser obtido com relativa facilidade. Por outro lado, o consenso a respeito das causas da Revolução Francesa – presumivelmente da ordem dos fatos –, por exemplo, não parece que um dia será possível. A despeito de acreditar que a distinção entre fatos e valores não se sustentava, Strauss estudou os argumentos aduzidos a seu favor com grande cuidado e paciência, esforçando-se para examinar cada um deles isoladamente. O ensaio aqui publicado com o título de "Um Epílogo", assim como a primeira parte de "O Que é Filosofia Política", irá introduzir o leitor a essa porção da obra de Strauss. Ele não baseou seus argumentos contra a distinção entre fatos e valores na pretensão de que teria resolvido o enigma do conhecimento. O que ele fez foi, com efeito, criticar as teorias do conhecimento aduzidas em apoio a essa distinção. Por mais que seja difícil descrever adequadamente como os valores vêm a ser "conhecidos", ou, da mesma forma, como os fatos vêm a ser conhecidos, ou, ainda, os obstáculos que dificultam a separação entre fatos e valores, que esses obstáculos de fato existem é algo que pode ser experimentado sem dificuldade. Basta fazer a tentativa de combinar os "valores" de Trótski com as crenças de Hitler, no âmbito factual, a respeito das coisas humanas, ou os "valores" de Hitler com as crenças factuais de Trótski a respeito dos mesmos negócios humanos, algo que deveria ser possível fazer se a distinção entre fato e valor se sustentasse.

A tentativa contemporânea de fazer do estudo da política uma ciência moderna é, em grande parte, inspirada por um repúdio positivista ou neopositivista à filosofia tradicional, em geral, e à filosofia política tradicional, em particular. Ao mesmo tempo, essa tentativa se encontra na dependência de algumas reflexões sobre a natureza da ciência moderna. De acordo com Strauss, se essas reflexões fossem levadas até onde podem ir, o resultado seria a substituição de um entendimento positivista por um entendimento historicista da ciência. Em uma ocasião em particular,[5] Strauss usou o livro *A Estrutura da Ciência*,[6] de Ernest Nagel, para ilustrar o que queria dizer ao afirmar que se o positivismo se entendesse a si mesmo, ele necessariamente se transformaria em

---

[5] Em um curso de três meses, intitulado "Direito Natural", ministrado na Universidade de Chicago no outono de 1962.
[6] *The Structure of Science*. New York, Harcourt, Brace and World, 1961.

historicismo. Nagel começa a sua obra discutindo a relação entre ciência e senso comum. Sem negar a autenticidade do conhecimento do mundo passível de ser adquirido pelo senso comum, Nagel não tem dificuldade em mostrar como é superior o conhecimento científico, digamos, da saúde e da doença, em relação ao conhecimento do senso comum sobre essas mesmas coisas, e, no sentido mais geral, a superioridade do conhecimento científico sobre o senso comum. A conclusão da discussão de Nagel é que a ciência moderna é, claramente, a melhor maneira de obter um conhecimento que é superior ao senso comum.[7] Mais à frente na mesma obra, Nagel se detém na consideração de determinadas dificuldades relacionadas ao princípio da causalidade.[8] Ele desconsidera a opinião de que esse princípio é "*a priori* e necessário", e por uma variedade de razões rejeita a tese de que o princípio da causalidade pode ser entendido como uma generalização empírica. Segundo ele, o princípio da causalidade é uma "máxima da investigação" ou uma "regra metodológica"[9] ou, o que é ainda mais interessante, "a expressão de uma resolução".[10] O propósito dessa máxima ou regra é formular um dos objetivos a ser perseguidos pela ciência teórica nos tempos modernos.[11] Ela não é de pouca importância para a ciência moderna, segundo Nagel. A ciência moderna tal como a conhecemos depende inteiramente da sua aceitação.[12] E, no entanto, não se pode exigir que se a aceite nem com base na sua necessidade evidente nem por razões factuais. Portanto, surge a questão de se, na visão de Nagel, a ciência moderna repousa sobre um fundamento arbitrário. É preciso dar-lhe o crédito de não se recusar a discutir a questão, mesmo que a sua discussão sobre o tema seja demasiadamente breve.

> Mas, se o princípio [da causalidade] é uma máxima, a sua regra deve ser seguida ou ignorada ao bel-prazer? É apenas uma questão de arbítrio determinar quais metas gerais são perseguidas pela ciência teórica no seu desenvolvimento? É, sem dúvida, apenas um fato histórico contingente que

---

[7] Nagel, *Structure*, p. 13, último parágrafo.
[8] Ibidem, p. 316-24.
[9] Ibidem, p. 320.
[10] Ibidem, p. 317.
[11] Ibidem, p, 322.
[12] Ibidem, p. 324: "... É difícil entender como seria possível para a ciência moderna renunciar ao ideal geral expresso pelo princípio [da causalidade] sem ser transformada, com isso, em algo incomparavelmente diferente daquilo que ela, de fato, é".

o empreendimento conhecido como "ciência" vise a obter o tipo de explicações prescrito pelo princípio; porquanto é logicamente possível que nos seus esforços para dominar o ambiente que o cerca os homens pudessem ter visado a algo bastante diferente. Consequentemente, as metas ou objetivos que os homens adotam na busca de conhecimento são *logicamente* arbitrários.[13]

O fato de que Nagel coloque, nessa passagem, "logicamente" em itálicos pode levar-nos a nos perguntar se, de acordo com ele, o princípio da causalidade possui algum princípio de persuasão que não esteja baseado nem na lógica nem nos fatos. Será que ele defende, por exemplo, a ideia de que estamos, de algum modo, compelidos a aceitar esse princípio por uma lei da natureza humana? Aparentemente não, uma vez que ele descreve a aceitação do princípio como sendo "sem dúvida apenas um fato histórico contingente". Ademais, ele sugere que o que é verdadeiro a respeito da meta enunciada por esse princípio vale também a propósito de todas as metas por cuja busca a ciência moderna é definida.

A visão da ciência moderna que emerge da discussão de Nagel sobre o princípio da causalidade contradiz a visão que ele próprio expressou anteriormente ao falar sobre a relação entre ciência e senso comum. Nesse caso, a ciência moderna aparecia como *a* maneira racional de elevar-se acima do senso comum na busca do conhecimento. Agora, ela parece ser apenas uma entre uma variedade de maneiras de buscar o conhecimento, sendo não mais defensável racionalmente do que qualquer dos outros modos alternativos. Pode-se alegar que a primeira discussão era apenas introdutória e que ela deve ser entendida à luz das observações feitas posteriormente. Se aceitarmos essa explicação, então, a última barreira para um entendimento historicista da ciência será, finalmente, removida.

O historicista não terá nenhuma dificuldade em aceitar a visão de Nagel a respeito do caráter não evidente do princípio sobre o qual a ciência, tal como a conhecemos, sustenta-se. Ele também aceitará de bom grado a opinião de que esse princípio é a expressão de uma resolução e de que a sua aceitação deve-se não a um conhecimento, mas a uma decisão. Essa decisão, dirá ele, não teria sido a decisão epocal ou "histórica" que provou ser se não tivesse sido tomada

---

[13] Ibidem, p. 324.

por muitas gerações de grandes mentes, uma após a outra. Os grandes homens que tomaram essa decisão acreditavam estar assentindo a uma verdade evidentemente necessária e, impelidos por essa crença, eles não raro estiveram dispostos a tomá-la com grande risco pessoal para si mesmos. Não obstante, a crença deles pode ser vista em retrospecto como uma ilusão. O poder exercido por essa ilusão sobre gerações de grandes mentes é um exemplo daquilo que o historicista quer dizer quando fala da dependência do pensamento em relação à história ou ao tempo. Ao fazer essas observações, o historicista não está recomendando o abandono da busca científica do conhecimento. Ele será o primeiro a afirmar que a ciência moderna é parte do destino histórico do homem moderno. Ele vai apenas ponderar que uma apreciação apropriada das decisões arbitrárias que estão na raiz da ciência moderna deveria conjurar a tentação de encarar todo pensamento humano que não faz parte da ciência moderna como algo inferior, no plano cognitivo, ao pensamento científico. Em particular, o historicista veria a compreensão da historicidade da ciência moderna como mais fundamental do que qualquer resultado obtido pela própria investigação científica. Ele alegaria, ainda, que o que é verdadeiro a respeito da ciência como um "evento histórico" é igualmente verdadeiro em relação aos grandes eventos religiosos, políticos e filosóficos do passado. Todos eles estavam baseados em suposições não evidentes que pertenciam a uma situação histórica bem definida, ainda que os grandes homens responsáveis por esses eventos tenham acreditado estar dando o seu livre assentimento a algo que transcendia a história.

    Certas experiências do moderno homem ocidental parecem emprestar plausibilidade à tese historicista. Entre elas está a percepção de uma perda de poder persuasivo das crenças na Razão, na Natureza e na palavra revelada de Deus pelas quais se orientaram as gerações anteriores enquanto faziam a história. A experiência dessa perda, combinada à suposta intuição sobre o caráter arbitrário das crenças perdidas, dá apoio à visão de que essas crenças foram, elas próprias, produto da história. A história, ao despojar o homem ocidental moderno das crenças pelas quais os grandes pensamentos e ações do passado foram gerados e inspirados – ameaçando, com isso, a possibilidade da ocorrência de grandes pensamentos e ações no futuro –, revelou, pela primeira vez, a verdadeira matriz dessas crenças, dessas ações e desses pensamentos: ela revelou a historicidade do homem.

    No ensaio intitulado "O Direito Natural e a Abordagem Histórica", Strauss discute os vários estágios pelos quais passou o historicismo antes de assumir a sua forma contemporânea. A sua análise traz à luz a desconfiança na razão filosófica que caracterizou o historicismo desde o princípio, assim como os passos pelos quais essa desconfiança veio a se transformar numa negação teórica da própria possibilidade de *insights* que sejam universalmente válidos e, portanto, não relativos historicamente. Strauss prossegue em sua análise apontando o caráter autocontraditório dessa posição: com o próprio fato de proclamar que nenhum pensamento humano pode ser universalmente válido porque todo pensamento humano é historicamente relativo, o historicismo propõe uma tese relativa a todo pensamento humano, para a qual reivindica uma validade universal. Seria um grande mal-entendido a respeito de Strauss pensar que, de acordo com ele, essa objeção é suficiente para descartar o historicismo. Ao contrário, Strauss vai além, mostrando como a tentativa de responder a essa objeção deu ensejo à versão mais poderosa e profunda do historicismo, uma versão que ele rotula como historicismo radical. Ao falar em historicismo radical, o pensador que Strauss tem em mente é, principalmente, Martin Heidegger. O historicista radical se confronta com a objeção levantada por Strauss atribuindo o *insight* sobre a historicidade da existência humana à situação única e sem precedentes do homem moderno. Ele afirma que a maneira pela qual esse *insight* é obtido confirma o seu conteúdo. Esse argumento é acompanhado por uma análise que pretende revelar os pressupostos últimos que antes guiavam e pretensamente justificavam a filosofia entendida com a tentativa de chegar a um conhecimento global da ordem eterna. Essa análise tenta mostrar que esses pressupostos não são, de modo algum, últimos, que eles derivam de uma raiz mais profunda à qual o pensamento anterior não tinha acesso, que a sua validade é, assim, derivativa e extremamente limitada, e que lhes falta força para justificar a filosofia no sentido tradicional do termo. Uma parte fundamental dessa análise é uma descrição inteiramente nova da existência humana. A tese do historicista radical é que essa nova descrição é superior a todas as descrições anteriores precisamente porque não se baseia nos pressupostos questionáveis que todos os filósofos anteriores supostamente teriam aceitado como evidentes.

Strauss deseja encorajar os seus leitores a encarar com honestidade o desafio do historicismo na sua versão intelectual mais poderosa, tanto na filosofia em geral quanto na filosofia política em particular. Para ele, isso significava aceitar o desafio de Heidegger. Strauss evita falar de Heidegger de um modo que pudesse levar a uma recusa irrefletida dele. Ao mesmo tempo, ele não deixa qualquer dúvida ao leitor sobre a sua rejeição às opiniões do filósofo alemão, uma vez que se encontra convencido a respeito dela por sólidas razões.

> Heidegger, que ultrapassa em inteligência especulativa todos os seus contemporâneos, e é, ao mesmo tempo, a contraparte intelectual do que Hitler foi politicamente, tenta seguir um caminho ainda não explorado por ninguém, ou pensar de um modo pelo qual os filósofos jamais pensaram antes. Certo é que ninguém jamais questionou as premissas da filosofia tão radicalmente quanto ele.[14]

O pensador da sua própria geração de quem Strauss estava mais próximo, Jacob Klein, estudou com Heidegger. Klein, que era bem versado em matemática e nas ciências naturais do seu tempo, achava que Aristóteles, tal como elucidado por Heidegger na sua tentativa de superar a tradição filosófica, era mais verdadeiro e fazia mais sentido do que as opiniões do próprio Heidegger. Klein foi levado, a partir daí, a aprofundar os seus estudos de filosofia clássica e matemática, estudando também a relação dessas disciplinas com a filosofia, a ciência e a matemática modernas. Alguns dos resultados dos seus estudos fazem parte de uma obra sobre a matemática grega e a origem da álgebra,[15] que Strauss louvou como um estudo "sem par em todo o campo da história intelectual, ao menos na nossa geração".[16] Segundo Strauss, foi Klein quem o teria convencido que

> [...] primeiro, o único necessário filosoficamente é, antes de mais nada, um retorno a, um resgate da filosofia clássica; segundo, a maneira pela qual Platão é lido, especialmente pelos professores de filosofia e pelos homens que fazem filosofia, é inteiramente inadequada porquanto não toma em consideração o caráter dramático dos diálogos, mesmo e especialmente aquelas partes deles que mais se parecem com tratados filosóficos".[17]

---

[14] Leo Strauss, "An Unspoken Prologue to a Public Lecture at St. John's". *The College*, v. 30, n. 2, jan. 1979, p. 31.
[15] Jacob Klein, "Die Grieschische Logistik un die Entstehung der Modernen Algebra". *Quellen und Studien zur Geschichte der Mathematik, Astronomie und Physik*, Abteilung B: *Studien*, v. 3, n. 1, 1934, p. 18-105; v. 3, n. 2, 1936, p. 122-235. Essa obra foi traduzida para o inglês por Eva Brann: *Greek Mathematical Thought and the Origin of Algebra*. Cambridge, MIT Press, 1968.
[16] Jacob Klein e Leo Strauss, "A Giving of Accounts". *The College*, v. 22, n. 1, abr. 1970, p. 31.
[17] Ibidem, p. 31.

O esforço empreendido tanto por Klein quanto por Strauss para fazer reviver a filosofia clássica foi, de certo modo, possibilitado por Heidegger, a despeito da sua intenção.

Mas Strauss tinha as suas próprias reservas, nesse mesmo período, em relação às posições heideggerianas. O acerto dessas reservas tornou-se evidente durante a revolução hitleriana de 1933, quando Heidegger, como disse Strauss, veio a

> [...] submeter-se, ou melhor, dar as boas-vindas, como um decreto do destino, ao veredito da parte menos sábia e menos moderada da sua nação na sua disposição menos sábia e menos moderada, ao mesmo tempo que falava de sabedoria e moderação.[18]

É daí que Strauss parte para tirar a conclusão de que o que a história teria "provado", em 1933, foi o caráter insustentável do historicismo, inclusive o historicismo de Heidegger.

> O maior evento de 1933 pareceria ter provado, se essa prova fosse necessária, que o homem não pode abandonar a questão da boa sociedade, e que ele não pode liberar-se da responsabilidade de respondê-la submetendo-se à História ou a qualquer outra potência diferente da sua própria razão.[19]

Strauss não está, de modo algum, sugerindo com isso que todos os historicistas são fascistas. Mas o que ele observava é que muitos marxistas se tornaram apoiadores de Stalin não porque estivessem atraídos por ele, mas porque enxergavam na sua vitória sobre os rivais pela liderança do movimento comunista um veredicto da História. Há conservadores e liberais americanos e ingleses que apoiam as constituições americana ou inglesa por razões historicistas também. Mesmo Burke, a quem Strauss muito admirava como homem de Estado, e cuja defesa da sabedoria prática contra a abordagem "especulativa" em política ele considerava uma contribuição duradoura à filosofia política, é criticado por Strauss por conta do último parágrafo de *Thoughts on French Affairs* [Reflexões sobre Assuntos Franceses]. Nessa passagem, Burke

---

[18] Ver, adiante, p. 46
[19] Ver, adiante, p. 46

pelo menos enseja o risco de dar a entender (isto é, se essa não era a sua intenção) que a sua refutação do doutrinarismo político "especulativo" que animou a Revolução Francesa pode ser invalidada pelo triunfo da Revolução.

> Burke chega perto de sugerir que opor-se a [ao que ele mesmo vê como] uma corrente de pensamento completamente maligna sobre as coisas humanas é perverso se essa corrente for poderosa o suficiente; ele se esquece da nobreza envolvida em resistir até o fim... Vai apenas um pequeno passo desse pensamento de Burke até a superação da distinção entre bom e mau pela distinção entre progressista e retrógrado, ou entre o que está e o que não está em harmonia com o processo histórico.[20]

Para ser justo com Burke, ele mesmo não deu esse passo, segundo Strauss. Voltando a Heidegger, Strauss declara que os episódios nacional-socialistas da sua carreira não podem e não devem ser ignorados. Além disso, ele afirma que "se está condenado a não entender o pensamento de Heidegger radicalmente se não se enxerga a íntima conexão entre esses episódios e o seu pensamento filosófico". Contudo, a questão não se encerra aí. Strauss acrescenta que, no entanto, "esses episódios compõem uma base demasiadamente estreita para o entendimento adequado do seu pensamento".[21] Strauss simplesmente acreditava que havia muito a aprender com Heidegger, apesar de seus graves erros. Para dar apenas um exemplo disso, ele admirava a interpretação heideggeriana do pensamento de Kant em *Die Frage nach dem Ding*.[22]

Os comentários de Strauss sobre a relação de Heidegger com Husserl esclarecem um pouco mais a opinião que ele tinha do compatriota. Segundo Strauss,

> [...] Husserl... compreendeu mais profundamente que qualquer outro que o entendimento científico do mundo, longe de representar a perfeição do nosso entendimento natural, é tão derivativo em relação a ele que chega a nos fazer esquecer o próprio fundamento do entendimento científico: todo entendimento filosófico deve partir do nosso entendimento comum do mundo, do nosso entendimento do mundo tal como o percebemos

---

[20] Leo Strauss, *Natural Right and History*, p. 317-18.
[21] Leo Strauss, *Studies in Platonic Political Philosophy*. Chicago, University of Chicago Press, 1983, p. 30.
[22] Tradução portuguesa: *Que é uma Coisa?* Lisboa, Ed. 70, 1992. (N. T.)

sensorialmente, antes de toda teorização. Heidegger foi muito mais longe do que Husserl nessa mesma direção...[23]

Alhures, Strauss explica o que quer dizer com "muito mais longe": "o que é primário não é o objeto da percepção sensível, mas as coisas com que lidamos e das quais nos ocupamos, as *pragmata*".[24] O que é primário é o mundo pré-científico que é do interesse do homem. Curiosamente, a transição da ciência social weberiana para a filosofia política socrática é descrita quase nos mesmos termos.[25] A diferença decisiva e fundamental é que o mundo pré-científico, que é do interesse do homem proposto por Heidegger, é entendido à luz da experiência da história, enquanto o mundo pré-científico da filosofia política socrática é entendido como obra da natureza e da lei. Pois, "de acordo com Sócrates as coisas que são 'primeiras em si mesmas' são, de algum modo, 'primeiras para nós'; as coisas que são 'primeiras em si mesmas' estão, de certo modo, porém, necessariamente, reveladas nas opiniões dos homens".[26] Na filosofia política socrática, o entendimento natural que o homem tem do mundo é, de algum modo, natural no sentido literal, tornando possível uma ascensão em direção da busca do entendimento global e universalmente válido, que Husserl encarava como a verdadeira meta da filosofia. Strauss e Klein afirmam que Heidegger supera todos os seus contemporâneos em inteligência especulativa. Mas eles não pensam que ele esteja acima de Sócrates, Platão e Aristóteles no que toca à especulação, ou que a sua nova descrição da existência humana rivalize com a que fizeram esses pensadores clássicos.

À guisa de conclusão, algo deve ser dito a respeito de como Strauss entendia as implicações práticas para a vida política de hoje da sua tentativa de voltar à filosofia política clássica. Embora a passagem seguinte já tenha sido citada mais de uma vez por outros autores, a impressão é que alguns críticos de Strauss ainda não deram a ela atenção suficiente:

---

[23] Leo Strauss, *Studies in Platonic Political Philosophy*, p. 31.
[24] Klein e Strauss, "A Giving of Accounts", p. 3. [Com isso Strauss se refere ao significado da palavra na expressão platônica *ta ton anthropon pragmata*, frequentemente traduzida como "coisas ou negócios humanos". Nessa acepção, *pragmata* – "coisas" – significa tudo aquilo que envolve o interesse humano comum, todo o universo do que acontece na cidade, na *polis*, quer dizer, no mundo humano propriamente dito, composto de "discurso" (*léxis*) e "ação" (*práxis*), mas não, e é importante atentar para isso, os produtos humanos propriamente ditos, os *poemata* ou "artifícios", que são evidentemente derivados e não primários. (N. T.)
[25] Leo Strauss, *Natural Right and History*, p. 79-83 e 120-25.
[26] Leo Strauss, *The City and Man*. Chicago, Rand Macnally & Company, 1964, p. 19.

> Não podemos esperar que um novo entendimento da filosofia política clássica nos dará receitas para o uso atual. Pois o sucesso relativo da filosofia política moderna produziu um tipo de sociedade inteiramente desconhecido dos clássicos, um tipo de sociedade ao qual os princípios clássicos, tal como propostos e elaborados pelos clássicos, não são imediatamente aplicáveis. Apenas nós, que vivemos hoje, podemos encontrar uma solução para os problemas de hoje. Mas uma compreensão adequada dos princípios, tal como a que foi elaborada pelos clássicos, pode ser o ponto de partida indispensável para uma análise adequada, a ser por nós realizada, da sociedade atual em seu caráter peculiar, assim como para a aplicação sábia, que cabe a nós realizar, desses princípios à nossa tarefa.[27]

Embora defendesse a validade da solução clássica para o tipo de sociedade para a qual ela foi elaborada, Strauss pensava que "a democracia liberal ou constitucional chega mais perto daquilo que os clássicos exigiam do que qualquer outra alternativa que seja viável na nossa época".[28] Ele não era menos sincero na sua aliança à democracia constitucional que Winston Churchill e Alexis de Tocqueville, ainda que, a exemplo deles, não fosse um democrata doutrinário. Ele tampouco pensava, exatamente como eles, que a democracia constitucional moderna fosse uma espécie de aristocracia disfarçada. Strauss era imune ao apelo das promessas grandiosas e extravagantes de criar uma humanidade mais alta e melhor, como quer que ela fosse concebida, e tinha os olhos bem abertos para os males da tirania. Por isso, não teve dificuldade para entender o comunismo e o fascismo. Ele pensava que existia uma natureza humana que não podia ser mudada, mas o seu entendimento dela e das exigências que ela implicava era muito mais elevado e mais abrangente que o de Hobbes, sem omitir nenhuma das realidades difíceis com as quais Hobbes se dispôs a lidar. Para ver de modo mais claro como Strauss entendia os problemas mais graves do tempo presente, convido o leitor a recorrer à leitura dos dois últimos ensaios da coletânea, "O que é Educação Liberal" e "Educação Liberal e Responsabilidade".

---

[27] Leo Strauss, *The City and Man*, p. 11.
[28] Leo Strauss, *What is Political Philosophy and Other Studies*. Glencoe, Free Press, 1959, p. 113.

Parte 1

Nota do Editor: Este ensaio é uma versão revisada do ciclo de palestras Judah. L. Magnes, ministrado na Universidade Hebraica de Jerusalém, entre dezembro de 1954 e janeiro de 1955, e publicado em 1959 em *What is Political Philosophy and Other Studies* [O Que é Filosofia Política e Outros Estudos] (Glencoe: The Free Press). Quando o ensaio foi reimpresso na edição anterior deste livro (Hilail Gildin (Org.), *Political Philosophy: Six Essays by Leo Strauss* [Filosofia Política: Seis Ensaios de Leo Strauss], Indianapolis: Bobbs-Merril, 1975), o parágrafo inicial foi omitido por insistência do editor e com a permissão de Leo Strauss. Restauramo-lo, como se segue.

É uma grande honra e, ao mesmo tempo, um desafio aceitar essa tarefa de particular dificuldade que é falar de filosofia política em Jerusalém. Nesta cidade e nesta terra o tema da filosofia política – "a cidade da justiça", "a cidade fiel" – foi encarado com mais seriedade que em qualquer outro lugar da Terra. Em nenhum outro lugar o anseio por justiça e pela cidade justa encheu os corações mais puros e as almas mais elevadas com tanto zelo como neste solo sagrado. Eu bem sei que sou radicalmente incapaz de comunicar a vocês o que no melhor caso possível, no caso de qualquer homem, não seria mais que uma pálida reprodução ou uma frágil imitação da visão dos nossos profetas. Serei, inclusive, compelido a conduzi-los a uma região em que a mais tênue lembrança dessa visão está a ponto de desaparecer por completo – em que o reino de Deus é chamado derrisoriamente de um principado imaginado – para nada dizer da região que jamais foi iluminada por ela. Mas, embora seja compelido, ainda que por mim mesmo, a caminhar por essas regiões tão distantes da nossa herança sagrada, ou a silenciar sobre ela, nem por um momento sequer esquecerei o que significa Jerusalém.

1. O que é filosofia política?

I. O problema da filosofia política

O significado da filosofia política e o seu caráter significativo são tão evidentes hoje quanto sempre foram desde o tempo que a filosofia política veio à luz em Atenas. Toda ação política almeja a conservação ou a mudança. Quando desejamos conservar, queremos evitar uma mudança para pior; quando desejamos mudar, queremos criar algo melhor. Toda ação política é, portanto, guiada por algum pensamento acerca do melhor ou do pior. Mas o pensamento sobre o melhor ou pior implica o pensamento sobre o bem. A percepção do bem que guia todas as nossas ações tem o caráter de opinião: ela não é questionada, mas, sob reflexão, mostra-se questionável. O próprio fato de que podemos questioná-la nos dirige para um pensamento do bem que não seja mais questionável – para um pensamento que não seja mais opinião, mas conhecimento. Toda ação política tem, assim, em si mesma um direcionamento para o conhecimento do bem: da vida boa ou da boa sociedade. Pois a boa sociedade é o bem político completo.

Quando esse direcionamento se torna explícito, quando os homens adotam como meta explícita adquirir conhecimento da vida boa e da boa sociedade, a filosofia política surge. Ao chamar essa atividade de filosofia política, pressupomos que faz parte de um todo maior, a saber, da filosofia, ou que a filosofia política é um ramo da filosofia. Na expressão "filosofia política", "filosofia" indica o modo de tratamento;[1] um tratamento que a um só tempo vai às raízes e é abrangente; "política" indica tanto o assunto quanto a função: a filosofia política trata de temas políticos de uma maneira que deve ser relevante para a vida política; portanto, o seu objeto deve ser idêntico ao objetivo, à meta última da ação política. O tema da filosofia política são os grandes objetivos da humanidade, liberdade e governo ou império – objetivos capazes de elevar todos os homens para além de si mesmos. A filosofia política é aquele ramo da filosofia que está mais perto da vida política, da vida não filosófica, da vida humana, enfim. Apenas em sua *Política* Aristóteles faz uso de juramentos – o ornamento quase inevitável do discurso apaixonado.

Considerando que a filosofia política é um ramo da filosofia, mesmo a explicação mais provisória do que é a filosofia política não pode prescindir de uma explicação, por mais provisória, do que é a filosofia. A filosofia, como busca da sabedoria, é a busca do conhecimento do todo. A busca não seria necessária se esse conhecimento estivesse imediatamente disponível. A ausência de conhecimento do todo não significa, entretanto, que os homens não tenham pensamentos sobre o todo: a filosofia é necessariamente precedida por opiniões sobre o todo. Ela é, portanto, a tentativa de substituir as opiniões sobre o todo pelo conhecimento do todo. Em lugar de "o todo" os filósofos também dizem "todas as coisas": o todo não é um puro éter ou uma escuridão sem limites na qual não é possível distinguir uma parte da outra; ou na qual não se pode nada discernir. A busca do conhecimento de "todas as coisas" significa busca pelo conhecimento de Deus, do mundo e do homem – ou, preferivelmente, busca do conhecimento das naturezas de todas as coisas: as naturezas em sua totalidade são "o todo".

A filosofia é, essencialmente, não a posse da verdade, mas a busca da verdade. O traço distintivo do filósofo é que "ele sabe que nada sabe" e que a sua visão da nossa ignorância a respeito das coisas mais importantes o induz a buscar com todas as forças o conhecimento. Ele deixaria de ser um filósofo se fugisse das questões acerca dessas coisas ou as desconsiderasse porque elas

---

[1] Ver como Strauss inverte essa proposição, falando da filosofia política como o tratamento "político" da filosofia, na parte final do próximo ensaio, "Sobre a Filosofia Política Clássica". (N. T.)

não podem ser respondidas. Pode ser que, no que toca às respostas possíveis a essas questões, os prós e os contras estejam sempre mais ou menos em equilíbrio e, portanto, que a filosofia jamais irá além do estágio da discussão ou da disputa e jamais chegará ao estágio da decisão. Isso não tornaria a filosofia fútil. Pois a apreensão clara de uma questão fundamental requer a compreensão da natureza do objeto com o qual a questão está relacionada. Conhecimento genuíno de uma questão fundamental, entendimento completo dela, é melhor que estar cego para ela, ou que a indiferença, pouco importa se essa cegueira e essa indiferença estejam acompanhadas do conhecimento das respostas a um vasto número de questões periféricas ou efêmeras. *Minimum quod potest haberi de cogntione rerum altissimarum, desiderabilius est quam certissima cognitio quae habetur de minimis rebus* (Tomás de Aquino, *Summa Theologica,* I, q. 1 a 5).[2]

Da filosofia assim entendida a filosofia política é um ramo. A filosofia política será, portanto, a tentativa de substituir a opinião sobre a natureza das coisas políticas pelo conhecimento da natureza das coisas políticas. As coisas políticas são, por sua natureza, sujeitas à aprovação e desaprovação, escolha e rejeição, elogio ou censura. É da sua essência não serem neutras, mas reivindicar a obediência, aliança, decisão ou o julgamento dos homens. Não se as entende como são, como coisas políticas, se não se leva a sério a sua reivindicação explícita ou implícita de ser julgadas em termos de bondade ou maldade, justiça ou injustiça, isto é, se não se as mede por algum parâmetro de bondade ou justiça. Para julgar corretamente, devem-se conhecer as normas e os parâmetros verdadeiros. Se a filosofia política quiser fazer justiça ao seu objeto, ela deve buscar o conhecimento genuíno dessas normas ou desses parâmetros. A filosofia política é a tentativa de conhecer verdadeiramente tanto a natureza das coisas políticas quanto da ordem política justa ou boa.

A filosofia política deve ser diferenciada do pensamento político em geral. Em nossos dias, eles encontram-se frequentemente identificados. Foi-se tão longe no rebaixamento do nome da filosofia que se chegou a usá-lo para nomear o pensamento de impostores vulgares. Por pensamento político entendemos a reflexão *sobre* ou a exposição *das* ideias políticas; e por ideia política devemos entender qualquer "fantasma, noção ou espécie" politicamente

---

[2] "O menor conhecimento que se possa ter das coisas mais altas é mais desejável que o mais seguro conhecimento das coisas mais baixas." (N. T.)

significativa "ou o que quer que a mente possa empregar ao pensar"[3] a respeito do que é fundamental na política. Assim, toda filosofia política é pensamento político, mas nem todo pensamento político é filosofia política. O pensamento político é, enquanto tal, indiferente em relação à distinção entre opinião e conhecimento; mas a filosofia política é o esforço consciente, coerente e incessante de substituir as opiniões sobre os fundamentos da política pelo seu conhecimento. O pensamento político não deve ser mais, e não deve sequer pretender ser mais, que a exposição ou a defesa de uma convicção ou de um mito encorajador; mas é essencial à filosofia política ser posta em movimento, e ser mantida em movimento, pela consciência inquietante da diferença fundamental entre a convicção, ou a crença, e o conhecimento. Um pensador político que não seja um filósofo está primariamente interessado em, ou vinculado a, uma ordem ou política específica; o filósofo político está primariamente interessado na, e vinculado à, verdade. O pensamento político que não é filosofia política encontra a sua expressão adequada em leis e códigos, em poemas e histórias, em panfletos e discursos públicos, *inter alia*; a forma adequada à apresentação da filosofia política é o tratado. O pensamento político é tão antigo quanto a raça humana; o primeiro homem que falou uma palavra como "pai" ou uma expressão como "não deves..." foi o primeiro pensador político; mas a filosofia política surgiu em um tempo bem determinado do passado histórico.

Por teoria política, hoje, com frequência, entende-se reflexões globais sobre a situação política que conduzem à concepção de uma política afirmativa. Essas reflexões apelam, em última instância, a princípios aceitos pela opinião pública ou uma parte considerável dela; isto é, elas assumem princípios que podem bem ser questionados. Obras de teoria política, nesse sentido, seriam a *Autoemancipação*, de Pinsker, e o *Judenstaat*, de Herzl.[4] A *Autoemancipação* de Pinsker tem as seguintes palavras como lema: "Se eu não for por mim mesmo, quem será por mim? E se não agora, quando?". Ele omite a sentença intermediária: "E se eu for apenas por mim mesmo, o que sou eu?".[5] A silenciosa rejeição do pensamento expresso nas palavras

---

[3] Strauss reproduz a definição lockiana de "ideia" em seu *Ensaio Sobre o Entendimento Humano*, I, 1, 8. (N. T.)

[4] Strauss se refere às obras fundamentais dos dois máximos expoentes do movimento sionista, Leon Pinsker e Theodor Herzl. (N. T.)

[5] As palavras são do rabi Hillel, do texto talmúdico *A Ética dos Pais*, I, 14. (N. T.)

omitidas é uma premissa crucial do argumento desenvolvido no panfleto. O próprio Pinsker não justifica essa rejeição. Para uma justificativa seria preciso buscar os capítulos 3 e 16 do *Tratado Teológico-Político*, de Espinosa, ou seja, a obra de um filósofo político.

Somos compelidos a distinguir entre filosofia e teologia política. Por teologia política entendemos ensinamentos políticos baseados na revelação divina. A filosofia política está limitada ao que é acessível à mente humana não assistida. Quanto à filosofia social, ela tem o mesmo objeto que a filosofia política, mas o enxerga de um ponto de vista diferente. A filosofia política repousa sobre a premissa de que a associação política – o país ou a nação – é a associação mais abrangente ou que tem mais autoridade, enquanto a filosofia social concebe a associação política como parte de um todo maior, que ela designa com o termo "sociedade".

Finalmente, cabe discutir a relação da filosofia política com a ciência política. "Ciência política" é um termo ambíguo: ele designa tanto as investigações das coisas políticas que se pautam pelo modelo da ciência natural quanto o trabalho que é feito pelos membros dos departamentos de ciência política. Quanto ao primeiro significado, ou o que podemos chamar de ciência política "científica", ela concebe a si mesma como o *caminho* para o conhecimento genuíno das coisas políticas. Assim como o conhecimento genuíno das coisas naturais teve início quando se deixou de lado as especulações vãs e estéreis para dedicar-se ao estudo empírico e experimental, o conhecimento genuíno das coisas políticas advirá quando a filosofia política der lugar ao estudo científico da política. Assim como a ciência natural é autossuficiente e, no máximo, fornece de maneira não intencional materiais para as especulações dos filósofos naturais, a ciência política também é autossuficiente e, no máximo, fornece de modo não intencional materiais para as especulações dos filósofos políticos. Considerando o contraste entre a solidez da primeira atividade e a pretensão digna de pena característica da segunda é, no entanto, mais razoável descartar completamente as especulações vagas e ocas da filosofia política do que sair por aí fingindo respeitar uma tradição inteiramente decrépita e desacreditada. As ciências, tanto a natural quanto a política, são francamente não filosóficas. Elas precisam de uma filosofia de certo tipo: a lógica ou metodologia. Mas essas disciplinas filosóficas, obviamente, nada têm em comum com a filosofia política. A ciência política "científica" é, de fato, incompatível com a filosofia política.

O útil serviço prestado pelos homens chamados de cientistas políticos é independente de qualquer aspiração a uma ciência política "científica". Ele consiste em coleções e análises cuidadosas e judiciosas de dados politicamente relevantes. Para entender o significado desse trabalho, vale lembrar a nossa definição provisória de filosofia política. A filosofia política é a tentativa de compreender a natureza das coisas políticas. Antes que se possa sequer pensar em tentar compreender a natureza das coisas políticas, é preciso conhecer as coisas políticas: é preciso ter conhecimento político. Pelo menos todo adulto são possui conhecimento político em algum grau. Todos sabem alguma coisa de impostos, polícia, leis, prisões, guerra, paz, armistício. Todos sabem que o objetivo da guerra é a vitória, que a guerra demanda o supremo sacrifício e muitas outras renúncias, que a bravura merece elogio e a covardia, censura. Todos sabem que comprar uma camisa, diferentemente de votar, não é em si mesma uma ação política. Presume-se que o homem comum tenha menos conhecimento político do que os homens que têm como negócio informá-lo e orientá-lo em relação às coisas políticas. Ele certamente possui menos conhecimento político do que homens muito inteligentes com uma experiência política longa e variegada. No topo da escada encontramos os grandes estadistas que possuem conhecimento político, entendimento político, sabedoria política, habilidade política no mais alto grau: ciência política (*politikè epistèmè*) no sentido original do termo.

Todo conhecimento político está cercado de opinião política e entremeado a ela. Por opinião política entendemos, aqui, a opinião enquanto distinta do conhecimento das coisas políticas: erros, palpites, crenças, preconceitos, previsões, e por aí vai. É da essência da vida política ser guiada por uma mistura de conhecimento político e opinião política. De modo que toda vida política é acompanhada de esforços mais ou menos coerentes e mais ou menos vigorosos para substituir a opinião pelo conhecimento político. Mesmo governos interessados em algo mais que o conhecimento humano fazem sabidamente uso de espiões.

O caráter do conhecimento político e das demandas feitas sobre ele foi profundamente afetado por uma mudança bastante recente no caráter da sociedade. Em épocas anteriores, homens inteligentes podiam adquirir o conhecimento político, a compreensão política de que precisavam ouvindo a sabedoria dos homens mais velhos ou, o que dá no mesmo, lendo os historiadores, assim como olhando à sua volta e se devotando aos assuntos públicos. Essas maneiras de adquirir conhecimento político não mais são suficientes porque vivemos em "sociedades dinâmicas de massa", isto é, em sociedades caracterizadas, ao mesmo tempo, por uma imensa complexidade e rápidas mudanças. O conhecimento político é mais difícil de aparecer e torna-se obsoleto mais rapidamente do que em épocas anteriores. Nessas condições, torna-se necessário que certo número de homens se devote inteiramente à tarefa de coletar e organizar o conhecimento das coisas políticas. É essa atividade que, com frequência, é hoje chamada de ciência política. Ela não surge se não se tiver compreendido que, entre outras coisas, mesmo os assuntos políticos que não têm qualquer relevância para a situação imediata merecem ser estudados, e que o seu estudo deve ser levado a termo com o máximo cuidado possível: um cuidado específico concebido para contrabalançar as falácias específicas às quais o nosso juízo das coisas políticas está exposto. Além disso, os homens de que falamos fazem um grande investimento de esforço para dar ao conhecimento político a forma de ensinamentos que possam ser transmitidos nas salas de aula. Ademais, enquanto até o político mais inescrupuloso deve constantemente tentar substituir na sua própria mente a opinião pelo conhecimento político se quiser ser bem-sucedido, o estudioso erudito das coisas políticas deve ir além disso, tentando divulgar os resultados das suas investigações em público sem nenhum ocultamento ou qualquer espírito de partido: ele deve desempenhar o papel do patriota esclarecido que não tem interesses pessoais a satisfazer. Ou, para usar uma expressão diferente, a busca erudita, acadêmica de conhecimento político é essencialmente animada de um impulso moral, o amor da verdade. Mas, como quer que se conceba a diferença entre a busca acadêmica e não acadêmica pelo conhecimento político, elas são idênticas em um aspecto decisivo: seu centro de referência é a situação política dada, e, mesmo na maior parte dos casos, a situação política dada no próprio país do estudioso. É verdade que um botânico de Israel presta atenção especial à flora de Israel, e que um botânico no Canadá presta atenção especial à flora do Canadá. Mas essa diferença, que não é mais que a consequência de uma conveniente e até mesmo indispensável divisão do trabalho, tem um caráter inteiramente diverso da diferença apenas em aparência semelhante entre a preocupação do cientista político israelense e a do cientista político canadense. É apenas quando o aqui e agora deixa de ser o centro de referência que uma abordagem científica ou filosófica da política pode surgir.

Todo conhecimento das coisas políticas implica suposições a respeito da natureza das coisas políticas; isto é, suposições que dizem respeito não somente à situação política dada, mas à vida política ou à vida humana enquanto tal. Não se pode saber nada sobre uma guerra em curso em dado momento sem ter alguma noção, não importa quão pálida e obscura, da guerra enquanto tal e seu lugar na vida humana enquanto tal. Não se pode olhar para um policial enquanto policial sem ter suposto alguma coisa a respeito da lei e do governo enquanto tais. As suposições relativas à natureza das coisas políticas, que estão implicadas em todo conhecimento das coisas políticas, têm o caráter de opiniões. É apenas quando essas suposições são elevadas a objeto de análise crítica e coerente que surge a abordagem filosófica ou científica da política.

O *status* cognitivo do conhecimento político não é diferente do conhecimento possuído pelo pastor, marido, general ou cozinheiro. Não obstante, as atividades desses tipos de homem não dão lugar a uma filosofia pastoral, marital, militar ou culinária porque seus objetivos últimos são suficientemente claros e sem ambiguidade. De outro lado, a meta política última clama urgentemente por uma reflexão coerente. A meta do general é a vitória, ao passo que a meta do estadista é o bem comum. O que a vitória significa não é essencialmente controverso, mas o significado do bem comum é essencialmente controverso. A ambiguidade da meta política se deve ao seu caráter global. Daí a tentação de negar, ou fugir, do caráter global, totalizante da política e tratar a política como um compartimento entre muitos. Mas essa tentação deve ser vencida se for necessário encarar a nossa situação como seres humanos, isto é, toda a nossa situação.

A filosofia política como acabamos de tentar circunscrevê-la foi cultivada desde os seus primórdios quase sem interrupção até relativamente pouco tempo atrás. Hoje, a filosofia política encontra-se em um estado de decadência e quiçá de apodrecimento, se não desapareceu por completo. Não é apenas o completo desacordo a propósito do seu objeto, de seus métodos e de sua função; a sua própria possibilidade, de qualquer forma, tornou-se questionável. O único ponto a respeito do qual os professores de ciência política ainda estão de acordo diz respeito à utilidade de estudar a história da filosofia política. No que toca aos filósofos, basta comparar a obra dos quatro maiores filósofos dos últimos quarenta anos – Bergson, Whitehead, Husserl e Heidegger – com a obra de Herman Cohen para verificar como a filosofia política caiu em descrédito de modo rápido e completo. Podemos descrever a situação presente da seguinte forma. Originalmente, a filosofia política era idêntica à ciência política, significando o estudo global das coisas humanas. Hoje, encontramo-la cortada em pedaços que se comportam como se fossem as partes de um verme. Primeiro, aplicou-se a distinção entre filosofia e ciência ao estudo das coisas humanas, operando, consequentemente, uma distinção entre uma ciência política não filosófica e uma filosofia política não científica, uma distinção que, nas condições atuais, retira toda a dignidade, toda a honestidade da filosofia política. Além disso, amplos segmentos do que antes pertencia à filosofia ou à ciência política foram emancipados sob o nome de economia, sociologia e psicologia social. A lamentável ruína para a qual os cientistas sociais honestos não dão a menor importância é deixada à mercê dos filósofos da história e de gente que se entretém de maneira particularmente intensa com profissões de fé. Dificilmente exageramos quando dizemos que, hoje, não existe mais filosofia política, a não ser como algo para ser enterrado, isto é, como pesquisa histórica, ou, então, como tema de protestos frágeis e nada convincentes.

Se perguntarmos as razões dessa grande mudança, receberemos as seguintes respostas: a filosofia política não é científica, ela não tem sentido da história, ou ambas as opções. Ciência e História, essas duas grandes potências do mundo moderno, foram, enfim, bem-sucedidas em destruir a própria possibilidade da filosofia política.

A rejeição da filosofia política como não científica é característica do positivismo que marca os tempos atuais. O positivismo não é mais o que ele desejava ser quando Comte o criou. Ele ainda concorda com Comte ao sustentar que a ciência moderna é a forma mais alta de conhecimento, precisamente porque ela não mais aspira, como aspiravam a teologia e a metafísica, ao conhecimento absoluto do *Por quê*, mas apenas ao conhecimento relativo do *Como*. Mas, depois de ser modificado pelo utilitarismo, evolucionismo e neokantismo, o positivismo abandonou completamente a esperança comtiana de que uma ciência social construída de acordo com o modelo das ciências naturais seria capaz de superar a anarquia intelectual da sociedade moderna. Mais ou menos na última década do século XIX, a ciência social positivista alcançou a sua forma final ao perceber ou simplesmente decretar que há uma diferença fundamental entre fatos e valores, e que apenas juízos factuais são da competência da ciência: a ciência social científica é incompetente para pronunciar juízos de valor, devendo evitá-los completamente. Quanto ao significado do termo "valor" em afirmações desse gênero, dificilmente podemos dizer mais que isso: "valores" significam tanto as coisas que são preferidas quanto os princípios de preferência.

Uma discussão dos princípios da ciência social positivista é, hoje, indispensável para explicar o significado da filosofia política. Devemos reconsiderar especialmente as consequências práticas desse positivismo. A ciência social positivista é "livre de valor" ou "eticamente neutra": ela é neutra no conflito entre o bem e o mal, como quer que bem e mal sejam entendidos. Isso significa que o terreno comum a todos os cientistas sociais, o terreno sobre o qual eles conduzem suas investigações e discussões, pode apenas ser alcançado por meio de um processo de emancipação em relação aos juízos morais ou pela abstração desses juízos: a obtusidade moral é a condição necessária para a análise científica. Pois, na medida em que não estejamos completamente insensíveis às distinções morais, somos forçados a fazer juízos morais. O hábito de olhar os fenômenos sociais ou humanos sem fazer juízos de valor tem uma influência corrosiva sobre quaisquer preferências. Quanto mais sérios somos como cientistas sociais, mais completamente desenvolvemos dentro de nós mesmos um estado de indiferença em relação a toda meta, de falta de orientação e de deriva, um estado que podemos chamar de niilismo. O cientista social não está imune às preferências; a sua atividade é um combate constante contra as preferências que ele tem como ser humano e cidadão, e que ameaçam vencer o seu desprendimento científico. Ele tira a força para combater essas perigosas influências da sua dedicação a um único valor – a verdade. Porém, de acordo com os seus princípios, a verdade não é um valor que seja preciso escolher: rejeitá-la ou escolhê-la é indiferente. Com efeito, o cientista enquanto cientista deve tê-la escolhido. Mas nem os cientistas nem a ciência são simplesmente necessários. A ciência social não pode se pronunciar sobre a questão de se a própria ciência social é boa. Ela é, assim, compelida a ensinar que a sociedade pode, com igual direito e com igual razão, favorecer a ciência social ou suprimi-la como perturbadora, subversiva, corrosiva, niilista. Contudo, muito estranhamente, encontramos cientistas sociais bastante ansiosos para "vender" a ciência social, isto é, para provar que a ciência social é necessária. Eles argumentam do seguinte modo. Independentemente de quais sejam nossas preferências e nossos fins, queremos todos atingir os nossos fins; para atingir os nossos fins, precisamos saber que meios podem conduzir a eles; mas o conhecimento adequado dos meios capazes de conduzir a quaisquer fins sociais é a única função da ciência social e apenas da ciência social; a ciência social é, assim, simplesmente necessária; ela é um valor qualquer que seja o ponto de vista. Mas, uma vez que admitamos isso, vemo-nos seriamente tentados a perguntar se não há outras coisas que devem ser valores a partir de qualquer ponto de vista ou para todo ser humano pensante. Para evitar esse inconveniente, o cientista social desdenhará de toda consideração de relações públicas ou engrandecimento pessoal e irá se refugiar na alegação virtuosa de que não sabe, mas simplesmente acredita, que a busca da verdade é boa: outros homens têm igual direito de acreditar que a busca da verdade é ruim. Mas o que ele quer dizer com isso? Ou ele faz uma distinção entre objetivos nobres e ignóbeis ou ele se recusa a fazer essa distinção. Se ele faz a distinção entre objetivos nobres e ignóbeis, dirá que existe uma variedade de objetivos nobres ou ideais, e que não há nenhum ideal que seja compatível com todos os outros ideais: se a verdade é escolhida como ideal, outros ideais têm necessariamente de ser rejeitados; se esse for o caso, não pode haver uma necessidade, uma necessidade evidente para os homens nobres escolherem a verdade de preferência a outros ideais. Mas na medida em que o cientista social fala de ideais, e, com isso, faz uma distinção entre objetivos nobres e não nobres, ou entre a integridade idealista e o egoísmo rasteiro, ele faz um juízo de valor que, de acordo com o seu argumento fundamental, não é necessário enquanto tal. Ele está, portanto, obrigado a dizer que é tão legítimo fazer da busca da segurança, do ganho, do prestígio a meta única da vida quanto eleger a busca da verdade como a meta principal. Assim fazendo, ele se expõe à suspeita de que a sua atividade como cientista social serve a nenhum outro propósito que não aumentar a sua própria segurança, o seu ganho, o seu prestígio, ou que a sua competência como cientista social é uma habilidade que ele está disposto a vender a quem pagar mais. Os cidadãos honestos começarão a perguntar-se se podem confiar em um homem desses, se ele pode ser leal, especialmente uma vez que defende ser tão defensável eleger a lealdade como valor quanto rejeitá-la. Em uma palavra, ele se verá enredado na perplexidade que conduz à queda de Trasímaco e à vitória de Sócrates sobre ele no primeiro livro da *República* de Platão.

Desnecessário dizer que, embora o nosso cientista social possa ser confuso, ele está muito longe de ser desleal ou de não ter integridade. A afirmação que ele faz de que a integridade e a busca da verdade são valores que se podem a justo título escolher ou rejeitar é um mero movimento dos seus lábios e da sua língua, ao qual nada corresponde em sua mente e seu coração. Eu jamais encontrei um cientista social científico que além de dedicado à verdade e à integridade não fosse também inteiramente devotado à democracia. Quando diz que a democracia é um valor que não é evidentemente superior ao valor oposto, ele não quer dizer que está impressionado pela alternativa que rejeita, ou que seu coração ou sua mente estão divididos entre alternativas que, em si mesmas, são igualmente atraentes. A sua "neutralidade ética" está tão distante de ser simplesmente niilismo ou um caminho para o niilismo que não é mais que um álibi para a superficialidade e a vulgaridade: ao dizer que a democracia e a verdade são valores, ele diz, com efeito, que não é preciso pensar sobre as razões pelas quais essas coisas são boas, e que ele é capaz de curvar-se tanto quanto qualquer outra pessoa aos valores adotados e respeitados pela sociedade. A ciência social positivista não promove tanto o niilismo propriamente dito quanto o conformismo e o filistinismo.

Não é necessário entrar aqui e agora numa discussão sobre a fragilidade teórica da ciência social positivista. Basta aludir às considerações que falam de maneira decisiva contra essa escola.

1. É impossível estudar os fenômenos sociais, quer dizer, os fenômenos sociais importantes, sem fazer juízos de valor. Um homem que não vê razão para censurar pessoas cujo horizonte é limitado ao consumo de comida e sua digestão pode ser um tolerável econometrista; mas ele não tem nada de relevante para dizer a respeito do caráter de uma sociedade humana. Um homem que se recusa a fazer distinção entre grandes estadistas, mediocridades e impostores insanos pode ser um bom bibliógrafo; mas ele nada tem de relevante para dizer sobre política e história política. Um homem que não consegue distinguir um pensamento religioso profundo de uma extenuada superstição pode ser um bom estatístico; mas ele nada tem de relevante para dizer sobre a sociologia da religião. Falando de uma maneira geral, é impossível compreender pensamento, ação ou trabalho sem avaliá-los. Se somos incapazes de avaliá-los adequadamente, como não raro o somos, isso significa apenas que ainda não fomos bem-sucedidos em chegar a uma compreensão adequada. Os juízos de valor proibidos de entrar pela porta da frente da ciência política, da sociologia ou da economia entram nessas disciplinas pela porta dos fundos; eles entram por aquele anexo da ciência social moderna chamado de psicopatologia. Os cientistas sociais se veem compelidos a falar em pessoas desequilibradas, neuróticas ou mal ajustadas. Mas esses juízos de valor são diferentes daqueles usados pelos grandes historiadores, não por conta da sua maior clareza ou certeza,

mas apenas em razão da sua pobreza: um sujeito manipulador e inescrupuloso é tão bem ajustado – ele pode, aliás, ser mais bem ajustado – quanto um bom homem ou um bom cidadão. Enfim, não devemos ignorar os juízos de valor invisíveis que se ocultam a olhos sem discernimento, mas não obstante se fazem presentes de maneira poderosa em conceitos que se pretendem puramente descritivos. Por exemplo, quando os cientistas sociais distinguem entre hábitos democráticos e autoritários ou entre tipos de seres humanos, o que eles chamam de "autoritário" é em todos os casos em meu conhecimento uma caricatura de tudo o que, como bons democratas de determinado tipo, eles desaprovam. Ou quando falam dos três princípios da legitimidade – racional, tradicional e carismático –, a própria expressão que usam, "rotinização do carisma", trai uma preferência protestante e liberal que nenhum judeu conservador e nenhum católico aceitaria: à luz da noção de "rotinização do carisma" a gênese da *Halakah* a partir da profecia bíblica, e a gênese da Igreja Católica a partir da predicação do Novo Testamento, aparecem necessariamente como casos de "rotinização de carisma". Se alguém opusesse a objeção de que os juízos de valor são, com efeito, inevitáveis na ciência social, mas têm um caráter meramente condicional, eu a responderia assim: as condições em questão não são necessariamente satisfeitas quando nos interessamos pelos fenômenos sociais? O cientista social não deve necessariamente pressupor que uma vida social saudável nesse mundo é boa, assim como a medicina parte da suposição de que a saúde e uma vida longa e saudável são boas? E, ainda, todas as asserções factuais não estão baseadas em condições, ou pressuposições, que, no entanto, não se tornam questionáveis enquanto lidamos com fatos *qua* fatos (por exemplo, a suposição de que existem "fatos" ou de que os eventos têm causas)?

A impossibilidade de uma ciência política "livre de valores" pode ser mostrada de maneira mais simples, como se segue. A ciência política pressupõe uma distinção entre as coisas políticas e as coisas que não são políticas; ela pressupõe, portanto, alguma resposta à questão "o que é político?". Para ser verdadeiramente científica, a ciência política teria de levantar essa questão e respondê-la explícita e adequadamente. Mas é impossível definir o político, quer dizer, aquilo que se relaciona de modo relevante com a *polis*, o "país" ou o "Estado", sem responder à questão do que constitui esse tipo de sociedade. Agora uma sociedade não pode ser definida sem referência ao seu propósito. A mais conhecida tentativa de definir "o Estado" sem referência ao seu propósito reconhecidamente levou a uma definição que era derivada do "tipo moderno de Estado" e que é inteiramente aplicável apenas a esse tipo; uma tentativa de definir o Estado moderno sem primeiro definir o Estado. Mas, ao definir o Estado, ou melhor, a sociedade civil, com referência ao seu propósito, admite-se um critério à luz do qual as instituições e as ações políticas devem ser julgadas: o propósito da sociedade civil funciona necessariamente como uma norma para julgar as sociedades civis.

2. A rejeição de juízos de valor é baseada na suposição de que os conflitos entre os diferentes valores ou sistemas de valor são essencialmente insolúveis pela razão humana. Mas essa suposição, embora seja em geral tomada como suficientemente estabelecida, jamais foi provada. Prová-la exigiria um esforço da magnitude daquele envolvido na concepção e elaboração da *Crítica da Razão Pura*; ou seja, uma crítica global da razão avaliativa. O que encontramos, de fato, nesse campo são observações em forma de esboço que pretendem provar que esse ou aquele conflito de valores específico é insolúvel. É prudente admitir que existem conflitos de valor que não podem, de fato, ser resolvidos pela razão humana. Mas se não nos é possível decidir qual de duas montanhas cujos cumes estão escondidos pelas nuvens é a mais alta, não podemos dizer com segurança que uma montanha é mais alta que um monte de entulho? Se não nos é possível decidir, a propósito da guerra entre duas nações vizinhas que têm durante séculos se combatido, qual nação defende a causa mais justa, não podemos dizer com segurança que o que Jezebel fez com Nabot[6] foi indesculpável? O maior representante da ciência social positivista, Max Weber, postulou a insolubilidade de todos os conflitos de valor porque sua alma ansiava por um universo no qual o fracasso, aquele filho bastardo do impetuoso pecado acompanhado da ainda mais impetuosa fé, e não a felicidade e a serenidade, fosse a marca da nobreza humana. A crença de que juízos de valor não estão sujeitos, em última análise, ao controle racional dá impulso à inclinação a fazer afirmações irresponsáveis a respeito do certo e do errado, do bom e do mau. Assim se evita discutir seriamente questões sérias com o simples artifício de deixá-las de lado como problemas de valor. Cria-se inclusive a impressão de que todos os conflitos humanos importantes são conflitos de valor, ao passo que, para dizer o mínimo, muitos desses conflitos nascem do próprio acordo entre os homens em torno de determinados valores.

---

[6] 1 Reis 21: a passagem se refere à calúnia e ao assassinato de Nabot por incitação de Jezebel, mulher de Acab, rei de Israel, para que esse ficasse com a sua vinha. (N. T.)

3. A crença de que o conhecimento científico, isto é, o tipo de conhecimento possuído ou aspirado pela ciência moderna, é a forma mais alta de conhecimento humano implica uma depreciação do conhecimento pré-científico. Quando se toma em consideração o contraste entre o conhecimento científico do mundo e o conhecimento pré-científico do mundo, percebe-se que o positivismo conserva de maneira mal disfarçada a dúvida universal de Descartes acerca do conhecimento pré-científico, assim como seu rompimento radical com ele. Ele certamente desconfia do conhecimento pré-científico, que gosta de comparar ao folclore. Essa superstição incita toda sorte de investigações estéreis, todo tipo de complicadas imbecilidades. Coisas que qualquer criança de dez anos e inteligência normal sabe são vistas como se necessitassem de prova científica para se tornarem aceitáveis como fatos. E essa prova científica, ademais de não ser necessária, não é sequer possível. Para ilustrar esse ponto com o mais simples dos exemplos: todos os estudos de ciência social pressupõem que seus praticantes sejam capazes de distinguir os seres humanos dos outros seres; esse conhecimento, que é o mais fundamental, não foi adquirido em salas de aula; e esse conhecimento não é transformado pela ciência social em conhecimento científico, mas retém a sua condição inicial sem sofrer qualquer modificação ao longo do processo. Se esse conhecimento pré-científico não é conhecimento, a todos os estudos científicos que se sustentam sobre ele falta o caráter de conhecimento. A preocupação com a prova científica de coisas que todo mundo conhece muito bem, e até melhor, sem prova científica, conduz à desconsideração daquele pensamento, ou daquela reflexão, que deve preceder todos os estudos científicos, se esses estudos pretendem ser relevantes. O estudo científico da política é, não raro, apresentado como ascendendo do estabelecimento de "fatos" políticos, quer dizer, do que já aconteceu na política, até a formulação de "leis" cujo conhecimento possibilitaria a predição de eventos políticos futuros. Essa meta é considerada óbvia em si mesma sem uma investigação prévia para apurar se o objeto de que trata a ciência política admite um entendimento adequado em termos de "leis" ou se os universais através dos quais as coisas políticas podem ser compreendidas como são não devem ser concebidos em termos inteiramente diversos. O interesse científico pelos fatos políticos, pelas relações entre fatos políticos, pelas relações recorrentes entre fatos políticos, ou leis do comportamento político, exige o isolamento do fenômeno que se estuda. Mas, para que esse isolamento não leve a resultados irrelevantes ou enganosos, o estudioso tem

de ver os fenômenos em questão dentro do todo ao qual eles pertencem, e ele deve esclarecer esse todo, vale dizer, o todo da ordem política ou sociopolítica. Não se pode chegar, por exemplo, a um conhecimento da "política de grupos" que mereça ser chamado de "científico" se não se refletir sobre que gênero de ordem política é pressuposto para que simplesmente exista uma "política de grupos", e que tipo de ordem política é pressuposta pela "política de grupo" específica que se está estudando. Mas não é possível esclarecer o caráter de uma democracia específica, por exemplo, ou da democracia em geral, sem um claro entendimento das alternativas à democracia. Os cientistas políticos científicos estão inclinados a se satisfazer com a distinção entre democracia e autoritarismo, vale dizer, eles absolutizam a ordem política dada permanecendo em um horizonte definido pela ordem política dada e o seu oposto. A abordagem científica tende a conduzir à negligência das questões primárias ou fundamentais e, com isso, à aceitação irrefletida da opinião recebida. No que toca a essas questões fundamentais, nossos amigos da precisão e do rigor científicos são estranhamente permissivos e imprecisos. Fazendo mais uma vez referência ao exemplo mais simples e, ao mesmo tempo, mais decisivo, a ciência política exige o esclarecimento do que distingue as coisas políticas das coisas que não são políticas; ela requer que a questão sobre "o que é político" seja levantada e respondida. Essa questão não pode ser enfrentada de modo científico, mas apenas de modo dialético. E o tratamento dialético começa necessariamente pelo conhecimento pré-científico, tomando-o com toda a seriedade. Considera-se que o conhecimento pré-científico, ou o conhecimento do "senso comum", foi desacreditado por Copérnico e pela ciência natural que se seguiu. Mas o fato de aquilo que podemos chamar de conhecimento telescópico-microscópico mostrar-se muito proveitoso em determinadas áreas não autoriza a negar que existem coisas que só podem ser vistas como o que são quando percebidas a olho nu; ou, mais precisamente, quando vistas na perspectiva do cidadão enquanto distintas da perspectiva do observador científico. Se isso for negado, ter-se-á a repetição da experiência de Guliver com a enfermeira de Brobdingnag, enredando-se no tipo de projeto de pesquisa que o deixou assombrado em Laputa.[7]

---

[7] Leo Strauss se refere aos elementos fantásticos de *As Viagens de Gulliver*, de Johnathan Swift. (N. T.)

4. O positivismo necessariamente se transforma em historicismo. Em virtude de orientar-se segundo o modelo da ciência natural, a ciência social corre o risco de tomar erroneamente as peculiaridades, digamos, dos EUA em meados do século XX, ou mais geralmente da moderna sociedade ocidental, pelo caráter essencial da sociedade humana. Para evitar esse risco, ela é compelida a lançar-se numa "pesquisa transcultural", vale dizer, no estudo de outras culturas do presente e do passado. Mas, ao empreender esse esforço, ela perde o sentido dessas outras culturas, porquanto as interpreta através de um esquema conceitual que tem origem na moderna sociedade ocidental, que reflete essa sociedade particular, e que se mostra adequado, no melhor dos casos, apenas a ela. Para evitar esse risco, a ciência social deve tentar entender essas culturas como elas entendem ou entendiam a si mesmas: o entendimento que é primariamente exigido do cientista social é a compreensão ou o entendimento histórico. A compreensão histórica se torna, assim, a base de uma ciência da sociedade verdadeiramente empírica. Mas, quando se considera a infinidade da tarefa envolvida na compreensão histórica, começa-se a perguntar se a compreensão histórica não toma o lugar do estudo científico da sociedade. Além disso, a ciência social é definida como um corpo de proposições verdadeiras a respeito de fenômenos sociais. As proposições são respostas a um conjunto de questões. O que vem a ser respostas válidas, objetivamente válidas, é algo a ser determinado pelas regras ou pelos princípios da lógica. Mas as questões dependem da direção do interesse do estudioso, e, portanto, dos valores do estudioso, vale dizer, de princípios subjetivos. Logo, é a direção do interesse, e não a lógica, que fornece os conceitos fundamentais. De modo que não é possível divorciar uns dos outros os elementos subjetivos e objetivos da ciência social: as respostas objetivas recebem o seu significado de questões subjetivas. Se o estudioso não quiser recair no platonismo decaído que informa a noção de valores intemporais, deverá conceber os valores encarnados em dada ciência social como dependentes da sociedade à qual pertence essa ciência social, vale dizer, da história. A ciência social não é apenas suplantada pelos estudos históricos; a própria ciência social mostra ser "histórica". A reflexão sobre a ciência social como um fenômeno histórico leva à relativização da ciência social e, em última instância, da ciência moderna em geral. Em consequência, a ciência moderna vem a ser encarada como um modo historicamente relativo de entender as coisas que, em princípio, não é superior a maneiras alternativas de compreensão.

É apenas nesse ponto que ficamos face a face com o grande antagonista da filosofia política: o historicismo. Chegado à maturidade plena, o historicismo se distingue do positivismo pelas seguintes características: 1) ele abandona a distinção entre fatos e valores na medida em que todo entendimento, por mais teórico que seja, implica avaliações específicas; 2) ele nega a autoridade da ciência moderna, que aparece como apenas uma forma entre muitas da orientação do homem no mundo pelo pensamento; 3) ele se recusa a ver o processo histórico como fundamentalmente progressivo, ou, falando de maneira mais geral, como racional; 4) ele nega a relevância da tese evolucionista alegando que a evolução do homem a partir do não homem não tem como tornar a humanidade do homem inteligível. O historicismo rejeita a questão da boa sociedade, vale dizer, *da* boa sociedade, por causa do caráter essencialmente histórico da sociedade e do pensamento humano: não há necessidade essencial de levantar a questão da boa sociedade; essa questão não é, em princípio, conatural ao homem; a sua própria possibilidade é o resultado de um decreto misterioso do destino. A questão crucial diz respeito ao *status* daquelas características permanentes da humanidade, como a distinção entre o nobre e o abjeto, admitidas pelos historicistas mais conscienciosos: essas permanências podem ser usadas como critérios para distinguir entre bons e maus decretos do destino? O historicista responde à questão pela negativa. Ele menospreza as permanências em tela por causa do seu caráter objetivo, comum, superficial e rudimentar: para tornarem-se relevantes elas teriam de ser completadas, e a sua complementação não é mais comum, mas histórica. Foi o desprezo por essas permanências que permitiu, em 1933, ao historicista mais radical do seu tempo submeter-se, ou melhor, dar as boas-vindas, como um decreto do destino, ao veredicto da parte menos sábia e menos moderada da sua nação na sua disposição menos sábia e menos moderada, ao mesmo tempo que falava de sabedoria e moderação.[8] O maior evento de 1933 pareceria, ao contrário, ter provado, se essa prova fosse necessária, que o homem não pode abandonar a questão da boa sociedade, e que ele não pode liberar-se da responsabilidade de respondê-la submetendo-se à História ou a qualquer outra potência diferente da sua própria razão.

---

[8] Leo Strauss está, inequivocamente, fazendo referência a Martin Heidegger. (N. T.)

II. A SOLUÇÃO CLÁSSICA

Quando descrevemos a filosofia política de Platão e de Aristóteles como a filosofia política clássica, queremos dizer que ela é a forma clássica da filosofia política. Alguém já disse que o clássico é caracterizado por uma simplicidade nobre e uma grandeza serena.[9] Essa caracterização nos aponta a direção correta. É uma tentativa de articular o que também já foi chamado de o caráter "natural" do pensamento clássico. "Natural" entendido em oposição ao que é meramente humano, demasiado humano. Diz-se de um ser humano que ele é natural quando é guiado pela natureza em lugar da convenção ou da opinião herdada, da tradição, para não dizer nada do mero capricho. A filosofia política clássica é não tradicional porquanto remete ao fértil momento em que todas as tradições políticas estavam abaladas e ainda não existia uma tradição de filosofia política. Em todas as épocas posteriores, o estudo dos filósofos sobre as coisas políticas foi mediado por uma tradição de filosofia política que agia como uma tela colocada entre o filósofo e as coisas políticas, independentemente de o filósofo individual compartilhar ou rejeitar essa tradição. Disso se segue que os filósofos clássicos enxergaram as coisas políticas com um frescor e um sentido da realidade que jamais foram igualados. Eles olham para as coisas políticas da perspectiva do cidadão ou do homem de Estado esclarecidos. Eles veem com clareza coisas que os cidadãos e os homens de Estado esclarecidos não veem de modo claro, ou simplesmente não veem. Mas isso não tem outra razão que não o fato de que eles olham mais longe, embora na mesma direção, que os cidadãos e os homens de Estado esclarecidos. Eles não olham para as coisas políticas de fora, como espectadores da vida política. Eles falam a linguagem dos cidadãos e dos homens de Estado: eles quase não usam um único termo que não seja familiar aos que frequentam a Ágora. Por isso, a sua filosofia política é abrangente; ela é, ao mesmo tempo, teoria política e habilidade política; ela está tão aberta aos aspectos legais e institucionais da vida política quanto àqueles que transcendem o legal e institucional; ela é igualmente livre da estreiteza do advogado, da brutalidade do técnico, dos devaneios do visionário e da baixeza do oportunista. Ela reproduz, e eleva à sua perfeição, a flexibilidade magnânima do verdadeiro homem de Estado, que esmaga o

---

[9] Esse alguém foi o historiador da arte Joachim Johann Winckelmann (1717-1768), pai do neoclassicismo alemão, que, com essas palavras, definiu o caráter próprio da arte grega no período clássico no livro *Da Imitação das Obras Gregas na Pintura e na Escultura* (1755). (N. T.)

insolente e poupa o vencido. Ela é livre de todo fanatismo porque sabe que o mal não pode ser erradicado e, portanto, que as expectativas em relação à política devem ser moderadas. O espírito que a anima deve ser descrito como de serenidade ou sobriedade sublime.

Comparado à filosofia política clássica, todo pensamento político posterior, quaisquer que sejam os seus méritos, e em particular o pensamento político moderno, tem um caráter derivado. Isso quer dizer que os tempos posteriores conheceram um distanciamento em relação às questões simples e primárias. Esse distanciamento conferiu à filosofia política o caráter da "abstração", engendrando, portanto, a visão de que o movimento filosófico deve ser um movimento não da opinião para o conhecimento, não do aqui e agora para o que é sempre ou eterno, mas do abstrato para o concreto. Pensou-se que, em virtude desse movimento na direção do concreto, a filosofia mais recente teria superado as limitações não apenas da filosofia política moderna, como, também, da filosofia política clássica. O que não foi considerado, entretanto, é que essa mudança de orientação perpetuou o defeito original da filosofia moderna, na medida em que aceitou as abstrações como ponto de partida, e que o concreto no qual assim se chegava não era, de forma alguma, o verdadeiramente concreto, mas ainda uma abstração.

Um exemplo deve bastar. Hoje se acredita em determinados círculos que a tarefa básica da ciência política ou social é compreender a relação humana mais concreta, sendo essa relação chamada de relação Eu-Tu-Nós. É óbvio que o Tu e o Nós são suplementos ao Ego de Descartes; a questão é se algum suplemento, qualquer que seja ele, é capaz de eliminar a inadequação fundamental do Ego cartesiano, e se não é necessário voltar a um começo mais fundamental ou ao começo natural. O fenômeno que agora é chamado de relação Eu-Tu--Nós foi conhecido pelos clássicos sob o nome de amizade. Quando falo com um amigo, eu me dirijo a ele na segunda pessoa. Mas a análise filosófica ou científica não está falando com um amigo, isto é, com este indivíduo aqui e agora, mas a quem possa interessar. Essa análise não pode pretender-se um substituto para o convívio entre amigos; ela pode, no máximo, apontar esse convívio e despertar o desejo dele. Quando falo sobre alguém com quem tenho uma relação próxima, eu o chamo de meu amigo. Eu não o chamo de meu Tu. O "falar sobre" adequado no discurso analítico ou objetivo deve estar baseado em e continuar a maneira de "falar sobre" que é inerente à vida humana. Ao falar de "o Tu" em vez de "o amigo" eu estou tentando preservar no discurso objetivo o que não pode ser preservado no discurso objetivo; eu estou tentando objetificar algo que é incapaz de ser objetificado. Eu estou tentando preservar no "falar sobre" o que pode ser verdadeiro apenas no "falar com" ou "para" alguém. Assim fazendo, eu não faço justiça ao fenômeno; eu não sou verdadeiro para com o fenômeno; eu perco o concreto. Assim, na hora mesma em que tento estabelecer um fundamento para a comunicação humana genuína, eu acabo preservando no discurso uma incapacidade para a comunicação humana genuína.

O caráter da filosofia política clássica aparece com a máxima claridade nas *Leis* de Platão, a obra política *par excellence*. As *Leis* são uma conversa sobre a lei, e as coisas políticas em geral, entre um ancião estrangeiro ateniense, um ancião cretense e um ancião espartano. A conversa tem lugar na Ilha de Creta. No começo se passa a impressão de que o ateniense veio para Creta a fim de estudar as melhores leis. Pois se é verdade que o bom é idêntico ao ancestral, as melhores leis para o grego teriam de ser as mais antigas leis gregas, e estas correspondem às leis de Creta. Mas a equação do bom com o ancestral não é sustentável se os primeiros ancestrais não são deuses, ou filhos de deuses, ou pupilos dos deuses. Daí os cretenses acreditarem que suas leis foram emanadas de Zeus, que instruiu seu filho, Minos, o legislador de Creta. As *Leis* se iniciam com uma expressão dessa crença. Logo em seguida, parece que essa crença não tem outro fundamento, ou um melhor fundamento, além de uma palavra de Homero – e os poetas têm uma veracidade questionável – e do que dizem os cretenses – e os cretenses eram famosos por sua falta de veracidade. Seja como for, pouco depois do início do diálogo a conversa deixa a questão das origens das leis cretenses e das leis espartanas para entrar na questão do seu valor intrínseco: um código dado por um deus, por um ser de excelência sobre-humana, deve ser bom em absoluto. Muito lentamente, e de modo muito circunspecto, o ateniense aborda essa grave questão. Para começar, ele limita a sua crítica do princípio subjacente aos códigos cretense e espartano, criticando não os próprios códigos, mas um poeta, um homem sem autoridade e, além disso, um apátrida, que teceu louvores ao mesmo princípio. Em seguida, o filósofo ataca não ainda os códigos cretense e espartano, mas a interpretação desses códigos comunicada por seus interlocutores. Ele não começa a criticar esses códigos veneráveis de maneira explícita antes de apelar para uma suposta lei espartana e cretense que permite essa crítica sob determinadas condições – condições atendidas, até certo ponto, por aquela conversa. De acordo com essa lei, todos devem dizer com uma só voz e com uma só boca que todas as leis de Creta ou de Esparta são boas porque são dadas pelos deuses, e a ninguém é permitido dizer nada diferente; mas um cidadão idoso pode pronunciar a crítica de uma lei presumidamente divina diante de um magistrado da mesma idade se nenhum jovem estiver presente. Nesse ponto, já ficou claro para o leitor que o ateniense não foi a Creta para ali estudar as melhores leis, mas para introduzir em Creta novas leis e instituições, leis e instituições verdadeiramente boas. Essas leis e instituições mostrarão ser, em uma medida considerável, de origem ateniense. A impressão agora é a de que o ateniense, sendo filho de uma sociedade altamente civilizada, embarcou na tentativa de civilizar uma sociedade sobremaneira incivilizada. Por isso, ele tem de entender que as suas sugestões serão odiosas não apenas enquanto inovações, mas, sobretudo, enquanto estrangeiras, como sugestões atenienses: animosidades antigas e bem enraizadas serão despertadas por suas recomendações. Ele inicia a sua crítica explícita com uma observação a respeito da provável conexão entre determinadas instituições cretenses e espartanas e a prática da homossexualidade nessas cidades. Erguendo-se em defesa da sua pátria, o espartano não defende, com efeito, a homossexualidade, mas, passando para a ofensiva, censura os atenienses por beberem em excesso. O ateniense é, assim, agraciado com a desculpa perfeita para recomendar a introdução da instituição ateniense dos banquetes: ele é compelido a defender essa instituição; e, ao defendê-la, ele interpreta o papel não de um filósofo civilizador que, sendo um filósofo, é um filantropo, mas do patriota. Ele age de um modo que é perfeitamente compreensível aos seus interlocutores e perfeitamente respeitável na opinião deles. Ele tenta mostrar que beber vinho, e mesmo a embriaguez, quando praticada em banquetes bem presididos, conduz à educação na temperança e na moderação. Esse discurso sobre o vinho corresponde à parte principal dos dois primeiros livros das *Leis*. Apenas depois que o discurso sobre o vinho é concluído o ateniense se volta para a questão do começo da vida política, para a questão que é o verdadeiro começo do seu tema político. O discurso sobre o vinho parece ser *a* introdução à filosofia política.

Por que *o* diálogo platônico sobre política e leis começa com essa longa conversa sobre vinho? Qual é a necessidade artística ou logográfica por trás disso? Os interlocutores apropriados a uma conversa sobre leis são cidadãos idosos de comunidades famosas por suas leis, pela obediência e lealdade às suas antigas leis. Esses homens são os que melhor entendem o que significa viver sob leis, viver com as leis. Eles são a encarnação perfeita do espírito das leis: da legalidade, do respeito à lei. Mas a sua virtude se transforma em defeito quando não se trata mais de preservar antigas leis, mas buscar as melhores leis ou introduzir leis novas e melhores. Os seus hábitos e a sua competência tornam esses homens impermeáveis a sugestões de melhoramento. O ateniense os induz a tomar parte em uma conversa sobre beber vinho, sobre um prazer que lhes é proibido por suas antigas leis. A conversa sobre vinho é uma espécie de gozo vicário do vinho, especialmente na medida em que beber vinho é um prazer proibido. Talvez a conversa remeta os dois velhos interlocutores a suas próprias transgressões secretas e prazerosas. O efeito da conversa sobre vinho é, portanto, semelhante ao efeito do verdadeiro consumo do vinho; ela solta a língua deles; os rejuvenesce; ela os faz ousados, audaciosos, desejosos de inovar. Eles não devem beber vinho factualmente, uma vez que isso debilitaria seu julgamento. Eles devem beber vinho não em ações, mas em palavras.

Mas isso significa que beber vinho educa para a audácia, para a coragem, e não para a moderação, e não obstante o que foi dito é que beber vinho devia conduzir à moderação. Consideremos, portanto, o outro personagem da conversa, o filósofo ateniense. Duvidar da sacralidade do que é ancestral significa apelar do ancestral para o natural. Significa transcender todas as tradições humanas; mais ainda: toda a dimensão do que é meramente humano. Significa aprender a olhar para o que é humano com condescendência, como algo inferior ou, o que dá no mesmo, sair da caverna. Mas ao deixar a caverna perde-se a cidade de vista, e com ela toda a esfera da política. Se ao filósofo cabe prover orientação política, ele deve voltar para a caverna: sair da luz do sol para o mundo das sombras; a sua percepção deve ser embaçada; sua mente deve submeter-se a um obscurecimento.[10] O gozo vicário do vinho proporcionado por uma conversa sobre vinho, que amplia o horizonte dos velhos cidadãos formados pela lei, limita o horizonte do filósofo. Mas esse obscurecimento, essa aceitação da perspectiva política, a adoção da linguagem do homem político, essa harmonia obtida entre a excelência do homem e a excelência do cidadão, ou entre a sabedoria e o respeito à lei, é, ao que parece, o mais nobre exercício da virtude da moderação: beber vinho educa para a moderação. Pois a moderação não é uma virtude do pensamento: Platão assemelha a filosofia à loucura, o exato oposto da sobriedade ou moderação; o pensamento não deve

---

[10] Cf. *República*, VII, 517d-e. (N. T.)

ser moderado, mas destemido, para não dizer sem vergonha. A moderação é a virtude que controla o discurso do filósofo.

Sugerimos que o estrangeiro ateniense foi a Creta para civilizar uma sociedade incivilizada, e que ele assim fez levado pela filantropia. Mas a filantropia não começa em casa? Ele não tinha deveres mais prementes para cumprir em sua terra natal? Que tipo de homem é o estranho ateniense? As *Leis* começam com a palavra "Deus": é o único diálogo platônico que começa assim. E há um único diálogo platônico que termina com a palavra "Deus": a *Apologia de Sócrates*. Na *Apologia de Sócrates*, um velho filósofo ateniense, Sócrates, defende-se da acusação de impiedade, de não acreditar que os deuses cultuados pela cidade de Atenas existem. Parece que há um conflito entre a filosofia e a aceitação dos deuses da cidade. Nas *Leis*, um velho filósofo ateniense recomenda a adoção de uma lei sobre impiedade que torna impossível o conflito entre a filosofia e a cidade, ou que estabelece uma harmonia entre a filosofia e a cidade. Os deuses cuja existência deve ser admitida por todo cidadão da cidade das *Leis* são seres cuja existência pode ser demonstrada. O velho filósofo ateniense da *Apologia de Sócrates* foi condenado à morte pela cidade de Atenas. Foi-lhe dada a oportunidade de fugir da prisão: ele se recusou a tirar proveito dessa oportunidade. A sua recusa não se baseou em um apelo a um imperativo categórico exigindo a obediência passiva, sem "ses" ou "poréns". Ela foi baseada em uma deliberação, uma consideração prudencial do que era a coisa certa a fazer nas circunstâncias. Uma das circunstâncias era a idade avançada de Sócrates: somos forçados a perguntar o que Sócrates teria decidido tivesse ele 30 ou 40 anos em vez de 70. Outra circunstância era a não disponibilidade de outro lugar de exílio: para onde ele devia fugir? Ele parecia ter de escolher entre as cidades próximas governadas pela lei, nas quais sua vida seria insuportável, uma vez que seria conhecido por todos como um fugitivo da justiça, e um país distante e sem lei, onde a prevalência da falta de ordem tornaria a sua vida infeliz. A disjunção encontra-se, obviamente, incompleta: havia cidades distantes governadas pela lei, como Creta, por exemplo, que é mencionada como um lugar governado pela lei na própria deliberação que estamos descrevendo. É, assim, lícito inferir que, tivesse Sócrates fugido, Creta seria o seu destino. As *Leis* nos dizem o que ele teria feito em Creta quando ali chegasse: ele teria levado para Creta as bênçãos de Atenas, as leis atenienses, as instituições atenienses, os banquetes e a filosofia. (Quando Aristóteles fala das *Leis* de Platão ele dá como certo que o personagem principal do diálogo é Sócrates.) Fugir para Creta, viver em Creta, era a alternativa a morrer em Atenas. Mas Sócrates decidiu morrer em Atenas. Sócrates preferiu sacrificar a sua vida para preservar a filosofia em Atenas ao invés de conservar a sua vida para introduzir a filosofia em Creta. Se o perigo para o futuro da filosofia em Atenas fosse menor, talvez ele tivesse escolhido fugir para Creta. A sua escolha foi uma escolha política da mais alta ordem. Ela não consistiu na simples subsunção do seu caso a uma regra simples, universal e inalterável.

Mas retornemos, depois dessa longa história, para o início das *Leis*. Se o criador das leis cretenses, ou quaisquer outras leis, não for um deus, a causa das leis deve ser os seres humanos, o legislador humano. Há uma variedade de tipos de legisladores humanos: o legislador tem um caráter diferente em uma democracia, oligarquia, monarquia. O legislador é a instância que governa, e o caráter da instância que governa depende de toda a ordem social e política, da *politeia*, do regime. A causa das leis é o regime. Portanto, o tema-guia da filosofia política é o regime em lugar das leis. O regime se torna o tema-guia do pensamento político quando o caráter derivativo ou questionável das leis tornou-se consciente. Há um bom número de termos bíblicos que podem ser apropriadamente traduzidos como "lei"; não há nenhum equivalente bíblico de "regime".

O regime é a ordem, a forma, que dá à sociedade seu caráter. O regime é, portanto, um modo específico de vida. O regime é a forma da vida enquanto viver junto, o modo de viver da sociedade e em sociedade, tendo em vista que esse modo depende de maneira decisiva da predominância de seres humanos de determinado tipo, da dominação manifesta da sociedade por seres humanos de um determinado tipo. O regime significa aquele todo que hoje temos o hábito de enxergar primariamente em uma forma fragmentada: o regime significa simultaneamente a forma de vida de uma sociedade, seu estilo de vida, seu gosto moral, forma de sociedade, forma de Estado, forma de governo e espírito das leis. Podemos tentar articular o pensamento simples e unitário que se expressa no termo *politeia* da seguinte maneira: a vida é atividade dirigida para alguma meta; a vida social é uma atividade dirigida para uma meta que só pode ser perseguida pela sociedade; mas, para perseguir uma meta específica, entendida como sua meta global, a sociedade deve ser organizada, ordenada, construída, constituída de uma maneira que esteja em acordo com essa meta; isso, no entanto, significa que os seres humanos que ali deterão a autoridade devem assemelhar-se a essa meta.

Existe uma variedade de regimes. Cada regime reivindica algo, explícita ou implicitamente, que se estende para além dos limites de qualquer dada sociedade. Essas reivindicações conflitam, portanto, umas com as outras. Existe uma variedade de regimes em conflito. Assim, os próprios regimes, e não uma preocupação de meros espectadores, forçam-nos a perguntar qual dos regimes dados é o melhor e, em última instância, qual regime é o melhor regime. A filosofia política clássica é guiada pela questão do melhor regime.

A atualização do melhor regime depende da convergência, da coincidência, de coisas que têm uma tendência natural a se distanciar umas das outras (por exemplo, a coincidência da filosofia com o poder político); a sua atualização depende, portanto, do acaso. A natureza humana é escravizada de tantos modos que é quase um milagre quando um indivíduo atinge o mais alto; o que, então, esperar da sociedade?! A maneira peculiar de ser do melhor regime – a saber, a falta de atualidade daquele que é superior a todos os regimes atuais – tem sua razão última na natureza dual do homem, no fato de que o homem é o ser intermédio – intermédio entre os animais e os deuses.

O significado prático da noção do melhor regime aparece mais claramente quando se considera a ambiguidade da expressão "bom cidadão". Aristóteles propõe duas definições inteiramente diversas do bom cidadão. Em sua popular *Constituição de Atenas*, ele sugere que o bom cidadão é um homem que serve bem ao seu país, sem qualquer referência à diferença de regime – que serve bem ao seu país com uma indiferença fundamental à mudança de regime. Em uma palavra, o bom cidadão é o cidadão patriota, o homem cuja lealdade pertence, em primeiro e último lugar, à sua pátria. Em uma obra menos popular, a *Política*, Aristóteles afirma que não existe *o* bom cidadão em termos absolutos. Pois o significado de ser um bom cidadão depende inteiramente do regime. Um bom cidadão na Alemanha de Hitler seria um mau cidadão em qualquer outro lugar. Mas enquanto o bom cidadão é relativo ao regime, o homem bom não tem essa relatividade. O significado de homem bom é sempre e em todo lugar o mesmo. O homem bom é idêntico ao bom cidadão apenas em um único caso – no caso do melhor regime. Pois apenas no melhor regime a meta do regime e a meta do homem bom são as mesmas, e essa meta é a virtude. Isso equivale a dizer que, em sua *Política*, Aristóteles questiona a proposição de que o patriotismo é suficiente. Do ponto de vista do patriota, a pátria é mais importante do que qualquer diferença de regime. Do ponto de vista do patriota, aquele que prefere um regime qualquer à pátria é um faccioso, quando não um traidor. Aristóteles diz, com efeito, que o defensor de um partido tem uma visão mais profunda que o patriota, mas que apenas um tipo de partidário é superior ao patriota: o partidário da virtude. O pensamento de Aristóteles pode ser expresso como se segue: o patriotismo não é suficiente pela mesma razão porque mesmo a mãe mais apaixonada é mais feliz se o seu filho for bom do que se ele for ruim. Uma mãe ama seu filho porque ele é seu; ela ama o que é seu. Mas ela também ama o bem. Todo amor humano está submetido à lei que o determina ao mesmo tempo como amor do que é seu e amor do bem, e há necessariamente uma tensão entre o que é seu e o bem, uma tensão que bem pode conduzir a um rompimento, ainda que seja apenas do coração. A relação entre o que é seu e o que é bom encontra a sua expressão política na relação entre a pátria e o regime. Na linguagem da metafísica clássica, a pátria ou a nação é a matéria enquanto o regime é a forma. Os clássicos defendiam a visão de que a forma é mais alta em dignidade que a matéria. Essa visão pode ser chamada de "idealismo". O significado prático desse idealismo é que o bem é de uma dignidade mais alta do que o que é meu, ou que o melhor regime é uma consideração mais alta que a pátria. O equivalente judaico dessa relação pode ser encontrado na relação entre a Torah e Israel.

A filosofia política clássica está hoje exposta a duas objeções bastante comuns, cuja concepção não requer nem originalidade nem inteligência, tampouco erudição. As objeções são as seguintes: 1) a filosofia política clássica é antidemocrática e, portanto, má; 2) a filosofia política clássica está baseada na filosofia natural clássica ou na cosmologia clássica, uma base cuja inverdade foi provada pelo sucesso da moderna ciência natural.

Falando primeiro da atitude dos clássicos em relação à democracia, as premissas "os clássicos são bons" e "a democracia é boa" não validam a conclusão de que, "logo, os clássicos eram bons democratas". Seria tolo negar que os clássicos rejeitaram a democracia como um tipo inferior de regime. Eles não eram cegos para as suas vantagens. O processo mais severo que já foi movido contra a democracia ocorre no oitavo livro da *República* de Platão. Mas, mesmo ali, e precisamente ali, Platão deixa claro – ao coordenar a sua ordem dos regimes com a ordem das idades do mundo de Hesíodo – que a democracia é, num aspecto muito importante, igual ao melhor regime, que corresponde à Idade de Ouro de Hesíodo: tendo em vista que o princípio da democracia é a liberdade, todos os tipos humanos podem desenvolver-se livremente em uma democracia e, logo, o melhor tipo humano em particular. É verdade que Sócrates foi morto por uma democracia; mas ele foi morto aos 70 anos; ou seja, foi-lhe permitido viver 70 longos anos. No entanto, Platão não via essa consideração como decisiva. Pois ele estava preocupado não apenas com a possibilidade da filosofia, mas, também, com uma ordem política estável que fosse conforme a condutas políticas moderadas; e essa ordem, pensava ele, depende da predominância de famílias antigas. De maneira mais geral, os clássicos rejeitaram a democracia porque pensavam que a meta da vida humana, e, portanto, da vida social, não é a liberdade, mas a virtude. A liberdade como meta é ambígua, porque é liberdade para o mal, assim como para o bem. A virtude surge normalmente apenas através da educação, quer dizer, pela formação do caráter, pela habituação, e isso requer tempo livre tanto da parte dos pais quanto dos filhos. Mas tempo livre (isto é, ócio), por sua vez, requer algum grau de riqueza – mais especificamente, um tipo de riqueza cuja aquisição e administração seja compatível com o ócio. Agora, no que toca à riqueza, acontece com frequência, como Aristóteles observa, que há sempre uma minoria de pessoas que vivem bem e uma maioria de pobres, e essa estranha coincidência persistirá para sempre, em razão de existir uma espécie de escassez natural. "Pois nunca deixará de haver pobres na terra."[11] É por essa razão que a democracia, ou o governo da maioria, é o governo dos que não têm educação. E ninguém em seu juízo perfeito gostaria de viver sob um governo desses. Esse argumento clássico não seria tão convincente se os homens não precisassem de educação para adquirir uma firme adesão à virtude. Não é nenhum acidente ter sido Jean-Jacques Rousseau quem ensinou que todo o conhecimento de que os homens precisam para viver virtuosamente é fornecido pela consciência, apanágio das almas simples e não dos outros tipos de homens: o homem está suficientemente equipado pela natureza para a vida boa; o homem é bom por natureza. Mas o mesmo Rousseau se viu obrigado a desenvolver um esquema de educação com o qual muito pouca gente podia arcar no aspecto financeiro. No todo, a visão prevalente é a de que a democracia deve se transformar no governo dos que têm educação, e que essa meta será alcançada pela educação universal. Mas a educação universal pressupõe que a economia da escassez deu lugar à economia da abundância. E a economia da abundância pressupõe a emancipação da tecnologia em relação ao controle

---

[11] Dt 15,11. (N. T.)

moral ou político. A diferença essencial entre a nossa visão e a visão clássica consiste, portanto, não em uma diferença de princípios morais, nem em um entendimento diferente da justiça: nós, também, mesmo nossos contemporâneos comunistas, pensamos que é justo dar coisas iguais a pessoas iguais e coisas desiguais a pessoas de mérito desigual. A diferença entre os clássicos e nós em relação à democracia consiste exclusivamente na diferente valorização das virtudes da tecnologia. Mas não nos é lícito afirmar que a visão clássica foi refutada. A profecia implícita no pensamento dos clássicos de que a emancipação da tecnologia, das artes, em relação a todo controle moral ou político, conduziria ao desastre ou à desumanização do homem, essa profecia ainda não foi refutada.

Tampouco podemos dizer que a democracia encontrou uma solução para o problema da educação. Primeiro, o que hoje em dia é chamado de educação com muita frequência não significa educação propriamente dita, isto é, a formação do caráter, mas, antes, instrução e treinamento. Em segundo lugar, à medida que a formação do caráter é, com efeito, pretendida, verifica-se uma tendência muito perigosa a identificar o homem bom com o bom sujeito, o indivíduo cooperativo, o "cara normal", com uma ênfase exagerada em uma determinada parte da virtude social e uma negligência correspondente daquelas virtudes que amadurecem, quando não florescem, em privado, para não dizer na solidão: ao educar as pessoas para cooperar umas com as outras em um espírito amigável não se forma, por óbvio, não conformistas, gente preparada para se posicionar sozinha, para lutar sozinha, "rudes individualistas", por assim dizer.[12] A democracia ainda não encontrou uma defesa contra o

---

[12] Leo Strauss utiliza a expressão "rugged individualists", cunhada pelo republicano Herbert Hoover (1874-1964), 31º presidente dos EUA (1929-1933). A expressão tornou-se simbólica de determinada maneira radical de ser americano, sendo proposta por seu autor como uma espécie de filosofia de vida – a expressão genuína do *American way of life* –, semelhante, em aspectos essenciais, ao liberalismo tal como proposto por Adam Smith. O *rugged individualism* indica algo de tal modo encruado na alma americana que chegou a caracterizar uma espécie de superstição, considerando que teria inspirado a alegada imobilidade de Hoover – e a consequente derrota para Roosevelt, que veio a adotar, como se sabe, a orientação oposta – durante a Grande Depressão. É de se pensar se Leo Strauss não tem em mente alguma ironia ao utilizar a expressão nesse contexto, como uma meta de educação, mas também pode ser que ele esteja apenas interessado na pregnância semântica da expressão – que sugere independência ou força moral –, ou, ainda, que com ela proponha uma espécie de volta dos EUA pós-Roosevelt e *New Deal* às suas origens liberais (nesse sentido vale lembrar que Hoover e seu *rugged individualism* representam provavelmente o primeiro passo do Partido Republicano em direção à posição pela qual o conhecemos hoje, de

pavoroso conformismo e a invasão sempre crescente da privacidade que ela incentiva. Seres de outra espécie que nos observassem do alto de uma estrela poderiam achar que a diferença entre a democracia e o comunismo não é tão grande quanto parece ser quando se considera exclusivamente a sem dúvida mui importante questão das liberdades civis e políticas, muito embora apenas pessoas de uma leviandade ou irresponsabilidade excepcional estejam dispostas a afirmar que a diferença entre comunismo e democracia é, em última análise, negligenciável. Agora, na medida em que a democracia se faz consciente desses perigos, ela se vê obrigada a pensar em elevar o seu nível e as suas possibilidades por meio de um retorno às noções dos clássicos sobre educação: um tipo de educação que jamais pode ser pensado como educação de massa, mas apenas como a educação mais alta daquelas pessoas que são, por natureza, aptas a ela. Seria pouco chamá-la de educação real.[13]

Ainda assim, admitindo que não existam objeções políticas e morais à filosofia política clássica, não é necessário perguntar se essa filosofia política não está atada a uma cosmologia antiquada? A própria questão da natureza do homem não aponta a questão da natureza do todo e, com ela, uma ou outra cosmologia específica? Qualquer que seja o significado da ciência natural moderna, ele não pode afetar nossa compreensão do que é humano no homem. Compreender o homem à luz do todo significa para a moderna ciência natural compreender o humano à luz do sub-humano. Mas, sob essa luz, o homem enquanto homem é completamente ininteligível. A filosofia política clássica via o homem sob uma luz diferente. Ela teve sua origem em Sócrates. E Sócrates estava tão longe de comprometer-se com uma cosmologia específica que o seu conhecimento era conhecimento da ignorância. Conhecimento da ignorância não é ignorância. É conhecimento do caráter indefinível da verdade, do todo. Assim, Sócrates via o homem à luz do caráter misterioso do todo. Ele sustentava, portanto, que conhecemos melhor a situação do homem enquanto homem do que as causas últimas dessa situação. Também podemos dizer que ele via o homem à luz das ideias imutáveis, vale dizer, dos problemas permanentes e fundamentais. Pois articular a situação do homem

partido conservador, que defende de maneira intransigente os valores liberais). Difícil dizer. Seja como for, o caso parece indicativo da relação notoriamente ambígua do autor com a democracia liberal e, mais especificamente, com o "regime" dos EUA, sua terra de adoção. Apesar da avaliação aparentemente positiva, a ambiguidade transparece no texto. (N. T.)

[13] No sentido de educação dos reis. (N. T.)

significa articular a abertura do homem para o todo. Esse entendimento da situação do homem, que inclui, portanto, a busca de uma cosmologia em vez de uma solução para o problema cosmológico, era o fundamento da filosofia política clássica.

Articular o problema da cosmologia significa responder à questão do que é a filosofia ou o que é um filósofo. Platão evitou confiar a discussão temática dessa questão a Sócrates. Ele a confiou a um estrangeiro de Eleia.[14] Mas mesmo esse estrangeiro de Eleia não discutiu explicitamente o que é um filósofo. Ele discutiu explicitamente dois tipos de homem que são facilmente confundidos com o filósofo – o sofista e o político: entendendo a sofística (igualmente em seu sentido mais alto e mais baixo) e a arte política entender-se-á o que é a filosofia. A filosofia busca o conhecimento do todo. O todo é a totalidade das partes. O todo nos escapa, mas conhecemos as partes: possuímos conhecimento parcial das partes. O conhecimento que possuímos é caracterizado por um dualismo fundamental que jamais foi superado. Num polo temos o conhecimento da homogeneidade: sobretudo na aritmética, mas também nos outros ramos das matemáticas e derivativamente em todas as artes produtivas e em todos os ofícios. No polo oposto, temos o conhecimento da heterogeneidade, e em particular dos fins heterogêneos; a forma mais alta dessa espécie de conhecimento é a arte do político (ou homem de Estado) e do educador. O segundo tipo de conhecimento é superior ao primeiro por essa razão: enquanto conhecimento dos fins da vida humana, ele é o conhecimento do que faz a vida humana completa ou total; ele consiste, portanto, no conhecimento de um todo. O conhecimento dos fins do homem implica conhecimento da alma; e a alma humana é a única parte do todo que é aberta ao todo, assemelhando-se, portanto, mais ao todo do que qualquer outra coisa. Mas esse conhecimento – a arte política no sentido mais alto – não é conhecimento *do* todo. Assim, parece que o conhecimento do todo teria de combinar, de alguma maneira, o conhecimento político no sentido mais alto com o conhecimento da homogeneidade. E essa combinação não está à nossa disposição. Portanto, os homens se veem constantemente tentados a forçar a questão impondo unidade aos fenômenos, absolutizando seja o conhecimento da homogeneidade, seja o conhecimento dos fins. Os homens são constantemente atraídos e iludidos

---

[14] Leo Strauss se refere aos diálogos platônicos *Sofista* e *Político*. (N. T.)

por dois feitiços opostos: o charme da competência[15] engendrado pela matemática e tudo o que tem que ver com as matemáticas, e o encantamento do espanto humilde[16] engendrado pela meditação sobre a alma humana e suas experiências. A filosofia é caracterizada pela suave, e firme, recusa a sucumbir a qualquer desses feitiços. É a forma mais alta de cruzamento entre coragem e moderação. Apesar da sua elevação ou nobreza, ela pode parecer sisífica ou feia, quando comparadas a meta e a realização. Não obstante, ela é necessariamente acompanhada, sustentada e elevada pelo *eros*. Ela é agraciada com a graça da natureza.

III. As soluções modernas

Foi possível falar da solução clássica para o problema da filosofia política porque existe um acordo fundamental e, ao mesmo tempo, específico entre todos os filósofos políticos clássicos: a meta da vida política é a virtude, e a ordem mais apropriada para conduzir à virtude é a república aristocrática ou o regime misto. Mas, nos tempos modernos, deparamo-nos com uma grande variedade de filosofias políticas fundamentalmente diversas. Não obstante, todas as filosofias políticas modernas pertencem a uma mesma família, à medida que têm um princípio fundamental em comum. Esse princípio pode ser mais bem afirmado no sentido negativo: a rejeição do esquema clássico como irrealista. O princípio positivo que anima a filosofia política moderna sofreu uma variedade de transformações fundamentais. Esse fato, e a razão dele, pode ser mais bem descrito se procedermos de um modo mais narrativo do que fizemos até aqui.

O fundador da filosofia política moderna é Maquiavel. Ele tentou operar, e, de fato, operou, um rompimento com toda a tradição da filosofia política. Ele comparou a sua realização com a de homens como Colombo. Ele

---

[15] *The charm of competence*: expressão recorrente em Leo Strauss para indicar o poder de sedução da moderna ciência tecnológica da natureza. "Charme" deve, portanto, ser entendido aqui no sentido radical, original (e pejorativo) do termo, como feitiço, encanto, operação de magia, prestidigitação, em oposição ao conhecimento desinteressado da verdade. (N. T.)

[16] *Awe*: equivalente inglês do *taumatzein* grego (talvez traduzido com maior exatidão como "maravilhamento", "reverência", "temor" ou "perplexidade"), apontado por Aristóteles (*Metafísica* I, 2 982b12) como o princípio da filosofia e também muito comum para caracterizar o efeito do mistério e da majestade divina sobre a alma, como em Gn 17,1-3. (N. T.)

reivindicou ter descoberto um novo continente moral. Sua pretensão é bem fundada; seu ensinamento político é "inteiramente novo". A única questão é se o novo continente é adequado à habitação do homem.

Em suas *Histórias florentinas*, ele conta a seguinte história. Cósimo de Médici disse, certa vez, que os homens não podem conservar o poder com padres-nossos em suas mãos. A declaração deu ocasião aos inimigos de Cósimo de acusá-lo de ser um homem que amava mais a si mesmo que a sua pátria, mais esse mundo do que o outro. Cósimo foi, assim, acusado de ser imoral e sem religião. O próprio Maquiavel estava exposto à mesma acusação. Sua obra é baseada em uma crítica da religião e da moralidade.

A sua crítica da religião, especialmente da religião bíblica, mas também do paganismo, não é original. Ela equivale a uma reafirmação do ensinamento dos filósofos pagãos, assim como da escola de pensamento medieval conhecida pelo nome de Averroísmo, que deu ensejo à noção dos três impostores.[17] A originalidade de Maquiavel nesse campo limita-se ao fato de que ele foi um grande mestre da blasfêmia. O charme e a graça das suas blasfêmias são, contudo, menos fortemente sentidos por nós que o seu caráter chocante. Deixemo-las, então, ocultas pelo véu sob o qual ele as escondeu. Assim, eu me permito passar imediatamente à sua crítica da moralidade, que é idêntica à sua crítica da filosofia política clássica. É possível colocar seu argumento principal como se segue: há algo fundamentalmente errado com uma abordagem da política que culmina em uma utopia, na descrição de um melhor regime cuja atualização é altamente improvável. Deixemos, portanto, de nos orientar pela virtude, o objetivo mais alto que uma sociedade pode escolher; passemos a nos orientar pelos objetivos que são atualmente perseguidos por todas as sociedades. Maquiavel rebaixa conscientemente os padrões da ação social. Seu rebaixamento dos padrões tem a intenção de conduzir a uma maior probabilidade de atualização daquele esquema construído em acordo com os padrões uma vez rebaixados. Desse modo a dependência em relação ao acaso é reduzida e o acaso será conquistado.

A abordagem tradicional baseava-se na suposição de que a moralidade é algo substancial: que ela é uma força na alma do homem, não importa em que medida isso pudesse revelar-se ineficiente nos negócios dos Estados e dos reinos. Contra essa suposição, Maquiavel argumenta do seguinte modo: a

---

[17] Moisés, Jesus e Maomé. (N. T.)

virtude pode ser praticada apenas no interior da sociedade; o homem deve ser habituado à virtude pelas leis, pelos costumes, etc. Os homens têm que ser educados para a virtude por outros seres humanos. Mas, citando aquele discípulo de Maquiavel que foi Karl Marx, os próprios educadores têm que ser educados. Os educadores originais, os fundadores da sociedade, não podem ter sido educados para a virtude: o fundador de Roma foi um fratricida. A moralidade só é possível em um contexto que não pode ser criado pela moralidade, pois a moralidade não pode criar a si mesma. O contexto no qual a moralidade é possível é criado pela imoralidade. A moralidade repousa sobre a imoralidade, a justiça sobre a injustiça, assim como toda legitimidade repousa, em última instância, sobre origens revolucionárias. O homem não é por natureza orientado à virtude. Se assim fosse, as dores de consciência seriam o maior dos males para ele; mas o fato é que descobrimos que as dores do fracasso são pelo menos tão fortes quanto as dores da culpa. Em outras palavras, não podemos definir o bem da sociedade, o bem comum, em termos de virtude; é a virtude que tem que ser definida nos termos do bem comum. É esse entendimento da virtude que, de fato, determina a vida das sociedades. Por bem comum devemos entender os objetivos efetivamente perseguidos por todas as sociedades. Esses objetivos são: liberdade em relação à dominação estrangeira, estabilidade ou império da lei, prosperidade, glória ou império. A virtude no sentido efetivo da palavra é a soma dos hábitos que são requeridos para esse fim, dos hábitos que conduzem a ele. É esse fim, e apenas ele, que torna nossas ações virtuosas. Tudo que é feito, com efetividade, em nome desse fim é bom. Esse fim justifica todos os meios. A virtude nada mais é que a virtude cívica, o patriotismo, ou a devoção ao egoísmo coletivo.

Maquiavel não pode deixar a questão simplesmente aí. A devoção à pátria é, ela mesma, dependente da educação. Isso significa que o patriotismo não é natural. Assim como o homem não é por natureza orientado à virtude, ele não é por natureza orientado à sociedade. Por natureza, o homem é radicalmente egoísta. No entanto, muito embora os homens sejam naturalmente egoístas, e nada mais que egoístas, e, portanto, maus, eles podem tornar-se sociáveis, adquirir espírito público, ser bons. Essa transformação requer coerção. O sucesso dessa coerção se deve ao fato de que o homem é surpreendentemente maleável; muito mais do que antes se pensava. Pois se o homem não é por natureza ordenado à virtude ou perfeição, não há um fim natural do homem e o homem pode determinar para si mesmo praticamente quaisquer fins que deseje: o homem é quase infinitamente maleável. O poder do homem é muito maior, e o poder da natureza e do acaso é correspondentemente muito menor, do que pensavam os antigos.

Os homens são maus; eles devem ser coagidos a ser bons. Mas essa coerção deve ser obra da maldade, do egoísmo, da paixão egoísta. Que paixão irá induzir um homem mau a coagir apaixonadamente outros homens maus a se tornar e permanecer sendo bons? A paixão em questão é o desejo de glória. A forma mais alta do desejo de glória é o desejo de ser um novo príncipe, no sentido mais pleno do termo, um príncipe inteiramente novo: o descobridor de um novo tipo de ordem social, um moldador de muitas gerações de homens. O fundador da sociedade tem um interesse egoísta na preservação da sociedade, da sua obra. Ele tem, assim, um interesse egoísta de que os membros da sociedade sejam e permaneçam sociáveis e, portanto, bons. O desejo de glória é o laço que liga a maldade à bondade. Ele torna possível a transformação da maldade em bondade. O príncipe inteiramente novo do tipo mais elevado é animado por nada mais que ambição egoísta. Os grandes feitos públicos que ele empreende são para ele oportunidades de disfarçar o seu desígnio. Ele se distingue dos grandes criminosos meramente pelo fato de que aos criminosos falta uma oportunidade defensável; a motivação moral é a mesma.

Não é possível mostrar, aqui, como Maquiavel foi bem-sucedido em construir sobre essa base um ensinamento político que faz completa justiça a todos os requisitos possíveis de uma política de ferro e sangue,[18] e que é, ao mesmo tempo, sobremaneira favorável à liberdade política e ao império da lei. Devo limitar-me a indicar o quanto é fácil, depois de alguns séculos de maquiavelização do pensamento ocidental, atribuir à doutrina maquiavélica um ar de perfeita respeitabilidade. Pode-se apresentar seu argumento nos seguintes termos: vocês querem justiça? Vou mostrar-lhes como podem obtê-la. Vocês não vão obtê-la com pregações, com discursos de exortação. A única maneira de obtê-la é tornar a injustiça radicalmente desvantajosa. O que vocês precisam não é nem tanto a formação do caráter e os apelos morais quanto o tipo correto de instituições, instituições que possuam dentes.

---

[18] *Ferro e sangue:* famosa expressão de Bismarck, pronunciada em um discurso ao parlamento em 1862, logo no princípio de seu gabinete, para definir a política militarista e autocrática que ele viria a adotar e que resultaria na unificação da Alemanha: "Não será com discursos e maiorias que as grandes questões do nosso tempo serão decididas, mas pelo ferro e pelo sangue". (N. T.)

A mudança de orientação que vai da formação do caráter para a confiança nas instituições é o corolário característico da crença na maleabilidade quase infinita do homem.

No ensinamento de Maquiavel temos o primeiro exemplo de um espetáculo que, desde então, foi renovado a quase cada geração. Um pensador sem medo parece ter descortinado um abismo diante do qual os clássicos, em sua nobre simplicidade, recuaram. Na realidade, não há em toda a obra de Maquiavel uma única observação verdadeira acerca da natureza do homem e dos negócios humanos com a qual os clássicos não estivessem inteiramente familiarizados. Uma espantosa contração do horizonte se apresenta como uma espantosa ampliação do horizonte. Como dar razão dessa ilusão? No tempo de Maquiavel, a tradição clássica havia sofrido mudanças profundas. A vida contemplativa encontrara seu lugar nos monastérios. A virtude moral fora transfigurada na caridade cristã. Por conta disso, a responsabilidade do homem diante de e para com os seus próximos, seus semelhantes, foi infinitamente ampliada. O cuidado com a salvação das almas imortais parecia permitir, ou melhor, requerer condutas que teriam parecido aos clássicos, e que de fato pareciam a Maquiavel, desumanas e cruéis. Maquiavel fala da crueldade pia de Fernando de Aragão, e, por conta da Inquisição, ao expulsar os Marranos da Espanha.[19] Maquiavel foi o único não judeu de seu tempo a adotar essa posição. Ele parece ter diagnosticado os grandes males da perseguição religiosa como uma consequência necessária do princípio cristão, e, em última instância, bíblico. E tendia a acreditar que um aumento considerável na desumanidade do homem era a consequência não pretendida, embora nada surpreendente, de mirar tão alto. Rebaixemos, então, as nossas metas para que não sejamos forçados a cometer bestialidades que não sejam, com evidência, exigidas para a preservação da sociedade e da liberdade. Substituamos a caridade pelo cálculo, por uma espécie de utilitarismo *avant la lettre*. Revisemos, portanto, todas as metas tradicionais a partir desse ponto de vista. Assim, talvez seja lícito sugerir que o estreitamento de horizonte que Maquiavel foi o primeiro a propor foi causado, ou

---

[19] Com "marranos" ("porcos", em espanhol, mas, também, "convertidos à força", em hebraico), Leo Strauss faz referência aos judeus da Península Ibérica, objeto de impiedosa perseguição religiosa pelos reis da Espanha e de Portugal, em colaboração com a Igreja Católica, especialmente no fim do século XV e ao longo dos séculos XVI e XVII. Em relação às observações sobre a crueldade pia de Fernando, ver *O Príncipe*, XXI. (N. T.)

ao menos facilitado, por um furor antiteológico – uma paixão que podemos compreender, mas que não podemos aprovar.

Maquiavel transformou radicalmente não apenas a substância do ensinamento político, mas o seu modo também. A substância da sua doutrina política pode ser afirmada como um ensinamento completamente novo a respeito do príncipe inteiramente novo, vale dizer, a respeito da inerência essencial da imoralidade na fundação da sociedade e, portanto, na estrutura da sociedade. O descobridor desse ensinamento é necessariamente o portador de um novo código moral, um novo Decálogo. Ele é um príncipe inteiramente novo[20] no mais alto sentido possível da expressão, um novo Moisés, um profeta. Falando em profetas, Maquiavel ensina que todos os profetas armados venceram, ao passo que todos os profetas desarmados fracassaram. O maior exemplo de profeta armado é Moisés. O maior exemplo de profeta desarmado é Jesus. Mas Maquiavel pode afirmar com alguma razoabilidade que Jesus fracassou? Ou, colocando a mesma questão de forma diferente, o próprio Maquiavel não é um profeta desarmado? Como ele pode ter esperança de sucesso para a sua mais que ousada empreitada se os fundadores desarmados fracassam, necessariamente?

Jesus fracassou na medida em que foi crucificado. Ele não fracassou na medida em que os novos modos e as novas ordens fundados por ele tornaram-se aceitos por muitas gerações de muitas nações. Essa vitória do cristianismo deveu-se à propaganda: o profeta desarmado venceu postumamente em virtude da propaganda. Maquiavel, sendo ele mesmo um profeta desarmado, não tem outra esperança de conquista a não ser através da propaganda. O único elemento do cristianismo que Maquiavel aproveitou foi a ideia de propaganda. Essa ideia é a única ligação entre o seu pensamento e o cristianismo. Ele tentou destruir o cristianismo pelos mesmos meios com os quais o cristianismo foi originalmente estabelecido. Seu desejo era imitar não Moisés, o profeta armado, mas Jesus. Desnecessário dizer que a *imitatio Christi* de Maquiavel está limitada a esse ponto. Em particular, o autor de *Mandrágora* evitou a cruz em mais de um sentido ao decidir não publicar suas grandes obras ainda em vida.

Maquiavel pensava que toda religião ou "seita" tem um tempo de vida entre 1.666 e 3.000 anos. De modo que ele não tinha certeza se o fim do

---

[20] Isto é, um *fundador*. (N. T.)

cristianismo adviria um século após a sua morte ou se o cristianismo podia durar ainda mais um milênio e meio. Maquiavel pensou e escreveu nessa perspectiva: a de que ele próprio estaria preparando uma mudança radical de modos e ordens, uma mudança que seria consumada em um futuro não muito distante, mas também a de que era igualmente possível que o seu empreendimento fracassasse por completo. Ele, decerto, reconheceu a possibilidade de que a destruição da Igreja cristã era iminente. Quanto à maneira pela qual o cristianismo seria substituído por uma nova ordem social, ele vislumbrou as seguintes alternativas. Uma possibilidade era a irrupção de hordas bárbaras vindas do Oriente, de onde hoje fica a Rússia: essa era a região vista como a fonte a partir da qual a raça humana se rejuvenesceria periodicamente. A outra alternativa era uma mudança radical no interior do mundo civilizado. Evidentemente, era apenas este último tipo de mudança que ele ansiava, e fez tudo que estava em seu poder para prepará-la. Maquiavel concebia essa preparação como uma guerra, uma guerra espiritual. Seu desejo era operar uma mudança na opinião que, no devido tempo, precipitaria uma mudança de poder político. Ele não esperava mais que a conversão de alguns poucos homens, mas contava com a possibilidade de influenciar um grande número deles. Esses muitos eram aqueles que, em caso de conflito entre a pátria e a alma, a salvação das suas almas, escolheriam a pátria; esses muitos eram os cristãos tíbios ou de conveniência. Ele esperava que eles fossem simpáticos à sua empresa, infinitamente mais favorável à pátria terrena que à pátria celeste dos cristãos. Não seriam capazes de entender o sentido pleno do que Maquiavel pretendia, mas era possível contar com eles para garantir que seus livros recebessem alguma atenção. Eles tornariam os seus livros publicamente defensáveis, ainda que não fossem aliados confiáveis para levar a guerra até o fim. O sucesso de longo prazo dependia da conversão completa de alguns homens, de uns poucos homens. Estes atuariam como centro vital que, em circunstâncias favoráveis, iria gradualmente inspirar a formação de uma nova classe dominante, um novo tipo de príncipe, comparável ao patriciado da Roma Antiga. A arte da guerra de Maquiavel tem o caráter da propaganda. Nenhum filósofo anterior havia pensado em garantir o sucesso póstumo do seu ensinamento pelo desenvolvimento de uma estratégia e de uma tática específicas para esse fim. Os filósofos anteriores, de todas as vertentes, resignaram-se ao fato de que o seu ensinamento, o verdadeiro ensinamento, jamais suplantaria o que viam como falsos ensinamentos, mas coexistiria com eles. Eles ofereceram seus ensinamentos aos seus contemporâneos e, sobretudo, à posteridade sem sequer sonhar em controlar o destino futuro do pensamento humano em geral. E, quando se tratava de filósofos políticos que haviam chegado a conclusões definitivas a respeito da ordem política justa, eles teriam sido viciosos, e, portanto, não filósofos, se não estivessem dispostos a ajudar seus compatriotas a ordenar seus negócios comuns da melhor maneira possível. Mas nem por um único momento acreditaram que o verdadeiro ensinamento é, ou pode ser, o ensinamento político do futuro. Maquiavel é o primeiro filósofo a tentar forçar o acaso, controlar o futuro, lançando-se numa campanha, uma campanha de propaganda. Essa propaganda encontra-se no polo oposto do que hoje se conhece como tal – a atividade de enfiar produtos goela abaixo dos consumidores ou tomar de assalto audiências cativas. Maquiavel deseja convencer, não meramente persuadir ou assediar. Ele foi o primeiro de uma longa série de pensadores modernos a cultivar a esperança de propiciar o estabelecimento de novos modos e ordens por meio de um processo de esclarecimento. O esclarecimento – *lucus a non lucendo*[21] – tem início com Maquiavel.

Para ter uma ideia da magnitude do sucesso de Maquiavel é necessária uma clara assimilação do seu princípio. Esse princípio, uma vez mais, é o seguinte: é preciso rebaixar os padrões para tornar provável, senão certa, a atualização da ordem social desejável ou conquistar o acaso; é preciso mudar

---

[21] Literalmente, "[é um] bosque por não brilhar". A expressão, um jogo de palavras entre *lucus* (bosque) e *lucendo* (luzir, brilhar) cunhado pelo gramático latino do século IV Honoratus Maurus, para zombar das etimologias populares e absurdas (posto que não faz sentido derivar "bosque" de "luz"), muito em voga na época, indica a contradição implícita no movimento de ideias (representada em seu próprio nome) que divulgou ou popularizou a filosofia moderna sob a alcunha de *esclarecimento* ou *iluminismo*, que, para Leo Strauss, não tem o direito de pretender ser portador da "luz" ou do "esclarecimento", ao contrário do que seu nome indica. O que Strauss parece querer dizer com a expressão é que, dada a substância da coisa (especialmente tal como ela está presente em Maquiavel), é absurda essa pretensão. Cabe aproveitar o ensejo para explicar a opção de traduzir o inglês *Enlightenment* por "Esclarecimento" em vez de "Iluminismo" ou "Ilustração", como no Brasil tem sido mais comum. "Esclarecimento" (derivado do francês *Éclaircissement* e do alemão *Aufklärung*) parece preferível porque, de um lado, evoca o projeto moderno de educação universal e progressiva pela filosofia e pela ciência (que, a rigor, é mais um processo de esclarecimento do que de iluminar ou "dar lustre", que tem certa conotação pejorativa), e, de outro, evita a confusão com "iluminação", que em português tem um sentido mais marcadamente místico e religioso. A opção não impede que, quando apropriado, recorra-se a expressões conexas, como "ilustrado", "ilustrar" ou mesmo "luzes" e "ilustração". "Filosofia das luzes" diz mais respeito à filosofia francesa da segunda metade do século XVIII que se desenvolveu em torno do projeto do *Dictionnaire Raisonné des Sciences, des Arts et des Métiers* (a *Encyclopédie*), e, por isso, deve ser utilizada apenas nesse contexto. (N. T.)

a ênfase: do caráter moral para as instituições. A ordem correta, tal como Maquiavel a concebia, era a república pragmática, construída segundo o modelo da Roma Antiga, mas que se pretende um avanço em relação a ela. Pois o que os romanos fizeram por acaso ou instintivamente pode ser feito consciente e deliberadamente: isto é, agora, depois que Maquiavel compreendeu, de fato, as razões do sucesso dos romanos. O republicanismo no estilo romano, tal como interpretado por Maquiavel, tornou-se uma das correntes mais poderosas do pensamento político moderno. Verificamos sua presença nas obras de Harrington, Espinosa, Algernon Sydney, Montesquieu, Rousseau, e em *O Federalista*, assim como entre aqueles franceses de classe alta que favoreceram a Revolução Francesa, levados por uma preocupação com a condição da França como grande potência. Mas esse sucesso póstumo de Maquiavel não é comparável em importância ao que adveio através da transformação do seu esquema – uma transformação inspirada em seu próprio princípio.

O esquema de Maquiavel encontrava-se exposto a sérias dificuldades teóricas. A base teórica ou cosmológica do seu ensinamento político era uma espécie de aristotelismo decaído. Isso quer dizer que ele supunha, sem o demonstrar, o caráter insustentável da ciência natural teleológica. Ele rejeitava a visão de que o homem deve orientar-se pela virtude, pela perfeição, pelo seu fim natural; mas a sua rejeição requeria uma crítica à noção de fins naturais. Essa prova foi fornecida, ou supostamente fornecida, pela nova ciência natural do século XVII. Há um parentesco oculto entre a ciência política de Maquiavel e a nova ciência natural. Os clássicos haviam se orientado pelo caso normal em vez da exceção; Maquiavel leva a cabo a sua mudança radical no entendimento das coisas políticas orientando-se pela exceção, pelo caso extremo. Como atesta Bacon, há uma estreita conexão entre a orientação de Maquiavel e a noção de torturar a natureza, isto é, de experimento controlado.

Mas a razão principal pela qual o esquema maquiaveliano tinha de ser modificado era o seu caráter revoltante. O homem que mitigou o esquema maquiaveliano de uma maneira que foi quase suficiente para garantir o sucesso da intenção primária de Maquiavel foi Hobbes. Por um momento, poder-se-ia pensar que a correção de Maquiavel empreendida por Hobbes consistiu em uma obra-prima de prestidigitação. Maquiavel escreveu um livro chamado *O Príncipe*; Hobbes escreveu um livro chamado *Do Cidadão*; quer dizer, Hobbes escolheu como tema não as práticas dos reinos e Estados, mas os deveres dos súditos; de modo que o que Hobbes ensinou soa muito mais inocente do que o que Maquiavel ensinara, sem necessariamente contradizer o ensinamento de Maquiavel. Mas é a um só tempo mais caridoso e mais correto dizer que Hobbes era um inglês honesto e direto a quem faltava a fina mão italiana do mestre. Ou, se preferir, pode-se comparar Hobbes a Sherlock Holmes e Maquiavel ao professor Moriarty. Pois é certo que Hobbes levava a justiça muito mais a sério que Maquiavel. Pode-se até mesmo dizer que ele defendeu a causa da justiça: ele nega que seja da essência da sociedade civil ser fundada sobre o crime. Refutar a tese fundamental de Maquiavel é, possivelmente, o principal propósito da célebre doutrina de Hobbes do estado de natureza. Hobbes aceitava a noção tradicional de que a justiça não é meramente criação da sociedade, mas que existe um direito natural. Mas ele também aceitava a crítica maquiaveliana da filosofia política tradicional: a filosofia política tradicional mirava alto demais. Assim, ele exigiu que o direito natural fosse derivado das origens: das necessidades e dos impulsos elementares, que determinam efetivamente todos os homens na maior parte do tempo e não da perfeição ou fim do homem, cujo desejo determina efetivamente apenas uns poucos homens e mesmo estes não na maior parte do tempo. Esses impulsos primários são obviamente egoístas. Eles podem ser reduzidos a um princípio: o desejo de autopreservação ou, expressando o mesmo em sentido negativo, o medo da morte violenta. Isso significa que não o brilho e *glamour* da glória – ou do orgulho –, mas o terror do medo da morte é o que se apresenta como o berço da sociedade humana: não heróis, ainda que fratricidas e incestuosos, mas pobres diabos nus e trêmulos foram os fundadores da civilização. O aspecto do diabólico desaparece completamente. Mas não sejamos precipitados. Quando o governo é estabelecido, o medo da morte violenta se transforma em medo do governo. E o desejo de autopreservação evolui para o desejo de autopreservação confortável. A glória de Maquiavel é, com efeito, esvaziada; ela é agora revelada como mera, insubstancial, mesquinha e ridícula vaidade. Contudo, essa glória não dá lugar à justiça ou à excelência humana, mas à preocupação com o conforto, com o mais prático e pedestre hedonismo. A glória sobrevive apenas sob a forma de competição. Em outras palavras, enquanto a base do ensinamento político de Maquiavel era a glória, a base do ensinamento político de Hobbes é o poder. O poder é infinitamente mais aparentado ao mundo ordinário dos negócios humanos que a glória. Longe de ser a meta de um anseio altivo ou demoníaco, ele é requerido por, ou a expressão de, uma necessidade fria e objetiva. O poder é moralmente neutro. Ou, o que dá no mesmo, ele é ambíguo, ainda que de uma ambiguidade dissimulada. Ao poder, e à preocupação com o poder, falta o apelo diretamente humano da glória ou da preocupação com a glória. Ele vem à tona por meio de um distanciamento em relação à motivação primária do homem. Ele tem um ar de senilidade. Ele se torna visível em eminências pardas em vez de Cipiões e Aníbals. Hedonismo pedestre e respeitável, sobriedade sem sublimidade e sutileza, tudo isso protegido ou tornado possível pela "*power politics*" – eis o significado da correção hobbesiana de Maquiavel.

O ensinamento de Hobbes era ainda demasiado ousado para ser aceitável. Ele também precisava de mitigação. Essa mitigação foi empreendida por Locke. Este apropriou-se do esquema fundamental de Hobbes e mudou-o em um único ponto. Ele percebeu que o que o homem precisava na origem para a sua autopreservação era menos de armas que de comida, ou, colocando de maneira mais geral, de propriedade. De modo que o desejo de autopreservação se transforma no desejo de propriedade, de aquisição, e o direito de autopreservação se transforma no direito à aquisição ilimitada. As consequências práticas dessa pequena mudança são enormes. O ensinamento político de Locke é a versão prosaica daquilo que em Hobbes ainda tinha certa qualidade poética. Ele é, precisamente sobre as premissas de Hobbes, mais razoável que o ensinamento político do próprio Hobbes. Tendo em vista o estrondoso sucesso de Locke em comparação com o evidente fracasso de Hobbes, especialmente no mundo anglo-saxão, podemos dizer que a descoberta ou invenção maquiaveliana da necessidade de um substituto imoral ou amoral para a moralidade tornou-se vitorioso a partir da descoberta ou invenção de Locke de que esse substituto é a aquisitividade.[22] Eis uma paixão radicalmente egoísta cuja satisfação não requer nenhum derramamento de sangue e cujo efeito é o melhoramento da sina de todos. Em outras palavras, a solução do problema político por meios econômicos é a solução mais elegante, uma vez aceita a premissa de Maquiavel: o economicismo é o maquiavelismo chegado à maturidade. Ninguém compreendeu isso mais profundamente que Montesquieu. Seu *Espírito das Leis* se apresenta como se nada mais fosse que o documento de uma luta incessante, de um

---

[22] Que me seja concedido esse neologismo, não muito elegante, é verdade, mas preferível, segundo parece, às locuções "desejo de aquisição", "impulso de aquisição" ou a conhecida e pejorativa "cobiça", que, individualmente, correspondem de modo apenas parcial ao significado, bem mais amplo (trata-se de um princípio ou dado psicológico-existencial primário, análogo à concupiscência cristã), do *acquisitiveness* original. (N. T.)

conflito não resolvido entre dois ideais sociais ou políticos: a república romana, cujo princípio é a virtude, e a Inglaterra, cujo princípio é a liberdade política. Mas o fato é que Montesquieu acaba decidindo em favor da Inglaterra. A superioridade da Inglaterra se baseia na visão de que os ingleses encontraram um substituto para a severa e republicana virtude romana: o comércio e as finanças. As repúblicas antigas baseadas na virtude necessitavam de costumes puros; o sistema moderno, que substitui a virtude pelo comércio, tende a produzir costumes gentis, a *humanité*. Na obra de Montesquieu observamos uma derradeira recorrência da poesia na prosa moderna. Há apenas dois livros do *Espírito das Leis* prefaciados por poemas: o livro que trata da população é prefaciado pelos versos de Lucrécio em louvor a Vênus; o primeiro livro sobre o comércio é prefaciado por um poema em prosa composto pelo próprio Montesquieu.

Essa sabedoria ofídica, que corrompe encantando e encanta corrompendo, essa degradação do homem provocou o protesto apaixonado e ainda hoje inesquecível de Jean-Jacques Rousseau. Com Rousseau tem início o que podemos chamar de a segunda onda da modernidade: a onda que inspirou tanto a filosofia idealista alemã quanto o romantismo de todos os níveis em todos os países. Esse grande e complexo contramovimento consistiu, em primeiro lugar, em um retorno, um recuo em relação à modernidade na direção de modos pré-modernos de pensamento. Rousseau voltou do mundo das finanças, daquele mundo que ele foi o primeiro a chamar de *bourgeois*, para o mundo da virtude e da cidade, o mundo do *citoyen*. Kant deu um passo atrás em relação à noção cartesiana e lockeana das ideias na direção da noção platônica. Da filosofia da reflexão Hegel retornou à "maior vitalidade" de Platão e Aristóteles. E o romantismo como um todo é primariamente um movimento de retorno às origens. Não obstante, em todos esses casos o retorno ao pensamento pré-moderno foi apenas o passo inicial de um movimento que levou, consciente ou inconscientemente, a uma forma muito mais radical da modernidade – a uma forma de modernidade que era ainda mais estranha ao pensamento clássico do que havia sido o pensamento dos séculos XVII e XVIII.

Rousseau retornou do Estado moderno como ele havia sido desenvolvido até o seu tempo para a cidade clássica. Mas ele interpretou a cidade clássica à luz do esquema de Hobbes. Pois, também de acordo com Rousseau, a raiz da sociedade civil é o direito de autopreservação. No entanto, desviando-se de Hobbes e de Locke, ele declara que esse direito fundamental aponta uma ordem social muito semelhante à cidade clássica. A razão desse desvio em relação a

Hobbes e Locke é idêntica à motivação primária da filosofia política moderna em geral. Nos esquemas de Hobbes e Locke o direito fundamental do homem retinha o seu *status* original mesmo no interior da sociedade civil: a lei natural seguia sendo o critério da lei positiva; havia sempre a possibilidade de apelar da lei positiva para a lei natural. Esse apelo era, evidentemente, e falando de modo geral, ineficaz; ele decerto não carregava consigo a garantia da sua eficácia. Disso Rousseau tirou a conclusão de que a sociedade civil deve ser construída de modo a tornar o apelo da lei positiva para a lei natural radicalmente supérfluo; uma sociedade civil construída de acordo com a lei natural produzirá automaticamente uma lei positiva justa. Rousseau expressa esse pensamento do seguinte modo: a vontade geral, a vontade de uma sociedade na qual todos que estão submetidos à lei devem ter voz na produção da lei, não pode errar. A vontade geral, a vontade imanente em sociedades de determinado tipo, substitui o direito natural transcendente. É impossível colocar uma ênfase exagerada no fato de que Rousseau abominaria o totalitarismo do nosso tempo. Com efeito, ele favoreceu o totalitarismo da sociedade livre, mas rejeitou na linguagem mais clara possível o totalitarismo do governo. A dificuldade para a qual Rousseau nos conduz é bem mais profunda. Se o critério último da justiça é a vontade geral, isto é, a vontade de uma sociedade livre, o canibalismo é tão justo quanto o seu oposto. Toda instituição venerada pelo povo tem de ser vista como sagrada.

O pensamento de Rousseau marca um passo decisivo no movimento secular que tenta garantir a atualização do ideal, ou provar a coincidência necessária entre o racional e o real, ou livrar-se daquilo que transcende essencialmente toda realidade humana possível. Supor tal transcendência permitiu aos homens de épocas anteriores fazer uma distinção defensável entre liberdade e licença. A licença consiste em fazer o que se quer; a liberdade consiste em fazer da maneira correta apenas o bem; e o nosso conhecimento do bem deve vir de um princípio mais alto, de cima. Esses homens do passado reconheceram para a licença uma limitação que vem de cima, uma limitação vertical. Nas bases propostas por Rousseau, a limitação da licença se dá horizontalmente pela licença de outros homens. Eu sou justo se concedo a todos os outros homens os mesmos direitos que reivindico para mim mesmo, independentemente do que eles venham a ser. A limitação horizontal é preferida à limitação vertical porque parece mais realista: a limitação horizontal, a limitação do meu direito pelos direitos dos outros é autorrealizável.

Pode-se argumentar que a doutrina da vontade geral de Rousseau é uma doutrina jurídica, não moral, e que a lei é necessariamente mais permissiva que a moralidade. Pode-se ilustrar essa distinção fazendo referência a Kant, que declarou em sua doutrina moral que toda mentira, a afirmação de qualquer inverdade, é imoral, ao passo que em sua doutrina jurídica afirmou que o direito à liberdade de expressão implica tanto o direito de mentir quanto o de dizer a verdade. Mas também se pode perguntar se a separação entre lei e moralidade, que tanto orgulha a filosofia do direito germânica, é, em si mesma, uma coisa saudável. Mas o mais importante é que o ensinamento moral de Rousseau não se livra da dificuldade indicada. O lugar ocupado em sua doutrina jurídica pelo direito de autopreservação é ocupado em sua doutrina moral pelo direito ou dever de autolegislação. A ética "material" dá lugar à ética "formal", com o resultado de que se torna para sempre impossível estabelecer claros princípios substantivos, com o que se é compelido a tomar emprestados princípios substantivos da "vontade geral" ou daquilo que viria a ser chamado de História.

Rousseau não desconhecia essas dificuldades. Elas tinham a sua origem no esvaziamento da noção de natureza humana e, em última instância, na mudança de ênfase do fim do homem para a sua origem. Rousseau aceitou o princípio antiteleológico de Hobbes. Ao segui-lo de forma mais consistente do que o próprio Hobbes havia feito, ele foi compelido a rejeitar o esquema de Hobbes ou exigir que o estado de natureza – a condição primitiva e pré-social do homem – fosse entendido como perfeito, vale dizer, como não apontando para além de si mesmo na direção da sociedade. Ele foi compelido a exigir que o estado de natureza, os primórdios do homem, se transformasse na meta do homem social: apenas porque o homem se afastou das suas origens, e, com isso, corrompeu-se, apenas por isso ele precisa de um fim. Esse fim é, em sentido primário, a sociedade justa. A sociedade justa se diferencia da sociedade injusta pelo fato de que chega tão perto do estado de natureza quanto é possível a uma sociedade: o desejo que determina o homem no estado de natureza, o desejo de autopreservação, é a raiz da sociedade justa e determina o seu fim. Esse desejo fundamental, que é ao mesmo tempo um direito fundamental, anima o jurídico enquanto distinto do moral: a sociedade está tão distante de ser baseada na moralidade que ela é, antes, a base da moralidade. O fim da sociedade deve, portanto, ser determinado em termos jurídicos, não em termos morais; e não pode haver uma obrigação de entrar na sociedade (o contrato social não pode obrigar "o conjunto da população"). Qualquer que seja o significado e o *status* da moralidade, ele certamente pressupõe a sociedade, e a sociedade, mesmo a sociedade justa, é servidão ou alienação em relação à natureza. Assim, o homem deve transcender toda a dimensão moral e social e retornar à integridade e sinceridade do estado de natureza. Considerando que a preocupação com a autopreservação compele o homem a entrar na sociedade, ele deve voltar para além da autopreservação até a raiz da autopreservação. Essa raiz, o início absoluto, é o sentimento da existência, o sentimento da doçura da mera existência. Ao entregar-se unicamente ao sentimento da sua existência presente, sem nenhum pensamento acerca do futuro, e assim viver num esquecimento abençoado de todo cuidado e todo temor, o indivíduo sente a doçura de toda a existência: ele consumou o retorno à natureza. É o sentimento da própria existência que dá ensejo ao desejo de preservação da própria existência. Esse desejo compele o homem a devotar-se inteiramente à ação e ao pensamento, a uma vida de cuidado e dever e infelicidade, afastando-o, assim, da felicidade que se encontra enterrada em sua profundeza ou origem. São muito poucos os homens capazes de encontrar o caminho de retorno à natureza. A tensão entre o desejo de preservação da existência e o sentimento da existência se expressa, portanto, no antagonismo insolúvel entre a grande maioria dos homens que, no melhor dos casos, serão bons cidadãos e a minoria de sonhadores solitários que são o sal da terra. Rousseau deixou as coisas nesses termos. Os filósofos germânicos que herdaram o seu problema não resolvido pensaram que uma reconciliação é possível, e que ela pode ser operada, ou já foi operada, pela História.

A filosofia idealista alemã alegou ter restaurado, e mais que restaurado, o alto nível da filosofia política clássica, ao mesmo tempo que combatia o rebaixamento causado pela primeira onda da modernidade. Mas, para nada dizer sobre a substituição da Virtude pela Liberdade, a filosofia política característica da segunda onda da modernidade é inseparável da filosofia da história, e não existe filosofia da história na filosofia política clássica. Qual é o sentido da filosofia da história? A filosofia da história mostra a necessidade essencial da atualização da ordem justa. Não há acaso no aspecto decisivo, vale dizer, a mesma tendência realista que levou ao rebaixamento dos padrões na primeira onda levou à filosofia da história na segunda onda. Tampouco a introdução da filosofia da história mostrou-se um remédio genuíno para o rebaixamento dos padrões. A atualização da ordem justa é obtida por meio da cega paixão egoísta: a ordem justa é o subproduto não intencional de atividades humanas que, de modo algum, estão dirigidas à ordem justa. A ordem justa pode ter sido concebida de modo tão elevado por Hegel quanto o foi por Platão, algo de que se pode duvidar. Seu estabelecimento foi certamente pensado por Hegel nos termos de Maquiavel, não de Platão: seu estabelecimento se daria de uma maneira que contradiz a própria ordem justa. As ilusões do comunismo são já as ilusões de Hegel e mesmo de Kant.

As dificuldades às quais o idealismo alemão estava exposto deram ensejo à terceira onda da modernidade – a onda que chegou até nós. Esta última época foi inaugurada por Nietzsche. Ele reteve o que lhe parecia ser o *insight* devido à consciência histórica do século XIX. Mas ele rejeitou a visão de que o processo histórico é razão, assim como a premissa de que uma harmonia entre o indivíduo autêntico e o Estado moderno é possível. Pode-se dizer que ele voltou, no plano da consciência histórica, da reconciliação de Hegel para a antinomia de Rousseau. Ele ensinou, assim, que toda vida humana e todo pensamento humano repousam, em última instância, em criações formadoras de horizonte que não são suscetíveis de legitimação racional. Os criadores são os grandes indivíduos. O criador solitário que impõe uma nova lei a si mesmo e se sujeita a todos os seus rigores toma o lugar do sonhador solitário de Rousseau. Pois, nesse meio-tempo, a Natureza deixou de parecer tão correta e misericordiosa. A experiência fundamental da existência é, portanto, não a experiência da felicidade, mas do sofrimento, do vazio, de um abismo. O chamado nietzscheano à criatividade foi dirigido a indivíduos que deveriam revolucionar as suas próprias vidas, não a sociedade ou a nação. Mas ele ansiava ou esperava que o seu chamado, a um só tempo austero e suplicante, questionado e desejoso de ser questionado, tentaria os melhores homens das gerações que o sucederam a se tornar verdadeiros "eus" e, assim, formar uma nova nobreza que seria capaz de dominar o planeta. Ele opunha a possibilidade de uma aristocracia planetária à suposta necessidade de uma sociedade universal sem classes e sem estado. Seguro do caráter domesticável do moderno homem ocidental, ele pregou o direito sagrado de promover a "extinção impiedosa" de grandes massas de homens com tão pouca circunspecção quanto seu grande antagonista[23] havia feito. Ele usou muito do seu poder insuperável e inexaurível de falar apaixonante e fascinantemente para

---

[23] Karl Marx. (N. T.)

fazer seus leitores abominarem não apenas o socialismo e o comunismo, mas o conservadorismo, o nacionalismo e a democracia. Depois de tomar sobre si mesmo essa enorme responsabilidade política, Nietzsche não conseguiu mostrar a eles um caminho para a responsabilidade política. Ele não lhes deixou outra escolha a não ser aquela entre a indiferença irresponsável à política e opções políticas irresponsáveis. Assim fazendo, ele preparou o caminho para um regime que, enquanto durou, fez a desacreditada democracia parecer o ressurgimento da Idade de Ouro. Ele tentou articular o seu entendimento tanto da situação moderna quanto da vida humana enquanto tal com a sua doutrina da vontade de poder. A dificuldade inerente à filosofia da vontade de poder conduziu, depois de Nietzsche, à renúncia explícita à própria noção de eternidade. O pensamento moderno chega ao seu clímax, à sua mais alta consciência de si, no historicismo mais radical, vale dizer, na condenação explícita ao esquecimento da noção de eternidade. Pois o esquecimento da eternidade, ou, em outras palavras, o estranhamento em relação ao desejo mais fundo do homem e, com ele, às questões primeiras, é o preço que o homem moderno teve que pagar, desde o princípio, por tentar ser absolutamente soberano, para tornar-se o mestre e possuidor da natureza,[24] para conquistar o acaso.

---

[24] Citação do *Discurso do Método*, de Descartes, Parte VI. (N. T.)

2. Sobre a filosofia política clássica

O propósito das observações que se seguem é discutir especialmente aqueles aspectos característicos da filosofia política clássica que se encontram sob o risco particular de ser esquecidos ou insuficientemente enfatizados pelas escolas mais influentes do nosso tempo. Essas observações não têm a intenção de esboçar os contornos de uma interpretação adequada da filosofia política clássica. Elas terão cumprido seu objetivo se apontarem para o caminho que, segundo me parece, é o único pelo qual tal interpretação pode vir a ser alcançada por nós.

A filosofia política clássica se caracteriza pelo fato de que estava relacionada com a vida política de maneira direta. Foi apenas depois que os filósofos políticos clássicos realizaram a sua obra que a filosofia política "estabeleceu-se" de maneira definida, adquirindo, com isso, certa distância da vida política. A partir daí a relação dos filósofos políticos com a vida política, e a apreensão que tinham dela, passou a ser determinada pela existência de uma filosofia política herdada: a partir de então, a filosofia política passou a relacionar-se com a vida política através da mediação de uma tradição de filosofia política. A tradição da filosofia política tinha por evidente, enquanto tradição, a necessidade e a possibilidade da filosofia política. A tradição que teve origem na Grécia antiga foi rejeitada nos séculos XVI e XVII em favor de uma nova filosofia política. Mas essa "revolução" não restaurou a relação direta com a vida política que existia no princípio: a nova filosofia política relacionou-se com a vida política através da mediação da noção geral recebida de filosofia ou ciência política, e pela mediação de um novo conceito de ciência. Os filósofos políticos modernos tentaram substituir tanto o ensinamento quanto o método da filosofia política tradicional pelo que reputavam ser o verdadeiro ensinamento e o verdadeiro método; para eles, seguia sendo simplesmente evidente que a filosofia política enquanto tal é necessária e possível. Hoje, a ciência política pode acreditar que ao rejeitar *a* ou emancipar-se *da* filosofia política se coloca na relação mais direta possível com a vida política; mas, na verdade, ela se relaciona com a vida política através da mediação da ciência natural moderna, ou da reação a essa ciência, e, ainda, através de um conjunto de conceitos básicos herdados da tradição filosófica, ainda que negados ou ignorados.

Foi a sua relação direta com a vida política que determinou a orientação e o escopo da filosofia política clássica. Em consequência, a tradição que veio a basear-se nessa filosofia, e que conservou a sua orientação e seu escopo, conservou também essa relação direta até certo ponto. A mudança fundamental nesse aspecto começa com a nova filosofia política dos primórdios do período moderno e atinge o seu clímax na ciência política dos tempos atuais. A diferença mais notável entre a filosofia política clássica e a ciência política atual é que esta última não tem mais nenhuma preocupação com aquilo que era a questão central para a primeira: a questão da ordem política melhor. Em compensação, a ciência política moderna está em grande parte preocupada com um tipo de questão que era muito menos importante para a filosofia política clássica: as questões concernentes ao método. Ambas as diferenças têm a mesma razão: a relação mais ou menos direta que a filosofia política clássica, de um lado, e a ciência política atual, do outro, mantêm com a vida política.

A filosofia política clássica tentou alcançar a sua meta aceitando as distinções básicas feitas na vida política exatamente no sentido e com a orientação em que elas eram feitas na vida política, pensando-as até o fim, compreendendo-as o mais perfeitamente possível. Ela não partiu de distinções básicas entre, por exemplo, "estado de natureza" e "estado civil", entre "fatos" e "valores", entre "realidade" e "ideologias", entre "o mundo" e "os mundos" das diferentes sociedades, ou entre "o Eu, o Tu e o Nós", distinções que são estranhas, e mesmo desconhecidas, à vida política enquanto tal e que têm origem apenas na reflexão científica e filosófica. Tampouco ela tentou trazer ordem àquele caos dos "fatos" políticos que existe apenas para aqueles que abordam a vida política de um ponto de vista exterior à vida política, vale dizer, do ponto de vista de uma ciência que não é ela mesma essencialmente um elemento da vida política. Ao contrário, ela seguiu com cuidado e mesmo escrupulosamente a articulação que é inerente e natural à vida política e aos seus objetivos.

As questões primárias da filosofia política clássica, e os termos nos quais ela as postulou, não eram especificamente filosóficas ou científicas; eram questões levantadas em assembleias, conselhos, clubes e gabinetes, sendo postuladas em termos inteligíveis e familiares, ao menos para os adultos sãos, a partir da experiência e dos usos do dia a dia. Essas questões têm uma hierarquia natural que prove a vida política, e, logo, a filosofia política, da sua orientação fundamental. Ninguém pode evitar fazer distinções entre questões de menor, maior ou máxima importância e entre questões do momento e questões que estão sempre presentes em comunidades políticas; e homens inteligentes aplicam essas distinções inteligentemente.

Da mesma forma, pode-se dizer que também o método da filosofia política clássica foi apresentado pela própria vida política. A vida política é caracterizada por conflitos entre homens que fazem reivindicações opostas. Aqueles que fazem uma reivindicação costumam acreditar que o que reivindicam é bom para eles. Em muitos casos creem, e na maior parte deles o afirmam, que o que reivindicam é bom para a comunidade como um todo. Em praticamente todos os casos as reivindicações são colocadas, às vezes sinceramente e outras insinceramente, em nome da justiça. As reivindicações de um lado e outro são baseadas, portanto, em opiniões sobre o que é bom ou justo. Para justificar essas reivindicações, as partes opostas lançam mão de argumentos. O conflito demanda arbitragem, uma decisão inteligente que dará a cada parte o que ela realmente merece. Parte do material requerido para tomar essa decisão é oferecida pelas próprias partes em conflito, e a própria insuficiência desse material parcial – uma insuficiência que, obviamente, se deve à sua origem partidária – aponta o caminho da sua integração pelo árbitro. O árbitro por excelência é o filósofo político.[1] Ele tenta solucionar as controvérsias políticas que são a um só tempo de importância suprema e permanente.

Essa visão da função do filósofo político – de que ele não deve ser um partidário "radical" que prefere a vitória em uma guerra civil à arbitragem – é

---

[1] Observe-se o procedimento de Aristóteles em *Política*, 128a7-1284b34 e 1297a6, e, também, Platão, *Carta VIII*, 354a1-5 e 352c8 e s. e *Leis*, 627d11-628a4.

ela mesma de origem política: é dever do bom cidadão fazer cessar as disputas civis e criar, pela persuasão, o acordo entre os cidadãos.² O filósofo político surge, em primeiro lugar, como um bom cidadão que pode cumprir essa função do bom cidadão da melhor forma e no nível mais alto. Para cumprir essa função, ele tem de levantar questões ulteriores, questões que nunca são levantadas na arena política; mas, ao fazer isso, ele não abandona a sua orientação fundamental, que é a orientação inerente à vida política. Apenas se essa orientação fosse abandonada, se as distinções básicas feitas pela vida política fossem consideradas meramente "subjetivas" ou "não científicas" e, assim, desconsideradas, apenas assim a questão de como abordar as coisas políticas a fim de compreendê-las, vale dizer, a questão do método, tornar-se-ia uma questão fundamental, e, com efeito, *a* questão fundamental.

É verdade que a vida política tem a ver primariamente com a comunidade individual à qual determinado povo pertence, e em sua maior parte com situações individuais, ao passo que a filosofia política tem a ver primariamente com o que é essencial a todas as comunidades políticas. No entanto, há uma via direta e quase contínua que leva do pré-filosófico à abordagem filosófica. A vida política requer vários tipos de habilidade e, em particular, aquela habilidade aparentemente mais alta que torna um homem capaz de bem administrar os negócios da comunidade política como um todo. Essa habilidade – a arte, a prudência, a sabedoria prática, o entendimento específico possuído pelo homem de Estado ou político excelente –, e não "um corpo de proposições verdadeiras" concernentes aos assuntos políticos, transmitido por professores aos seus alunos, é o que originalmente se queria dar a entender por "ciência política". Um homem que possui "ciência política" não é meramente capaz de lidar de forma apropriada com uma grande variedade de situações em sua própria comunidade; ele pode, em princípio, administrar bem os negócios de qualquer outra comunidade política, seja ela "grega" ou "bárbara". Embora toda vida política seja essencialmente a vida desta ou daquela comunidade

---

² Ver Xenofonte, *Memoráveis*, IV 6, 14-15 e contexto; Aristóteles, *Constituição de Atenas*, 28, 5; e, também, a observação de Hume (em seu ensaio "Do Contrato Original"): "Mas os filósofos que abraçaram um partido (se isso não for uma contradição em termos)...". A diferença entre o filósofo político clássico e o cientista político atual é ilustrada pela observação de Macaulay sobre sir William Temple: "Temple não era um mediador. Ele era meramente neutro". Cf. Tocqueville, *De la Démocratie en Amérique*: "*J'ai entrepris de voir, non pas autrement, mais plus loin que les partis*" ["Eu me esforcei para enxergar não de modo diferente, mas mais longe que os partidos."].

política, a "ciência política", que pertence essencialmente à vida política, é essencialmente "transferível" de dada comunidade para qualquer outra. Um homem como Temístocles era admirado e ouvido não apenas em Atenas, mas, depois de fugir de Atenas, pelos bárbaros também; um homem como esse é admirado porque é capaz de dar bons conselhos políticos onde quer que vá.[3]

A "ciência política" designava originalmente a habilidade em virtude da qual um homem podia administrar bem os negócios das comunidades políticas em palavras e ações. A habilidade de falar tem precedência sobre a habilidade de fazer, na medida em que toda ação sensata procede da deliberação, e o elemento da deliberação é o discurso. Da mesma forma, a parte da habilidade política que primeiro se tornou objeto de instrução foi a habilidade de falar em público. A "ciência política" num sentido mais preciso, isto é, enquanto uma habilidade que é essencialmente ensinável, surgiu primeiro como retórica, ou como uma parte dela. O professor de retórica não era necessariamente um político ou homem de Estado; ele era, entretanto, professor de políticos e homens de Estado. Tendo em vista que seus alunos pertenciam às mais diferentes comunidades políticas, o conteúdo do seu ensinamento não podia ficar limitado aos aspectos particulares de nenhuma comunidade política individual. A "ciência política", no nível a que foi alçada como resultado dos esforços dos retóricos, é mais "universal", é "transferível" num grau ainda mais alto do que a "ciência política" entendida como a habilidade do homem de Estado ou político excelente: enquanto homens de Estado ou conselheiros políticos estrangeiros eram exceção, professores de retórica estrangeiros eram a regra.[4]

A filosofia política clássica rejeitou a identificação da ciência política com a retórica; ela defendia que a retórica, no que tinha de melhor, era apenas um instrumento da ciência política. Não obstante, ela não baixou o nível de generalidade que havia sido atingido pelos retóricos. Ao contrário, depois que aquela parte da habilidade política que é a habilidade de falar foi elevada ao nível de uma disciplina particular, a única forma com que os filósofos clássicos puderam enfrentar o desafio foi elevando o todo da "ciência política", tanto

---

[3] Xenofonte, *Memoráveis*, III 6, 2; Tucídides, I 138. Ver, também, Platão, *Lísis*, 209d5-210b2 e *República*, 494c7-d1. Um dos propósitos do *Menexeno* é ilustrar o caráter "transferível" da ciência política: uma estrangeira suficientemente dotada é tão capaz quanto Péricles, ou até mais capaz que ele, para compor um discurso altamente solene em nome da cidade de Atenas.

[4] Platão, *Protágoras*, 319a1-2, e *Timeu*, 19e; Aristóteles, *Ética a Nicômaco*, 1181a12 e s., assim como *Política*, 1246b33-34 e 1299a1-2; Isócrates, *Nicócles*, 9; e Cícero, *De Oratore*, III, 57.

quanto possível ou necessário, ao *status* de disciplina. Ao fazer isso, eles se tornaram os fundadores da ciência política no sentido preciso e final do termo. E a maneira pela qual fizeram isso foi determinada pela articulação que é natural à esfera política.

A "ciência política" como a habilidade do político ou homem de Estado excelente consiste no manejo correto das situações individuais; seus "produtos" imediatos são comandos ou decretos ou conselhos efetivamente expressos, concebidos para lidar com um caso individual. A vida política conhece, entretanto, um tipo ainda mais alto de compreensão política, que tem que ver não com casos individuais, mas, no que tange a cada tema relevante, com todos os casos, e cujos "produtos" imediatos – leis e instituições – devem ser permanentes. Os verdadeiros legisladores – "os pais da Constituição", como diriam os modernos – estabelecem, por assim dizer, a moldura permanente no interior da qual o manejo correto de situações cambiantes por políticos ou homens de Estado excelentes pode ter lugar. Embora seja verdade que o homem de Estado excelente é capaz de agir com sucesso no interior das mais diferentes molduras de leis e instituições, o valor da sua realização depende, em última instância, do valor da causa em cujo serviço ele age; e esta causa não é obra sua, mas a obra daquele ou daqueles que fizeram as leis e instituições da sua comunidade. A habilidade legislativa é, portanto, a habilidade mais "arquitetônica" conhecida na vida política.[5]

Todo legislador está primariamente preocupado com a comunidade individual para a qual legisla, mas ele também não pode deixar de levantar certas questões que concernem a toda a legislação. Essas questões políticas mais fundamentais e mais universais são naturalmente aptas a servir de objeto para o conhecimento político mais "arquitetônico" ou verdadeiramente "arquitetônico": aquela ciência política que é a meta do filósofo político. Essa ciência política é o conhecimento que tornaria um homem capaz de ensinar aos legisladores. O filósofo político que atingiu a sua meta é o professor dos

---

[5] Aristóteles, *Ética a Nicômaco*, 1141b24-29 (compare-se com 1137b13); Platão, *Górgias*, 464b7-8, e *Minos*, 320c1-5; Cícero, *De Officiis*, I, 75-76. A visão clássica foi expressa do seguinte modo por Rousseau, que ainda a compartilhava, ou melhor, que a restaurou: *"S'il est vrai qu'un grand Prince est un homme rare, que sera-ce d'un grand legislateur? Le premier n'a qu'à suivre le modèle que l'autre doit proposer"* ["Se é verdade que um grande príncipe é um homem raro, o que dizer de um grande legislador? O primeiro nada mais tem que fazer além de seguir o modelo que o outro deve propor."] (*Do Contrato Social*, II, 7).

legisladores.⁶ O conhecimento do filósofo político é "transferível" no mais alto grau. Platão demonstrou esse ponto *ad oculos*⁷ em seu diálogo sobre legislação ao apresentar na figura de um estrangeiro o filósofo que é professor de legisladores.⁸ Ele o ilustrou de modo menos ambíguo com a comparação, que ocorre frequentemente em seus escritos, da ciência política com a medicina.

É por ser professor de legisladores que o filósofo político é o árbitro por excelência. Todos os conflitos políticos que surgem no interior da comunidade estão ao menos relacionados, se não procedem dela, com a controvérsia política fundamental: a controvérsia a respeito de que tipo de homem deve governar a comunidade. E a solução correta dessa controvérsia parece ser a base da legislação excelente.

A filosofia política clássica relacionava-se de modo direto com a vida política porque o seu tema central era objeto de controvérsia real na vida política pré-filosófica. Uma vez que todas as controvérsias políticas pressupõem a existência da comunidade política, os clássicos não estão preocupados em sentido primário com a questão de se e por que há, ou deveria haver, uma comunidade política; daí a questão da natureza e propósito da comunidade política não ser a questão central para a filosofia política clássica. Da mesma forma, questionar a desejabilidade ou necessidade da sobrevivência ou independência da comunidade política a que se pertence equivale a incorrer no crime de traição; em outras palavras, a meta última da política externa não é essencialmente controversa. Portanto, a filosofia política clássica não é guiada por questões concernentes às relações externas da comunidade política. Ela se ocupa primariamente da estrutura interna da comunidade política, porquanto essa estrutura interna é essencialmente objeto daquela controvérsia política que envolve essencialmente o perigo da guerra civil.⁹

---

⁶ Considere-se Platão, *Leis*, 630b8-c4 e 631d-632d, e Aristóteles, *Ética a Nicômaco*, 1180a33 e s. e 1109b34 e s., assim como *Política*, 1297b37-38; Cf. Isócrates, *A Nicocles*, 6, e Montesquieu, *O Espírito das Leis*, começo do livro 29. Sobre a diferença entre o cientista político propriamente dito e a habilidade política ver o comentário de Tomás de Aquino à *Ética* de Aristóteles, VI, Lectio 7, e, também, à *Enumeração das Ciências*, cap. 5, de Al Farabi.
⁷ "Aos olhos", a "olho vivo", isto é, tornando visível o que quer demonstrar, no sentido de palpável, evidente, personificando-o, no caso. (N. T.)
⁸ Isso sem falar no fato de que os autores da *Política* [Aristóteles] e da *Ciropédia* [Xenofonte] eram "estrangeiros" quando escreveram esses livros. Cf. *Política*, 1237b27-32.
⁹ Aristóteles, *Política*, 1300b36-39; Rousseau, *Do Contrato Social*, II, 9.

O conflito real entre grupos que lutam pelo poder político dentro da comunidade naturalmente dá ensejo à questão sobre que grupo deve governar ou sobre qual arranjo entre eles representaria a melhor solução – quer dizer, sobre que ordem política seria a melhor. Ou os grupos opostos são meras facções compostas do mesmo tipo de homem (como partidos opostos de nobres ou partidários de dinastias opostas) ou cada um deles representa um tipo humano específico. Apenas neste último caso a disputa atinge a raiz da vida política; então, torna-se evidente para todos, a partir da própria vida política cotidiana, que a questão a respeito de qual tipo de homem deve ter a palavra decisiva é o objeto da controvérsia política mais fundamental.

O objeto imediato dessa controvérsia é a ordem política melhor para dada comunidade política, mas cada resposta a essa questão imediata implica uma resposta à questão universal da ordem política melhor enquanto tal. Não são necessários os esforços dos filósofos para estabelecer de forma evidente essa implicação, pois a controvérsia política tem uma tendência natural a expressar-se em termos universais. Um homem que rejeita a monarquia em Israel não pode evitar fazer uso de argumentos contra a monarquia enquanto tal; um homem que defende a democracia de Atenas não pode evitar usar argumentos em favor da democracia em si. Quando confrontados com o fato de que a monarquia é a melhor ordem política para, digamos, a Babilônia, a reação natural desses homens será considerar que esse fato mostra a inferioridade da Babilônia, e não que a questão da melhor ordem política não tem sentido.

Os grupos ou tipos cujas reivindicações ao governo foram tomadas em consideração pelos filósofos clássicos foram "os bons" (homens de mérito), os ricos, os nobres e o vulgo ou os cidadãos pobres; no proscênio da cena política das cidades gregas, assim como em outros lugares, estava a luta entre ricos e pobres. A reivindicação ao governo baseada no mérito, na excelência humana, na "virtude", parecia a menos controversa: generais corajosos e excelentes, juízes equitativos e incorruptíveis, magistrados sábios e altruístas são em geral preferidos aos seus opostos. De modo que a "aristocracia" (o governo dos melhores) se apresentava como a resposta natural de todos os homens bons à questão natural da ordem política melhor. Como disse Thomas Jefferson, "é a melhor forma de governo aquela que pugna mais e mais eficazmente por alocar uma seleção pura dos *aristoi* naturais nos postos de governo".[10]

---

[10] *Carta a John Adams*, 28 de outubro de 1813.

O que deve ser entendido por "homens bons" era também conhecido a partir da vida política: homens bons são aqueles dispostos, e capazes, a preferir o interesse comum ao seu interesse privado e aos objetos das suas paixões, ou aqueles que, sendo capazes de definir em cada situação o que é a coisa nobre ou justa a fazer, a faz porque ela é nobre e justa e por nenhuma outra razão. Era também geralmente reconhecido que essa resposta dá ensejo a outras questões de significado político quase arrasador: que os resultados que em geral são considerados desejáveis podem ser obtidos por homens de caráter dúbio ou pelo uso de meios injustos; que o "justo" e o "útil" não são simplesmente idênticos; e que a virtude pode levar à ruína.[11]

Assim, tanto a questão central da filosofia política clássica como a resposta típica que ela ofereceu e mesmo o *insight* sobre o alcance das formidáveis objeções feitas contra ela, todas essas coisas pertencem à vida política pré-filosófica, precedem a filosofia política. A filosofia política vai além do conhecimento político pré-filosófico por tentar compreender plenamente as implicações dessas intuições pré-filosóficas, e especialmente ao defender a segunda delas contra os ataques mais ou menos "sofisticados" lançados por homens maus ou perplexos.

Quando a resposta pré-filosófica é aceita, a questão mais urgente tem que ver com os "materiais" e instituições que seriam mais favoráveis ao "governo dos melhores". É principalmente ao responder essa questão, e ao assim elaborar uma "planta baixa" da melhor forma de governo, que o filósofo político se torna professor de legisladores. O legislador encontra-se estreitamente limitado em sua escolha de instituições e leis pelo caráter do povo para o qual legisla, por suas tradições, pela natureza do seu território, por suas condições econômicas, etc. Sua escolha dessa ou daquela lei é normalmente uma acomodação entre o que ele gostaria e o que as circunstâncias permitem. Para fazer essa acomodação de forma inteligente ele deve primeiro saber o que gostaria, ou melhor, o que seria mais desejável em si mesmo. O filósofo político é capaz de responder a essa questão porque não está limitado em suas reflexões por qualquer conjunto particular de circunstâncias, mas é livre para escolher as condições mais favoráveis possíveis – étnicas, climáticas, econômicas e outras – e, assim, determinar que leis e instituições seriam preferíveis sob essas condições. Depois disso, ele tenta preencher o vazio entre o que é desejável em

---

[11] Ver Aristóteles, *Ética a Nicômaco*, 1094b18 e s.; Xenofonte, *Memoráveis*, IV 2, 32 e s.

si mesmo e o que é possível nas circunstâncias dadas, discutindo que sistema de governo e que leis seriam melhores sob vários tipos de condições mais ou menos favoráveis, e, inclusive, que tipos de leis e medidas são apropriadas para conservar qualquer tipo de governo, não importa quão defeituoso. Erigindo assim uma estrutura "realista" sobre a fundação "normativa" da ciência política, ou, falando de modo bem mais adequado, completando assim a fisiologia política com a patologia e a terapêutica política, ele não abandona nem mesmo recua, mas, antes, confirma a sua visão de que a questão da melhor forma de governo é necessariamente a questão central.[12]

Por ordem política melhor os clássicos entediam aquela ordem política que é melhor sempre e em todo lugar.[13] Isso não significa que concebessem essa ordem como necessariamente boa para toda comunidade, como "uma solução perfeita para todos os tempos e para todo lugar": certa comunidade pode ser tão rude ou tão depravada que apenas um tipo de ordem bem inferior é capaz de "fazê-la andar". Mas significa que a bondade da ordem política em efeito em qualquer lugar e a qualquer tempo pode ser julgada apenas em termos daquela ordem política que é a melhor em termos absolutos: "a melhor ordem política" é, assim, não intrinsecamente grega: ela não é mais intrinsecamente grega que a saúde, como mostra o paralelismo entre a ciência política e a medicina. Mas assim como pode acontecer que os membros de uma nação tenham mais probabilidade de ser saudáveis e fortes que os membros de outras, também pode acontecer que uma nação particular tenha maior aptidão natural para a excelência política do que outras.

Quando Aristóteles afirmou que os gregos tinham maior aptidão natural para a excelência política do que as nações do norte ou da Ásia, ele não quis dizer, obviamente, que a excelência política era idêntica à qualidade de ser grego ou mesmo derivada dela; se assim o fizesse, ele não poderia ter elevado as instituições de Cartago à altura das instituições das mais renomadas cidades gregas. Quando, na *República*, Sócrates perguntou a Glauco se a cidade que ele estava fundando seria uma cidade grega, e Glauco respondeu enfaticamente de modo afirmativo, nenhum dos dois queria dizer nada mais que isto: uma cidade fundada por gregos seria necessariamente uma cidade grega. O propósito desse truísmo, ou melhor, da pergunta de Sócrates, era induzir o

---

[12] Platão, *Leis*, 739b8 e s. e o início do livro IV da *Política* de Aristóteles.
[13] Aristóteles, *Ética a Nicômaco*, 1135a4-5.

guerreiro Glauco a submeter a arte da guerra a certa moderação: uma vez que uma proibição geral das guerras não era factível, pelo menos a guerra entre os gregos devia ser mantida dentro de certos limites. O fato de que uma cidade perfeita fundada por Glauco seria uma cidade grega não implica que qualquer cidade perfeita era necessariamente grega: Sócrates considerava possível que a cidade perfeita, que certamente naquele tempo não existia em lugar algum na Grécia, existisse naquele tempo "em algum lugar bárbaro".[14] Xenofonte chegou mesmo a descrever o persa Ciro como *o* governante perfeito, sugerindo que a educação que Ciro recebeu na Pérsia era superior inclusive à educação espartana; e ele não achava impossível que um homem do talante de Sócrates surgisse entre os Armênios.[15]

Em razão da sua relação direta com a vida política, a filosofia política clássica era essencialmente "prática"; por outro lado, não é por acidente que a filosofia política moderna se chama com frequência, a si mesma, "teoria" política.[16] A preocupação primária da primeira não era a descrição, ou a compreensão, da vida política, mas a sua orientação correta. A exigência de Hegel de que a filosofia política se abstenha de conceber um Estado como ele devia ser, ou de ensinar ao Estado como ele deveria ser, e de que ela busque entender o Estado real e presente como algo essencialmente racional equivale a uma rejeição da própria *raison d'être* da filosofia política clássica. Em contraste com a ciência política atual, ou com interpretações bem conhecidas da ciência política atual, a filosofia política clássica perseguia objetivos práticos e era guiada *por* e culminava *em* "juízos de valor". A tentativa de substituir a busca da ordem política melhor por uma ciência política puramente descritiva ou analítica que se abstém de "juízos de valor" é, do ponto de vista dos clássicos, tão absurda quanto a tentativa de substituir a arte de fazer sapatos, vale dizer, sapatos bons e bem ajustados, por um museu de sapatos feitos por aprendizes, ou quanto a ideia de uma medicina que se recuse a distinguir a saúde da doença.

---

[14] Platão, *República*, 427c2-3, 470e4 e s. e 499c7-9; ver, também, *Leis*, 739c3 (compare-se *República*, 373e, com *Fédon*, 66c5-7); *Teeteto*, 175a1-5, *Político*, 262c8-263a1, *Crátilo*, 390a, *Fédon*, 78a3-5 e *Leis*, 656d-657b e 799a e s.; e *Minos*, 316d.

[15] *Ciropédia*, I 1 e 2, III 1, 38-40; compare-se com II 2, 26.

[16] Hegel, *Vorlesungen ueber die Geschichte der Philosophie* [*Lições sobre a História da Filosofia*], Stuttgart, Michelet-Glockner, I, 291: "Wir werden ueberhaupt die praktische Philosophie nicht spekulativ werden sehen, bis auf die neuesten Zeiten" ["Jamais tínhamos visto a filosofia prática tornar-se especulativa até os tempos mais recentes"]. Cf. Schelling, *Studium Generale*, Stuttgart, Glockner, p. 94-95.

Uma vez que as controvérsias versam sobre as "coisas boas" ou "justas", a filosofia política clássica era naturalmente guiada por considerações sobre "bondade" e "justiça". Ela partia das distinções morais tal como são feitas na vida cotidiana, embora conhecesse melhor que o cético dogmático do nosso tempo as formidáveis objeções teóricas a que elas estão expostas. Essas distinções como aquelas entre coragem e covardia, justiça e injustiça, benevolência e egoísmo, gentileza e crueldade, urbanidade e rudeza são inteligíveis e claras para todos os propósitos práticos, quer dizer, na maioria dos casos, sendo de importância decisiva na orientação das nossas vidas: e essa é uma razão suficiente para considerar as questões políticas fundamentais à sua luz.

No sentido em que essas distinções são politicamente relevantes, elas não podem ser "demonstradas", estão longe de ser perfeitamente lúcidas, e estão expostas a graves dúvidas teóricas. Em consequência, a filosofia política clássica dirigiu-se apenas a homens que, em razão das suas inclinações naturais, assim como de sua formação, encaravam essas distinções como evidentes. Ela sabia que é possível talvez silenciar, mas não convencer verdadeiramente as pessoas que não têm "gosto" ou sensibilidade para as distinções morais e a sua significância: nem mesmo o próprio Sócrates foi capaz de converter, ainda que os tenha silenciado, homens como Meleto e Cálicles,[17] admitindo os limites impostos às demonstrações nessa esfera ao adotar o recurso aos "mitos".

O ensinamento político dos filósofos clássicos, em contraste com o seu ensinamento teórico, dirigia-se primariamente não a todos os homens inteligentes, mas a todos os homens decentes.[18] Um ensinamento político que se dirigisse igualmente a homens decentes e indecentes teria parecido a eles, desde o princípio, impolítico, vale dizer, política ou socialmente irresponsável; pois se é verdade que o bem-estar da comunidade política requer que os seus membros sejam guiados por considerações de decência e moralidade, a comunidade política não pode tolerar uma ciência política moralmente "neutra" e que, portanto, tende a enfraquecer a influência dos princípios morais sobre as

---

[17] Meleto e Cálicles, o primeiro apenas mencionado (no *Eutífron*, mas também por Diógenes Laércio, II, entre outros autores) e o segundo personagem do *Górgias* de Platão (cf. 492 e s.), são aqui mencionados como arquétipos de imoralidade ou, como diz Leo Strauss, de falta de sensibilidade para as questões morais: o primeiro, acusador de Sócrates perante os cidadãos de Atenas, é o protótipo do hipócrita e fanático religioso; o segundo, sofista e relativista, despreza os princípios morais em nome da força, do domínio e do poder. (N. T.)

[18] Ver Aristóteles, *Ética a Nicômaco*, 1095 b4-6 e 1140b13-18; Cícero, *Leis*, I, 37-39.

mentes daqueles que se encontram expostos a ela. Expressando a mesma visão de modo um tanto diferente, mesmo que seja verdade que quando os homens falam de justiça eles estão pensando apenas nos seus próprios interesses, seria igualmente verdadeiro que essa ressalva é da essência do homem político, e que ao emancipar-se dela ele deixaria de ser um homem político ou de falar a língua do homem político.

Assim, a atitude da filosofia política clássica em relação às coisas políticas era sempre afim à do homem de Estado esclarecido; não a atitude do observador desprendido que olha para as coisas políticas da mesma maneira com que um zoólogo olha para os peixes grandes que comem os pequenos,[19] ou do "engenheiro" social que pensa em termos de manipulação ou condicionamento ao invés de educação ou libertação, ou do profeta que acredita conhecer o futuro.

Em resumo, a raiz da filosofia política clássica era o fato de que a vida política é caracterizada por controvérsias entre grupos que lutam pelo poder no interior da comunidade política. Seu propósito era solucionar essas controvérsias políticas de caráter típico e fundamental no espírito não do partidário, mas do bom cidadão, e com vistas à ordem que estaria mais em acordo com as exigências da excelência humana. O seu tema central era o tema politicamente controverso mais fundamental entendido da maneira e nos termos em que era entendido na vida política pré-filosófica.

Para cumprir essa função o filósofo tinha de levantar uma questão ulterior que jamais é levantada na arena política. Essa questão é tão simples, elementar e despercebida que não é, a princípio, sequer inteligível, como mostra um bom número de ocorrências descritas nos diálogos platônicos. Essa questão tão particularmente filosófica é "o que é a virtude?". Qual é essa virtude cuja posse – como todo mundo admite espontaneamente ou é reduzido ao silêncio por argumentos irrespondíveis – dá a um homem o mais alto direito a governar? À luz dessa questão, as opiniões comuns sobre a virtude aparecem desde o princípio como tentativas inconscientes de responder a uma questão inconsciente. Num exame mais detido, a sua insuficiência radical é mais especificamente revelada pelo fato de que algumas delas são contraditas por outras opiniões igualmente comuns. Para ser consistente, o filósofo é compelido a

---

[19] Imagem clássica da "lei do mais forte" amplamente utilizada pelos autores antigos e medievais para indicar esse aspecto implacável e amoral da natureza biológica empírica. (N. T.)

conservar uma parte da opinião comum e descartar a outra parte que a contradiz; ele é, assim, levado a adotar uma visão que não mais é geralmente compartilhada, uma visão verdadeiramente paradoxal, que é geralmente considerada "absurda" ou "ridícula".

Mas isso tampouco é tudo. Ele é compelido, em última instância, a transcender não somente a dimensão da opinião comum, da opinião política, mas a dimensão da vida política enquanto tal; porquanto é levado a perceber que a meta última da vida política não pode ser realizada pela vida política, mas apenas por uma vida devotada à contemplação, à filosofia. Essa descoberta é de fundamental importância para a filosofia política, na medida em que determina os limites da vida política, de toda ação e todo planejamento políticos. Além disso, ela implica que o objeto mais alto da filosofia política é a vida filosófica: a filosofia – não enquanto um corpo de conhecimentos, mas como um modo de vida – oferece, assim parece, a solução do problema que mantém a vida política em movimento. Em última instância, a filosofia política se transforma numa disciplina que não mais diz respeito às coisas políticas no sentido ordinário do termo: Sócrates chamou suas investigações de uma busca pela "verdadeira habilidade política", e Aristóteles nomeou a sua discussão sobre a virtude e temas relacionados "uma *espécie* de ciência política".[20]

Nenhuma diferença entre a filosofia política clássica e a filosofia política moderna é mais significativa do que esta: a vida filosófica, ou a vida do "sábio", que era o objeto mais alto da filosofia política clássica, nos tempos modernos deixou quase completamente de ser objeto da filosofia política. No entanto, mesmo esse último passo da filosofia política clássica, por mais absurdo que parecesse à opinião comum, foi não obstante "pressentido" pela vida política pré-filosófica: os homens completamente devotados à vida política eram, por vezes, vistos pela cidade como "gente intrometida", com seus hábitos desinteressantes sendo contrastados com a maior liberdade e maior dignidade da vida mais reservada dos homens que "cuidavam das suas próprias vidas".[21]

A relação direta da filosofia política clássica com a vida política pré-filosófica se devia não ao caráter subdesenvolvido da filosofia ou ciência política clássica,

---

[20] Platão, *Górgias*, 521d7; Aristóteles, *Ética a Nicômaco*, 1094b11 e 1130b26-29 (*Retórica*, 1356a25 e s.).

[21] Aristóteles, *Ética a Nicômaco*, 1142a1-2 (compare-se com 1177a25 e s.), e *Metafísica*, 982b25-28; Platão, *República*, 620c4-7 e 549c2 e s., e *Teeteto* 172c8 e s. e 173c8 e s. Ver, também, Xenofonte, *Memoráveis*, I 2, 47 e s. e II 9, 1.

2. SOBRE A FILOSOFIA POLÍTICA CLÁSSICA

mas à mais madura reflexão. Essa reflexão é resumida na descrição aristotélica da filosofia política como "a filosofia das coisas humanas". Essa descrição nos remete à dificuldade quase intransponível que tinha de ser vencida antes que os filósofos pudessem devotar uma atenção séria às coisas políticas, às coisas humanas. Distinguiam-se as "coisas humanas" das "coisas divinas" ou "naturais", com as últimas sendo consideradas absolutamente superiores em dignidade em relação às primeiras.[22] A filosofia, portanto, ocupava-se, a princípio, exclusivamente das coisas naturais. De modo que, no início, o esforço filosófico dizia respeito apenas negativamente, apenas acidentalmente, às coisas políticas. O próprio Sócrates, o fundador da filosofia política, era famoso como filósofo antes de voltar-se para a filosofia política. Deixados a si mesmos, os filósofos não desceriam de novo à "caverna" da vida política, permanecendo fora dela no que consideravam "a ilha dos bem-aventurados" – a contemplação da verdade.[23] Mas a filosofia, sendo uma tentativa de ascender da opinião para a ciência, relaciona-se necessariamente com a esfera da opinião como seu ponto de partida essencial e, portanto, com a esfera política. De modo que a esfera política avançará necessariamente para o foco do interesse filosófico tão logo a filosofia comece a refletir sobre suas próprias ações. Para entender plenamente o seu próprio propósito e sua natureza, a filosofia tem de entender o seu ponto de partida essencial e, com ele, a natureza das coisas políticas.

Os filósofos, assim como os outros homens que se tornaram conscientes da possibilidade da filosofia, são cedo ou tarde levados a perguntar-se "por que a filosofia?". Por que a vida humana precisa de filosofia, por que é bom, é justo, que as opiniões sobre a natureza do todo sejam substituídas pelo conhecimento genuíno da natureza do todo? Tendo em vista que a vida humana é viver junto ou, mais exatamente, é vida política, a questão "por que a filosofia?" significa "por que a vida política precisa da filosofia?". Essa questão coloca a filosofia perante o tribunal da comunidade política: ela torna a filosofia responsável politicamente. Assim como a própria cidade perfeita de Platão não permite, uma vez constituída, que os filósofos continuem a devotar-se

---

[22] Aristóteles, *Ética a Nicômaco*, 1181b15, 1141a20-b9, 1155b2 e s. e 1177b30 e s. Compare-se o desacordo típico entre o filósofo e o legislador nas *Leis* de Platão, 804b5-c1, com *Menon*, 94e3-4 e a *Apologia de Sócrates*, 23a6-7 (e, também, *República*, 517d4-5, *Teeteto*, 175c5 e *Político*, 267e9 e s.). Compare-se, ainda, Xenofonte, *Memoráveis*, I 1, 11-16, com Sêneca, *Naturales Quaestiones*, I, princípio.

[23] Platão, *República*, 519b7-d7; compare-se com ibidem, 521b7-10.

exclusivamente à contemplação, essa questão, uma vez levantada, proíbe os filósofos de desconsiderar completamente a vida política. A *República* de Platão como um todo, assim como outras obras políticas dos filósofos clássicos, pode ser mais bem descrita como uma tentativa de oferecer uma justificação política da filosofia, mostrando que o bem-estar da comunidade política depende de maneira decisiva do estudo da filosofia. Essa justificação era ainda mais urgente na medida em que o significado da atividade filosófica estava longe de ser geralmente compreendido, com a filosofia sendo objeto de ódio e desconfiança para muitos cidadãos bem intencionados.[24] O próprio Sócrates foi vítima do preconceito popular contra a filosofia.

Justificar a filosofia perante o tribunal da comunidade política significa justificar a filosofia nos termos da comunidade política, vale dizer, por meio de um tipo de argumento que apela não aos filósofos enquanto tais, mas aos cidadãos enquanto tais. Para provar aos cidadãos que a filosofia é permissível, desejável ou mesmo necessária o filósofo tem de seguir o exemplo de Odisseu e partir das premissas que são geralmente acordadas, ou das opiniões geralmente aceitas:[25] ele tem de argumentar *ad hominem* ou "dialeticamente". Desse ponto de vista o adjetivo "política" na expressão "filosofia política" designa não tanto um objeto ou tema quanto um modo de tratamento;[26] desse ponto de vista, eu ia dizendo, "filosofia política" significa primariamente não o tratamento filosófico da política, mas o tratamento político, ou popular, da filosofia, ou, ainda, a introdução política à filosofia – a tentativa de conduzir os cidadãos qualificados, ou melhor, os seus filhos qualificados, da vida política para a vida filosófica. Esse sentido mais profundo da "filosofia política" está bem de acordo com o seu sentido ordinário, pois, em ambos os casos, a "filosofia política" culmina no elogio da vida filosófica. Seja como for, é em última instância porque pretende justificar a filosofia perante o tribunal da comunidade política, colocando-a, portanto, no nível da discussão política,

---

[24] Platão, *República*, 520b2-3 e 494a4-10, *Fédon*, 64b, e *Apologia de Sócrates*, 23d11-7. Compare-se com Cícero, *Tusculanae Disputationes*, II 1, 4, e *De Officiis*, II 1, 2, e Plutarco, *Nícias*, 23.

[25] Xenofonte, *Memoráveis*, IV 6, 15.

[26] Aristóteles, *Política*, 1275b25 (compare-se com a nota de J. F. Gronovius a Grotius, *De Jure Belli*, Prolegomena, § 44) e *Ética a Nicômaco*, 1171a15-20; Políbio, v. 33.5; ver, também, Locke, *Ensaio sobre o Entendimento Humano*, III, 9, §§ 3 e 22. É digno de nota, em especial, o significado pejorativo de "política" na expressão "virtude política" em Platão, *Fédon*, 82a10 e s. e *República*, 430c3-5, e Aristóteles, *Ética a Nicômaco*, 1116a17 e s.

que o filósofo político tem que entender as coisas políticas exatamente como elas são entendidas na vida política.

Na sua filosofia política o filósofo parte, portanto, daquele entendimento das coisas políticas que é natural à vida política pré-filosófica. No princípio, o fato de que determinada atitude habitual ou determinada maneira de agir é geralmente louvada é razão suficiente para considerar essa atitude, ou essa maneira de agir, uma virtude. Mas o filósofo logo é compelido a transcender a dimensão do entendimento pré-filosófico colocando a questão crucial "o que é a virtude?". A tentativa de responder a essa questão conduz a uma distinção crítica entre as atitudes geralmente louvadas que são louvadas justamente e aquelas que não o são; e também ao reconhecimento de determinada hierarquia, desconhecida na vida pré-filosófica, das diferentes virtudes. Essa crítica filosófica das opiniões geralmente aceitas está por trás do fato de Aristóteles, por exemplo, ter omitido a piedade e o sentimento de vergonha da sua lista de virtudes,[27] e de a sua lista começar com a coragem e a moderação (as virtudes menos intelectuais) e, prosseguindo via liberalidade, magnanimidade e as virtudes das relações pessoais, até chegar à justiça, culminando nas virtudes dianoéticas.[28] Ademais, o *insight* sobre os limites da esfera política-moral como um todo só pode ser exposto de maneira completa respondendo à questão da natureza das coisas políticas. Essa questão marca o limite da filosofia política enquanto disciplina prática: embora essencialmente prática em si mesma, a questão funciona como uma espécie de cunha, abrindo a porta para outras cujo propósito não é mais guiar a ação, mas simplesmente entender as coisas como são.[29]

---

[27] *Ética a Eudemo*, 1221a1.
[28] *Ética a Nicômaco*, 1117b23 e s. e *Retórica*, I 5, 6. Ver, também, Platão, *Leis*, 630c e s. e 963e, e *Fedro*, 247d5-7; Xenofonte, *Memoráveis*, IV 8, 11 (compare-se com o seu *Apologia de Sócrates*, 14-16); Tomás de Aquino, *Suma Teológica*, 2.2. quaestio 129 art. 2 e quaestio 58 art. 12.
[29] Ver, por exemplo, Aristóteles, *Política*, 1258b8 e s., 1279b11 e s., e 1299a28 e s.

3. As três ondas da modernidade

Perto do fim da Primeira Guerra Mundial veio a lume um livro com o ominoso título de *O Declínio, ou Ocaso, do Ocidente*.[1] Spengler entendia por Ocidente não aquilo que temos o hábito de chamar de civilização ocidental, a civilização que tem início na Grécia, mas uma cultura que surgiu por volta do ano 1000 na Europa setentrional; a sua noção inclui, sobretudo, a moderna cultura ocidental. De modo que o que ele predisse foi o declínio, ou ocaso, da modernidade. O seu livro é um poderoso documento sobre a crise da modernidade. Que essa crise está aí é algo óbvio mesmo para as menores inteligências. Para entender a crise devemos, primeiro, entender o caráter da modernidade.

A crise da modernidade se revela no fato, ou consiste no fato, de que o moderno homem ocidental não sabe mais o que quer – de que ele não mais acredita poder saber o que é bom ou mau, o que é certo ou errado. Até poucas gerações atrás, era geralmente tido como evidente que o homem podia saber o que é certo e errado, o que é a ordem social justa ou boa ou melhor – numa palavra, que a filosofia política é possível e necessária. Em nosso tempo essa fé perdeu o seu poder. De acordo com a visão predominante, a filosofia política

---

[1] *Der Untergang des Abendlandes*, obra em dois volumes (respectivamente de 1918 e 1922), do filósofo e historiador alemão Oswald Spengler (1880-1936). (N. T.)

é impossível: ela foi um sonho, quiçá um sonho nobre, mas, de todo modo, um sonho. Embora se verifique um amplo acordo nesse ponto, as opiniões diferem sobre a razão pela qual a filosofia política estaria baseada num erro fundamental. Segundo a visão mais difundida, todo conhecimento digno desse nome é conhecimento científico; mas o conhecimento científico não pode validar juízos de valor; ele está limitado a juízos factuais; e, não obstante, a filosofia política pressupõe que juízos de valor podem ser validados racionalmente. Segundo uma visão menos difundida, mas mais sofisticada, a separação predominante entre fatos e valores não se sustenta: as categorias de entendimento teórico, de alguma forma, implicam princípios de avaliação; mas esses princípios de avaliação, assim como as categorias do entendimento, variam historicamente; mudam de época para época; logo, é impossível responder à questão sobre o certo e o errado, ou sobre a melhor ordem social, de maneira validamente universal, de maneira válida para todas as épocas históricas, como a filosofia política exige.

A crise da modernidade é, portanto, primariamente, a crise da filosofia política moderna. Isso pode parecer estranho: por que a crise de uma cultura equivaleria à crise de uma disciplina acadêmica entre tantas outras? Mas a filosofia política não é essencialmente uma disciplina acadêmica: a maioria dos grandes filósofos políticos não foram professores universitários. Acima de tudo, como é geralmente admitido, a cultura moderna é enfaticamente racionalista, ela acredita no poder da razão; de modo que se tal cultura perde a fé na capacidade de a razão validar as suas metas mais altas, ela decerto está em crise.

Qual é, então, a peculiaridade da modernidade? De acordo com uma noção deveras comum, a modernidade é a fé bíblica secularizada; a fé bíblica ultramundana tornou-se radicalmente mundana. Colocando as coisas de forma mais simples: não esperar pela vida no paraíso, mas constituir o paraíso na Terra por meios puramente humanos. Mas isso é exatamente o que Platão pretende fazer na sua *República*: operar a cessação de todo o mal na Terra por meios puramente humanos. E é claro que não se pode dizer que Platão tenha secularizado a fé bíblica. Se a intenção é falar de secularização da fé bíblica é preciso ser bastante mais específico do que isso. Por exemplo, pode-se afirmar que o espírito do capitalismo moderno é de origem puritana. Ou, para dar outro exemplo, Hobbes concebe o homem em termos de uma polaridade fundamental entre orgulho maligno e medo salutar da morte violenta; é aparente que se trata de uma versão secularizada da polaridade bíblica entre o pecado do orgulho e o temor salutar do Senhor. Secularização significa, portanto, a preservação de pensamentos, sentimentos ou hábitos de origem bíblica que se segue à perda ou atrofia da fé bíblica. Mas essa definição nada nos diz a respeito do tipo de ingrediente que é preservado na secularização. Sobretudo, ela não nos diz o que é a secularização, a não ser negativamente: a perda ou atrofia da fé bíblica. No entanto, o homem moderno guiou-se originalmente por um projeto positivo. Talvez esse projeto positivo não pudesse ter sido concebido sem a ajuda de ingredientes remanescentes da fé bíblica; mas se esse é de fato o caso, é algo que não pode ser decidido antes que se tenha entendido o próprio projeto em si.

Mas é possível falar num projeto único? Nada é mais característico da modernidade que a imensa variedade e a frequência da mudança radical em seu interior. A variedade é tão grande que é, inclusive, possível duvidar de que se possa falar em modernidade como algo único. A mera cronologia não estabelece uma unidade significativa: pode haver pensadores nos tempos modernos que não pensam de maneira moderna. Como, então, podemos escapar à arbitrariedade ou ao subjetivismo? Por modernidade entendemos uma modificação radical da filosofia política pré-moderna – uma modificação que aparece primeiro como uma rejeição da filosofia política pré-moderna. Se a filosofia política pré-moderna tem uma unidade fundamental, uma fisionomia própria, a filosofia política moderna, sua oponente, terá a mesma distinção pelo menos por reflexo. Seremos levados a ver que este é, com efeito, o caso, depois que tenhamos fixado o início da modernidade por meio de um critério não arbitrário. Se a modernidade emergiu por um rompimento com o pensamento pré-moderno, as grandes mentes que realizaram esse rompimento deviam ter consciência do que estavam fazendo. Qual foi, então, o primeiro filósofo político a rejeitar explicitamente toda filosofia política anterior como fundamentalmente insuficiente e mesmo má? Não há qualquer dificuldade para responder a essa pergunta: o homem em questão foi Hobbes. Não obstante, um estudo mais detido mostra que o rompimento radical de Hobbes com a tradição da filosofia política apenas continua, mesmo que de maneira bastante original, o que foi feito primeiro por Maquiavel. De fato, Maquiavel questionou não menos radicalmente do que Hobbes o valor da filosofia política tradicional; de fato, ele sustentou, não menos claramente do que Hobbes, que a verdadeira filosofia política começava com ele, embora tenha asseverado a sua pretensão numa linguagem bastante mais discreta em comparação com o que Hobbes iria fazer.

Duas posições de Maquiavel indicam a sua intenção com a maior clareza possível. A primeira diz o seguinte: Maquiavel se encontra em profundo desacordo com a visão disseminada a respeito de como um príncipe deve se conduzir em relação aos seus súditos e amigos; a razão dessa discordância é que ele está preocupado com a verdade factual, prática, e não com devaneios; muitos imaginaram repúblicas e principados que jamais existiram, porque olharam para como o homem deve viver em vez de como ele de fato vive. Maquiavel opõe ao idealismo da filosofia política tradicional uma abordagem realista das coisas políticas. Mas essa é apenas a metade da verdade (ou, em outras palavras, seu realismo é de um tipo peculiar).[2] A outra metade é afirmada por Maquiavel nos seguintes termos: a fortuna é uma mulher que pode ser controlada pelo uso da força.[3] Para entender o significado dessas posições, é preciso lembrar-se do fato de que a filosofia política clássica era uma busca da ordem política melhor, ou do melhor regime enquanto o regime mais conducente à prática da virtude, ou de como o homem deve viver, e que de acordo com a filosofia política clássica o estabelecimento do melhor regime depende necessariamente da enganosa e incontrolável fortuna ou do acaso. Na *República* de Platão, por exemplo, o estabelecimento do melhor regime depende da coincidência, da convergência improvável entre filosofia e poder político. Aristóteles, com o seu assim chamado realismo, concorda com Platão nesses dois aspectos mais importantes: o melhor regime é a ordem mais conducente à prática da virtude e a atualização do melhor regime depende do acaso. Pois, de acordo com Aristóteles, o melhor regime não pode ser estabelecido se a matéria apropriada não estiver disponível, quer dizer, se a natureza do território e do povo disponíveis não for apta ao melhor regime; o fato de essa matéria estar ou não disponível em nada depende da arte do fundador, mas do acaso. Maquiavel parece concordar com Aristóteles ao dizer que não se pode estabelecer a ordem política desejável se a matéria for corrupta, isto é, se o povo for corrupto; mas aquilo que para Aristóteles era uma impossibilidade é para Maquiavel apenas uma dificuldade muito grande: a dificuldade pode ser vencida por um homem extraordinário que usa meios extraordinários para transformar uma matéria corrupta em boa

---

[2] Cf. *O Príncipe*, cap. XV. (N. T.)
[3] Ibidem, cap. XXV. (N. T.)

matéria; esse obstáculo ao estabelecimento do melhor regime, que é o homem enquanto matéria, o material humano, pode ser vencido porque essa matéria que é o homem pode ser transformada.

O que Maquiavel chama de as repúblicas imaginárias dos escritores mais antigos está baseado num entendimento específico da natureza que ele rejeita, ao menos implicitamente. De acordo com esse entendimento, todos os seres naturais, pelo menos todos os seres vivos, são dirigidos para um fim, uma perfeição pela qual anseiam; há uma perfeição específica para cada natureza específica; há, especialmente, uma perfeição do homem que é determinada pela natureza do homem como animal racional e social. A natureza determina a medida, uma medida completamente independente da vontade do homem; isso implica que a natureza é boa. O homem tem um espaço definido no interior do todo, um lugar bastante exaltado; pode-se dizer que o homem é a medida de todas as coisas ou que ele é o microcosmo, mas ele ocupa esse lugar por natureza; o homem tem seu lugar numa ordem que ele não criou. "O homem é a medida de todas as coisas" é o exato oposto de "o homem é o mestre de todas as coisas". O homem tem um lugar dentro do todo: seu poder é limitado; o homem não pode vencer as limitações da sua natureza. Nossa natureza é escrava de muitos modos (Aristóteles) ou, em outras palavras, somos os títeres dos deuses (Platão). Essa limitação se mostra em particular no poder inelutável do acaso. A vida boa é a vida de acordo com a natureza, o que significa permanecer dentro de determinados limites; virtude é essencialmente moderação. Não há diferença a esse respeito entre a filosofia política clássica e o hedonismo clássico, que não é político: não o máximo de prazeres, mas os prazeres mais puros são o desejável; a felicidade depende decisivamente da limitação dos nossos desejos.

Para julgar apropriadamente a doutrina de Maquiavel, devemos considerar que, no aspecto crucial, há um acordo entre a filosofia clássica e a Bíblia, entre Atenas e Jerusalém, apesar da profunda diferença e mesmo do antagonismo entre as duas. De acordo com a Bíblia, o homem é criado à imagem de Deus; a ele é dado dominar todas as criaturas terrestres: a ele não é dado o governo sobre o todo; ele foi posto em um jardim para cultivá-lo e guardá-lo; a ele foi dado um lugar; a justiça é obediência à ordem divinamente estabelecida, exatamente como no pensamento clássico, a justiça é a conformidade com a ordem natural; ao reconhecimento do enganoso acaso corresponde o reconhecimento da providência inescrutável.

Maquiavel rejeita toda a tradição filosófica e teológica. Podemos apresentar seu raciocínio como se segue. As posições tradicionais ou levam à consequência de que as coisas políticas não devem ser levadas a sério (Epicurismo) ou de que elas devem ser entendidas à luz de uma perfeição imaginária – das repúblicas e dos principados imaginários, o mais famoso deles sendo o reino de Deus. Deve-se partir de como os homens vivem; é preciso rebaixar o olhar. O corolário imediato dessa postura é a reinterpretação da virtude: a virtude não deve ser entendida como aquilo em cujo nome a república existe, mas a virtude existe exclusivamente em nome da república; a vida política propriamente dita não está sujeita à moralidade; a moralidade não é possível fora da sociedade política; ela pressupõe a sociedade política; a sociedade política não pode ser estabelecida e conservada dentro dos limites da moralidade pela simples razão de que o efeito ou o condicionado não pode preceder a causa ou condição. Além disso, o estabelecimento da sociedade política, e mesmo da sociedade política mais desejável, não depende do acaso, pois o acaso pode ser vencido ou a matéria corrupta transformada em matéria incorrupta. Há uma garantia para a solução do problema político porque: a) a meta é mais baixa, estando em harmonia com o que a maioria dos homens deseja; e b) o acaso pode ser conquistado. O problema político se transforma em um problema técnico. Como diz Hobbes, "quando as repúblicas vêm a ser dissolvidas pela desordem intestina, a culpa não é dos homens enquanto matéria, mas enquanto produtores delas".[4] A matéria não é corrupta ou viciosa; não há mal no homem que não possa ser controlado; o que se requer não é a graça divina, a moralidade ou a formação do caráter, mas instituições que tenham dentes. Ou, citando Kant, o estabelecimento da ordem social justa não requer, como se tem o hábito de dizer, uma nação de anjos: "duro como possa parecer, o problema do estabelecimento do Estado [i.e, do Estado justo] é solúvel mesmo para uma nação de demônios, contanto que eles tenham bom senso", isto é, contanto que o seu egoísmo seja esclarecido; o problema político fundamental é simplesmente o de "uma boa organização do Estado da qual o homem é, com efeito, capaz".[5]

Para fazer justiça à mudança operada por Maquiavel, deve-se considerar duas grandes mudanças ocorridas depois do seu tempo que, no entanto, estavam em harmonia com o seu espírito. A primeira é a revolução na ciência

---

[4] *Leviatã*, II, 29. (N. T.)
[5] *A Paz Perpétua*, Primeiro Suplemento, § 1. (N. T.)

natural, ou seja, a emergência da moderna ciência natural. A rejeição das causas finais (e, com elas, também do conceito de acaso) destruiu a base teórica da filosofia política clássica. A nova ciência natural diferencia-se de todas as variadas formas da ciência antiga não apenas por causa do seu novo entendimento da natureza, mas, também e especialmente, por conta do seu novo entendimento da ciência: o conhecimento não é mais entendido como fundamentalmente receptivo; a iniciativa de entender é do homem, não da ordem cósmica; ao buscar conhecimento, o homem traz a natureza perante o tribunal da sua razão; ele "põe a natureza em questão" (Bacon); o saber é uma espécie de fazer; o entendimento humano prescreve suas leis à natureza; o poder do homem é infinitamente maior do que antes se acreditava; não somente o homem é capaz de transformar a matéria humana corrupta em matéria humana incorrupta, ou vencer o acaso – mas também toda verdade e todo sentido têm sua origem nele; a verdade e o sentido não são inerentes a uma ordem cósmica que existe independentemente da atividade do homem. Da mesma forma, a poesia passa a não ser mais entendida como a imitação ou reprodução inspirada, mas como criatividade. O propósito da ciência é reinterpretado: *propter potentiam*,[6] voltada ao alívio da condição do homem,[7] à conquista da natureza, ao controle máximo, ao controle sistemático das condições naturais da vida humana. A conquista da natureza implica que a natureza é o inimigo, um caos que deve ser reduzido à ordem; tudo que é bom se deve ao trabalho do homem, não é um dom da natureza: a natureza fornece apenas os materiais quase sem valor.[8] Em consequência, a sociedade política não é, de modo algum, natural: o Estado é simplesmente um artefato, o fruto de um pacto; a perfeição do homem não é seu fim natural, mas um ideal livremente formado pelo próprio homem.

A segunda mudança pós-maquiavélica que se encontra em harmonia com o seu espírito tem a ver exclusivamente com a filosofia política ou moral. Maquiavel havia cortado completamente a conexão entre a política e a lei ou

---

[6] *Scientia propter potentiam*: "saber" ou "ciência" para o poder ou "em nome do poder", um saber que tem o poder – e não o saber por si mesmo – como fim. (N. T.)

[7] *The relief of Man's State*: expressão baconiana utilizada para indicar o reino das ciências e sua finalidade. (N. T.)

[8] *Almost worthless materials*: expressão utilizada por Locke em contexto similar, em seu *Segundo Tratado do Governo Civil*, para indicar o que a natureza oferece ao homem no estado de natureza definido como um estado de escassez e penúria material. (N. T.)

direito natural, vale dizer, a conexão da política com a justiça entendida como algo independente do arbítrio humano. A revolução maquiaveliana chegou à sua força plena apenas quando essa conexão foi restaurada: quando a justiça, ou o direito natural, foi reinterpretada no espírito de Maquiavel. Essa restauração foi principalmente obra de Hobbes. Pode-se descrever a mudança operada por Hobbes do seguinte modo: enquanto antes dele a lei natural era entendida à luz de uma hierarquia dos fins do homem na qual a autopreservação ocupava o lugar mais baixo, Hobbes entendeu a lei natural exclusivamente em termos de autopreservação; em conexão com isso, a lei natural veio a ser entendida primariamente em termos do direito de autopreservação enquanto oposto a toda obrigação ou todo o dever – um desenvolvimento que culmina na substituição da lei natural pelos direitos do homem (com "natureza" dando lugar a "homem" e "lei" sendo substituída por "direitos"). Já no próprio Hobbes o direito natural à autopreservação inclui o direito à "liberdade corporal" e a uma condição na qual o homem não esteja insatisfeito com a vida: ele se aproxima do direito à autopreservação confortável, que está na base da doutrina de Locke. Aqui, tudo o que posso fazer é apontar para o fato de que a ênfase cada vez maior na economia é uma consequência disso. No fim do processo advém a visão de que a afluência universal e a paz são as condições necessárias e suficientes da justiça perfeita.

A segunda onda da modernidade tem início com Rousseau. Rousseau transformou o clima moral do Ocidente tão profundamente quanto Maquiavel. Exatamente como fiz no caso do seu predecessor, vou tentar descrever o caráter do pensamento de Rousseau comentando uma ou duas das suas afirmações. As características da primeira onda da modernidade foram a redução do problema político e moral a um problema técnico, e o entendimento de que o conceito de natureza precisava ser revestido pela civilização entendida como um mero artefato. Ambas as características se tornaram alvo da crítica de Rousseau. Quanto à primeira, "os políticos antigos falavam sem cessar de costumes e virtude; os nossos só falam de comércio e de dinheiro".[9] Rousseau lançou o seu protesto em nome da virtude, da virtude genuína e não utilitária das repúblicas clássicas, contra as doutrinas degradantes e enervantes dos seus predecessores; ele se opôs tanto ao espírito sufocante da monarquia absoluta quanto ao comercialismo mais ou menos cínico das repúblicas modernas. Não

---

[9] *Primeiro Discurso* (*Discurso sobre as Ciências e as Artes*), Segunda Parte. (N. T.)

obstante, Rousseau não foi capaz de restaurar o conceito clássico de virtude como o fim natural do homem, como a perfeição da natureza do homem; ele foi forçado a reinterpretar a virtude em razão de ter-se apropriado do moderno conceito de estado de natureza como o estado no qual o homem se acha no princípio. Ele não se apropriou simplesmente desse conceito estabelecido por Hobbes e desenvolvido por seus sucessores; ele o pensou até o fim: "os filósofos que examinaram os fundamentos da sociedade sentiram, todos, a necessidade de remontar ao estado de natureza, mas nenhum deles chegou até lá".[10] Rousseau chegou porque viu que o homem no estado de natureza é um homem desprovido de tudo o que veio a adquirir por seus próprios esforços. O homem no estado de natureza é sub-humano ou pré-humano; a sua humanidade e racionalidade foram adquiridas por meio de um longo processo. Em linguagem pós-rousseauniana, a humanidade do homem é devida não à natureza, mas à história, ao processo histórico, um processo singular ou único que não é teleológico: o fim do processo ou o seu ápice não foi previsto e não era previsível, mas tornou-se visível apenas com a aproximação da possibilidade de tornar plenamente atual a racionalidade e a humanidade do homem. O conceito de história, isto é, do processo histórico como um processo único no qual o homem se torna humano sem pretendê-lo, é uma consequência da radicalização rousseauniana do conceito hobbesiano do estado de natureza.

Contudo, como podemos saber que determinado estágio do desenvolvimento do homem é o seu ápice? Ou, mais geralmente, como podemos distinguir o bem do mal se o homem é por natureza sub-humano, se o estado de natureza é sub-humano? Cabe-nos repetir: ao homem natural de Rousseau falta não apenas, como acontece com o homem natural de Hobbes, a vida social, mas, também, a racionalidade; ele não é o animal racional, mas o animal que é um agente livre ou, mais precisamente, que possui uma perfectibilidade ou maleabilidade quase ilimitada. Mas como ele deve ser moldado ou moldar-se a si mesmo? A natureza do homem parece ser inteiramente insuficiente para fornecer-lhe uma orientação. A orientação que ela dá a ele está limitada ao seguinte: sob determinadas condições, isto é, em determinado estágio do seu desenvolvimento, o homem é incapaz de preservar a si mesmo a não ser pelo estabelecimento da sociedade civil; no entanto, ele colocaria em risco a sua autopreservação se não garantisse para a sociedade civil uma estrutura de

---

[10] *Segundo Discurso*, "Introdução". (N. T.)

certo tipo, uma estrutura conducente à sua autopreservação: o homem deve obter no interior da sociedade o equivalente pleno da liberdade que possuía no estado de natureza; os membros da sociedade devem ser igualmente sujeitos e inteiramente sujeitos às leis para cuja produção todos devem ser capazes de contribuir; não deve haver possibilidade de apelar das leis positivas a uma lei mais alta, a uma lei natural, pois tal apelo colocaria em risco o império das leis. A fonte da lei positiva, e de nada mais que a lei positiva, é a vontade geral; uma vontade inerente ou imanente à sociedade adequadamente constituída toma o lugar da lei natural transcendente. A modernidade partiu da insatisfação com o abismo entre o ser e o dever ser, o atual e o ideal; a solução sugerida na primeira onda foi aproximar o dever ser do ser rebaixando o dever ser, concebendo o dever ser de maneira a não fazer exigências altas demais aos homens, ou como estando de acordo com a paixão mais poderosa e mais comum do homem; a despeito desse rebaixamento, a diferença fundamental entre ser e dever ser permaneceu; mesmo Hobbes não foi capaz de simplesmente negar a legitimidade da remissão, a partir do ser, da ordem estabelecida ao dever ser, à lei natural ou moral. O conceito rousseauísta da vontade geral que, enquanto tal, é infalível – ao meramente ser a vontade geral é o que deve ser – mostrou como a separação entre o ser e o dever ser podia ser vencida. Em sentido estrito, Rousseau operou essa demonstração apenas com a condição de que a sua doutrina da vontade geral, a sua doutrina política propriamente dita, fosse ligada à sua doutrina do processo histórico, e essa ligação foi obra de seus grandes sucessores, Kant e Hegel, e não do próprio Rousseau. De acordo com essa visão, a sociedade justa ou racional, a sociedade caracterizada pela existência de uma vontade geral conhecida como sendo a vontade geral, em uma palavra, a sociedade ideal é necessariamente atualizada pelo processo histórico sem que o homem tenha a intenção de atualizá-la.

Por que a vontade geral é infalível? Por que a vontade geral é necessariamente boa? A resposta é: ela é boa porque é racional, e ela é racional porque é geral; ela surge através da generalização da vontade particular, da vontade que enquanto tal não é boa. O que Rousseau tem em mente é a necessidade, em uma sociedade republicana, de que todos deem aos seus desejos, ao que demandam dos seus compatriotas, a forma de leis; o cidadão não pode simplesmente dizer: "eu não desejo pagar impostos"; ele deve propor uma lei abolindo os impostos; ao transformar seu desejo em uma possível lei, o cidadão se dá conta da insensatez da sua vontade primária ou particular. É, assim, a mera generalidade de uma vontade que garante a sua bondade; não é necessário recorrer a quaisquer considerações substantivas, a quaisquer considerações a respeito do que a natureza do homem, ou a sua perfeição natural, requer. Esse pensamento da época atingiu a plena claridade na doutrina moral de Kant: o teste suficiente para a bondade de uma máxima da ação é a sua suscetibilidade de tornar-se princípio de legislação universal; a mera forma da racionalidade, vale dizer a universalidade, garante a bondade do conteúdo. Portanto, as leis morais, enquanto leis da liberdade, não são mais entendidas como leis naturais. Os ideais morais e políticos são estabelecidos sem referência à natureza do homem: o homem é radicalmente liberado da tutela da natureza. Argumentos contra o ideal tirados da natureza do homem, conhecidos a partir da incontestável experiência das eras, perdem a importância: o que é chamado de natureza do homem é meramente o resultado do desenvolvimento do homem até agora; é simplesmente o passado humano, que não pode fornecer orientação alguma para o futuro possível do homem; a única orientação a respeito do futuro, a respeito do que os homens devem fazer ou aspirar, é fornecida pela razão. A razão toma o lugar da natureza. Esse é o significado da afirmação de que o dever ser não tem qualquer base no ser.

Isso é tudo sobre aquela parte do pensamento de Rousseau que inspirou Kant e a filosofia idealista alemã, a filosofia da liberdade. Mas há outro pensamento fundamental de Rousseau, não menos importante do que o que acabamos de discutir, que, com efeito, foi abandonado por Kant e seus sucessores, mas que deu frutos em outra parte do globo moderno. O idealismo alemão aceitou e radicalizou a noção de vontade geral e as implicações desse conceito. Ele abandonou as reservas de Rousseau sobre essa linha de raciocínio: "O homem nasceu livre, mas em toda parte está a ferros. Como essa mudança ocorreu? Ignoro-o. O que pode torná-la legítima? Creio poder resolver essa questão".[11] Quer dizer, a sociedade livre, a sociedade caracterizada pela existência da vontade geral em seu interior, distingue-se da sociedade governada despoticamente ao se configurar como servidão legítima em contraste com a servidão ilegítima; ela mesma é servidão. O homem não encontra a sua liberdade em sociedade alguma; ele pode encontrá-la somente retornando da sociedade, não importa em que medida boa ou legítima, para a natureza. Em outras palavras, a autopreservação, o conteúdo do direito natural fundamental

---

[11] *Do Contrato Social*, I, 1. (N. T.)

do qual o contrato social é derivado, não é o fato fundamental; a autopreservação não seria boa se a mera vida, a mera existência, não fosse boa. A bondade da mera existência é experimentada no sentimento da (própria) existência. É esse sentimento que dá ensejo à preocupação com a preservação da existência, a toda atividade humana; mas essa mesma preocupação impede o gozo fundamental e torna o homem triste. Apenas retornando à experiência fundamental o homem pode ser feliz; apenas uns poucos homens são capazes de fazer isso, ao passo que todos os homens são capazes de agir em conformidade com o direito derivado da autopreservação, isto é, viver como cidadão. Do cidadão se exige que cumpra o seu dever; o cidadão deve ser virtuoso. Mas virtude não é bondade. Bondade (sensibilidade, compaixão) sem sentido de dever ou obrigação, sem esforço – não há virtude sem esforço –, é o apanágio do homem natural, do homem que vive nas fronteiras da sociedade sem fazer parte dela. Há uma distância intransponível entre o mundo da virtude, da razão, da liberdade moral e da história, de um lado, e a natureza, a liberdade natural e a bondade, do outro.

Nesse ponto, uma observação geral sobre a noção de modernidade parece apropriada. A modernidade foi entendida desde o princípio por oposição à Antiguidade: a modernidade podia incluir, portanto, o mundo medieval. A diferença entre o moderno e o medieval, de um lado, e a Antiguidade, do outro, foi reinterpretada por volta de 1800 como a diferença entre o romântico e o clássico. No sentido mais restrito, o romantismo foi o movimento de pensamento e sentimento iniciado por Rousseau. Decerto o romantismo é mais claramente moderno que o classicismo em qualquer de suas formas. Talvez o maior documento do fértil conflito entre modernidade e Antiguidade entendido como o conflito entre o romântico e o clássico seja o *Fausto* de Goethe. Fausto é chamado pelo próprio Deus de "um homem bom". Esse bom homem comete crimes atrozes, tanto privados quanto públicos. Não discorrerei aqui sobre o fato de que ele encontra a sua redenção realizando uma ação pública salutar, uma ação que lhe permite viver em uma terra livre entre um povo livre, e que essa ação política salutar não é criminosa ou revolucionária, mas estritamente legítima: o que a torna possível é a concessão de um feudo pelo imperador da Alemanha. Limitar-me-ei a sublinhar o fato de que a bondade de Fausto decididamente não é virtude – quer dizer, que o horizonte moral da obra mais célebre de Goethe foi inaugurado por Rousseau. É verdade que a bondade de Fausto não é idêntica à bondade no sentido de

Rousseau. Enquanto a bondade de Rousseau tem a ver com abster-se da ação, com uma espécie de repouso, a bondade de Fausto é inquieta, uma luta infinita, uma insatisfação com tudo o que é finito, acabado, completo, "clássico". O significado do Fausto para a modernidade, para a maneira com que o homem moderno entende a si mesmo como homem moderno, foi devidamente compreendido por Spengler, que chamou o homem moderno de homem fáustico. Podemos dizer que Spengler substituiu "romântico" por "fáustico" ao descrever o caráter da modernidade.

Da mesma forma que a segunda onda da modernidade está relacionada a Rousseau, a terceira se relaciona a Nietzsche. Rousseau nos coloca frente a frente com a antinomia entre natureza, de um lado, e sociedade civil, razão, moralidade e história, do outro, de tal modo que o fenômeno fundamental se torna o sentimento beatífico da existência – de união e comunhão com a natureza – que pertence inteiramente à dimensão da natureza enquanto distinta da razão e da sociedade. A terceira onda pode ser descrita como constituída por um novo entendimento do sentimento da existência: esse sentimento é a experiência do terror e da angústia em vez da harmonia e da paz, e é o sentimento da existência histórica como necessariamente trágica; o problema humano é, com efeito, insolúvel enquanto problema social, como disse Rousseau, mas não há fuga do humano para o natural; não há possibilidade de felicidade genuína, ou o mais alto de que o homem é capaz não tem nenhuma relação com a felicidade.

A propósito, cito Nietzsche: "todos os filósofos têm o defeito comum de partir do homem atual e acreditar que podem atingir a sua meta por meio de uma análise do homem atual. A ausência de sentido histórico é o defeito congênito de todos os filósofos".[12] A crítica de Nietzsche a todos os filósofos anteriores é uma reelaboração da crítica de Rousseau a todos os filósofos anteriores. Mas o que faz bastante sentido em Rousseau é bastante estranho em Nietzsche; pois entre Rousseau e Nietzsche deu-se a descoberta da história; o século que vai de Rousseau a Nietzsche é o século do sentido histórico. Nietzsche sugere que, até ele, a essência da história havia sido mal compreendida. O mais poderoso filósofo da história foi Hegel. Para Hegel, o processo histórico era um processo racional e razoável, um progresso que culminava no Estado racional, o Estado pós-revolucionário. O cristianismo é a religião verdadeira ou absoluta; mas o

---

[12] *Humano, Demasiado Humano*, I ("Das Coisas Primeiras e Últimas"), 2. (N. T.)

cristianismo, para Hegel, consiste na reconciliação da religião cristã com o mundo, com o *saeculum*, na sua completa secularização, um processo iniciado com a Reforma, continuado pela Ilustração e finalizado no Estado pós-revolucionário, que é o primeiro Estado baseado no reconhecimento dos direitos do homem. No caso de Hegel, somos, com efeito, compelidos a dizer que a essência da modernidade é o cristianismo secularizado, porquanto a secularização é a intenção consciente e explícita de Hegel. De acordo com ele, há um ápice e um fim da história, o que lhe possibilita reconciliar a ideia da verdade filosófica com o fato de que todo filósofo é filho de seu tempo: a filosofia verdadeira e final pertence ao momento absoluto na história, ao ápice da história. O pensamento pós-hegeliano rejeitou a noção de que pode haver um fim ou ápice da história, entendendo o processo histórico como não acabado ou inacabável, embora retendo a crença, agora sem fundamento, na racionalidade ou no caráter progressivo do processo histórico. Nietzsche foi o primeiro a encarar essa situação. O *insight* de que os princípios do pensamento e da ação são históricos não pode ser atenuado pela esperança sem fundamento de que a sequência histórica desses princípios tenha um sentido intrínseco, uma orientação intrínseca. Todos os ideais são resultado de atos da criação humana, de livres projetos humanos que formam o horizonte dentro do qual as culturas específicas são possíveis; eles não se ordenam num sistema; e não há possibilidade de chegar a uma síntese genuína deles. Mas, não obstante, todos os ideais conhecidos alegaram ter um fundamento objetivo: na Natureza ou em Deus ou na razão. O *insight* sobre a história destrói essa alegação e, com ela, todos os ideais conhecidos. Mas é precisamente a percepção da verdadeira origem de todos os ideais – nas criações ou nos projetos humanos – que torna possível um tipo radicalmente novo de projeto, a transvaloração de todos os valores, um projeto que está de acordo com o novo *insight*, embora não possa ser deduzido dele (pois, se assim fosse, ele não se deveria a um ato criador).

Tudo isso, no entanto, não implica que a verdade foi finalmente descoberta – a verdade sobre todos os princípios possíveis de pensamento e ação? Nietzsche parece hesitar entre admitir isso e apresentar o seu entendimento da verdade como o seu projeto ou a sua interpretação. Mas, de fato, ele escolheu a primeira alternativa; ele acreditou ter descoberto a unidade fundamental entre a criatividade do homem e todos os seres: "onde quer que eu tenha achado vida, achei também vontade de poder".[13] A transvaloração de

---

[13] *Assim Falou Zaratustra*, XXXIV. (N. T.)

todos os valores que Nietzsche tenta realizar é, em última instância, justificada pelo fato de que a sua raiz é a mais alta vontade de poder – uma vontade de poder mais alta do que aquela que fez surgir todos os valores anteriores. Não o homem como ele foi até então, mesmo nos exemplos mais elevados, mas apenas o Super-Homem será capaz de viver de acordo com a transvaloração de todos os valores. O *insight* final sobre o ser conduz ao ideal final. Ao contrário de Hegel, Nietzsche não diz que o *insight* final sucede à atualização do ideal final, mas, antes, que o *insight* final abre o caminho para a atualização do ideal final. Nesse sentido, a posição de Nietzsche se assemelha à posição de Marx. Mas há essa diferença fundamental entre Nietzsche e Marx: para Marx, o advento da sociedade sem classes é necessário, ao passo que para Nietzsche o surgimento do Super-Homem depende da livre escolha do homem. Apenas uma coisa é certa para Nietzsche a respeito do futuro: o fim chegou para o homem como ele foi até então; agora o que virá ou é o Super-Homem ou o Último Homem. O Último Homem, o homem mais baixo e decadente, o homem-rebanho sem ideais e aspirações, mas bem alimentado, bem agasalhado, bem abrigado e bem medicado pelos médicos ordinários e pelos psiquiatras é o homem do futuro de Marx, visto de um ponto de vista antimarxista. Ainda assim, a despeito da oposição radical entre Marx e Nietzsche, o estado final ou o ápice é caracterizado aos olhos de ambos pelo fato de que ele marca o fim do reino do acaso: pela primeira vez, o homem será o mestre do seu destino.

Há uma dificuldade que é peculiar a Nietzsche. Para ele, toda vida genuinamente humana, toda alta cultura tem necessariamente um caráter hierárquico e aristocrático; a mais alta cultura do futuro deve estar de acordo com a ordem natural de posições entre os homens, uma ordem que Nietzsche, em princípio, entende em termos platônicos. No entanto, como pode haver essa ordem natural de posições dado o, por assim dizer, poder infinito do Super-Homem? Para Nietzsche, o fato de que quase todos os homens são defeituosos e fragmentários não pode dever-se a um suposto ditame da natureza; mas apenas a uma herança do passado ou da história tal como ela desenvolveu-se até então. Para evitar essa dificuldade, isto é, para evitar o anseio pela igualdade de todos os homens exatamente quando o homem se encontra no ápice do seu poder, Nietzsche precisa da natureza ou do passado como fontes de autoridade ou ao menos como algo inescapável. Contudo, uma vez que essa autoridade não é mais para ele um fato inegável, ele deve querê-la, vale dizer, postulá-la. Esse é todo o sentido da sua doutrina do Eterno Retorno.

O retorno do passado, de todo o passado, tem de ser objeto da vontade se o Super-Homem deve ser possível.

Com certeza a natureza do homem é vontade de poder, e isso significa, no nível primário, a vontade de sobrepujar os outros; o homem não quer por natureza a igualdade. O homem deriva seu gozo de subjugar os outros assim como a si mesmo. Enquanto o homem natural de Rousseau é compassivo, o homem natural de Nietzsche é cruel.

O que Nietzsche diz a respeito da ação política é muito mais indefinido e vago do que o que diz Marx. Em certo sentido, todo uso político de Nietzsche é uma perversão do seu ensinamento. Não obstante, o que ele disse foi lido por homens políticos e os inspirou. Ele é tão pouco responsável pelo fascismo quanto Rousseau foi responsável pelo jacobinismo. Isso quer dizer, entretanto, que ele é tão responsável pelo fascismo quanto Rousseau o foi pelo jacobinismo.

A mim toca tirar uma conclusão política das observações precedentes. A teoria da democracia liberal, assim como a do comunismo, teve a sua origem na primeira e segunda ondas da modernidade; a implicação política da terceira onda provou ser o fascismo. No entanto, esse fato inegável não nos autoriza a retornar às formas mais antigas do pensamento moderno: a crítica nietzscheana do racionalismo moderno ou da moderna crença na razão não pode ser desprezada ou esquecida. E essa é a razão mais profunda para a crise da democracia liberal. A crise teórica não leva necessariamente a uma crise prática, pois a superioridade da democracia liberal em relação ao comunismo, stalinista ou pós-stalininista, é suficientemente óbvia. E, acima de tudo, a democracia liberal, à diferença do comunismo e do fascismo, encontra um apoio poderoso em um modo de pensar que não pode, de modo algum, ser chamado de moderno: o pensamento pré-moderno da nossa tradição ocidental.

4. O direito natural e a abordagem histórica

O ataque ao direito natural em nome da história assume, na maioria dos casos, a forma seguinte: o direito natural alega ser um direito discernível pela razão humana e universalmente reconhecido; mas a história (incluindo a antropologia) nos ensina que tal direito não existe; em lugar da suposta uniformidade, encontramos uma variedade indefinida de noções de direito ou justiça. Ou, em outras palavras, não pode haver direito natural se não houver princípios imutáveis de justiça, mas a história nos mostra que todos os princípios de justiça são mutáveis. Não é possível entender o significado do ataque ao direito natural em nome da história antes que se tenha entendido a profunda irrelevância desse argumento. Em primeiro lugar, "o consentimento de todo o gênero humano" não é, de modo algum, uma condição necessária para a existência do direito natural. Alguns dos maiores mestres do direito natural já argumentaram que, precisamente se o direito natural é racional, a sua descoberta pressupõe o cultivo da razão, de modo que o direito natural não será universalmente conhecido: não se deveria sequer esperar a presença de qualquer conhecimento verdadeiro do direito natural entre selvagens.[1] Em outras palavras, ao provar que não há princípio de jus-

---

[1] Considere-se Platão, *República*, 456b12-c2, 452a7-8 e c6-d1; *Laques*, 184d1-185a3; Hobbes, *De Cive*, II, 1; Locke, *Dois Tratados sobre o Governo Civil*, Livro II, seç. 12, c/c o *Ensaio sobre o Entendimento Humano*, Livro I, cap. III. Compare-se Rousseau, *Discurso sobre a Origem e os Fundamentos*

tiça que não tenha sido negado em algum lugar ou em algum tempo, não se prova, ainda, que qualquer negação determinada foi justificada ou razoável. Além disso, sempre se soube que diferentes noções de justiça tiveram voga em diferentes tempos e nações. É absurdo argumentar que a descoberta de um número ainda maior dessas noções pelos estudiosos modernos tenha, de algum modo, afetado a questão fundamental. Sobretudo, o conhecimento da variedade indefinida de noções de certo e errado está tão longe de ser incompatível com a ideia do direito natural que é inclusive a condição essencial para o surgimento dessa ideia: a consciência da variedade de noções de direito é *o* incentivo para a busca do direito natural. Se a rejeição do direito natural em nome da história pretende ter algum significado, ela deve ter uma base outra que não os meros fatos históricos. A sua base deve ser uma crítica filosófica da possibilidade, ou da cognoscibilidade, do direito natural – crítica, de algum modo, relacionada à "história".

A conclusão que fala da não existência do direito natural em razão da variedade de noções de direito é tão antiga quanto a própria filosofia política. A filosofia política parece ter tido início com a alegação de que a variedade de noções de direito provaria a não existência do direito natural ou, o que dá no mesmo, o caráter convencional de todo direito.[2] Chamemos essa posição de "convencionalismo". Para esclarecer o significado da rejeição atual do direito natural em nome da "história" devemos primeiro assimilar a diferença específica entre o convencionalismo, de um lado, e o "senso histórico" ou "consciência histórica", do outro, característicos do pensamento dos séculos XIX e XX.[3] O convencionalismo pressupunha que a distinção entre natureza e convenção é a mais fundamental de todas as distinções. Ele implicava que a natureza é de

---

da Desigualdade entre os Homens, Prefácio; Montesquieu, *O Espírito das Leis*, I, 1-2; e, também, Marsílio de Pádua, *Defensor Pacis*, II, 12, 8.

[2] Aristóteles, *Ética a Nicômaco*, 1134b24-27.

[3] O positivismo jurídico dos séculos XIX e XX não pode ser simplesmente identificado com o convencionalismo ou com o historicismo. Parece, entretanto, que sua força provém, em última instância, da premissa historicista geralmente aceita em seu tempo (ver Karl Bergbohm, *Jurisprudenz und Rechtsphilosophie*, I [Leipzig, 1892], p. 409 e s.). O rigoroso argumento de Bergbohm contra a possibilidade do direito natural (diferentemente do argumento que pretende apenas mostrar as consequências desastrosas do direito natural para a ordem jurídica positiva) se baseia na "verdade inegável de que nada existe de absoluto e eterno, a não ser o Uno que o homem não é capaz de compreender, mas apenas adivinhar em um espírito de fé" (p. 146 n.), isto é, ele se baseia na suposição de que "as normas com referência às quais julgamos a lei positiva, histórica [...] são elas próprias a prole do seu tempo e, portanto, sempre históricas e relativas" (p. 450 n.).

uma dignidade mais alta que a convenção ou o *fiat* da sociedade, ou que a natureza é a norma. A tese de que o direito e a justiça são convencionais significava que o direito e a justiça não têm nenhuma base na natureza, que eles são, em última instância, contra a natureza, e que têm seu fundamento em decisões explícita ou implicitamente arbitrárias das comunidades: eles não têm outra base que não algum tipo de pacto, e o pacto pode produzir a paz, mas não a verdade. Os adeptos da moderna visão histórica, de seu lado, rejeitam como mítica a premissa de que a natureza é a norma; eles rejeitam, outrossim, a premissa de que a natureza é de uma dignidade mais alta que qualquer produto do homem. Ao contrário, ora eles concebem o homem e suas obras, inclusive as suas diversas noções de justiça, como tão naturais quanto quaisquer outras coisas reais, ora afirmam um dualismo básico entre o reino da natureza e o reino da liberdade ou da história. No último caso, eles sugerem que o mundo do homem, da criatividade humana, encontra-se bem acima da natureza. Da mesma forma, eles não concebem as noções de certo e errado como fundamentalmente arbitrárias, mas buscam descobrir as suas causas; tentam tornar inteligível a sua variedade e sequência; remetendo a sua origem a atos da liberdade, eles insistem na diferença fundamental entre liberdade e arbitrariedade.

Qual o significado da diferença entre as visões antiga e moderna? O convencionalismo é uma forma particular da filosofia clássica. Há obviamente profundas diferenças entre o convencionalismo e a posição assumida por Platão, por exemplo. Mas ambos os lados desse embate clássico estão de acordo a respeito do ponto mais importante: ambos admitem que a distinção entre natureza e convenção é fundamental. Pois essa ideia está implicada na própria ideia da filosofia. Filosofar significa ascender da caverna para a luz do sol, isto é, para a verdade. A caverna é o mundo da opinião enquanto oposta ao conhecimento. A opinião é essencialmente variável. Os homens não podem viver, isto é, eles não podem viver juntos, se as opiniões não forem estabilizadas pelo *fiat* social. Desse modo, a opinião adquire autoridade e se transforma no dogma público ou *Weltanschauung*.[4] Filosofar significa, portanto, ascender do dogma público a um conhecimento que é essencialmente privado. O dogma público é originalmente uma tentativa inadequada de responder à questão a respeito da verdade total ou da ordem eterna.[5] Qualquer visão inadequada da ordem

---

[4] "Visão de mundo" ou "concepção de mundo" em alemão. (N. T.)
[5] Platão, *Minos*, 314b10-315b2.

eterna é, do ponto de vista da ordem eterna, acidental ou arbitrária; ela deve a sua validade não à sua verdade intrínseca, mas ao *fiat* social ou à convenção. A premissa fundamental do convencionalismo é, assim, nada mais que a ideia da filosofia como tentativa de apreender o eterno. Os opositores modernos do direito natural rejeitam precisamente essa ideia. De acordo com eles, todo pensamento é histórico e, logo, incapaz de jamais apreender qualquer coisa de eterno. Enquanto, segundo os antigos, filosofar significa deixar a caverna, para os nossos contemporâneos todo filosofar pertence essencialmente a um "mundo histórico", a uma "cultura", "civilização", a uma "*Weltanschauung*", vale dizer, justamente àquilo que Platão chamou de caverna. Chamaremos essa visão de "historicismo".

Observamos há pouco que a rejeição contemporânea do direito natural em nome da história está baseada não na realidade histórica, mas em uma crítica filosófica da possibilidade ou cognoscibilidade do direito natural. Observamos agora que a crítica filosófica em questão não é particularmente uma crítica do direito natural ou dos princípios morais em geral. Trata-se de uma crítica do pensamento humano enquanto tal. Não obstante, é um fato que a crítica do direito natural teve um papel importante na formação do historicismo.

O historicismo surgiu no século XIX sob a proteção da crença de que o conhecimento ou, ao menos, o pressentimento do eterno é possível. Mas, gradualmente, ele foi minando a crença que o havia abrigado na infância, subitamente aparecendo na nossa época em sua forma madura. A gênese do historicismo é entendida de forma inadequada. No estado presente do nosso conhecimento é difícil dizer em que ponto do desenvolvimento moderno ocorreu o rompimento definitivo com a abordagem "não histórica" que prevalecia na filosofia anterior. Em busca de uma orientação sumária, é conveniente começar com o momento em que o movimento antes subterrâneo veio à superfície e passou a dominar as ciências sociais em plena luz do dia. Esse momento consistiu na emergência da escola de pensamento histórico.

As ideias que orientaram a escola histórica estavam longe de ter um caráter puramente teórico. A escola histórica surgiu em reação à Revolução Francesa e às doutrinas do direito natural que prepararam aquele cataclismo. Ao opor-se à quebra violenta com o passado, a escola histórica insistiu na sabedoria e na necessidade de preservar ou continuar a ordem tradicional. Isso poderia ter sido feito sem uma crítica ao direito natural enquanto tal. Certamente, o direito natural pré-moderno não sancionava o questionamento temerário da ordem estabelecida, ou daquilo que existe aqui e agora, em favor da ordem natural ou racional. Não obstante, os fundadores da escola histórica parecem ter, de alguma forma, concebido que a aceitação de quaisquer princípios universais ou abstratos tem necessariamente um efeito revolucionário, perturbador, desestabilizante no que diz respeito ao pensamento, e que esse efeito é inteiramente independente do fato de os princípios em questão sancionarem, falando em termos gerais, um curso de ação conservador ou revolucionário. Pois o reconhecimento de princípios universais obriga o homem a julgar a ordem estabelecida, ou o que existe aqui e agora, à luz da ordem natural ou racional; e o mais provável é que o que existe aqui e agora prove estar aquém da norma universal e imutável.[6] O reconhecimento de princípios universais tende, assim, a impedir os homens de identificar-se inteiramente com, ou aceitar, a ordem social que o destino lhes reservou. Ela tende a aliená-los do seu lugar na terra, tendendo a torná-los estrangeiros, e até mesmo estrangeiros na própria terra.

Ao negar o significado, quando não a existência, de normas universais, os conservadores que fundaram a escola histórica estavam, de fato, continuando e mesmo intensificando o esforço revolucionário dos seus adversários. Esse esforço era inspirado por uma noção específica do natural. Ele se dirigia tanto contra o não natural e convencional quanto contra o sobrenatural ou ultramundano. Podemos dizer que os revolucionários supunham que o natural é sempre individual e que, portanto, o uniforme é não natural ou convencional. O indivíduo humano devia ser liberado ou liberar-se para poder perseguir não somente a sua felicidade, mas a sua própria versão da felicidade. Isso significava, no entanto, que uma única meta universal e uniforme foi determinada para todos os homens: o direito natural de cada indivíduo era um direito pertencente uniformemente a todo homem enquanto homem. Mas a uniformidade foi pronunciada como não natural, e, portanto, má. Era evidentemente impossível individualizar os direitos em pleno acordo com a diversidade natural dos indivíduos. Os únicos tipos de direitos que não eram nem incompatíveis com a vida social nem uniformes eram os direitos "históricos":

---

[6] "[Les] imperfections [des États], s'il en ont, comme la seule diversité qui est entre eux suffit pour assurer que plusiers en ont..." ["As imperfeições [dos Estados], se eles as possuem, como a simples diversidade que há entre eles é suficiente para assegurar que muitos de fato as possuem...] (Descartes, *Discours de la Méthode*, Part II).

os direitos dos ingleses, por exemplo, em contraste com os direitos do homem. A variedade local e temporal parecia fornecer um meio-termo sólido e seguro entre o individualismo antissocial e a universalidade não natural. Não foi a escola histórica que descobriu a variedade local e temporal das noções de justiça: o óbvio não precisa ser descoberto. O mais que se pode dizer a respeito é que ela descobriu o valor, o encanto, a profundeza íntima do local e temporal, ou que ela descobriu a superioridade do local e temporal sobre o universal. Seria, entretanto, mais prudente dizer que, radicalizando a tendência prevalente em um Rousseau, a escola histórica afirmou que o local e o temporal têm um valor mais alto que o universal. Consequentemente, o que se dizia universal acabou aparecendo como derivado de algo confinado local e temporalmente, como o local e o temporal *in statu evanescendi*.[7] A doutrina estoica da lei natural, por exemplo, deve, assim, começar a ser pensada como um mero reflexo de um estado temporal particular de uma sociedade local particular – da dissolução da cidade grega.

O esforço dos revolucionários dirigia-se contra toda ultramundanidade ou transcendência. A transcendência não é um apanágio da religião revelada. Em um sentido muito importante, ela estava implicada no sentido original da filosofia política como a busca da ordem política natural ou melhor. O melhor regime, como Platão e Aristóteles o entendiam, é, e deve ser, em sua maior parte, diferente do que existe aqui e agora, estando além de todas as ordens existentes. Essa visão da transcendência da melhor ordem política foi profundamente modificada pela maneira com a qual o "progresso" foi entendido no século XVIII, continuando, entretanto, a ser conservada nessa mesma noção oitocentista. Pois, de outro modo, seria impossível aos teóricos da Revolução Francesa condenar todas ou quase todas as ordens sociais que já existiram. Ao negar o significado, quando não a existência, de normas universais, a escola histórica destruiu a única base sólida de todos os esforços para transcender o meramente existente e atual. O historicismo pode, assim, ser descrito como uma forma muito mais extrema da mundanidade moderna do que havia sido o radicalismo francês do século XVIII. Ele decerto agiu como se pretendesse deixar os homens absolutamente em casa "nesse mundo". Uma vez que qualquer princípio universal deixa pelo menos a maioria dos homens potencialmente sem teto, o historicismo depreciou os princípios universais em favor

---

[7] Em seu momento de decadência, em estado de evanescência. (N. T.)

dos princípios históricos. Ele acreditou que, compreendendo o seu passado, a sua herança, a sua situação histórica, os homens poderiam chegar a princípios que seriam tão objetivos quanto os princípios da antiga filosofia política pré-historicista diziam ser, com a vantagem de não serem abstratos ou universais e, portanto, prejudiciais à ação sábia ou à vida autenticamente humana, mas, antes, concretos e particulares – princípios adequados à época ou nação particulares, isto é, relativos a esta ou àquela época ou nação particular.

Ao tentar descobrir normas que, embora objetivas, fossem relativas a situações históricas particulares, a escola histórica reservou aos estudos históricos uma importância bem maior do que eles jamais tiveram. A sua noção do que se podia esperar dos estudos históricos foi, entretanto, não o resultado dos estudos históricos, mas de suposições derivadas direta ou indiretamente da doutrina do direito natural do século XVIII. A escola histórica supôs a existência de "almas coletivas", vale dizer, que nações ou grupos étnicos são unidades naturais, supondo a existência de leis gerais da evolução histórica, por vezes combinando ambas as suposições. Em pouco tempo pareceu haver um conflito entre as suposições que deram ímpeto decisivo aos estudos históricos e os resultados, bem como as exigências, da compreensão histórica genuína. No momento em que essas suposições foram abandonadas, a infância do historicismo chegou ao fim.

O historicismo apareceu, então, como uma forma particular do positivismo, isto é, da escola que sustentava que a teologia e a metafísica haviam sido ultrapassadas de uma vez por todas pela ciência positiva ou que identificou o conhecimento genuíno da realidade com o conhecimento obtido pelas ciências empíricas. O positivismo *stricto sensu* definira "empírico" em termos dos procedimentos das ciências naturais. Mas se verificava um agudo contraste entre a maneira com que os temas históricos eram tratados pelo positivismo propriamente dito e a maneira com a qual eles eram tratados pelos historiadores que, de fato, procediam de modo empírico. Foi precisamente no interesse do conhecimento empírico que se tornou necessário insistir em que os métodos da ciência natural não fossem considerados a norma dos estudos históricos. Além disso, aquilo que a psicologia e a sociologia "científicas" tinham a dizer sobre o homem provou-se trivial e pobre quando comparado ao que podia ser aprendido com os grandes historiadores. Assim, a história foi concebida como o único meio de obter conhecimento empírico e, portanto, sólido do que é verdadeiramente humano, do homem enquanto homem, da sua grandeza e miséria. Uma vez que todas as atividades humanas partem do e voltam para o homem, o estudo empírico da humanidade parecia justificado ao reivindicar uma dignidade mais alta que todos os outros estudos da realidade. A história – a história divorciada de todas as suposições duvidosas ou metafísicas – tornou-se a autoridade maior.

Mas a história provou-se radicalmente incapaz de cumprir o que foi prometido pela escola histórica. A escola histórica teve êxito em desacreditar os princípios universais ou abstratos; ela pensou que os estudos históricos revelariam normas particulares ou concretas. E, não obstante, o historiador imparcial teve de confessar sua incapacidade de derivar quaisquer normas a partir da história: o resultado foi que nenhuma norma objetiva sobreviveu. A escola histórica havia obscurecido o fato de que normas particulares ou históricas podem tornar-se fonte de autoridade apenas com base em um princípio universal que impõe uma obrigação ao indivíduo de aceitar ou curvar-se diante das normas sugeridas pela tradição ou pela situação que o moldou. No entanto, nenhum princípio universal jamais irá sancionar a aceitação de toda norma histórica ou de toda causa vitoriosa, qualquer que ela seja: conformar-se à tradição ou lançar-se na "onda do futuro" não é obviamente melhor, e, decerto, não é sempre melhor, do que queimar o que se cultuou um dia ou resistir à "corrente da história". Assim, todas as normas e padrões sugeridos pela história enquanto tal se provaram fundamentalmente ambíguos e, portanto, inadequados para ser elevados à condição de normas ou padrões. Para o historiador imparcial, o "processo histórico" revela-se como a teia sem sentido em nada mais tecida pelo que os homens fizeram, produziram e pensaram do que pelo acaso total – um conto narrado por um idiota.[8] As normas históricas, as normas excretadas pelo processo sem sentido, perderam a possibilidade de reivindicar a consagração das potências divinas que estariam por trás desse processo. As únicas normas que restaram tinham um caráter puramente subjetivo, normas que não tinham outro apoio que não a livre decisão do indivíduo. Dali em diante, nenhum critério objetivo autorizaria a distinção entre escolhas boas e más. O historicismo culminou em niilismo. A tentativa

---

[8] Referência à célebre passagem de *Macbeth* (ato V, cena 5): "It's [i.e. life] a tale. Told by an idiot, full of sound and fury, signifying nothing" ["A vida é uma estória contada por um idiota, cheia de som e fúria, que não significa nada"]. A bela fala de Macbeth, que ilustra a notícia recém-recebida da morte da rainha, veio, compreensivelmente, a se tornar uma espécie de *leitimotiv* da visão niilista do mundo e do absurdo da vida. (N. T.)

de deixar o homem absolutamente em casa nesse mundo acabou deixando o homem absolutamente sem teto.

A visão de que o "processo histórico" é uma teia sem sentido ou de que não existe algo que se possa chamar de "processo histórico" não era uma novidade. Ela corresponde fundamentalmente à visão clássica. A despeito da oposição considerável vinda dos mais diferentes quadrantes, ela ainda era poderosa no século XVIII. A consequência niilista do historicismo poderia ter sugerido um retorno à posição mais antiga, pré-historicista. Mas o fracasso manifesto da reivindicação prática do historicismo de que ele poderia fornecer uma orientação melhor, mais sólida para a vida do que o pensamento pré-historicista do passado havia feito, não destruiu o prestígio da suposta intuição teórica devida ao historicismo. O clima criado pelo historicismo e o seu fracasso prático foi interpretado como a experiência inaudita da verdadeira situação do homem enquanto homem – uma situação que o homem de tempos passados havia ocultado de si mesmo ao acreditar em princípios universais e imutáveis. Em contraste com a visão mais antiga, os historicistas continuaram a atribuir importância decisiva àquela visão do homem que emerge dos estudos históricos, que, enquanto tais, ocupam-se particular e primariamente não do permanente e universal, mas do variável e único. A história enquanto história parece nos presentear com o espetáculo deprimente de uma vergonhosa variedade de pensamentos e crenças e, sobretudo, da passagem para o nada de todo o pensamento e toda a crença algum dia abraçados pelo homem. Ela parece mostrar que todo pensamento humano depende de contextos históricos únicos que são precedidos de contextos mais ou menos diferentes e que emergem desses seus antecedentes de um modo fundamentalmente imprevisível: os fundamentos do pensamento humano são estabelecidos por experiências ou decisões imprevisíveis. Uma vez que todo pensamento humano pertence a situações históricas específicas, todo pensamento humano está condenado a perecer com a situação à qual pertence e ser suplantado por pensamentos novos e imprevisíveis.

A posição historicista apresenta-se hoje como amplamente apoiada nos resultados dos estudos históricos, ou mesmo como se expressasse um fato óbvio. Mas, se o fato é tão óbvio assim, é difícil entender como ele poderia ter escapado à observação das maiores mentes do passado. Quanto aos resultados dos estudos históricos, os fatos da história, eles são claramente insuficientes para fundamentar a posição historicista. A história nos ensina que dada visão foi abandonada em favor de outra por todos os homens, ou por todos os homens competentes, ou quiçá apenas pelos mais loquazes; ela não nos ensina se a mudança foi boa ou se a visão rejeitada merecia sê-lo. Apenas uma análise imparcial da visão em questão – uma análise que não se deixe ofuscar pela vitória nem se deprimir pela derrota dos partidários da visão em tela – poderia ensinar-nos alguma coisa a respeito do valor da visão e, portanto, a respeito do significado da mudança histórica. Se a tese historicista pretende ter alguma solidez, ela deve basear-se não na história, mas na filosofia: numa análise filosófica capaz de provar que todo pensamento humano depende, em última instância, do destino caprichoso e obscuro e não de princípios evidentes acessíveis ao homem enquanto homem. O estrato básico dessa análise filosófica corresponde a uma "crítica da razão" que supostamente provaria a impossibilidade da metafísica teórica e da ética filosófica ou do direito natural. Uma vez que todas as opiniões éticas e metafísicas possam, a rigor, ser declaradas insustentáveis, quer dizer, insustentáveis no que toca à pretensão de ser simplesmente verdadeiras, o seu destino histórico parece ser necessariamente merecido. E, então, torna-se plausível, embora não muito importante, atribuir a prevalência, em tempos diversos, de diferentes opiniões metafísicas e éticas aos tempos em que elas prevaleceram. Mas isso ainda deixa intacta a autoridade das ciências positivas. O segundo estrato, pois, da análise filosófica na qual o historicismo se encontra apoiado é a prova de que as ciências positivas repousam sobre fundamentos metafísicos.

Tomada em si mesma, essa crítica filosófica do pensamento filosófico e científico – uma continuação dos esforços de Hume e Kant – levaria ao ceticismo. Mas ceticismo e historicismo são duas coisas inteiramente diferentes. O ceticismo se vê como, em princípio, coetâneo ao pensamento humano; o historicismo se entende como pertencente a uma situação histórica específica. Para o cético, todas as afirmações são incertas e, portanto, essencialmente arbitrárias; para o historicista, as afirmações que prevalecem em diferentes tempos e em diferentes civilizações estão muito longe de ser arbitrárias. O historicismo tem suas raízes numa tradição não cética – a tradição moderna que tentou definir os limites do conhecimento humano e que, portanto, admitiu que, dentro de determinados limites, o conhecimento genuíno é possível. Em contraste com todo ceticismo, o historicismo repousa, ao menos parcialmente, numa crítica do pensamento humano que tem a pretensão de articular o que é chamado de "experiência da história".

4. O DIREITO NATURAL E A ABORDAGEM HISTÓRICA

Nenhum homem competente da nossa época consideraria simplesmente verdadeiro o ensinamento completo de qualquer pensador do passado. Em todos os casos pertinentes, a experiência mostrou que o criador de dado pensamento pressupôs muita coisa que não devia ser pressuposta ou que ele não estava a par de certos fatos ou possibilidades que seriam descobertos em uma época posterior. Até agora, todo pensamento mostrou carecer de revisões radicais ou estar incompleto ou limitado em aspectos decisivos. Além disso, olhando para o passado, parecemos observar que todo progresso do pensamento em uma direção foi conseguido ao preço de um retrocesso do pensamento em outro aspecto: quando dada limitação foi superada por um progresso do pensamento, intuições importantes do passado foram invariavelmente esquecidas como consequência desse progresso. No todo, não houve, assim, progresso algum, mas meramente a mudança de um tipo de limitação para outro tipo. Finalmente, parecemos observar que as limitações mais importantes do pensamento de épocas passadas eram de tal natureza que não poderiam ter sido vencidas por nenhum esforço dos pensadores dessas épocas; para nada dizer a respeito de outras considerações, qualquer esforço de pensamento que conduziu à superação de limitações específicas levou à cegueira sobre outros aspectos da realidade. É razoável supor que aquilo que tem invariavelmente acontecido até aqui repetir-se-á indefinidamente no futuro. O pensamento humano é essencialmente limitado, de tal modo que as suas limitações diferem de situação histórica a situação histórica e que a limitação característica do pensamento de determinada época não pode ser superada por nenhum esforço humano. Sempre houve e sempre haverá mudanças de panorama surpreendentes e completamente inesperadas que modificam de modo radical o sentido de todo conhecimento previamente adquirido. Nenhuma visão do todo, e em particular nenhuma visão do todo da vida humana, pode pretender ser final ou universalmente válida. Toda doutrina, não importa em que medida aparentemente final, será suplantada mais cedo ou mais tarde por outra doutrina. Não há razão para duvidar que os pensadores de épocas passadas tiveram *insights* que nos são completamente inacessíveis e que não têm como se nos tornar acessíveis, não importa o cuidado com que estudemos as suas obras, porque nossas limitações nos impedem de sequer suspeitar da possibilidade desses *insights*. Uma vez que as limitações do pensamento humano são essencialmente incognoscíveis, não faz sentido concebê-las em termos de condições sociais, econômicas ou outras, isto é, em termos de fenômenos cognoscíveis ou analisáveis: as limitações do conhecimento humano são determinadas pelo destino.

O argumento historicista tem certa plausibilidade que pode ser facilmente explicada pela preponderância do dogmatismo no passado. Não nos é permitido esquecer a queixa de Voltaire: *nous avons de bacheliers qui savent tout ce que ces grands hommes ignoraient*.[9] À parte isso, muitos pensadores de primeiro time propuseram doutrinas sobre o todo que eles consideravam finais em todos os aspectos importantes – doutrinas que, invariavelmente, provaram ter necessidade de revisão radical. Devemos, assim, abraçar o historicismo como um aliado em nossa luta contra o dogmatismo. Mas o dogmatismo – ou a inclinação a "identificar a meta do nosso pensamento com o ponto no qual nosso pensamento chegou à exaustão"[10] – é tão natural no homem que não parece ser um apanágio do passado. Somos forçados a suspeitar que o historicismo é o disfarce sob o qual o dogmatismo gosta de reaparecer na nossa época. Parece-nos que aquilo que é chamado de "experiência da história" é uma visão panorâmica da história do pensamento tal como essa história veio a ser percebida sob a influência combinada da crença no progresso necessário (ou na impossibilidade de retorno ao pensamento do passado) e da crença no valor supremo da diversidade ou da singularidade (ou do igual direito de todas as épocas e civilizações). O historicismo radical não parece ter mais necessidade dessas crenças. Mas ele jamais examinou se a "experiência" à qual se refere não é produto de crenças tão questionáveis.

Quando falam da "experiência" da história, as pessoas supõem que essa "experiência" é um *insight* global ensejado pelo conhecimento histórico, mas que não pode ser reduzido a ele. Pois o conhecimento histórico é sempre extremamente fragmentado e não raro bastante incerto, ao passo que a suposta experiência é presumivelmente global e exata. No entanto, dificilmente se pode duvidar que a suposta experiência repousa, em última instância, sobre um conjunto de observações históricas. A questão, portanto, é se essas observações permitem afirmar que a aquisição de novos *insights* necessariamente conduz ao esquecimento de importantes *insights* anteriores e que os pensadores do passado não poderiam ter pensado em possibilidades fundamentais que vieram ao centro das atenções em épocas posteriores. É uma óbvia inverdade dizer,

---

[9] "Âme", *Dictionnaire Philosophique*. Paris, Garnier Frères, 1936, I, 19 ("Temos [hoje] bacharéis que sabem tudo o que esses grandes homens ignoravam").
[10] Ver a carta de Lessing a Mendelssohn de 9 de janeiro de 1771.

por exemplo, que Aristóteles não podia ter concebido a injustiça da escravidão, porquanto ele a concebeu. Entretanto, é possível afirmar que ele não podia ter concebido um Estado mundial. Mas por quê? O Estado mundial pressupõe um grau de desenvolvimento tecnológico com o qual Aristóteles não podia sequer sonhar. Esse desenvolvimento tecnológico, por sua vez, exigiu que a ciência fosse vista como estando essencialmente a serviço da "conquista da natureza" e que a tecnologia fosse emancipada de toda supervisão moral e política. Aristóteles não concebeu um Estado mundial porque estava absolutamente seguro de que a ciência é essencialmente teórica e de que a liberação da tecnologia de todo controle moral e político levaria a consequências desastrosas: a fusão das ciências com as artes junto com o progresso ilimitado ou não controlado da tecnologia tornou a tirania perpétua e universal uma séria possibilidade. Somente um incauto diria que a visão de Aristóteles – isto é, as respostas que ele oferece às questões de se a ciência é ou não essencialmente teórica e de se o progresso tecnológico tem ou não de ser submetido a um rigoroso controle moral e político – foi refutada. Mas o que quer que se pense das suas respostas, é certo que as questões fundamentais que elas respondem são idênticas às questões fundamentais que têm pertinência imediata para nós hoje. Ao nos darmos conta disso, percebemos, ao mesmo tempo, que faltava completamente à época que considerou obsoletas as questões fundamentais de Aristóteles a clareza a respeito de quais são as questões fundamentais.

Longe de legitimar a inferência historicista, a história parece antes provar que todo pensamento humano, e certamente todo pensamento filosófico, se ocupa dos mesmos temas ou problemas fundamentais, e, portanto, que existe uma estrutura imutável que persiste em todas as mudanças do conhecimento humano tanto sobre fatos como sobre princípios. Essa segunda inferência é obviamente compatível com o fato de que a clareza sobre esses problemas, a abordagem dada a eles, e as soluções sugeridas diferem mais ou menos de pensador para pensador ou de época a época. Se os problemas fundamentais persistem em toda mudança histórica, o pensamento humano é capaz de transcender suas limitações históricas ou de apreender algo de trans-histórico. Esse seria o caso mesmo que fosse verdade que todas as tentativas de resolver esses problemas estivessem condenadas ao fracasso e que essa condenação se desse em razão da "historicidade" de "todo" pensamento humano.

Deixar as coisas como estão nesse ponto equivaleria a considerar perdida a causa do direito natural. Não poderia haver direito natural se tudo o que o homem pudesse saber sobre direito fosse o problema do direito, ou se a questão dos princípios de justiça admitisse uma variedade de respostas mutuamente excludentes, nenhuma das quais podendo provar-se superior às outras. Não pode haver direito natural se o pensamento humano, a despeito da sua incompletude essencial, não é capaz de resolver o problema dos princípios da justiça de maneira válida e genuína e, portanto, universal. Em termos mais gerais, não pode haver direito natural se o pensamento humano não é capaz de adquirir conhecimento genuíno, universalmente válido e final no interior de uma esfera limitada, ou, falando de outro modo, conhecimento genuíno de objetos específicos. O historicismo não tem como negar essa possibilidade. Pois a sua própria tese implica a sua admissão. Ao afirmar que todo pensamento humano, ou pelo menos todo pensamento humano relevante, é histórico, o historicismo admite que o pensamento humano é capaz de adquirir um *insight* deveras importante que é universalmente válido e que não será de modo algum afetado por surpresas futuras. A tese historicista não é uma afirmação isolada: ela é inseparável de uma visão da estrutura essencial da vida humana. Essa visão tem o mesmo caráter ou a mesma pretensão trans-histórica que qualquer doutrina do direito natural.

A tese historicista se encontra, assim, exposta a uma dificuldade muito séria que não pode ser resolvida, mas apenas evadida ou obscurecida por considerações de caráter mais sutil. O historicismo assevera que todos os pensamentos ou crenças humanos são históricos e, portanto, merecidamente destinados a perecer; mas o próprio historicismo é um pensamento humano; logo, o historicismo pode ter uma validade apenas temporária, ou, em outras palavras, ele não pode ser simplesmente verdadeiro. Formular a tese historicista significa duvidar dela e, assim, transcendê-la. Com efeito, o historicismo pretende ter trazido à luz uma verdade que chegou para ficar, uma verdade válida para todo pensamento, para todos os tempos: não importa o quanto o pensamento mudou ou vá mudar, ele sempre será histórico. No que diz respeito ao *insight* decisivo a propósito do caráter essencial de todo pensamento humano e, assim, do caráter ou da limitação essencial da humanidade, a história chegou a seu fim. O historicista não se mostra impressionado pelo prospecto de que o historicismo possa ser suplantado no tempo devido pela negação do historicismo. Ele está seguro de que tal mudança equivaleria a uma recaída do pensamento humano na sua ilusão mais poderosa. O historicismo viceja ao isentar-se continuamente do seu próprio veredicto a respeito de todo pensamento humano. A tese historicista é autocontraditória ou absurda. Não podemos enxergar o caráter histórico de "todo" pensamento – isto é, de todo pensamento com exceção do *insight* historicista e suas implicações – sem ao mesmo tempo transcender a história, sem apreender algo de trans-histórico.

Se chamarmos todo pensamento que é radicalmente histórico de "visão de mundo global", ou de uma parte dessa visão, devemos dizer: o historicismo não é ele mesmo uma visão de mundo global, mas uma análise de todas as visões de mundo globais, uma exposição do caráter essencial dessas visões. O pensamento que reconhece a relatividade de todas as visões globais tem um caráter diferente do pensamento que está sob o feitiço de, ou que adota uma visão global. O primeiro é absoluto e neutro; o segundo é relativo e comprometido. O primeiro é um *insight* teórico que transcende a história; o segundo é o resultado de um decreto do destino.

O historicista radical se recusa a admitir o caráter histórico da tese historicista. Ao mesmo tempo, ele reconhece o absurdo do historicismo radical como tese teórica. Ele nega, portanto, a possibilidade de uma análise teórica ou objetiva que, enquanto tal, seria trans-histórica, das várias visões globais ou "mundos históricos" ou "culturas". Essa negação foi decisivamente preparada pelo ataque de Nietzsche ao historicismo do século XIX, que se pretendia uma visão teórica. De acordo com Nietzsche, a análise teórica da vida humana que se torna consciente da relatividade de todas as visões globais, e desse modo as deprecia, tornaria a própria vida humana impossível, porquanto destruiria a atmosfera protetora dentro da qual a vida ou cultura ou ação se torna possível. Além disso, uma vez que a análise teórica tem sua base fora da vida, ela jamais será capaz de entender a vida. A análise teórica da vida não é comprometida e é fatal para o comprometimento, e, no entanto, a vida é comprometimento. Para prevenir a ameaça à vida, Nietzsche podia escolher uma de duas vias: ele podia insistir no caráter estritamente esotérico da análise teórica da vida – quer dizer, restaurar a noção platônica da nobre mentira[11] – ou podia negar a possibilidade da teoria propriamente dita e desse modo conceber o pensamento como essencialmente subserviente, ou dependente da vida e do destino. Se não o próprio Nietzsche, em todo caso, os seus sucessores adotaram a segunda alternativa.[12]

---

[11] Cf. *República*, III, 414b e s. (N. T.)
[12] Para compreender essa escolha é preciso considerar sua relação com a simpatia de Nietzsche por Cálicles, de um lado, e a sua preferência pela "vida trágica" em detrimento da vida teórica, do outro

A tese do historicismo radical pode ser formulada como se segue. Toda compreensão, todo conhecimento, não importa quão limitado ou "científico", pressupõe um quadro de referência; pressupõe um horizonte, uma visão global dentro da qual tem lugar o compreender e o conhecer. Apenas essa visão global torna possível qualquer visão, observação e orientação. A visão global do todo não pode ser validada pelo raciocínio, uma vez que é a base de todo raciocínio. Da mesma forma, há uma variedade dessas visões globais, cada uma tão legítima quanto a outra: temos de escolher essa visão sem qualquer orientação racional. É absolutamente necessário escolher uma; neutralidade ou suspensão de juízo são, aqui, impossíveis. Nossa escolha não tem qualquer apoio, a não ser ela mesma; ela não está apoiada em nenhuma certeza objetiva ou teórica; ela está separada do nada, da completa ausência de sentido, por nada mais que a escolha que fazemos dela. A rigor, não podemos escolher entre visões diferentes. Uma única visão global nos é imposta pelo destino: o horizonte no qual têm lugar o nosso entendimento e orientação é produzido pelo destino do indivíduo ou da sua sociedade. Todo pensamento humano depende do destino, de algo que o pensamento não consegue dominar e cujos movimentos não pode antecipar. Ainda assim, o fundamento do horizonte produzido pelo destino é, em última instância, a escolha do indivíduo, uma vez que o destino tem que ser aceito pelo indivíduo. Somos livres no sentido de que somos livres seja para escolher, angustiados, a visão de mundo e as normas que nos são impostas pelo destino, seja para nos perdermos na segurança ilusória ou no desespero.

O historicista radical afirma, assim, que apenas ao pensamento que é ele mesmo comprometido ou "histórico" outro pensamento comprometido ou "histórico" se revela, e, sobretudo, que apenas ao pensamento que é ele mesmo comprometido ou "histórico" se revela o verdadeiro sentido da "historicidade" de todo pensamento genuíno. A tese historicista expressa uma experiência fundamental que, por sua natureza, é incapaz de expressão adequada no nível de pensamento não comprometido ou desinteressado. A evidência dessa experiência pode ser borrada, mas não pode ser destruída pelas inevitáveis dificuldades lógicas de que padecem todas as expressões de experiências desse

(Ver Platão, *Górgias*, 481d e 502b e s., e *Leis*, 658d2-5; compare-se com Nietzsche, *Vom Nutzen und Nachteil der Historie für das Leben*. Leipzig, Insel 1937, p. 73 – *Do Uso e Abuso da História para a Vida*). Essa passagem revela claramente que Nietzsche adotou o que se pode considerar a premissa fundamental da escola histórica.

tipo. Tendo em mente a sua experiência fundamental, o historicista radical nega que o caráter final e, nesse sentido, trans-histórico da tese historicista torne duvidoso o conteúdo dessa tese. O *insight* final e irrevogável sobre o caráter histórico de todo pensamento transcenderia a história apenas se esse *insight* estivesse acessível ao homem enquanto homem e, assim, em princípio, em todos os tempos; mas ele não transcende a história se pertence essencialmente a uma situação histórica específica: essa situação não é somente a condição do *insight* historicista, mas a sua fonte.[13]

Todas as doutrinas do direito natural afirmam que os fundamentos da justiça são, em princípio, acessíveis ao homem enquanto homem. Elas pressupõem, portanto, que uma verdade da maior importância pode, em princípio, ser acessível ao homem enquanto homem. Negando essa pressuposição, o historicismo radical afirma que o *insight* básico sobre a limitação essencial de todo pensamento humano não é acessível ao homem enquanto homem, ou que ele não é o resultado do progresso ou trabalho do pensamento humano, mas um dom imprevisível do destino inescrutável. Deve-se ao destino que a dependência essencial do pensamento em relação ao destino seja percebida agora, e não nos tempos passados. O historicismo tem isso em comum com todo outro pensamento, a saber, a dependência em relação ao destino. Ele difere de todo outro pensamento pela circunstância de que, graças ao destino, foi-lhe dado compreender a dependência radical do pensamento em relação ao destino. Ignoramos completamente as surpresas que o destino pode estar guardando para as gerações vindouras, e o destino pode, no futuro, novamente ocultar o que ele mesmo nos revelou; mas isso não traz prejuízo à verdade dessa revelação. Não é preciso transcender a história para enxergar o caráter histórico de todo pensamento: há um momento privilegiado, um momento absoluto no processo histórico, um momento no qual o caráter essencial de todo pensamento se torna transparente. Ao isentar-se do seu próprio veredicto, o historicismo diz meramente espelhar o caráter da realidade histórica ou ser fiel aos fatos; o caráter autocontraditório da tese historicista, deve-se colocá-lo na conta não do historicismo, mas da realidade.

A suposição de que exista um momento absoluto na história é essencial ao historicismo. Nisso, o historicismo segue sub-repticiamente o precedente

---

[13] A distinção entre "condição" e "fonte" ou "origem" corresponde à diferença entre a "história" da filosofia de Aristóteles no primeiro livro da *Metafísica* e a história historicista.

estabelecido de maneira clássica por Hegel. Ele ensinou que toda filosofia é a expressão conceitual do espírito do seu tempo e, não obstante, sustentou a verdade absoluta do seu próprio sistema de filosofia ao atribuir um caráter absoluto ao seu próprio tempo; ele presumiu que o seu próprio tempo fosse o fim da história e, portanto, o momento absoluto. O historicismo nega explicitamente que o fim da história tenha chegado, mas afirma de modo implícito o oposto: nenhuma possível mudança futura de orientação pode legitimamente tornar duvidosa a intuição decisiva da dependência inescapável do pensamento em relação ao destino, e, com esta, do caráter essencial da vida humana; no aspecto decisivo, o fim da história, isto é, da história do pensamento, chegou. Mas não é lícito simplesmente presumir que se vive ou se pensa no momento absoluto; deve-se, de algum modo, mostrar como o momento absoluto pode ser reconhecido enquanto tal. De acordo com Hegel, o momento absoluto é aquele no qual a filosofia, ou a busca da sabedoria, foi transformada em sabedoria, vale dizer, o momento no qual os enigmas fundamentais foram todos plenamente resolvidos. O historicismo, no entanto, depende inteiramente da negação da possibilidade da metafísica teórica e da ética filosófica do direito natural; ele depende inteiramente da negação da solubilidade dos enigmas fundamentais. De acordo com o historicismo, portanto, o momento absoluto deve ser o momento no qual o caráter insolúvel dos enigmas fundamentais tornou-se plenamente manifesto, ou no qual a ilusão fundamental da mente humana foi desfeita.

Mas é possível reconhecer o caráter insolúvel dos enigmas fundamentais e, ainda assim, continuar a enxergar no entendimento desses enigmas a tarefa da filosofia. Isso não custaria muito: bastaria substituir uma filosofia não historicista e dogmática por uma filosofia não historicista e cética. Mas o historicismo vai além do ceticismo. Ele tem como evidente que a filosofia, no sentido pleno e original do termo, a saber, a tentativa de substituir as opiniões sobre o todo pelo conhecimento do todo, não apenas é incapaz de atingir seu objetivo como é também absurda, porquanto a própria ideia da filosofia repousa sobre premissas dogmáticas, isto é, arbitrárias, ou, mais especificamente, sobre premissas que são apenas "históricas e relativas". Pois é claro que se a própria filosofia, ou a tentativa de substituir as opiniões pelo conhecimento, repousa sobre meras opiniões, a filosofia é absurda.

As tentativas mais influentes de estabelecer o caráter dogmático e, portanto, arbitrário ou historicamente relativo da filosofia propriamente dita procedem segundo as linhas seguintes. A filosofia, ou a tentativa de substituir as opiniões sobre o todo pelo conhecimento do todo, pressupõe que o todo é cognoscível, isto é, inteligível. Essa pressuposição leva à consequência de que o todo como é em si mesmo é identificado com o todo na medida em que é inteligível ou em que pode tornar-se um objeto; ela leva à identificação do "ser" com o "inteligível" ou "objeto"; ela leva à desconsideração dogmática de tudo que não pode tornar-se um objeto, isto é, um objeto para o sujeito do conhecimento, ou à desconsideração dogmática de tudo que não possa ser dominado pelo sujeito. Além disso, dizer que o todo é cognoscível e inteligível equivale a dizer que o todo tem uma estrutura permanente ou que o todo enquanto tal é imutável ou sempre o mesmo. Se esse é o caso, é, em princípio, possível predizer como o todo estará em qualquer tempo futuro: o futuro do todo pode ser antecipado pelo pensamento. A pressuposição mencionada teria a sua raiz na identificação dogmática do "ser" no sentido mais alto com "ser sempre", ou no fato de que a filosofia entende o "ser" de tal modo que "ser" no sentido mais alto deve significar "ser sempre". O caráter dogmático da premissa básica da filosofia teria, assim, sido revelado pela descoberta da história ou da "historicidade" da vida humana. O sentido dessa descoberta pode ser expresso em teses como estas: o que é chamado de "o todo" é, com efeito, sempre incompleto e, portanto, não verdadeiramente todo; o todo está essencialmente mudando de tal maneira que o seu futuro não pode ser predito; o todo como ele é em si mesmo jamais pode ser apreendido, ou não é inteligível; o pensamento humano depende essencialmente de algo que não pode ser antecipado ou que jamais pode ser um objeto ou que jamais poderá ser dominado pelo sujeito; "ser" no sentido mais alto não pode significar – ou, de todo modo, não significa necessariamente – "ser sempre".

Não podemos sequer tentar discutir essas teses. Cumpre, no entanto, deixá-las com a seguinte observação. O historicismo radical nos compele a tomar consciência da importância do fato de que a própria ideia do direito natural pressupõe a possibilidade da filosofia no sentido pleno e original do termo. Ele nos compele ao mesmo tempo a tomar consciência da necessidade de uma reconsideração imparcial das premissas mais elementares cuja validade é pressuposta pela filosofia. A questão da validade dessas premissas não pode ser evitada pela adoção ou pelo apego a uma tradição mais ou menos persistente de filosofia, pois é da essência das tradições encobrir ou ocultar suas humildes fundações erigindo edifícios impressionantes sobre elas. Nada deve ser dito ou feito que possa criar a impressão de que a reconsideração imparcial das premissas mais elementares da filosofia é uma questão meramente acadêmica ou histórica. No entanto, até que essa reconsideração tenha lugar, a questão do direito natural não pode deixar de permanecer uma questão aberta.

Pois não podemos presumir que a questão tenha sido finalmente resolvida pelo historicismo. A "experiência da história" e a experiência menos ambígua da complexidade dos negócios humanos podem borrar, mas não extinguir, a evidência daquelas experiências simples do certo e do errado que estão no fundo da tese filosófica de que existe um direito natural. O historicismo ignora ou distorce essas experiências. Além disso, a tentativa mais extrema de estabelecer o historicismo[14] culminou na afirmação de que, se e quando não houver seres humanos, pode haver *entia*[15] mas não *esse*,[16] isto é, de que pode haver *entia*, ainda que não exista *esse*. Existe uma óbvia relação entre essa afirmação e a rejeição da visão de que o "ser" no sentido mais alto significa "ser sempre". Ademais, sempre houve um agudo contraste entre a maneira com que o historicismo compreende o pensamento do passado e a compreensão genuína do pensamento do passado; a inegável possibilidade de objetividade histórica é explícita ou implicitamente negada pelo historicismo em todas as suas formas. Sobretudo, na transição do historicismo original (teórico) para o radical ("existencialista"), a "experiência da história" jamais foi submetida a uma análise crítica. Deu-se como evidente que se tratava de uma experiência genuína e não de uma interpretação questionável da experiência. Não se levantou a questão de se o que é realmente experimentado não permite uma interpretação inteiramente diferente e possivelmente mais adequada. Em particular, a "experiência da história" não torna duvidosa a visão de que os problemas fundamentais, como os problemas da justiça, persistem ou retêm sua identidade em toda mudança histórica, não importa o quanto eles possam estar obscurecidos pela negação temporária da sua relevância e em que medida podem ser variáveis e provisórias todas as soluções humanas para esses problemas. Ao assimilar esses problemas como problemas, a mente humana se liberta das suas limitações históricas. Não é necessário nada mais que isso para legitimar a filosofia no seu sentido socrático original: a filosofia é conhecimento de que não se sabe; quer dizer, conhecimento do que não se sabe ou consciência dos

---

[14] Leo Strauss se refere manifestamente ao existencialismo de Heidegger. (N. T.)
[15] Seres, entes. (N. T.)
[16] Ser. (N. T.)

problemas fundamentais e, com eles, das alternativas fundamentais de solução que são coetâneas ao pensamento humano.

Se a existência e mesmo a possibilidade do direito natural permanecerá uma questão aberta, enquanto a questão entre historicismo e filosofia não historicista não for resolvida, nossa necessidade mais urgente é entender essa questão. A questão não será entendida se for vista meramente da maneira pela qual se apresenta do ponto de vista do historicismo; ela também deve ser vista da maneira pela qual se apresenta do ponto de vista da filosofia não historicista. Isso significa, para todos os efeitos práticos, que o problema do historicismo deve primeiro ser considerado do ponto de vista da filosofia clássica, que é o pensamento não historicista na sua forma pura. Nossa necessidade mais urgente pode, assim, ser satisfeita apenas por meio de estudos históricos que nos permitam entender a filosofia clássica exatamente como ela se entendeu, e não da maneira pela qual ela se apresenta com base no historicismo. Precisamos, em primeiro lugar, de um entendimento não historicista da filosofia não historicista. Mas precisamos, de modo não menos urgente, de um entendimento não historicista do historicismo, vale dizer, de um entendimento da gênese do historicismo que não parta do princípio de que o historicismo está com a razão.

O historicismo supõe que a virada do homem moderno na direção da história implicou o pressentimento e, eventualmente, a descoberta de uma dimensão da realidade que havia escapado ao pensamento clássico, a saber, a dimensão histórica. Uma vez que se considere evidente essa suposição, é inevitável que no fim se seja forçado na direção do historicismo extremo. Mas se o historicismo não puder ser considerado simplesmente óbvio e evidente, torna-se inevitável perguntar se aquilo que foi aclamado no século XIX como uma descoberta não foi, de fato, uma invenção, isto é, uma interpretação arbitrária de fenômenos que sempre foram conhecidos e que foram interpretados muito mais adequadamente antes da emergência da "consciência histórica" do que depois. Temos que levantar a questão de se o que foi chamado de "descoberta" da história não é, de fato, uma solução artificial e improvisada para um problema que pôde surgir apenas com base em premissas bastante questionáveis.

Eu sugiro abordar a questão do seguinte modo. "História" significou ao longo dos tempos primariamente história política. Da mesma forma, o que é chamado "descoberta" da história é obra não da filosofia em geral, mas da filosofia política. Foi uma dificuldade peculiar à filosofia política do século

XVIII que levou ao surgimento da escola histórica. A filosofia política do século XVIII era uma doutrina do direito natural. Ela consistia em uma interpretação peculiar do direito natural, a saber, a interpretação especificamente moderna. O historicismo é a consequência última da crise do moderno direito natural. A crise do moderno direito natural ou da filosofia política moderna pôde tornar-se uma crise da filosofia enquanto tal apenas porque nos séculos modernos a filosofia enquanto tal havia sido politizada por completo. Originalmente, a filosofia era a busca humanizante da ordem eterna, sendo, portanto, uma fonte pura de inspiração e aspiração humanas. A partir do século XVII, a filosofia tornou-se uma arma e, assim, um instrumento. A politização da filosofia foi identificada como a raiz dos nossos problemas por um intelectual que denunciou a traição dos intelectuais.[17] No entanto, ele cometeu o erro fatal de ignorar a diferença essencial entre intelectuais e filósofos. Ao fazer isso, mostrou ser vítima da ilusão que denunciou. Pois a politização da filosofia consiste precisamente nisso, em que a diferença entre intelectuais e filósofos – uma diferença antes conhecida como a diferença entre cavalheiros e filósofos, de um lado, e entre sofistas ou retóricos e filósofos, do outro – fica borrada e desaparece, por fim.

---

[17] Leo Strauss se refere ao francês Julien Benda, autor de *La Trahison des Clercs* (1927). (N. T.)

5. Um epílogo

O que se pode chamar de nova ciência da política surgiu pouco antes da Primeira Guerra Mundial; ela se tornou preponderante, ao mesmo tempo que chegou à sua forma madura ou final, antes, durante e imediatamente depois da Segunda Guerra. Não é forçoso afirmar que ela seja um produto ou sintoma da crise do mundo ocidental moderno – de um mundo que se gabava de destacar-se por uma liberdade e um humanitarismo cada vez mais amplos; mas ela é, certamente, contemporânea dessa crise.

A nova ciência política compartilha com os ingredientes mais conhecidos do nosso mundo em crise a circunstância de ser um fenômeno de massa. Ser um fenômeno de massa está intimamente ligado ao fato de ela ter seus altos e baixos e de ser controlada por um punhado de formadores de opinião – um pequeno número de homens responsáveis pelos grandes avanços no topo com o grande número no andar de baixo seguindo os caminhos projetados por eles. Ela exerce grande autoridade no Ocidente, sobretudo nesse país.[1] Ela controla departamentos inteiros de ciência política em grandes universidades. E tem o apoio de fundações extremamente ricas que lhe dedicam uma confiança sem limites e bolsas incrivelmente generosas. Apesar de tudo isso, o risco é pequeno para quem se coloca contra ela. Porquanto os seus devotos

[1] EUA. (N. T.)

se encontram obrigados por algo como um juramento hipocrático a subordinar todas as considerações de segurança, ganho e autoridade à preocupação com a verdade. A dificuldade se encontra em outro lugar. Não é fácil libertar a própria mente da influência de uma autoridade aparentemente benéfica, qualquer que seja ela, pois essa libertação requer que pisemos fora do círculo fascinante e encantado traçado pela autoridade a ser questionada.

Ainda assim, é preciso fazer o esforço necessário. A própria nova ciência política deve exigi-lo. Pode-se dizer que exatamente porque se trata de uma autoridade que opera em um ambiente democrático, ela deve prestar contas de si mesma àqueles que lhe estão submetidos ou assim devem estar. Por melhor e mais benéfica que ela seja, trata-se de uma novidade. Que tenha surgido tão tarde não é provavelmente nenhuma surpresa: resistências profundas tiveram de ser vencidas passo a passo em um processo de longa duração. Precisamente porque a nova ciência política se constitui, supostamente, na abordagem madura das coisas políticas, ela pressupõe a experiência do fracasso das abordagens anteriores. Nós mesmos, hoje, não vivemos mais essa experiência: outros ("George") viveram-na para nós. Não obstante, contentar-se com isso não fica bem para homens de ciência; homens de ciência não podem se contentar em ouvir dizer ou com lembranças vagas. A isso pode ser objetado que as resistências à nova ciência política não desapareceram por completo: o velho Adão ainda vive. Mas precisamente porque isso é assim, a nova ciência política, sendo um empreendimento racional, deve ser capaz de conduzir o velho Adão, por meio de argumentos perfeitamente lúcidos, coerentes e sólidos, para fora do deserto que ele erroneamente toma por paraíso em direção aos novos pastos verdejantes que ela anuncia. Ela deve deixar de exigir de nós, com a postura de um sargento, um rompimento limpo e não mediado com nossos hábitos anteriores, isto é, com o senso comum; ao contrário, cabe-lhe nos prover de uma escada com a qual possamos ascender, com plena clareza do que estamos fazendo, do senso comum para a ciência. A nova ciência política deve começar a aprender a olhar com simpatia para os obstáculos a si mesma se deseja ganhar a simpatia dos melhores homens da próxima geração – os jovens detentores daquelas qualidades intelectuais e morais que impedem os homens de simplesmente seguir as autoridades, para não dizer os modismos.

A mudança razoavelmente recente na ciência política encontra paralelos nas outras ciências sociais. Não obstante, a mudança no interior da ciência política parece ser, a um só tempo, mais pronunciada e mais limitada. A razão para isso é que a ciência política é a mais velha das ciências sociais e, portanto, querendo ou não, um campo de atividade permeado por antigas tradições que resistem à inovação. A ciência política tal qual a encontramos hoje é bem mais heterogênea que qualquer outra ciência social. "Direito público" e "Direito Internacional" eram temas bem estabelecidos da ciência política séculos antes que "política e partidos" e "relações internacionais", ou mesmo a sociologia, entrassem em cena. Se olharmos em volta, poderemos observar que a profissão de cientista político contém uma robusta minoria de direita, composta pelos mais rígidos adeptos da nova ciência política, ou "behavioristas", uma pequena minoria de esquerda, composta pelos que rejeitam a nova ciência política até a raiz, e um centro, composto por cientistas políticos antiquados, homens que estão preocupados em entender as coisas políticas sem grande preocupação com as questões "metodológicas", ainda que muitos desses tenham entregado a sua consciência "metodológica" à guarda dos adeptos mais rígidos da nova ciência política e, por isso, continuem com a sua prática antiquada apenas com certo desconforto de consciência. Pode parecer estranho eu ter chamado os adeptos mais rigorosos da nova ciência política de direita e seus oponentes mais intransigentes de esquerda, tendo em vista que os primeiros são liberais quase até o último homem e os últimos exalam certo ar de conservadorismo. No entanto, desde que passei a ouvir os intransigentes oponentes da nova ciência política ser descritos como heterodoxos, fui levado a inferir que a nova ciência política é a ortodoxia da profissão, e a direita é o lugar natural de toda ortodoxia.

Um adepto rígido da nova ciência política descartará as observações que vêm a ser feitas como irrelevâncias sociológicas ou semiestatísticas que não guardam qualquer relação com a única questão importante, a questão da solidez da nova ciência política, do seu caráter de verdade. Formular essa questão significa trazer à tona a diferença fundamental entre a nova ciência política e a antiga. Para evitar ambiguidades, irrelevâncias e tergiversações, o melhor a fazer é comparar a nova ciência política diretamente com o "original" da ciência antiga, quer dizer, com a ciência política aristotélica.

Para Aristóteles a ciência política é idêntica à filosofia política porque a ciência é idêntica à filosofia. Há dois gêneros de ciência ou filosofia, o teórico e o prático, ou político; a ciência teórica se subdivide em matemática, física (ciência natural) e metafísica; a ciência prática em ética, economia (a administração do lar) e ciência política em sentido estrito; a lógica não pertence à filosofia ou ciência propriamente ditas, mas é, por assim dizer, o prelúdio da filosofia ou da ciência. A distinção entre filosofia e ciência ou a separação entre ciência e filosofia foi uma consequência da revolução ocorrida no século XVII. Essa revolução foi primariamente não a vitória da ciência sobre a metafísica, mas o que se poderia chamar de a vitória da nova filosofia ou ciência sobre a filosofia ou ciência aristotélica. Contudo, a nova filosofia ou ciência não foi igualmente bem-sucedida em todas as suas partes. A sua parte mais bem-sucedida foi a física (e a matemática). Antes da vitória da nova física, não havia a ciência da física pura e simplesmente; havia a física aristotélica, a física platônica, a física epicurista, a física estoica; em uma linguagem mais direta, não havia física metafisicamente neutra. A vitória da nova física levou ao surgimento de uma física que parece ser tão metafisicamente neutra quanto, digamos, as matemáticas, a medicina ou a arte de fazer sapatos. O aparecimento de uma física metafisicamente neutra possibilitou à ciência tornar-se independente da "filosofia" e, de fato, uma autoridade para ela. Ele pavimentou o caminho para o surgimento de uma ciência econômica independente da ética, da sociologia como o estudo de associações não políticas entendidas como não inferiores em dignidade à própria associação política, e, por fim, embora não por isso menos importante, para a separação da ciência política em relação à filosofia política, assim como para a separação da economia e da sociologia da própria ciência política.

Ademais, a distinção aristotélica entre ciências teóricas e práticas implica que a ação humana tem princípios próprios que são conhecidos de forma independente em relação à ciência teórica (física e metafísica), e, portanto, que as ciências práticas não dependem das ciências teóricas nem são deriváveis delas. Os princípios da ação são os fins naturais para os quais o homem está, por natureza, inclinado e dos quais ele tem, por natureza, alguma percepção. Essa percepção ou apreensão dos princípios é a condição necessária para ele buscar e encontrar meios apropriados para seus fins, ou para ele tornar-se prudente ou sábio no âmbito prático. Em contraste com a sabedoria política, é a própria ciência prática que estabelece coerentemente os princípios da ação e as regras gerais da prudência ("sabedoria proverbial"). A ciência prática levanta questões que no interior da experiência prática ou política, ou de todo modo com base nessa experiência, revelam ser as questões mais importantes, que, entretanto, não são feitas, e muito menos respondidas, com suficiente clareza pela própria sabedoria prática. A esfera governada pela prudência é, em princípio, autossuficiente ou fechada. No entanto, a prudência está sempre ameaçada por falsas doutrinas sobre o todo do qual o homem é parte, por opiniões teóricas falsas; a prudência tem, assim, sempre necessidade de ser defendida contra essas opiniões, e essa defesa é necessariamente teórica. A teoria que defende a prudência é, entretanto, mal interpretada quando é tomada como a base da prudência. Essa complicação – o fato de que a esfera da prudência é, como parece, apenas *de jure*, embora não *de facto*, completamente independente da ciência teórica – torna compreensível, embora não justifique por si mesma, a visão subjacente à nova ciência política de que nenhuma consciência inerente à prática, e, em geral, nenhuma consciência natural é conhecimento genuíno, ou, em outras palavras, que apenas o conhecimento "científico" é conhecimento genuíno. Essa visão tem como implicação que não podem existir ciências práticas propriamente ditas ou que a distinção entre ciências práticas e teóricas deve ser substituída pela distinção entre ciências teóricas e ciências aplicadas, com estas últimas correspondendo às ciências que têm como base as ciências teóricas que as precedem no tempo e na ordem de pesquisa. Ela implica, sobretudo, que as ciências que versam sobre os negócios humanos são essencialmente dependentes das ciências teóricas – especialmente da psicologia que, no esquema aristotélico, é o objeto mais alto da física, para não dizer que constitui a transição da física para a metafísica – ou que os próprios negócios humanos se tornam objeto de ciências teóricas que devem ser suplementadas por ciências aplicadas, como o estudo das políticas públicas ou as ciências de engenharia social. De modo que a nova ciência política não mais se baseia na experiência política, mas no que hoje se chama de psicologia científica.

O terceiro ponto a ser observado é que, de acordo com a visão aristotélica, a consciência (*awareness*) dos princípios da ação mostra-se principalmente, e em um grau mais alto, no discurso público dotado de autoridade, particularmente no direito e na legislação, em contraste com o discurso meramente privado. De modo que a ciência política aristotélica vê as coisas políticas da perspectiva do cidadão. Considerando que existe, necessariamente, uma variedade de perspectivas cidadãs, o cientista ou filósofo político deve tornar-se o árbitro, o juiz imparcial; a sua perspectiva abarca as perspectivas partidárias porque ele possui uma apreensão mais abrangente e mais clara dos fins naturais do homem e de sua ordem natural do que os partidos em disputa. A nova ciência política, por outro lado, olha para as coisas políticas de fora, da perspectiva do observador neutro, a mesma perspectiva da qual se olharia para triângulos ou peixes, embora ou porque ela tenha o desejo de vir a "manipulá--las"; ela vê os seres humanos da mesma forma que um engenheiro veria os materiais a ser usados na construção de pontes. Segue-se que a linguagem da ciência política aristotélica é idêntica à linguagem do homem político; raramente ele usa um termo que não teve sua origem na ágora e que não seja de uso comum ali; mas a nova ciência política não pode sequer começar a falar sem antes haver elaborado um extenso vocabulário técnico.

O quarto ponto é que a ciência política aristotélica necessariamente avalia as coisas políticas; o conhecimento no qual ela culmina tem o caráter do conselho categórico ou da exortação. A nova ciência política, por outro lado, concebe os princípios da ação como "valores" que são meramente "subjetivos"; o conhecimento que ela comunica tem o caráter da predição e apenas secundariamente do conselho ou da advertência hipotética e condicional.

Quinto ponto: segundo a visão aristotélica, o homem é um ser *sui generis*, com uma dignidade toda própria – o homem é o animal racional e político. O homem é o único ser capaz de preocupar-se com o respeito próprio; o homem pode respeitar a si mesmo porque ele pode desprezar a si mesmo; ele é "o animal de bochechas rubras",[2] o único ser a possuir um sentido de vergonha. A sua dignidade é, assim, baseada na sua consciência do que deve ser ou de como deve viver. Uma vez que há uma conexão necessária entre a moralidade (como o homem deve viver) e a lei, há também uma conexão necessária entre a dignidade do homem e a dignidade da ordem pública: o político é *sui generis* e não pode ser entendido como derivável do subpolítico. A pressuposição que informa todo esse raciocínio é a de que o homem se distingue radicalmente do não humano, igualmente de deuses e animais irracionais, uma pressuposição ratificada pelo senso comum, pelo entendimento que o cidadão tem das coisas; quando o cidadão demanda ou rejeita, digamos, "que todos estejam livres da privação",[3] ele não quer dizer liberdade de privação para tigres, ratos ou piolhos. Essa pressuposição aponta uma pressuposição mais fundamental, de acordo com a qual o todo consiste em partes essencialmente diferentes. A nova ciência política, por outro lado, baseia-se na premissa fundamental de que não existem diferenças essenciais ou irredutíveis: há apenas diferenças de

---

[2] Nietzsche, *Assim Falou Zaratustra*, II, 3 (XXV). (N. T.)

[3] Uma das "quatro liberdades" tematizadas por Franklin Roosevelt num célebre discurso pronunciado diante do Congresso dos EUA, em 6 de janeiro de 1941. (N. T.)

grau; em particular, existe apenas uma diferença de grau entre os homens e os animais irracionais ou entre homens e robôs. Em outras palavras, de acordo com a nova ciência política, ou com a ciência universal da qual a nova ciência política é uma parte, compreender uma coisa significa compreendê-la em termos da sua gênese e de suas condições e, portanto, falando humanamente, compreender o mais alto nos termos do mais baixo: o humano nos termos do sub-humano, o racional nos termos do sub-racional, o político nos termos do subpolítico. Em particular, a nova ciência política não pode admitir que o bem comum seja algo realmente existente.

Antes da emergência da nova ciência política, a ciência política já havia se distanciado substancialmente da ciência política aristotélica na direção geral da nova ciência política. No entanto, ela ainda era acusada de prestar demasiada atenção à lei ou ao dever ser e muito pouca ao que é ou ao comportamento efetivo dos homens. Por exemplo, ela parecia estar exclusivamente preocupada com as questões legais relativas ao sufrágio universal e à sua justificação sem considerar a maneira pela qual o direito ao voto é exercido; e, não obstante, a democracia, tal como ela é, é caracterizada pela maneira como esse direito é exercido. Podemos conceder que, há não muito tempo, havia uma ciência política que era estreitamente legalista – e que, por exemplo, tomava demasiado a sério a Constituição escrita da União Soviética –, mas devemos acrescentar, de imediato, que esse erro tinha sido corrigido, por assim dizer, por antecedência, por uma ciência política mais antiga, a ciência política de Montesquieu, de Maquiavel ou do próprio Aristóteles. Além disso, a nova ciência política, em seu protesto justificado contra a ciência política meramente legalista, corre o risco de desconsiderar as coisas importantes conhecidas pelos legalistas: o "comportamento do eleitor", tal como ele é estudado hoje, seria impossível se não houvesse em primeiro lugar o direito universal ao voto, e esse direito, mesmo não tendo sido exercido por uma ampla minoria[4] durante períodos bastante longos, deve ser levado em consideração em qualquer previsão de longo prazo, posto que pode ser exercido por todos nas eleições futuras que ocorrerão em circunstâncias sem precedentes e, portanto, particularmente interessantes. Esse direito é um ingrediente essencial do "comportamento" democrático, pois ele explica parcialmente o "comportamento" dos cidadãos

---

[4] *Large minority*, expressão paradoxal e irônica que parece indicar, salvo engano, a escassa universalidade do voto até então concretamente praticado nas democracias baseadas no sufrágio "universal". (N. T.)

nas democracias (por exemplo, a ação de impedir o voto de certos grupos por meio da força ou da fraude). A nova ciência política não nega simplesmente essas coisas, mas ela literalmente as relega ao segundo plano, ao pano de fundo do "hábito"; ao assim proceder, ela põe o carro à frente dos bois. Considerações semelhantes se aplicam, por exemplo, à suposta descoberta, por parte da nova ciência política, da importância da "propaganda"; essa descoberta é, de fato, apenas uma redescoberta parcial da necessidade de uma retórica vulgar (isto é, dirigida ao vulgo), uma necessidade que fora bastante obscurecida para algumas gerações consoladas pela fé no esclarecimento universal como o subproduto inevitável da difusão da ciência, por sua vez considerada o subproduto inevitável da própria ciência. Em termos gerais, pode-se perguntar se a nova ciência política trouxe à luz o que quer que seja de politicamente relevante que os praticantes inteligentes da política com um conhecimento profundo de história, e até mesmo jornalistas inteligentes e bem-educados, para não dizer nada da antiga ciência política em seu melhor, já não soubessem pelo menos igualmente bem antes dela.

No entanto, a principal razão substantiva para a revolta contra a velha ciência política pareceria ser a consideração de que a nossa situação política não tem precedentes, e que não é razoável esperar que o pensamento político do passado possa nos ajudar a lidar com a nossa situação; a situação política sem precedentes pede uma ciência política sem precedentes, talvez uma combinação judiciosa de materialismo dialético e psicanálise consumada sobre uma base de positivismo lógico. Assim como a física clássica tinha de ser suplantada pela física nuclear para que a era atômica pudesse surgir e, com ela, a bomba atômica, a velha ciência política tem de ser suplantada por uma espécie de ciência política nuclear para que tenhamos condições de lidar com os riscos extremos que ameaçam o homem atômico; o equivalente do núcleo na ciência política são provavelmente os eventos mais diminutos nos menores grupos humanos, quando não na vida das crianças; os pequenos grupos em tela certamente não são do tipo exemplificado pelo pequeno grupo que Lênin reuniu à sua volta na Suíça durante a Primeira Guerra Mundial. Ao tecer essa comparação, não estamos esquecidos do fato de que os físicos nucleares mostram um respeito bem maior pela física clássica do que os cientistas políticos nucleares o fazem pela política clássica. Tampouco nos esquecemos de que, enquanto os núcleos propriamente ditos são simplesmente anteriores aos fenômenos macrofísicos, os núcleos "políticos" que pretendem fornecer explicações para as coisas políticas propriamente ditas são eles mesmos já moldados, ou melhor, constituídos pela ordem política ou pelo regime dentro do qual ocorrem: um pequeno grupo americano não é a mesma coisa que um pequeno grupo russo.

Podemos conceder que a nossa situação política nada tem em comum com nenhuma situação política anterior, a não ser pelo fato de ser uma situação política. A raça humana ainda se encontra dividida em um bom número daquele tipo de sociedades que viemos a chamar de Estados e que se encontram separadas umas das outras por inconfundíveis e, às vezes, formidáveis fronteiras. Esses Estados diferem, ainda, uns dos outros não apenas em todos os outros aspectos concebíveis, mas, sobretudo, em seus regimes, e, logo, nas coisas às quais a parte preponderante dessas sociedades se dedica ou no espírito que permeia mais ou menos efetivamente essas sociedades. Elas têm imagens tão distintas do futuro que a convivência, em contraste com a coexistência incômoda, é-lhes completamente impossível. Cada uma delas, recebendo seu caráter do seu regime, tem necessidade de medidas específicas para preservar-se a si mesma e ao seu regime, estando, portanto, incerta em relação ao seu futuro. Agindo, queira ou não, por meio de seus governos (que podem ser governos em exílio), essas sociedades continuam a mover-se por águas desconhecidas, e com certeza sem o benefício de rotas definidas, rumo a um futuro que a todos se oculta e que está prenhe de surpresas. Seus governos continuam a tentar determinar o futuro das suas sociedades em parte com a ajuda do conhecimento, em parte de conjecturas, com o recurso às conjecturas sendo em parte feito necessário pelo segredo com o qual seus oponentes mais importantes envolvem seus mais importantes planos e projetos. A nova ciência política, que se mostra tão ávida de predizer, é, como ela mesma admite, tão incapaz de predizer o resultado do conflito sem precedentes peculiar à nossa época quanto o mais tosco curandeiro da mais incivilizada tribo.[5] Em tempos anteriores, as pessoas pensavam que o resultado de conflitos sérios era imprevisível porque não é possível saber quanto tempo viverá este ou aquele líder destacado na guerra ou na sabedoria, ou como os exércitos inimigos irão agir no campo de batalha, além de outras coisas do tipo. Fomos levados a acreditar que o acaso pode ser controlado ou que ele não afeta seriamente o destino

---

[5] Nesses termos passavelmente obscuros, Strauss faz referência ao conflito potencialmente nuclear entre EUA e União Soviética, entre o Ocidente democrático e capitalista e o comunismo particularmente disseminado no Leste Europeu e na China, portanto, ao que se conhece como "Guerra Fria". (N. T.)

das sociedades. No entanto, a ciência que teria tornado possível o controle do acaso tornou-se, ela mesma, refúgio do acaso: o destino do homem depende, agora mais do que nunca, da ciência ou da tecnologia, e, portanto, das descobertas ou invenções, isto é, de eventos cuja ocorrência precisa é, por sua própria natureza, não previsível. Uma situação política pura e simplesmente sem precedentes seria uma situação sem nenhum interesse político, quer dizer, não seria uma situação política. Agora, se o caráter essencial de todas as situações políticas foi apreendido pela velha ciência política, não parece haver razão para que esta seja suplantada por uma nova ciência política. No caso de a nova ciência política continuar a entender as coisas políticas em termos não políticos, a velha ciência política, sábia aos olhos de muitas eras, ser-lhe-ia superior até mesmo em ajudar-nos a encontrar uma orientação para a nossa situação sem precedentes, a despeito, ou melhor, em razão mesmo do fato de que apenas a nova ciência política pode gabar-se de ser filha da era atômica.

Mas jamais se entenderá a nova ciência política se não se começar entendendo aquela razão apresentada em seu favor que nada tem que ver com uma verdadeira ou suposta cegueira da velha ciência política a quaisquer coisas políticas enquanto tais. Essa razão corresponde a uma noção geral de ciência. De acordo com essa noção, apenas o conhecimento científico é genuíno. Daí se segue imediatamente que toda percepção das coisas políticas que não seja científica é cognitivamente sem valor. A crítica séria da velha ciência política é uma perda de tempo; pois sabemos de saída que ela só pode ter sido uma pseudociência, muito embora talvez incluísse algumas intuições de notável perspicácia. Isso não significa negar que os adeptos da nova ciência política às vezes empreendam uma crítica aparente da ciência antiga, mas essa crítica é caracterizada por uma incapacidade constitutiva de entender as doutrinas criticadas em seus próprios termos. O que a ciência é é algo que se supõe ser conhecido a partir da prática de outras ciências, das ciências cuja existência é reconhecida, e não de meros *desiderata*, e os exemplos mais claros dessas ciências são as ciências naturais. O que a ciência é é algo que se supõe ser conhecido, sobretudo, a partir da ciência da ciência, isto é, da lógica.

A base da nova ciência política é, assim, a lógica – um tipo particular de lógica; a lógica em questão não é, por exemplo, a lógica aristotélica ou kantiana ou hegeliana. Isso significa, entretanto, que a nova ciência política repousa sobre aquilo que para o cientista político enquanto tal é uma mera suposição que ele não é capaz de julgar em seus próprios termos – a saber, enquanto uma teoria lógica –, porquanto essa teoria é controversa mesmo entre aqueles que se supõe devam ser competentes nessas questões, os professores de filosofia. O cientista político é, no entanto, competente para julgá-la por seus frutos; ele é competente para julgar se o seu entendimento das coisas políticas enquanto coisas políticas é auxiliado ou dificultado pela nova ciência política que deriva da lógica em questão. Ele está perfeitamente justificado em ver como uma imposição ilícita a exigência de que se submeta ao "positivismo lógico" para não ter de confessar-se culpado de ser um "metafísico". Ele se encontra perfeitamente justificado em ver esse epíteto como não "objetivo", porque ele é de fato aterrorizante e ininteligível, como os gritos de guerra dos selvagens.

O que desperta a simpatia de todo cientista político é menos a exigência de proceder "cientificamente" – porquanto a matemática também procede cientificamente, e a ciência política certamente não é uma disciplina matemática – que a exigência de proceder "empiricamente". Eis uma exigência do senso comum. Ninguém em seu juízo são jamais sonhou que pudesse saber qualquer coisa, digamos, sobre o governo americano enquanto tal ou sobre a situação política presente enquanto tal, a não ser por meio do exame do governo americano ou da situação política presente. A encarnação do espírito empírico é o Homem do Missouri,[6] que precisa ver para crer. Mas ele sabe que, exatamente como qualquer outra pessoa mentalmente sã e cuja visão não seja deficiente, é capaz de ver as coisas e as pessoas como elas são com seus próprios olhos e que é capaz de conhecer as disposições dos seus semelhantes; a seus olhos é apenas evidente que ele vive com outros seres humanos de todos os tipos em um mesmo mundo, e que, sendo todos seres humanos, todos entendem uns aos outros de algum modo; finalmente, ele sabe que, não fosse assim, a vida política seria absolutamente impossível. Se alguém lhe oferecesse especulações baseadas em percepções extrassensoriais, ele lhe voltaria as costas com maior ou menor polidez. A velha ciência política não disputaria sobre essas coisas com o Homem do Missouri. Ela não pretendia saber mais ou de modo diferente do que ele, por exemplo, que os partidos Democrata e Republicano são hoje, como tem sido há algum tempo, os partidos preponderantes neste país (EUA) ou que ocorrem eleições presidenciais a cada quatro anos. Ao admitir que fatos dessa espécie são conhecidos independentemente

---

[6] Alusão ao presidente americano que sucedeu Roosevelt nos últimos momentos da Segunda Guerra Mundial, Harry S. Truman, conhecido pela simplicidade de suas maneiras interioranas e sua parca educação. (N. T.)

da ciência política, ela admitia que o conhecimento empírico não é necessariamente conhecimento científico ou que uma afirmação pode ser verdadeira, e conhecida como verdadeira, sem ser científica, e, sobretudo, que a ciência política depende inteiramente da verdade da percepção pré-científica das coisas políticas.

No entanto, pode-se levantar a questão de como é possível estar seguro da verdade de proposições empíricas que são pré-científicas. Se batizarmos uma resposta elaborada a essa questão com o nome de epistemologia, devemos dizer que uma proposição empiricista, em contraste com uma proposição simplesmente empírica, baseia-se na assunção explícita de uma epistemologia específica. E, no entanto, toda epistemologia pressupõe a verdade de proposições empíricas. A nossa percepção das coisas e das pessoas é mais manifesta e mais confiável do que qualquer "teoria do conhecimento" – qualquer explanação sobre como a nossa percepção das coisas e das pessoas é possível – pode ser; a verdade de qualquer "teoria do conhecimento" depende da sua capacidade de prestar contas adequadamente dessa confiança fundamental. Se um positivista lógico tentar dar conta de "uma coisa" ou de uma fórmula para essa "coisa" em termos de meros dados sensoriais e sua composição, ele tem de se ocupar, e nos convidar a nos ocupar da "coisa" previamente apreendida; a "coisa" previamente apreendida é o critério pelo qual podemos julgar a sua fórmula sobre o modo de apreensão da coisa. Se uma epistemologia – por exemplo, o solipsismo – fracassa manifestamente em prestar contas de como as proposições empíricas podem ser verdadeiras, ela fracassa em granjear a nossa convicção. Estar consciente da necessidade da confiança fundamental que está na base de ou que permeia todas as proposições empíricas significa reconhecer o enigma fundamental, não tê-lo resolvido. Mas ninguém precisa envergonhar-se de admitir que não possui uma solução para o enigma fundamental. Seguramente, ninguém deve deixar-se constranger a aceitar uma suposta solução – pois a negação da existência de um enigma é um tipo de solução do enigma – pela ameaça de que, ao não a aceitar, ele se torna um "metafísico". Para sustentar nossos irmãos mais fracos contra essa ameaça, deve-se dizer a eles que a crença aceita pelos empiricistas, segundo a qual a ciência é em princípio suscetível de um progresso infinito, é ela mesma equivalente à crença de que o ser é irremediavelmente misterioso.

Busquemos recolocar a questão voltando primeiro ao nosso Homem do Missouri. Uma simples observação parece ser suficiente para mostrar que o

5. Um epílogo

Homem do Missouri é "ingênuo": ele não vê as coisas com os próprios olhos; o que ele vê com os seus olhos são apenas cores, formas e outras coisas do gênero; ele perceberia as "coisas", em contraste com os "dados dos sentidos", apenas se fosse dotado de "percepção extrassensorial"; o seu argumento – o argumento do senso comum – implica que existe "percepção extrassensorial". O que é verdadeiro a respeito das "coisas" é verdadeiro também acerca dos "padrões", de todo modo daqueles padrões que os estudiosos de política de quando em quando alegam "perceber". Devemos deixar o Homem do Missouri coçando a cabeça; ao ficar em silêncio, ele segue sendo um filósofo a seu próprio modo. Mas outros não se contentam em coçar a cabeça. Transformando-se a si mesmos de devotos da *empeiria* em empiristas, eles defendem que o que é percebido ou "dado" são apenas "dados sensoriais"; a "coisa" surge em virtude de uma "construção" consciente ou inconsciente: as "coisas" que ao senso comum se apresentam como "dadas" são, na verdade, construções. O entendimento do senso comum é um entendimento que se dá por meio de uma construção inconsciente; o entendimento científico é o entendimento que se dá por meio da construção consciente. De maneira um tanto quanto mais precisa, o entendimento do senso comum é o entendimento que se dá em termos de "coisas que possuem qualidades"; o entendimento científico é o entendimento que se dá em termos de "relações funcionais entre diferentes séries de eventos". Construções inconscientes são malfeitas, pois a sua produção é afetada por toda sorte de influências puramente "subjetivas"; apenas construções conscientes podem ser bem-feitas, perfeitamente lúcidas, em todos os aspectos a mesma para todos, ou, em outras palavras, "objetivas". Contudo, diz-se com maior justeza que *percebemos*[7] as coisas do que que percebemos os seres humanos enquanto seres humanos, pois pelo menos algumas das propriedades que atribuímos às coisas são percebidas sensoriamente, enquanto as ações da alma, as paixões ou os estados jamais podem ser transformados em dados sensoriais.

Pois bem, esse entendimento das coisas e dos seres humanos que é rejeitado pelo empiricismo é o entendimento do qual a vida política, o entendimento político, a experiência política, dependem inteiramente. Assim, a nova ciência política, baseada como é no empiricismo, deve rejeitar os resultados do entendimento político e da experiência política enquanto tais, e, uma vez que

---

[7] Isto é, que temos *percepção sensorial* das coisas. (N. T.)

as coisas políticas nos são dadas no entendimento e na experiência políticos, a nova ciência política não pode ser de grande ajuda para o aprofundamento da compreensão das coisas políticas: ela tem de reduzir as coisas políticas a dados não políticos. A nova ciência política vem à existência por meio de uma tentativa de rompimento com o senso comum. Mas esse rompimento não pode ser levado a cabo de maneira consistente, como pode ser visto de forma geral pela seguinte consideração. O empiricismo não pode ser estabelecido empiricisticamente: não se conhece através dos dados sensoriais que os únicos objetos possíveis da percepção são os dados sensoriais. Para, portanto, tentar estabelecer o empiricismo empiricamente, é preciso lançar mão daquele entendimento das coisas que o empiricismo torna duvidoso: a relação dos olhos com as cores ou com as formas é estabelecida pelo mesmo tipo de percepção através da qual percebemos as coisas como coisas, e não como dados sensoriais ou construções. Em outras palavras, dados enquanto dados sensoriais se tornam conhecidos apenas por meio de um ato de abstração ou desconsideração que pressupõe a legitimidade da nossa percepção primária das coisas enquanto coisas e das pessoas enquanto pessoas. De modo que a única maneira de vencer a ingenuidade do Homem do Missouri é, em primeiro lugar, admitir que não há modo de evitar essa ingenuidade ou que não há pensamento humano possível que não seja, em última análise, dependente da legitimidade dessa ingenuidade e da apercepção (*awereness*) ou do conhecimento que a acompanha.

Mas não devemos negligenciar a razão mais sólida ou mais indisfarçável para a atratividade do empiricismo. Alguns adeptos da nova ciência política argumentariam como se segue: não se pode, com efeito, negar com razoabilidade que o pensamento pré-científico sobre as coisas políticas contenha conhecimento genuíno; mas o problema é que, no pensamento político pré-científico, o conhecimento genuíno das coisas políticas é inseparável de preconceitos e superstições; de modo que não é possível se livrar dos elementos espúrios do pensamento político pré-científico, a não ser rompendo completamente com o pensamento pré-científico ou agindo na suposição de que o pensamento pré-científico não tem, em absoluto, o caráter de conhecimento. Com efeito, o senso comum contém conhecimento genuíno de cabos de vassoura; mas o problema é que esse conhecimento tem no senso comum o mesmo *status* que o suposto conhecimento (da existência) das bruxas que os usam; ao confiar no senso comum, corre-se o risco de trazer de volta todo o reino das trevas com Tomás de Aquino à frente. A velha ciência política não está inconsciente das imperfeições da opinião política, mas ela não acreditava que o remédio para essas imperfeições se achava na rejeição total do entendimento do senso comum enquanto tal. Ela era crítica no sentido original, isto é, ela cultivava o discernimento em relação à opinião política. Ela sabia que os erros concernentes à existência das bruxas e de seu poder foram descobertos sem o auxílio do empiricismo. Ela sabia que os juízos ou máximas justificados pela experiência inconteste das décadas, e mesmo dos séculos ou milênios, podem ter de ser revistos em razão de superveniência de mudanças imprevistas; ela sabia, nas palavras de Burke, que "a generalidade do povo está cinquenta anos, pelo menos, atrás no que toca à política". Da mesma forma, a velha ciência política estava preocupada com o melhoramento político através de meios políticos, e não com a engenharia social; ela sabia que esses meios políticos incluíam guerras e revoluções, uma vez que podem existir regimes estrangeiros (a Alemanha de Hitler é o exemplo-padrão) que ameaçam a sobrevivência da liberdade em um país específico, e que seria criminosamente tolo imaginar que eles se transformarão gradualmente em bons vizinhos.

A aceitação das premissas características da nova ciência política leva às consequências que foram suficientemente ilustradas nos quatro ensaios precedentes.[8] Em primeiro lugar, a nova ciência política é constantemente compelida a tomar de empréstimo o conhecimento do senso comum, dando, assim, um testemunho inadvertido da verdade de que existe conhecimento pré-científico genuíno das coisas políticas e que ele está na base de todo conhecimento científico delas. Segundo, a lógica na qual a nova ciência política se baseia pode nos prover de critérios suficientes de exatidão; ela não nos provê de critérios objetivos de relevância. Critérios de relevância são inerentes ao entendimento pré-científico das coisas políticas; cidadãos inteligentes e informados distinguem corretamente entre questões políticas importantes e não importantes. Os políticos se ocupam do que pode ser feito politicamente aqui e agora, de acordo com princípios de preferência dos quais estão conscientes, ainda que não necessariamente de maneira adequada; são esses princípios de preferências que fornecem os critérios de relevância no que concerne às coisas políticas. Normalmente, um político deve pelo menos fingir aspirar às mesmas coisas que ao menos a parte preponderante da sua sociedade aspira. Aquilo a

---

[8] Este ensaio foi publicado originalmente como parte de uma coleção, *Essays in the Scientific Study of Politics* (1962). Ver a lista das publicações originais no início do livro. (N. T.)

que pelo menos todos que contam politicamente devem aspirar, aquilo que é politicamente "o mais alto", confere a uma sociedade o seu caráter próprio; o objeto mais alto de estima e de aspiração constitui o regime da sociedade em questão. O "mais alto" é aquilo que constitui uma sociedade como um "todo", um todo independente com um caráter próprio, da mesma forma que para o senso comum "o mundo" é um todo porque é encimado pelo firmamento, que não pode ser percebido a não ser "olhando para cima". Há, obviamente, e por motivos diversos, uma variedade de regimes e, portanto, de coisas que são vistas como o mais alto politicamente, o que equivale a dizer que existe uma variedade de propósitos aos quais os diferentes regimes se dedicam.

Os regimes qualitativamente diversos, ou os tipos de regime, e os propósitos qualitativamente diversos que os constituem e legitimam ao revelarem-se como as coisas políticas mais importantes, fornecem a chave para o entendimento de todas as coisas políticas, bem como a base para a distinção racional entre coisas políticas importantes e não importantes. Os regimes e seus princípios permeiam as sociedades de ponta a ponta, no sentido de que não há recessos de privacidade que sejam simplesmente impermeáveis à sua presença, conforme é indicado por certas expressões cunhadas pela nova ciência política, tais como "a personalidade democrática", entre outras. No entanto, existem coisas políticas que não são afetadas pelas diferenças de regime. Em uma sociedade incapaz de sobreviver sem um sistema de irrigação, todo regime terá de preservar esse sistema. Todo regime terá de conservar-se contra a subversão por meio da força. Há coisas técnicas e politicamente neutras (coisas comuns a todos os regimes) que necessariamente são objeto de deliberação política sem jamais chegar a ser politicamente controversas. Essas observações compõem um esboço bastante grosseiro da visão das coisas políticas característica da antiga ciência política. De acordo com essa visão, o que é mais importante para a ciência política é idêntico ao que é mais importante politicamente. Ilustrando esse ponto com um exemplo atual, para os cientistas políticos da velha escola que ainda se encontram na ativa, o objeto mais importante é a Guerra Fria, ou a diferença qualitativa, que se consuma em um conflito, entre a democracia liberal e o comunismo.

O rompimento com o entendimento do senso comum das coisas políticas compele a nova ciência política a abandonar os critérios de relevância que são inerentes ao entendimento político, conduzindo-a a uma ausência de orientação a respeito das coisas políticas; ela não tem como se proteger do risco de perder-se no estudo de irrelevâncias, a não ser pelo recurso sub-reptício ao senso comum. Ela é colocada frente a frente com uma massa caótica de dados à qual deve atribuir uma ordem que é estranha a esses dados e que tem sua origem no anseio de que a ciência política corresponda às exigências do positivismo lógico. Os universais em cuja luz a velha ciência política enxergava os fenômenos políticos (os diversos regimes e seus propósitos) têm de ser substituídos por um tipo diferente de universais. O primeiro passo na direção da descoberta do novo tipo de universais toma a seguinte forma: o que se encontra igualmente presente em todos os regimes (aquilo que é neutro politicamente) deve ser a chave para o entendimento dos diferentes regimes (o político propriamente dito, aquilo que é essencialmente controverso); aquilo que se encontra igualmente presente em todos os regimes é, digamos, a coerção e a liberdade; a análise científica de um dado regime irá, assim, indicar exatamente – em termos de porcentagem – as quantidades de coerção e de liberdade que lhe são peculiares. O que equivale a dizer que, enquanto cientistas políticos, devemos expressar os fenômenos políticos *par excellence*, as diferenças essenciais ou a heterogeneidade dos regimes, em termos dos elementos homogêneos que permeiam todos os regimes. O que é importante para nós como cientistas políticos não é importante politicamente. E, no entanto, não podemos permanecer para sempre cegos ao fato de que aquilo que pretende ser uma empresa puramente científica ou teórica tem, na realidade, graves consequências políticas – consequências que são tão pouco acidentais que se impõem, por si mesmas, à atenção dos novos cientistas políticos: todos conhecem a consequência da demonstração, que pressupõe a desconsideração de todas as questões importantes, de que existe apenas uma diferença de grau entre a democracia liberal e o comunismo no que toca à coerção e à liberdade. O Ser conduz necessariamente a um Dever-ser, não obstante todos os protestos sinceros em contrário.

O segundo passo na direção da descoberta do novo tipo de universais consiste no seguinte raciocínio: todas as sociedades políticas, quaisquer que sejam seus regimes, são, certamente, grupos de algum tipo; logo, a chave para o entendimento das coisas políticas deve ser uma teoria dos grupos em geral. Os grupos devem ter alguma coesão, e os grupos mudam; temos, portanto, necessidade de uma teoria universal que nos explique por que ou como os grupos se formam e por que ou como eles mudam. Buscando esses por ques ou comos, descobriremos os n fatores e m modos da sua interação. O resultado dessa redução do político ao sociológico – de uma redução que, segundo se diz, fará nosso entendimento das coisas políticas mais "realista" – é, de fato, um formalismo jamais visto em nenhum escolasticismo do passado. Todas as peculiaridades das sociedades políticas, e ainda mais das sociedades políticas com as quais estamos preocupados enquanto cidadãos, tornam-se irreconhecíveis quando reformuladas em termos das generalidades vagas que são válidas para todo grupo concebível; ao termo do monótono e tedioso processo entendemos aquilo em que estamos interessado não mais, mas menos, do que o entendíamos no princípio. Aquilo que em linguagem política se chama de governantes e governados (para nada dizer de opressores e oprimidos) torna-se, através desse processo, nada mais que as diferentes partes de um sistema social, de um mecanismo; cada parte age sobre a outra que reage sobre ela por sua vez; pode haver uma parte mais forte, mas não uma parte governante; a relação entre as partes do mecanismo suplanta a relação política.

Não precisamos nos deter no próximo, mas não necessariamente último, passo do raciocínio que estamos tentando esboçar, a saber, a exigência de que as pesquisas relativas aos grupos sociais se escorem em, ou sejam guiadas por, "uma teoria geral da personalidade" ou algo do tipo: nada sabemos sobre a sabedoria ou estultice política das ações de um homem de Estado até que saibamos tudo sobre o grau de afeição que ele recebeu de seus pais. Alguém pode achar que o passo derradeiro seria o uso pela nova ciência política da experimentação com ratos: de fato, não podemos observar os seres humanos como observamos os ratos? As decisões tomadas pelos ratos não são, com frequência, muito mais simples que as decisões dos humanos? E o mais simples não é sempre a chave para o mais complexo? Não duvidamos de que podemos observar, se tentarmos com suficiente empenho, o comportamento público dos humanos como observamos o comportamento público dos ratos. Mas não devemos esquecer que, no caso dos ratos, estamos limitados a observar o comportamento manifesto, porque eles não falam, e eles não falam porque nada têm a dizer ou porque não têm interioridade. Voltando agora das profundezas para a superfície, um importante exemplo do formalismo em questão nos é dado pela conhecida teoria dos princípios da legitimidade, que coloca as características formais (tradicional, racional e carismática) no lugar dos princípios substantivos, que são precisamente os propósitos aos quais os vários regimes estão devotados e pelos quais eles são legitimados. Os universais buscados pela nova ciência política são as "leis do comportamento humano", leis que devem ser descobertas por meio da investigação "empírica". Verifica-se uma impressionante desproporção entre a aparente amplitude da meta (digamos, uma teoria geral da mudança social) e a autêntica trivialidade das pesquisas realizadas para atingi-la (digamos, as mudanças em um hospital quando uma enfermeira-chefe é substituída por outra). Isso não é acidental. Uma vez que nos faltam critérios objetivos de relevância, não temos mais razão de dirigir nosso interesse para uma revolução que abala o mundo e afeta direta ou indiretamente todos os homens do que para as "mudanças sociais" mais triviais. Ademais, se as leis que buscamos devem ser "leis do comportamento humano", elas não podem restringir-se ao comportamento humano enquanto ele é afetado por esse ou aquele regime. Ora, mas o comportamento humano enquanto estudado pela pesquisa "empírica" ocorre sempre no interior de um regime particular. Mais precisamente, as técnicas mais celebradas da pesquisa "empírica" nas ciências sociais podem ser aplicadas apenas a seres humanos que vivem agora em países cujo governo tolera esse gênero de pesquisa. A nova ciência política vê-se, assim, constantemente tentada (e, via de regra, ela não resiste à tentação) a absolutizar o relativo ou particular, vale dizer, o paroquial. Nos últimos tempos temos visto caracterizações do "revolucionário" e do "conservador" que sequer pretendem ter qualquer outra base além de observações realizadas nos EUA do momento atual; na medida em que essas caracterizações guardam alguma relação com os fatos, elas podem até conter algum grau de verdade a respeito dos revolucionários e dos conservadores em algumas partes dos Estados Unidos hoje, mas revelam-se, de imediato, patentemente equivocadas quando tomadas como o que pretendem ser – a saber, como descrições do revolucionário e do conservador enquanto tais; e esse erro é devido ao paroquialismo inevitavelmente incentivado pela nova ciência política.

Com o risco de incorrer em alguma repetição, devemos dizer algumas palavras a respeito da linguagem da nova ciência política. A ruptura com o entendimento político das coisas políticas torna necessária a criação de uma linguagem diferente da linguagem usada pelos homens políticos. A nova ciência política rejeita esta última como ambígua e imprecisa e pretende que a sua própria linguagem seja sem ambiguidade e precisa. Mas o caso é que essa pretensão não se sustenta. A linguagem da nova ciência política não é menos, mas mais vaga que a linguagem usada na vida política. A vida política seria inteiramente impossível se a sua linguagem fosse inteiramente vaga; essa linguagem é capaz da maior clareza e precisão, como é o caso de uma declaração de guerra ou da ordem dirigida a um pelotão de fuzilamento. Quando as distinções disponíveis, como aquela entre guerra, paz e armistício, se provam insuficientes, a vida política encontra, sem a contribuição da ciência política, a nova e justa expressão (como na expressão Guerra Fria, e não Guerra Quente ou qualquer outro nome) que designa o novo fenômeno com precisão infalível. O caráter supostamente vago da linguagem política se deve, principalmente, ao fato de que ela corresponde à complexidade da vida política ou que é composta de uma longa experiência das coisas políticas em uma grande variedade de circunstâncias. Ao simplesmente condenar a linguagem pré-científica, em vez de desviar-se do uso corrente em certos casos devido à comprovada inadequação desse uso para o caso em questão, a nova ciência política simplesmente se condena à vagueza irremediável. Nenhum cidadão inteligente sequer sonharia em equiparar a política a algo tão vago e vazio quanto o "poder" ou as "relações de poder". Os pensadores que são considerados os intérpretes clássicos do poder – Tucídides e Maquiavel – não tinham necessidade dessas expressões; essas expressões, tal como agora usadas, têm origem não na vida política, mas na reação acadêmica ao entendimento da vida política em termos da pura lei: elas nada mais significam que essa reação.

A linguagem política não tem a pretensão de ser perfeitamente clara e distinta; ela não pretende basear-se em um entendimento pleno das coisas que designa de forma suficientemente clara; ela é sugestiva; ela deixa essas coisas na penumbra em que nos aparecem. A purgação operada pelas definições "científicas" dessas coisas tem o caráter de uma esterilização. A linguagem da nova ciência política pretende ser perfeitamente clara e distinta e, ao mesmo tempo, inteiramente provisória; seus termos devem implicar hipóteses sobre a vida política. Mas essa pretensão à abertura não dogmática é um mero gesto cerimonial. Quando se fala de "consciência", não se tem a pretensão de haver decifrado o fenômeno indicado por esse termo. Mas quando o cientista político fala do "superego" ele está seguro de que qualquer significado de "consciência" que não esteja incluído em "superego" é uma superstição. Consequentemente, ele não consegue distinguir entre uma má consciência, que pode induzir um homem a devotar o resto da sua vida a compensar outro homem com todas as suas forças por um dano irreparável, e os "sentimentos de culpa" dos quais é preciso se livrar o mais rápido e com o menor prejuízo possível. Da mesma forma, ao falar em "imagem paterna", ele está certo de ter compreendido a confiança que induz as pessoas a votar em um candidato a um cargo majoritário; ele não tem de se perguntar se e até que ponto o candidato em questão é merecedor dessa confiança – uma confiança bem diferente daquela que os filhos têm em seus pais. Os termos supostamente provisórios e hipotéticos jamais são questionados no processo de pesquisa, pois as suas implicações canalizam a pesquisa em direções que determinam que os "dados" que deveriam revelar a inadequação das hipóteses jamais o farão. Concluímos, assim, que na medida em que a nova ciência política não é formalista, ela é pretensiosa e vulgar. Essa pretensão e essa vulgaridade se mostram particularmente na maneira "isenta de valor" com a qual ela usa e, assim, rebaixa termos que originalmente pretendiam indicar apenas coisas de caráter nobre – termos como "cultura", "personalidade", "valores", "carisma" e "civilização".

O exemplo mais importante do dogmatismo ao qual aludimos é encontrado no tratamento dado à religião. A nova ciência usa teorias sociológicas ou psicológicas da religião que excluem, sem considerá-la, a possibilidade de que a religião repouse em última instância na autorrevelação de Deus para o homem; por isso, essas teorias são meras hipóteses que jamais poderão ser confirmadas. Essas teorias formam, de fato, a base oculta da nova ciência. A nova ciência repousa sobre um ateísmo dogmático que se apresenta como meramente metodológico ou hipotético. Durante alguns anos, o positivismo lógico tentou, com muito barulho e pouco discernimento, descartar a religião afirmando que as asserções religiosas são "proposições sem sentido". Esse truque parece ter sido abandonado sem ruído. Alguns adeptos da nova ciência política podem objetar com alguma energia que a sua postura para com a religião lhes é imposta pela honestidade intelectual: sendo incapazes de crer, eles não podem aceitar a crença como a base da sua ciência. Concedemos com alegria que, todo o resto sendo igual, um ateu franco é um homem melhor que um suposto teísta que concebe Deus como um símbolo. Mas devemos acrescentar que honestidade intelectual não é suficiente. Honestidade intelectual não é amor pela verdade. Espécie de autonegação, a honestidade intelectual tomou o lugar do amor da verdade porque se passou a acreditar que a verdade é repulsiva, e não se pode amar o repulsivo. Contudo, exatamente como os nossos adversários recusam respeito à crença que não dá razão de si mesma, nós, de nossa parte, com pelo menos igual direito, devemos recusar respeito à descrença sem razão; honestidade para consigo mesmo acerca da própria descrença é, em si mesma, não mais que a descrença que não dá razão de si mesma, provavelmente acompanhada de uma vaga confiança de que a questão da crença e da descrença tenha há muito sido resolvida de uma vez por todas. É quase desnecessário acrescentar que a exclusão dogmática da consciência religiosa propriamente dita torna questionáveis todas as predições de longo prazo sobre o futuro das sociedades.

A redução do político ao subpolítico corresponde à redução dos "todos" dados à percepção primária a elementos que são relativamente simples, isto é, suficientemente simples para o propósito de pesquisa do momento, embora necessariamente suscetíveis a ser analisados em elementos cada vez mais simples *in infinitum*. Ela implica que não pode haver todos genuínos. Logo, ela implica que não pode haver um bem comum. De acordo com a velha ciência política, há necessariamente um bem comum, e o bem comum em sua plenitude é a boa sociedade e aquilo que é requerido para a boa sociedade. A consistência na negação do bem comum é tão impossível quanto a consistência em qualquer outra manifestação do rompimento com o senso comum. Os empiricistas que rejeitam a noção de que existem todos naturais veem-se compelidos a falar cedo ou tarde de coisas como "a sociedade aberta", que corresponde à sua definição da boa sociedade. A alternativa (se é que se trata de uma alternativa) é negar a possibilidade de um interesse público substantivo, admitindo a possibilidade de interesses de grupo substantivos; seja como for, não é difícil perceber que o que é concedido ao subconjunto "grupo" não pode ser coerentemente negado ao conjunto "país". Com isso, a nova ciência política reintroduz sub-repticiamente o bem comum sob a forma de "regras do jogo" que todos os grupos em conflito têm de cumprir, porquanto essas regras, razoavelmente justas para todo grupo, podem razoavelmente ser admitidas por todo grupo. A abordagem da "política de grupos" é uma espécie de ruína do marxismo, que apresentou uma negação mais razoável de que possa haver um bem comum em uma sociedade composta de classes presas em uma luta de vida ou morte, aberta ou oculta, descobrindo, com isso, o bem comum em uma sociedade sem classes e sem Estado que compreende toda a raça humana, ou a parte dela que sobreviveu. A negação consistente do bem comum requer um "individualismo" radical. De fato, a nova ciência política parece ensinar que não pode haver um interesse público substantivo porque não há, e não pode haver, um objetivo único que seja aprovado por todos os membros da sociedade: os assassinos mostram com a sua ação que nem mesmo a proibição contra o assassinato corresponde, em sentido estrito, ao interesse público. Não sabemos ao certo se o assassino deseja que o assassinato deixe de ser uma ação punível ou, em vez disso, se ele simplesmente prefere escapar à punição. Seja como for, essa negação do bem comum está baseada na premissa de que mesmo que um objetivo seja do interesse da imensa maioria, ele não é do interesse de todos: nenhuma minoria, não importa quão pequena, nenhum indivíduo, não importa quão perverso, devem ser deixados para trás. Mais precisamente, mesmo que um objetivo seja do interesse de todos, mas nem todos acreditem que ele é do interesse de todos, ele não será de interesse público: cada um é, por natureza, o único juiz do que é de seu interesse: o julgamento de cada um acerca do seu interesse, assim como a questão da justiça ou correção desse julgamento, não está sujeito ao exame de mais ninguém além de si mesmo.

Essa premissa não corresponde à descoberta ou invenção da nova ciência política; ela foi formulada com o maior vigor por Hobbes, que a opôs à premissa contrária que servira de base para a antiga ciência política propriamente dita. Mas Hobbes ainda via que a sua premissa impunha a guerra de todos contra todos e, por isso, tirou a conclusão de que todos devem deixar de ser o único juiz do que é do seu interesse se deve haver vida humana; a razão do indivíduo deve dar lugar à razão pública. A nova ciência política, de certo modo, nega que exista uma razão pública: o governo pode ser um intermediário, ainda que um intermediário que detém o "monopólio da violência", mas ele decerto não é uma razão pública. A verdadeira razão pública é a nova ciência política, que julga de maneira universalmente válida ou objetiva o que é de interesse de cada um, na medida em que mostra a cada um que meios deve escolher para atingir seus fins atingíveis, quaisquer que eles sejam. Já foi mostrado antes neste volume[9] no que se transforma a nova ciência política, ou o único tipo de racionalidade que a nova ciência política ainda admite, quando a sua premissa hobbesiana não é convenientemente esquecida: a nova forma da razão pública vai no mesmo caminho da velha.

A negação do bem comum se apresenta, hoje, como consequência direta da distinção entre fatos e valores, de acordo com a qual apenas juízos factuais, não juízos de valor, podem ser verdadeiros ou objetivos. A nova ciência política deixa a justificação dos valores ou das preferências para a "filosofia política" ou, mais precisamente, para a ideologia com base na noção de que qualquer

---

[9] De novo, "este volume" corresponde à coletânea em que o ensaio foi originalmente publicado, como citado anteriormente. (N. E.)

justificação de preferências teria de derivar valores de fatos, e essa derivação não é legitimamente possível. Preferências não são opiniões em sentido estrito e, portanto, não podem ser verdadeiras ou falsas, ao passo que ideologias são opiniões e, pela razão dada, opiniões falsas. Enquanto o homem que age tem valores que foram necessariamente escolhidos, o novo cientista político é um puro espectador que não está comprometido com nenhum valor; em particular, ele é neutro no conflito entre a democracia liberal e seus inimigos. Os sistemas de valor tradicionais são anteriores à percepção das diferenças entre fatos e valores; eles alegam ser derivados de fatos – da revelação divina e de outras fontes similares –, em geral de seres superiores ou perfeitos que, enquanto tais, reúnem em si mesmos fato e valor; a descoberta da diferença entre fatos e valores equivale, portanto, a uma refutação dos sistemas de valor tradicionais tais como concebidos originalmente. É no mínimo duvidoso que esses sistemas de valor possam ser divorciados daquilo que se apresenta como suas bases factuais. Seja como for, segue-se da diferença entre fatos e valores que os homens podem viver sem ideologia: eles podem adotar, postular ou proclamar valores sem se lançar na tentativa ilegítima de derivar seus valores dos fatos ou sem tomar como base asserções falsas ou pelo menos não evidentes a respeito do que é. Desse modo se chega à noção da sociedade racional ou do regime não ideológico: uma sociedade baseada na compreensão do caráter próprio dos valores. Considerando que essa compreensão implica que perante o tribunal da razão todos os valores são iguais, a sociedade racional será igualitária ou democrática, permissiva ou liberal: a doutrina racional que fala da diferença entre fatos e valores justifica racionalmente a preferência pela democracia liberal – ao contrário do que pretende essa mesma distinção. Em outras palavras, na hora mesma em que a nova ciência política devia negar a proposição de que não pode haver sociedade sem ideologia, ela a afirma.

É-se, assim, levado a perguntar se a distinção entre fatos e valores, ou a asserção de que nenhum dever-ser pode ser derivado de um Ser, é bem fundada. Suponhamos que os "valores" de um homem (isto é, o que ele valoriza) sejam totalmente determinados por sua hereditariedade e seu ambiente (vale dizer, pelo seu *é*), ou que exista uma relação de um para um entre o valor *a* e a situação *A*. Nesse caso o dever-ser seria determinado pelo Ser ou derivado dele. Mas a própria questão, tal como ela é comumente entendida, pressupõe que essa suposição está errada: o homem possui determinada latitude; ele pode escolher não apenas entre várias maneiras de comportamento exterior (como pular ou não pular em um rio para escapar da morte nas mãos de um inimigo mais forte que pode saber ou não nadar), mas também entre vários valores; essa latitude, essa possibilidade, tem o caráter de um fato. Um homem a quem falte essa latitude – por exemplo, um homem para quem todo estímulo seja um valor ou que não consegue evitar ceder a todo desejo – é um homem defeituoso, um homem que tem algo de errado. O fato de que alguém deseje algo não faz ainda desse algo um valor; ele pode lutar e sair-se vencedor desse desejo, ou, no caso de o desejo vencê-lo, ele pode culpar-se por isso como tendo sido um fracasso da sua parte; apenas a escolha, e não o mero desejo, torna algo um valor para um homem. A distinção entre desejo e escolha é uma distinção entre fatos. Escolha não significa, aqui, a escolha de meios para fins predeterminados; escolha, aqui, quer dizer escolha dos fins, a postulação dos fins, ou, melhor, dos valores.

O homem é, assim, entendido como um ser que difere de todos os outros seres conhecidos porque ele postula valores; essa postulação é vista como um fato. De acordo com isso, a nova ciência política nega que o homem tenha fins naturais – fins para os quais ele está, por natureza, inclinado; ela nega, mais especificamente, a premissa do moderno direito natural segundo a qual a autopreservação é o fim natural mais importante; o homem pode escolher a morte de preferência à vida, não em uma dada situação, levado pelo desespero, mas pura e simplesmente: ele pode postular a morte como seu valor. A visão de que o *É* ou *Ser* pertinente é a nossa faculdade de postular valores e não a possibilidade de sucumbir a meros desejos conduz necessariamente a um *dever ser* de caráter radicalmente diverso do assim chamado *dever ser* que corresponde a meros desejos. Concluímos, assim, que o "relativismo" aceito pela nova ciência política, segundo o qual os valores nada mais são que objetos de desejo, baseia-se em uma análise insuficiente do *Ser*, vale dizer, do *É* pertinente, e, além disso, que a opinião que se tem a respeito do caráter do Ser define a opinião que se tem acerca do caráter do *dever ser*. Aqui, devemos deixar em aberto a questão de se uma análise mais adequada do Ser pertinente, isto é, da natureza do homem, não conduz a uma determinação mais adequada do *dever ser* ou para além de uma caracterização meramente formal dele. Seja como for, se um homem é da opinião de que, com efeito, todos os desejos têm dignidade igual, uma vez que não sabemos de nenhuma consideração factual que nos permitiria atribuir diferentes dignidades a diferentes desejos, ele não pode senão ser da opinião (a não ser que esteja preparado para se tornar culpado da mais grosseira arbitrariedade) de que todos os desejos devem ser tratados como iguais dentro dos limites do possível, e essa opinião corresponde muito exatamente ao que se chama de igualitarismo permissivo.

Há, portanto, mais que uma misteriosa harmonia preestabelecida entre a nova ciência política e certa versão da democracia liberal. A suposta análise isenta de valor (ou neutra) dos fenômenos políticos é controlada por um compromisso inconfessado construído no interior da nova ciência política com essa versão da democracia liberal. Essa versão da democracia liberal não é discutida aberta e imparcialmente, com a plena consideração de todos os prós e contras relevantes. Chamamos essa característica da nova ciência política de o seu democratismo. A nova ciência política busca leis do comportamento humano que seriam descobertas por meio dos dados conseguidos por intermédio de determinadas técnicas de pesquisa que garantiriam o máximo de objetividade; portanto, ela dá um valor particular ao estudo das coisas que ocorrem com frequência nos dias atuais nas sociedades democráticas: nem os que repousam nos túmulos nem os que se encontram por trás das cortinas podem responder aos questionários ou às entrevistas. A democracia é, assim, a pressuposição tácita dos dados; ela não tem de tornar-se um tema; ela pode ser facilmente esquecida: as árvores são esquecidas em favor da floresta; as leis do comportamento humano são, de fato, leis do comportamento dos seres humanos mais ou menos moldados pela democracia; o homem é tacitamente identificado com o homem democrático. A nova ciência política coloca uma ênfase particular em observações que podem ser feitas com a maior frequência, e, portanto, mesmo pelas pessoas menos capazes. Portanto, suas pesquisas, não raro, culminam em observações feitas por pessoas que não são inteligentes a propósito de pessoas que não são inteligentes. Embora a nova ciência política se torne cada dia menos capaz de enxergar a democracia ou de colocar um espelho na frente da democracia, ela reflete, mais do que nunca, as mais perigosas inclinações da democracia. Ela, inclusive, fortalece essas inclinações. Com efeito, ao ensinar a igualdade de literalmente todos os desejos, ela ensina, de fato, que não há nada de que o homem deva se envergonhar; ao destruir a possibilidade de o homem desprezar-se, ela destrói, com a melhor das intenções, a possibilidade de ele respeitar-se. Ao ensinar a igualdade de todos os valores, ao negar que existam coisas que são intrinsecamente altas e outras que são intrinsecamente baixas, assim como ao negar que exista uma diferença essencial entre o homem e os animais irracionais, ela contribui inadvertidamente para a vitória da degradação.[10]

Contudo, essa mesma nova ciência política surgiu a partir da revolta contra o que podemos chamar de ortodoxia democrática do passado próximo. Ela aprendeu determinadas lições que essa ortodoxia tinha dificuldade de engolir a respeito da irracionalidade das massas e da necessidade das elites; se tivesse sido sábia, teria aprendido essas lições com a constelação de pensadores antidemocráticos do passado remoto. Em outras palavras, ela acreditou ter aprendido que, ao contrário do que acreditavam os democratas ortodoxos, não é possível empreender uma defesa absolutamente convincente do liberalismo (por exemplo, da liberdade irrestrita de expressão de todo discurso que não se constitua em um perigo real e imediato) ou da democracia (das eleições livres baseadas no sufrágio universal). Mas ela teve êxito em reconciliar essas dúvidas com o compromisso inabalável com a democracia liberal pelo simples artifício de declarar que nenhum juízo de valor, incluindo aqueles que sustentam a democracia liberal, é racional, e, portanto, que um argumento férreo em favor da democracia liberal não devia nem mesmo ser esperado. Os prós e contras bastante complexos da democracia liberal foram, assim, inteiramente obliterados pelo mais pobre formalismo. A crise da democracia liberal foi dissimulada por um ritual que se chama a si mesmo de metodologia ou lógica. Essa cegueira quase obstinada para a crise da democracia liberal é parte dessa mesma crise. Não surpreende, portanto, que a nova ciência política nada tenha a dizer contra aqueles que, sem hesitar, preferem render-se, isto é, que preferem abandonar a democracia liberal a ir à guerra.

Somente um grande tolo chamaria a nova ciência política de diabólica: ela carece de todos os atributos peculiares aos anjos caídos. Ela não é sequer maquiavélica, posto que o ensinamento de Maquiavel era cheio de graça, sutil e vívido. E tampouco descende de Nero, embora se possa dizer que ela toca flauta enquanto Roma queima. Dois fatos a desculpam disso: ela não sabe que flauteia, e também não sabe que Roma arde em chamas.

---

[10] *Gutter:* literalmente, da "sarjeta". (N. T.)

Parte 2

6. Introdução à *História da Filosofia Política*

Em nossos dias a "filosofia política" tornou-se quase sinônimo de "ideologia", para não dizer "mito". Ela é, sem dúvida, entendida em oposição à "ciência política". A distinção entre filosofia política e ciência política é uma consequência da distinção fundamental entre filosofia e ciência. Mas mesmo essa distinção fundamental tem uma origem relativamente recente. Tradicionalmente, não havia distinção entre filosofia e ciência: a ciência natural era uma das partes mais importantes da filosofia. A grande revolução intelectual dos séculos XVI e XVII, que fez nascer a moderna ciência natural, foi a revolução de uma nova filosofia *ou* ciência contra uma filosofia *ou* ciência tradicional (em sua grande parte aristotélica). Mas a nova filosofia ou ciência foi apenas parcialmente bem-sucedida. A parte mais bem-sucedida da nova filosofia ou ciência foi a nova ciência natural. Em virtude da sua vitória, a nova ciência natural tornou-se, ao menos em aparência, cada vez mais independente da filosofia, tornando-se inclusive, segundo parece, uma autoridade para ela. Foi assim que a distinção entre filosofia e ciência veio a ser geralmente aceita, assim como a distinção entre filosofia e ciência política entendida como uma espécie de ciência natural das coisas políticas. Tradicionalmente, no entanto, a filosofia e a ciência política eram uma e a mesma coisa.

A filosofia política não é a mesma coisa que o pensamento político em geral. O pensamento político é coevo à vida política. A filosofia política, por sua vez, surgiu no interior de uma vida política particular, na Grécia, em um passado que foi conservado em registros históricos escritos. De acordo com a visão tradicional, o ateniense Sócrates (469-399 a.C.) foi o fundador da filosofia política. Sócrates foi professor de Platão, que, por sua vez, foi professor de Aristóteles. As obras políticas de Platão e Aristóteles são as mais antigas obras devotadas à filosofia política que chegaram até nós. O tipo de filosofia política iniciada por Sócrates é chamado de filosofia política clássica. A filosofia política clássica foi a filosofia política predominante até o surgimento da moderna filosofia política nos séculos XVI e XVII. A filosofia política moderna nasceu como uma ruptura consciente em relação aos princípios estabelecidos por Sócrates. Mas isso não significa que a filosofia política clássica se limite ao ensinamento político de Platão e Aristóteles e suas escolas; ela inclui também a doutrina política dos estoicos, assim como o ensinamento político dos Padres da Igreja e dos escolásticos, na medida em que esse ensinamento não está baseado exclusivamente na revelação divina. A visão tradicional, segundo a qual Sócrates foi o fundador da filosofia política, decerto requer alguns reparos, ou melhor, explanações; ainda assim, ela é menos enganosa que a visão alternativa.

Sócrates seguramente não foi o primeiro filósofo. Isso significa que a filosofia política foi precedida pela filosofia. Os primeiros filósofos são chamados por Aristóteles de "aqueles que discursam sobre a natureza"; ele os distingue daqueles que "discursam sobre os deuses". O tema primário da filosofia é, portanto, a natureza. O que é a natureza? O primeiro grego cujos escritos chegaram até nós, ninguém menos que Homero, menciona "natureza" uma única vez; essa primeira menção de "natureza" nos fornece uma pista importante sobre o que os filósofos gregos entendiam por esse termo. No décimo livro da *Odisseia*, Odisseu conta a história do que aconteceu com ele na ilha da deusa-feiticeira Circe. Esta transformou muitos dos seus camaradas em porcos, prendendo-os em pocilgas. A caminho da morada da deusa para resgatar seus malfadados companheiros, Odisseu encontra o deus Hermes, que deseja protegê-lo. O deus promete-lhe uma erva que o protegerá das artes malignas de Circe. Hermes

> [...] tirou uma erva da terra e mostrou-me a sua *natureza*. Negra na raiz ela era, e como leite a sua floração; e os deuses a chamam de alho dourado. Difícil é colhê-la para os mortais, mas os deuses tudo podem.

No entanto, a capacidade que têm os deuses de colhê-la com facilidade de nada adiantaria se eles não conhecessem a natureza da erva – a sua aparência e o seu poder – em primeiro lugar. Assim, os deuses são onipotentes porque são, não onicientes, mas conhecedores das naturezas das coisas – das naturezas que eles não criaram. "Natureza" significa o caráter de uma coisa, ou de um tipo de coisa, o modo com que uma coisa ou um tipo de coisa parece e atua, e a coisa, ou o tipo de coisa, é vista como não tendo sido feita por deuses ou homens. Se nos é permitido tomar uma frase poética no sentido literal, podemos dizer que o primeiro homem conhecido a falar da natureza foi o astuto Odisseu, que já vira as cidades de muitos homens e assim chegara a saber o quanto diferem os pensamentos dos homens de cidade a cidade ou de tribo a tribo.

Parece que a palavra grega para natureza (*physis*) significa primariamente "crescimento" e, portanto, também aquilo que uma coisa é ao crescer, o termo do crescimento, o caráter que uma coisa tem quando seu crescimento está completo, quando ela pode fazer apenas o que a coisa plenamente crescida da espécie em questão pode fazer ou faz bem. Coisas como sapatos ou cadeiras não "crescem", mas são "feitas": elas não são "por natureza", mas "por arte". Por outro lado, há coisas que são "por natureza" sem terem "crescido" e que nem sequer vieram a ser de algum modo. Diz-se que elas são "por natureza" porque não foram feitas e porque são as "primeiras coisas", aquelas das quais ou por meio das quais todas as outras coisas naturais vieram a ser. Os átomos aos quais o filósofo Demócrito fazia remontar todas as coisas são "por natureza" neste último sentido.

A natureza, como quer que seja entendida, não é conhecida por natureza. A natureza tem de ser descoberta. A Bíblia hebraica, por exemplo, não tem uma palavra para natureza. O equivalente no Antigo Testamento a "natureza" é algo como "maneira" ou "costume". Antes da descoberta da natureza, os homens sabiam que cada coisa ou tipo de coisa tinha a sua "maneira" ou o seu "costume" – a sua forma de "comportamento regular". Há uma maneira ou um costume do fogo, dos cães, das mulheres, dos loucos, dos seres humanos: o fogo queima, os cães ladram e balançam seus rabos, as mulheres ovulam, os loucos tresvariam, os seres humanos são capazes de falar. Mas há igualmente maneiras e costumes das várias tribos humanas (egípcios, persas, espartanos, moabitas, amalequitas, etc.). Com a descoberta da natureza, a diferença radical entre esses dois tipos de "maneiras" ou "costumes" foi colocada no centro das atenções. A descoberta da natureza levou à divisão da "maneira" ou do "costume" em "natureza" (*physis*), de um lado, e "convenção" ou "lei" (*nomos*) do outro. Por exemplo, que os seres humanos sejam capazes de falar é natural, mas que essa tribo particular use essa língua particular se deve à convenção. A distinção implica que o natural é anterior ao convencional. A distinção entre natureza e convenção é fundamental para a filosofia política clássica e mesmo para a maior parte da filosofia política moderna, como pode ser atestado da maneira mais simples pela distinção ainda hoje prevalente entre direito natural e direito positivo.

Uma vez descoberta a natureza entendida primariamente em oposição à lei ou convenção, tornou-se possível e necessário levantar a questão: as coisas políticas são naturais, e, em caso afirmativo, até que ponto? A própria questão implicava que as leis não são naturais. Mas a obediência às leis era geralmente considerada justiça. Logo, era-se compelido a perguntar se a justiça é meramente convencional ou se existem coisas que são, por natureza, justas. Será que as leis são meramente convencionais ou elas têm suas raízes na natureza? As leis não devem ser "de acordo com a natureza", e especialmente de acordo com a natureza do homem, se devem ser boas leis? As leis são o fundamento ou a obra da comunidade política: a comunidade política é por natureza? Nas tentativas de responder a essas questões estava pressuposto que existem coisas que são, por natureza, boas para o homem enquanto homem. A questão em seus termos precisos tem, portanto, que ver com a relação daquilo que é por natureza bom para o homem, de um lado, e com a justiça e o direito, do outro. A alternativa simples é a seguinte: ou todo direito é convencional ou existe algum direito que é natural. Ambas as respostas já haviam sido propostas e desenvolvidas antes de Sócrates. Por uma variedade de razões, não será de grande ajuda apresentar, aqui, um resumo do que pode ser conhecido dessas doutrinas pré-socráticas. Teremos alguma noção da visão convencionalista (a visão de que todo direito é convencional) quando nos debruçarmos sobre a *República* de Platão, que contém um resumo dessa visão. Quanto à visão oposta, aqui, é suficiente dizer que ela foi desenvolvida por Sócrates e pela filosofia política clássica em geral para muito além das posições mais antigas e originais.

O que, então, significa a afirmação de que Sócrates foi o fundador da filosofia política? Sócrates não escreveu nenhum livro. De acordo com os relatos mais antigos, ele recusou o estudo das coisas divinas ou naturais e dirigiu suas investigações inteiramente às coisas humanas, isto é, às coisas justas, nobres, boas para o homem enquanto homem; ele sempre conversou sobre

> [...] o que é piedoso e o que é ímpio, o que é nobre e o que é baixo, o que é justo e o que é injusto, o que é sobriedade e o que é loucura, o que é coragem e o que é covardia, o que é a cidade, o que é o político, o que é governo ou domínio sobre os homens, o que é um homem capaz de governar outros homens [...]

e coisas do tipo.[1] Parece que Sócrates foi induzido a afastar-se do estudo das coisas divinas ou naturais pela sua piedade. Os deuses não aprovam que o homem busque o que eles não desejam revelar, especialmente as coisas celestes e subterrâneas. Um homem piedoso deverá, portanto, investigar apenas as coisas deixadas à investigação do homem, vale dizer, as coisas humanas. Sócrates realizava as suas investigações por meio de conversas. Isso significa que ele partia de opiniões geralmente aceitas. Dentre as opiniões geralmente aceitas, as mais autorizadas são aquelas sancionadas pela cidade e por suas leis – pela mais solene das convenções. Mas as opiniões geralmente aceitas se contradizem. Torna-se, portanto, necessário transcender toda a esfera das opiniões geralmente aceitas, ou da opinião enquanto tal, na direção do conhecimento. Uma vez que mesmo as opiniões mais autorizadas são apenas opiniões, Sócrates foi compelido a fazer o caminho que sai da lei ou da convenção em direção à natureza, a ascender da lei para a natureza. Mas, agora, aparece mais claramente do que nunca antes disso que a opinião, a convenção, ou a lei contém alguma verdade, ou não é arbitrária, sendo natural em certo sentido. Pode-se dizer que a lei, a lei humana, prova, assim, apontar para uma lei divina ou natural como sua origem. Isso implica, entretanto, que a lei humana, precisamente porque não é idêntica à lei divina ou natural, não é inteiramente verdadeira ou justa: apenas o direito natural, a justiça em si, a "ideia" ou a "forma" da justiça, é inteiramente justo. Não obstante, a lei humana, a lei da cidade, é absolutamente obrigatória para os homens a ela sujeitos, contanto que eles tenham o direito de emigrar com a sua propriedade, isto é, contanto que a sua sujeição às leis da cidade seja voluntária.[2]

A razão precisa pela qual Sócrates tornou-se o fundador da filosofia política aparece quando se considera o caráter das questões que ele tratava nas suas conversas. Ele levantava a questão "o que é...?" a respeito de todas as coisas. Essa questão tem a intenção de trazer à luz a natureza do tipo de coisa

---
[1] Xenofonte, *Memoráveis*, I, 1, 11-16.
[2] Platão, *Críton*, 51 d-e.

em questão, isto é, a forma ou o caráter da coisa. Sócrates pressupunha que o conhecimento do todo é, sobretudo, conhecimento do caráter, da forma, do caráter essencial de cada parte do todo, e não o conhecimento daquilo de que ou através de que o todo pode ter vindo ao ser. Se o todo consiste de partes essencialmente diferentes, é, ao menos, possível que as coisas políticas (ou as coisas humanas) sejam essencialmente diferentes das coisas não políticas – que as coisas políticas formem uma classe por si mesmas e que, portanto, elas possam ser estudadas por si mesmas. Ao que parece, Sócrates tomou o significado primário de "natureza" mais seriamente que qualquer dos seus predecessores: ele se deu conta de que "natureza" é primariamente "forma" ou "ideia". Se isso é verdadeiro, ele não simplesmente recusou o estudo das coisas naturais, mas deu origem a um novo tipo de estudo das coisas naturais – um tipo de estudo no qual, por exemplo, a natureza ou ideia de justiça, ou de direito natural, e, seguramente, a natureza da alma humana e do homem, é mais importante que, por exemplo, a natureza do sol.

Não se pode entender a natureza do homem se não se entender a natureza da sociedade humana. Sócrates, assim como Platão e Aristóteles, entendeu que a forma mais perfeita de sociedade humana é a *polis*. Hoje a *polis* é frequentemente compreendida como a cidade-estado grega. Mas, para os filósofos políticos clássicos, era acidental que a *polis* fosse mais comum entre os gregos que entre os não gregos. Assim, faz-se necessário dizer que o tema da filosofia política clássica era não a cidade-estado grega, mas a cidade-estado. Isso pressupõe, no entanto, que a cidade-estado é uma forma particular de "Estado". Isso pressupõe, portanto, o conceito de Estado como algo que compreende a cidade-estado entre outras formas. Não obstante, na filosofia política clássica estava completamente ausente o conceito de "Estado". Quando as pessoas hoje falam de "Estado", elas, em geral, entendem "Estado" em oposição a "sociedade". Essa distinção é estranha à filosofia política clássica. Não é suficiente dizer que a *polis* (cidade) compreende tanto o Estado quanto a sociedade, pois o conceito de "cidade" antecede a distinção entre Estado e sociedade; portanto, não se compreende "a cidade" ao dizer que a cidade compreende o Estado e a sociedade. O equivalente moderno de "a cidade" no nível do entendimento do cidadão é "o país". Pois quando um homem diz, por exemplo, que "o país está em risco" ele também ainda não fez uma distinção entre Estado e sociedade. A razão pela qual os filósofos políticos clássicos ocupavam-se em primeiro lugar da cidade não era que eles ignoravam outras formas de sociedade em geral e de sociedade política em particular. Eles conheciam a tribo (a nação) assim como estruturas mais complexas, como o império persa. Ocupavam-se da cidade em primeiro lugar porque preferiam a cidade às outras formas de sociedade política. Pode-se dizer que as bases dessa preferência eram estas: as tribos não são capazes de alta civilização, e sociedades muito grandes não podem ser livres. Lembremos que mesmo os autores de *O Federalista* ainda se sentiam na obrigação de provar que era possível a uma sociedade de grandes proporções ser republicana ou livre. Lembremos, da mesma forma, que os autores de *O Federalista* assinaram como "Publius": o republicanismo aponta para trás, para a Antiguidade clássica e, portanto, também para a filosofia política clássica.

7. Platão – 427-347 a.C.

Trinta e cinco diálogos e treze cartas atribuídos a Platão chegaram até nós, dos quais nem todos são, hoje, vistos como autênticos. Alguns estudiosos chegam a duvidar de que qualquer das cartas seja autêntica. Assim, a fim de não sobrecarregar a nossa apresentação com polêmicas, desconsideraremos completamente as cartas. Sem essa correspondência autógrafa, somos, então, forçados a supor que Platão jamais nos fala em seu próprio nome, pois em seus diálogos apenas os personagens falam. A rigor, não existe, assim, um ensinamento ou uma doutrina de Platão; há, no máximo, o ensinamento dos homens que aparecem como protagonistas em seus diálogos. A razão pela qual Platão procedeu dessa forma não é fácil de determinar. Talvez ele duvidasse da possibilidade de um ensinamento filosófico propriamente dito. Quiçá também pensasse, como seu mestre Sócrates, que a filosofia é, em última análise, o conhecimento da ignorância. Sócrates é, com efeito, o personagem principal na maioria dos diálogos platônicos. Pode-se dizer que os diálogos platônicos como um todo são menos a apresentação de um ensinamento que um monumento à vida de Sócrates – à essência dessa vida: todos eles juntos compõem um grande painel descritivo de como Sócrates lançou-se à sua obra mais importante – o despertar de seus compatriotas e a tentativa de guiá-los para a vida boa que ele próprio vivia. Contudo, Sócrates nem sempre é o protagonista dos diálogos de Platão; em alguns ele faz pouco mais que escutar o que os outros falam, e em um diálogo especificamente (as *Leis*) ele sequer está presente. Mencionamos esses fatos estranhos porque eles mostram como é difícil falar em uma doutrina de Platão.

Todos os diálogos platônicos se referem mais ou menos à questão política. No entanto, apenas três diálogos trazem indicados em seus próprios títulos que a sua matéria é a filosofia política: a *República*, o *Político*, e as *Leis*. A doutrina política de Platão está acessível a nós principalmente por meio dessas três obras.

I. A República

Na *República*, Sócrates discute a natureza da justiça com um número razoavelmente grande de pessoas. A conversa sobre esse tema geral tem lugar, é claro, em um cenário determinado: um lugar determinado em um tempo determinado, entre homens que têm idades, caracteres, capacidades, posições na sociedade e aparência determinados. Enquanto o lugar da conversa é deixado muito claro, o seu tempo, isto é, o ano em que ela ocorre, não o é. Falta-nos, portanto, o conhecimento seguro das circunstâncias políticas nas quais essa conversa sobre os princípios da política se deu. Devemos, entretanto, supor que ela tem lugar em um período de decadência política de Atenas e que, de todo modo, Sócrates e os interlocutores principais da *República* (os irmãos Glauco e Adimanto) estavam sobremaneira preocupados com essa decadência e pensavam no restabelecimento da saúde política. O certo é que Sócrates faz propostas de "reforma" bastante radicais sem encontrar, da parte de seus interlocutores, uma resistência significativa. Mas há, também, algumas indicações na *República* no sentido de que a reforma há muito ansiada não tem grande probabilidade de ser bem-sucedida no plano político ou de que a única reforma possível é a reforma do homem individual.

A conversação se inicia com Sócrates propondo uma questão ao mais velho dos presentes, Céfalo, um homem respeitável tanto em razão da sua piedade quanto da sua riqueza. A questão colocada por Sócrates, assim como o modo em que ele a coloca, é um modelo de propriedade. Ela dá a Céfalo uma oportunidade de falar de tudo de bom que possui, de mostrar a sua felicidade, versando sobre o único assunto que Sócrates poderia aprender dele: a experiência de ser um ancião. No curso da sua resposta, Céfalo toca na questão da justiça e da injustiça. Ele parece implicar que a justiça é idêntica a falar a verdade e retribuir o que foi recebido de outrem. Sócrates, então, mostra a ele que falar a verdade e devolver a propriedade de outrem nem sempre é justo. Nesse ponto, o filho e herdeiro de Céfalo, Polemarco, erguendo-se em defesa da opinião paterna, toma seu lugar na discussão. Mas a opinião que ele defende não é exatamente a mesma que a do pai; se nos é permitido fazer uso de uma piada do próprio Sócrates, Polemarco herda apenas a metade, e, quiçá, ainda menos que a metade, da propriedade intelectual do seu pai. Polemarco não sustenta mais que falar a verdade é essencial à justiça. Ao assim fazer, ele estabelece, sem sabê-lo, um dos princípios da *República*. Como aparece mais à frente, em uma sociedade bem ordenada é necessário contar inverdades de determinado tipo às crianças e mesmo aos cidadãos adultos.[1] Esse exemplo revela o caráter da discussão que se desenrola no primeiro livro da *República*, no qual Sócrates refuta diversas opiniões falsas acerca da justiça. Esse trabalho negativo ou destrutivo, no entanto, contém em si as afirmações construtivas que ocupam a maior parte do diálogo. Consideremos desse ponto de vista as três opiniões sobre a justiça discutidas no primeiro livro.

A opinião de Céfalo, tal como assumida por Polemarco (depois de seu pai ter deixado o local de discussão para realizar um ato religioso), diz que a justiça consiste em devolver o que é depositado. Em termos mais gerais, Céfalo sustenta que a justiça consiste em devolver, deixar ou dar a cada um o que lhe pertence. Mas ele também sustenta que a justiça é boa, vale dizer, salutar, não apenas para quem dá, mas, também, para quem recebe. Ora, é óbvio que em alguns casos dar a alguém o que lhe pertence pode lhe ser prejudicial. Nem todos os homens fazem um uso bom ou sábio do que lhes pertence, da sua propriedade. Se julgarmos de maneira bastante rigorosa, seremos levados a dizer que muito poucas pessoas fazem um uso bom ou sábio da sua propriedade. Se a justiça deve ser salutar, devemos ser compelidos a exigir que cada um possua apenas o que é "adequado" a si, o que é bom para si, e por tanto tempo quanto lhe seja benéfico. Em resumo, devemos ser compelidos a exigir a abolição da propriedade privada ou a introdução do comunismo. Na medida em que existe uma conexão entre a propriedade privada e a família, seríamos ainda compelidos a exigir a abolição da família e a introdução do comunismo absoluto, isto é, do comunismo não apenas relativo à propriedade,

---

[1] Platão, *República*, 377 e s., 389b-c, 414b-415d, 459c-d.

mas, também, às mulheres e crianças. Sobretudo, é extremamente escasso o número de pessoas capazes de determinar com sabedoria quais coisas e qual quantidade delas são boas para o uso de cada indivíduo – ou de todo modo para cada indivíduo que conta; apenas homens de sabedoria excepcional são capazes de fazer isso. Seríamos, então, compelidos a exigir que a sociedade seja governada, sem mais, pelos homens sábios, pelos filósofos no sentido estrito, concedendo-lhes poder absoluto. A refutação da visão de Céfalo sobre a justiça contém, assim, a prova da necessidade do comunismo absoluto no sentido em que foi definido, assim como do governo absoluto dos filósofos. Essa prova, é quase desnecessário dizer, tem como base o negligenciamento ou a abstração de uma porção de coisas relevantes; ela é "abstrata" ao extremo. Se o nosso desejo é compreender a *República*, devemos descobrir o que são essas coisas negligenciadas e a razão pela qual foram negligenciadas. A própria *República*, quando lida com cuidado, fornece as respostas a essas questões.

Antes de seguirmos com o próximo passo, é preciso descartar um mal-entendido que hoje em dia é muito comum. As teses da *República* resumidas nos dois parágrafos anteriores mostram claramente que Platão, ou de todo modo Sócrates, não era um democrata liberal. Elas também bastam para mostrar que Platão não era um comunista no sentido de Marx, ou um fascista: o comunismo marxista ou o fascismo são incompatíveis com o governo dos filósofos, ao passo que o plano da *República* é inteiramente dependente do governo dos filósofos. Mas voltemos rapidamente ao diálogo propriamente dito.

Enquanto a primeira opinião sobre a justiça foi apenas sugerida por Céfalo e enunciada por Sócrates, a segunda opinião é enunciada por Polemarco, embora não sem a assistência de Sócrates. Além disso, a opinião de Céfalo está ligada na sua mente à visão de que a injustiça é má porque é punida pelos deuses depois da morte. Essa visão não entra na opinião de Polemarco. Este é confrontado com a contradição entre as duas opiniões segundo as quais a justiça deve ser salutar a quem recebe e que ela consiste em dar a cada um o que lhe pertence. Polemarco supera a contradição abandonando a segunda opinião. Ele também modifica a primeira. A justiça, diz ele então, consiste em ajudar os amigos e prejudicar os inimigos. A justiça assim entendida pareceria ser inteiramente boa para quem dá e para aqueles que recebem e que são bons para quem dá – os amigos. No entanto, surge a seguinte dificuldade: se a justiça for entendida como dar aos outros o que lhes pertence, a única coisa que o homem justo tem de saber é o que pertence a alguém com quem ele estabelece alguma transação; esse conhecimento é fornecido pela lei, que em princípio pode ser facilmente conhecida através do mero sentido da audição. Mas se o homem justo deve dar aos seus amigos o que é bom para eles, ele deve também julgar por si mesmo; ele mesmo deve ser capaz de distinguir corretamente amigos de inimigos; ele mesmo deve saber o que é bom para cada um dos seus amigos. A justiça deve, assim, incluir um conhecimento de uma ordem mais alta. Para dizer o mínimo, a justiça deve ser uma arte comparável à medicina, a arte que conhece e produz o que é bom para os corpos humanos. Polemarco é incapaz de identificar o conhecimento ou a arte que acompanha a justiça ou que é a justiça. Por isso, ele é incapaz de mostrar como a justiça pode ser salutar. A discussão aponta para a visão de que a justiça é a arte que dá a cada homem o que é bom para a sua alma, isto é, que a justiça é idêntica à, ou ao menos inseparável da, filosofia, a medicina da alma. Ela aponta para a visão de que não pode haver justiça entre os homens a não ser que os filósofos governem. Mas Sócrates não enuncia essa visão ainda. Em vez disso, ele deixa claro para Polemarco que o homem justo ajudará os homens justos em lugar dos seus "amigos", e que ele não prejudicará ninguém. Ele não diz que os homens justos ajudarão a todos. Talvez ele queira dizer com isso que existem seres humanos que não se pode (isto é, que não é adequado) beneficiar. Mas ele, decerto, quer dizer algo mais. A tese de Polemarco pode ser vista como o reflexo de uma visão bem poderosa acerca da justiça – a opinião segundo a qual a justiça significa espírito público, dedicação total à própria cidade como uma sociedade particular que, enquanto tal, é potencialmente inimiga das outras cidades. A justiça assim entendida é patriotismo, e consiste, com efeito, em ajudar os próprios amigos, isto é, seus compatriotas, e prejudicar os inimigos, ou seja, as nações estrangeiras. A justiça assim entendida não pode ser inteiramente descartada em nenhuma cidade, por mais justa, pois mesmo a cidade mais justa é, ainda, uma cidade, uma sociedade particular ou fechada ou exclusiva. Por isso, o próprio Sócrates exige mais à frente no diálogo que os guardiões da cidade sejam, por natureza, amigáveis com o seu próprio povo e severos ou desagradáveis com os estrangeiros.[2] Ele também exige que os cidadãos da cidade justa deixem de encarar todos os seres humanos como irmãos e limitem seus sentimentos e ações de fraternidade apenas aos compatriotas.[3]

---

[2] Ibidem, 375b-376c.
[3] Ibidem, 414d-e.

A opinião de Polemarco, quando entendida da forma apropriada, é a única entre as opiniões geralmente conhecidas sobre a justiça discutidas no primeiro livro da *República* que é inteiramente conservada na parte positiva ou construtiva do diálogo. Essa opinião, não custa repetir, diz que a justiça é a dedicação total ao bem comum; ela exige que o homem não conserve nada de próprio em relação à cidade; ela exige, portanto, por si mesma – quer dizer, se a abstrairmos de todas as outras considerações –, o comunismo absoluto.

A terceira, e última, opinião discutida no primeiro livro da *República* é a opinião sustentada por Trasímaco. Este é o único personagem em toda a obra que mostra raiva e se comporta de forma descortês e mesmo selvagem. Ele fica fortemente indignado com o resultado da conversa de Sócrates com Polemarco. Ele parece particularmente chocado com a tese socrática de que não é bom para si mesmo prejudicar alguém ou que a justiça jamais é prejudicial a alguém. É de suma importância, tanto para a compreensão da *República* quanto em um sentido mais geral, que não nos comportemos para com Trasímaco como ele mesmo se comporta para com seus interlocutores, vale dizer, raivosamente, fanaticamente ou de modo selvagem. Se olharmos, então, sem indignação para a indignação de Trasímaco, seremos levados a admitir que a sua reação violenta é, até certo ponto, uma revolta do bom senso. Uma vez que a cidade enquanto cidade é uma sociedade que, de tempos em tempos. é obrigada a fazer a guerra, e que a guerra é inseparável do dano causado a pessoas inocentes,[4] a condenação sem nuances de causar dano ou prejudicar os seres humanos seria equivalente à condenação mesmo da cidade mais justa. À parte isso, parece inteiramente apropriado que o mais selvagem dos homens presentes sustente a mais selvagem das teses sobre a justiça. Trasímaco defende que a justiça é a vantagem do mais forte. No entanto, a sua tese prova ser apenas a consequência de uma opinião que não é apenas manifestamente selvagem, mas também altamente respeitável. Segundo essa opinião, o justo é o mesmo que o lícito ou o legal, vale dizer, que aquilo que os costumes ou leis da cidade prescrevem. Mas essa opinião implica que não há nada mais alto a que o homem possa recorrer além das leis e convenções de origem humana. Trata-se da opinião hoje conhecida pelo nome de "positivismo legal", mas que, na sua origem, nada tem de acadêmica; trata-se da opinião com base na qual todas as sociedades políticas tendem a agir. Se o justo for identificado

---

[4] Ibidem, 471a-b.

com o legal, a fonte da justiça é a vontade do legislador. O legislador de cada cidade é o regime – o homem ou corpo de homens que governa a cidade: o tirano, as pessoas comuns, os homens de excelência, etc. De acordo com Trasímaco, cada regime estabelece as leis em vista da sua própria preservação e do seu bem-estar, em uma palavra, em vista da sua própria vantagem e nada mais. Daí se segue que a obediência às leis ou à justiça não é necessariamente vantajosa para quem é governado, e pode, aliás, ser ruim para eles. E, no que toca aos governantes, a justiça simplesmente não existe: eles estabelecem as leis preocupados exclusivamente com a sua própria vantagem.

Concedamos, por um momento, que a opinião de Trasímaco sobre a lei e os governantes está correta. Os governantes, decerto, podem cometer erros. Eles podem ordenar ações que são, de fato, desvantajosas para si e vantajosas para os governados. Nesse caso, os súditos justos ou cumpridores da lei farão, de fato, o que é desvantajoso para os governantes e vantajoso para esses mesmos súditos. Quando essa dificuldade é levantada por Sócrates, Trasímaco declara, depois de alguma hesitação, que os governantes não são governantes se e quando cometem erros: o governante em sentido estrito é infalível, da mesma forma que o artesão em sentido estrito é infalível. É essa sua noção do "artesão em sentido estrito" que Sócrates usa com grande felicidade contra o próprio Trasímaco. Pois o artesão em sentido estrito mostra estar preocupado não com a sua própria vantagem, mas com a vantagem dos outros a quem serve: o sapateiro faz sapatos para os outros e apenas eventualmente para si mesmo; o médico prescreve coisas para os seus pacientes com vistas a trazer vantagem para eles; logo, se governar é, como Trasímaco admitia, algo semelhante a uma arte, o governante serve aos governados, vale dizer, ele governa em vista da vantagem dos governados. O artesão, em sentido estrito, é infalível, isto é, faz bem o seu trabalho, e está preocupado apenas com o bem-estar dos outros. Isso, portanto, significa que arte entendida em sentido estrito é justiça – a justiça em atos, e não apenas em intenção, como é o caso do cumprimento da lei. "Arte é justiça" – essa proposição reflete a afirmação socrática de que virtude é conhecimento. Aquilo que emerge da discussão de Sócrates com Trasímaco conduz à conclusão de que a cidade justa será uma associação em que todo mundo é um artesão em sentido estrito, uma cidade de artesãos ou artífices, de homens (e mulheres) que realizam um único trabalho que ele ou ela faz bem e com dedicação exclusiva, isto é, sem levar em conta a sua própria vantagem e apenas para o bem dos outros ou para o bem comum. Essa conclusão permeia toda a doutrina da *República*. A cidade ali construída como modelo é baseada no princípio "um homem, uma profissão". Os soldados são "artífices" da liberdade da cidade; os filósofos são "artífices" de toda a virtude comum; há um "artífice" do céu; mesmo Deus é apresentado como um artesão – como o artífice das ideias eternas.[5] É porque a cidadania na cidade justa é arte de um tipo ou outro, e o lugar da arte é a alma e não o corpo, que a diferença entre os sexos perde a sua importância, ou a igualdade dos sexos é estabelecida.[6]

Trasímaco poderia ter evitado a sua derrota se tivesse acompanhado o senso comum segundo o qual os governantes são, evidentemente, falíveis, ou se tivesse dito que todas as leis são forjadas pelos governantes em vista da sua vantagem aparente (e não necessariamente verdadeira). Tendo em vista que ele não é um homem nobre, estamos autorizados a suspeitar que escolheu a alternativa que se provou fatal para si no que toca à sua própria vantagem. Trasímaco foi um célebre professor de retórica, a arte da persuasão. (Logo, incidentalmente, ele é o único personagem-artista a falar na *República*.) A arte da persuasão é necessária para persuadir os governantes e, especialmente, as assembleias governantes, ao menos ostensivamente, sobre qual é a sua própria vantagem. Mesmo os próprios governantes precisam da arte da persuasão para persuadir seus súditos de que as leis, forjadas exclusivamente em vista do benefício dos governantes, servem ao benefício dos súditos. A própria arte de Trasímaco depende inteiramente da visão de que a prudência é de suprema importância para o governo. A expressão mais clara dessa visão é a proposição de que o governante que comete erros não é mais, em absoluto, um governante.

A derrota de Trasímaco é causada não por uma refutação convincente da sua visão da justiça, nem por uma escorregada acidental da sua parte, mas pelo conflito entre a sua depreciação da justiça ou sua indiferença à justiça e a implicação, que acaba de ser aludida, da relevância da sua arte: há alguma verdade na visão de que arte é justiça. Poder-se-ia dizer – e Trasímaco, com efeito, o diz – que a conclusão de Sócrates, a saber, que nenhum governante ou outro artesão jamais leva em consideração a sua própria vantagem, é demasiado simplória: Sócrates se parece com uma criancinha de fralda, um inocente. No que toca aos artesãos propriamente ditos, eles evidentemente

---

[5] Ibidem, 395c; 500d; 530a; 507c, 597.
[6] Ibidem, 454c-455a; cf. 452a.

levam em consideração a compensação que recebem por seu trabalho. Pode ser verdade que, na medida em que o médico está preocupado com o que é caracteristicamente chamado de seu honorário, ele não exerce a arte da medicina, mas a arte de ganhar dinheiro; mas uma vez que o que é verdadeiro sobre o médico vale também para o sapateiro, assim como para quaisquer outros artífices, ter-se-ia que dizer que a única arte universal, a arte que acompanha todas as artes, a arte das artes, é a arte de ganhar dinheiro; deve-se, portanto, dizer que servir aos outros ou ser justo torna-se bom para o artesão apenas porque ele pratica a arte de ganhar dinheiro, ou que ninguém é justo por causa da justiça, ou que ninguém gosta da justiça em si. Mas o argumento mais devastador contra o raciocínio de Sócrates é fornecido pelas artes que se ocupam manifestamente da exploração mais inescrupulosa e calculista dos governados pelos governantes. Essa arte é a arte do pastoreio – a arte sabiamente escolhida por Trasímaco para destruir o argumento de Sócrates, especialmente tendo em vista que os reis e outros governantes têm sido comparados a pastores desde os tempos mais antigos. O pastor certamente está preocupado com o bem-estar do seu rebanho – a fim de que as ovelhas forneçam os melhores e mais suculentos cortes de carne para os homens. Como diz Trasímaco, os pastores estão preocupados exclusivamente com o bem dos proprietários e com o seu próprio bem.[7] Mas há, obviamente, uma diferença entre os proprietários e os pastores: os pedaços de carne mais suculentos são destinados aos primeiros e não aos pastores, a não ser que o pastor seja desonesto. Ora, a posição de Trasímaco ou de qualquer outro homem de seu tipo (isto é, de qualquer outro professor de retórica) a respeito de governantes e governados é precisamente a posição do pastor em relação aos proprietários e ao rebanho: Trasímaco pode derivar com segurança benefícios da assistência que dá aos governantes (independentemente de eles serem tiranos, o povo ou os homens de excelência) apenas se for leal a eles, se fizer bem o trabalho que deve fazer para eles, se cumprir a sua parte no acordo, se for justo, enfim. Contrariamente à sua asserção, ele deve conceder que a justiça de um homem é salutar não apenas para os outros e especialmente para os governantes, mas também para si mesmo. É em parte por ter tomado consciência dessa necessidade que ele muda seus modos de maneira tão notável na última parte do primeiro livro. O que é verdadeiro acerca dos auxiliares dos governantes é verdadeiro em relação aos

---

[7] Ibidem, 343b.

próprios governantes e a outros seres humanos (inclusive tiranos e gângsters), que precisam da ajuda de outros homens em suas empresas, não importa em que medida injustas: nenhuma associação pode durar se os seus membros não praticarem a justiça entre si.[8] Isso equivale, entretanto, a uma admissão de que a justiça pode ser apenas um meio, ainda que indispensável, para a injustiça – para a exploração de quem está fora da associação. Sobretudo, isso não descarta a possibilidade de que a cidade seja uma comunidade cuja unidade deriva do egoísmo coletivo e nada mais, ou de que não exista diferença fundamental entre a cidade e um bando de ladrões. Essas e outras dificuldades semelhantes explicam por que Sócrates vê a sua refutação de Trasímaco como insuficiente: ele diz, ao concluir, que tentou mostrar que a justiça é boa sem deixar claro o que a justiça é.

A defesa ou o louvor adequado da justiça pressupõe não apenas o conhecimento do que é a justiça, mas, também, um ataque adequado contra a justiça. No princípio do segundo livro, Glauco tenta apresentar esse ataque; ele pretende recolocar a tese de Trasímaco, na qual não acredita, com maior vigor do que Trasímaco havia feito. Glauco também tem por evidente que o justo é o mesmo que o legal ou convencional, mas ele tenta mostrar como a convenção surge do seio da natureza. Por natureza, todo homem está preocupado apenas com o seu próprio bem e inteiramente despreocupado com o bem de qualquer outro homem, a ponto de não ter nenhuma hesitação em prejudicar os seus semelhantes. Considerando que todos agem do mesmo modo, todos dão origem a uma situação que é insuportável para a maioria deles; a maioria, isto é, os mais fracos, se dá conta de que cada um estaria melhor se entrassem em acordo entre si sobre o que poderiam ou não fazer. O objeto desse acordo não é enunciado por Glauco, mas parte dele pode ser facilmente adivinhado: eles concordarão que ninguém pode atentar contra vida, a integridade, a honra, a liberdade e a propriedade de nenhum dos associados, dos outros cidadãos, e que todos devem fazer o seu melhor para proteger seus associados contra os de fora. Nem a disposição de abster-se dessas violações nem o serviço de proteção são desejáveis em si mesmos, mas apenas males necessários – e, com efeito, males menores que a insegurança universal. Mas o que é verdadeiro a propósito da maioria não é verdadeiro a respeito do "homem de verdade" capaz de tomar conta de si mesmo e para quem é vantajoso não se

---

[8] Ibidem, 351c-352a.

submeter à lei ou convenção. No entanto, os outros violentam a sua natureza submetendo-se à lei e à justiça: eles se submetem a elas apenas porque temem as consequências da não submissão, ou seja, por medo de um tipo ou outro de castigo, não de bom grado e alegremente. Portanto, todo homem preferiria a injustiça à justiça se pudesse estar seguro de escapar à punição: a justiça é preferível à injustiça apenas em vista da punição possível, da perspectiva de tornar-se justo aos olhos dos outros, isto é, da boa reputação e de outras recompensas. Assim, a considerar que, segundo espera Glauco, a justiça deve ser digna de escolha por si mesma, ele exige de Sócrates uma prova de que a vida do homem justo é preferível à vida do homem injusto, mesmo que o justo seja visto como injusto em grau extremo e sofra todos os tipos de castigo ou se afunde num abismo de miséria, e que o homem injusto seja visto como a justiça consumada e receba todos os tipos de recompensa ou alcance o clímax da felicidade: o cúmulo da injustiça, vale dizer, da conduta segundo a natureza, é a exploração tácita da lei ou da convenção apenas em benefício próprio, a conduta do tirano supremamente astuto e viril. Na discussão com Trasímaco, a questão fora borrada pela sugestão de que há um parentesco entre justiça e arte. Glauco torna a questão manifesta ao comparar o homem perfeitamente injusto com o artesão perfeito, enquanto concebe o homem perfeitamente justo como um homem simples que não tem qualquer outra qualidade além da justiça. De olho no ensinamento da *República* como um todo, a tentação é dizer que Glauco entende a justiça pura à luz da pura fortaleza; seu homem perfeitamente justo lembra o soldado desconhecido que se submete à morte mais dolorosa e humilhante sem nenhum propósito especial, mas apenas para morrer bravamente e sem nenhuma perspectiva de que seu nobre feito seja algum dia conhecido por alguém.

A exigência que Glauco faz a Sócrates recebe o apoio decidido de Adimanto. Torna-se claro, a partir do discurso desse último, que a visão de Glauco de que a justiça é totalmente digna de escolha por si mesma é uma completa novidade, pois na visão tradicional ela era vista como digna de escolha, principalmente, senão exclusivamente, por causa das recompensas divinas para a justiça e os castigos divinos pela injustiça, e várias outras consequências. O longo discurso de Adimanto difere do discurso de Glauco porque traz à luz o fato de que se a justiça deve ser digna de escolha por si mesma ela deve ser confortável ou prazerosa.[9]

---

[9] Cf. ibidem, 364a, c-d, 365c c/c 357b e 358a.

As exigências de Glauco e Adimanto determinam o parâmetro pelo qual se deve julgar o elogio socrático da justiça; elas nos forçam a investigar se e até que ponto Sócrates provou na *República* que a justiça é digna de escolha por si mesma ou prazerosa ou mesmo suficiente em si mesma para fazer um homem perfeitamente feliz em meio àquilo que comumente se acredita ser a miséria mais extrema.

Para defender a causa da justiça, Sócrates passa a fundar, junto com Glauco e Adimanto, uma cidade "em discurso".[10] A razão pela qual esse procedimento é necessário pode ser enunciada como se segue. Acredita-se que a justiça é o respeito à lei ou a firme resolução de dar a cada um o que lhe pertence, isto é, o que lhe pertence de acordo com a lei; no entanto, acredita-se, também, que a justiça é boa ou salutar; mas obediência às leis ou dar a todos o que lhes pertence segundo a lei não é salutar em toda circunstância uma vez que as leis podem ser más; a justiça será salutar apenas quando as leis forem boas, e isso requer que o regime do qual as leis provêm seja bom: a justiça será plenamente salutar apenas em uma boa cidade. A maneira de proceder de Sócrates sugere, além disso, que ele não sabe de nenhuma cidade real que seja boa; eis por que ele se vê compelido a fundar uma cidade boa. Sócrates justifica a sua opção pela cidade com a consideração de que a justiça pode ser detectada mais facilmente na cidade do que no indivíduo humano porque a primeira é maior que o último; com isso ele sugere que existe um paralelismo entre a cidade e o indivíduo humano, ou, mais precisamente, entre a cidade e a alma do indivíduo humano. Isso significa que o paralelismo entre a cidade e o indivíduo humano está baseado em certa abstração do corpo humano. Na medida em que existe um paralelismo entre a cidade e o indivíduo humano ou a sua alma, a cidade é, no mínimo, semelhante a um ser natural. No entanto, esse paralelismo não é completo. Embora a cidade e o indivíduo pareçam igualmente capazes de ser justos, não é certo que ambos possam ser igualmente felizes (cf. o início do livro IV). A distinção entre a justiça do indivíduo e a sua felicidade foi preparada pela exigência feita por Glauco a Sócrates de que a justiça fosse louvada independentemente dos atrativos extrínsecos que ela possa ter. Ela é também preparada pela opinião comum de que a justiça requer dedicação completa do indivíduo ao bem comum.

---

[10] *To logo*, em contraposição a "em atos" ou "em obras" – *to ergo*. Cf. por exemplo *República*, II, 369c: *Fundemos em discurso uma cidade* (τῷ λόγῳ ἐξ ἀρχῆς ποιῶμεν πόλιν). Cf. também ibidem, 376d (dessa vez referente à educação dos guardiões). (N. T.)

7. Platão – 427-347 a.C.

A fundação da cidade boa tem lugar em três estágios: a cidade saudável, ou dos porcos, a cidade purificada, ou guerreira, e a Cidade da Beleza, ou governada pelos filósofos.

A fundação da cidade é precedida pela observação de que a cidade tem a sua origem na necessidade humana: todo ser humano, justo ou injusto, tem necessidade de muitas coisas, e, ao menos por essa razão, de outros seres humanos. A cidade saudável satisfaz de modo adequado às necessidades primárias, as necessidades do corpo. A satisfação adequada requer que cada homem exerça apenas uma arte. Isso significa que cada um faz quase todo o seu trabalho para os outros, mas também que os outros trabalham para ele. Todos trocarão uns com os outros os seus próprios produtos enquanto seus próprios produtos: haverá propriedade privada; ao trabalhar para a vantagem dos outros todos trabalham para a sua própria vantagem. A razão pela qual cada um exercerá apenas uma arte é que os homens diferem uns dos outros por natureza, vale dizer, que homens diferentes têm vocação para artes diferentes. Considerando que cada um vai exercer apenas aquela arte para a qual é por natureza dotado, a carga será menor para todos. A cidade saudável é uma cidade feliz: ela não conhece a pobreza, a coerção ou o governo, a guerra ou a morte dos animais. Ela é feliz de tal modo que cada um de seus membros é feliz: ela não precisa de governo porque há uma harmonia perfeita entre o serviço e a recompensa recebida por cada um; ninguém usurpa o que é dos outros. Ela não precisa de governo porque cada um escolhe para si a arte para a qual é mais apto; não há desarmonia entre dons naturais e preferências. Não há também desarmonia entre o que é bom para o indivíduo (ele escolher a arte para a qual é mais apto por natureza) e o que é bom para a cidade: a natureza arranjou as coisas de tal modo que na cidade não há excedente de ferreiros ou déficit de sapateiros. A cidade saudável é feliz porque é justa, e é justa porque é feliz; na cidade justa, a justiça é fácil ou prazerosa e livre de qualquer traço de autossacrifício. Ela é justa sem que ninguém se preocupe realmente com a justiça; ela é justa por natureza. No entanto, não se encontra essa cidade. Ela é impossível pela mesma razão por que o anarquismo em geral é impossível. O anarquismo seria possível se os homens fossem capazes de permanecer inocentes, e, no entanto, é da essência da inocência o fato de ela facilmente ser perdida; os homens podem ser justos apenas por meio do conhecimento, e os homens não podem adquirir conhecimento sem esforço e sem antagonismo. Em outros termos, embora a cidade saudável seja justa em determinado sentido, falta-lhe virtude ou excelência: a justiça que ela possui não é virtude. A virtude é impossível sem labuta, esforço ou repressão do mal em si mesmo. A cidade saudável é uma cidade na qual o mal está apenas adormecido. A morte é mencionada apenas quando a transição da cidade saudável para o próximo estágio da discussão já se iniciou.[11] A cidade saudável é chamada cidade dos porcos não por Sócrates, mas por Glauco. Este não sabe muito bem o que diz. No sentido literal, a cidade saudável é uma cidade sem porcos.[12]

Antes que a cidade purificada possa surgir, ou melhor, ser estabelecida, a cidade saudável deve ter decaído. A sua decadência é ocasionada pela emancipação do desejo de coisas não necessárias, isto é, por coisas que não se destinam de maneira necessária ao bem-estar ou à saúde do corpo. Assim surge a cidade luxuriosa e febril, a cidade caracterizada pela busca da aquisição ilimitada de riquezas. Pode-se esperar que em uma cidade como essa os indivíduos não mais exercerão a arte única para a qual cada um foi destinado por natureza, mas qualquer arte ou combinação de artes que seja mais lucrativa, ou pode-se esperar que não haverá mais uma correspondência estrita entre serviço e a recompensa por ele: o que ocasionará insatisfação e conflitos e, portanto, a necessidade do governo, que virá para restaurar a justiça; portanto, haverá a necessidade de algo mais que também estava inteiramente ausente na cidade saudável, isto é, da educação pelo menos dos governantes, e mais particularmente a educação para a justiça. Certamente, haverá a necessidade de território adicional e, assim, haverá guerra, guerra de agressão. Baseando-se no princípio "um homem, uma arte", Sócrates exige que o exército seja composto de homens que não tenham outra arte que não a do guerreiro. Parece que a arte dos guerreiros ou dos guardiões é em muito superior às outras artes. Até aqui, a impressão era a de que todas as outras artes ocupavam uma posição semelhante e que a única arte universal, ou a única arte a acompanhar todas as artes, era a arte de ganhar dinheiro.[13] Agora, temos um primeiro vislumbre da ordem verdadeira das artes. Essa ordem é hierárquica; a arte universal é a arte mais alta, a arte que dirige todas as outras artes, que, enquanto tal, não pode ser praticada pelos praticantes de outras artes que não a mais alta. Essa arte das artes provará ser a filosofia. Por enquanto, diz-se apenas que o guerreiro deve ter uma natureza que se assemelhe à natureza do animal filosófico, o cão. Pois

---

[11] Ibidem, 372d.
[12] Ibidem, 370d-e, 373c.
[13] Ibidem, 342a-b, 346c.

os guerreiros devem ter o ânimo vivo, e, portanto, ser, de um lado, animosos e severos, e, do outro, suaves e gentis, uma vez que têm de ser severos com os estrangeiros e gentis com os compatriotas. Eles devem gostar desinteressadamente dos seus compatriotas e ter uma antipatia também desinteressada pelos estrangeiros. Os homens que possuem uma natureza tão especial quanto essa precisam também de uma educação especial. Com vistas ao trabalho que realizam, eles precisam de treinamento na arte da guerra. Mas essa não é a educação com a qual Sócrates estava preocupado em primeiro lugar. Eles serão por natureza os melhores lutadores e os únicos armados e treinados nas armas: serão inevitavelmente os possuidores únicos de poder político. Além disso, com o fim da idade da inocência, o mal toma conta da cidade e, portanto, também dos guerreiros. A educação de que os guerreiros, mais que qualquer outro grupo, precisam é, assim, sobretudo uma educação na virtude cívica. Essa educação é a educação "música", educação pela poesia e pela música. Nem toda poesia e toda música estão aptas a fazer dos homens bons cidadãos em geral e bons guerreiros ou guardiões em particular. De modo que a poesia e a música que não conduzam a esse fim moral e político devem ser banidas da cidade. Sócrates está muito longe de exigir que Homero e Sófocles sejam substituídos pelos compositores de qualquer porcaria edificante; a poesia que ele demanda para a boa cidade deve ser genuinamente poética. Em particular, ele exige que os deuses sejam apresentados como modelos de excelência humana, isto é, do tipo de excelência humana ao qual os guardiões podem e devem aspirar. Os governantes serão escolhidos entre a elite dos guardiões. No entanto, a educação prescrita, por mais excelente e efetiva, não é suficiente se não estiver apoiada no tipo certo de instituição, isto é, pelo comunismo absoluto ou pela abolição mais completa possível da privacidade: todos podem entrar quando quiserem nas casas uns dos outros. Como recompensa pelos serviços prestados aos artesãos propriamente ditos, os guardiões não recebem dinheiro de nenhum tipo, mas apenas a quantidade suficiente de comida e, devemos supor, do que mais for necessário.

Verifiquemos, agora, de que maneira a cidade boa, tal como vem sendo descrita até aqui, revela que a justiça é boa ou mesmo atraente por si mesma. Que essa justiça, ou a observância da proporção justa entre serviço e recompensa, entre trabalhar para os outros e a própria vantagem individual é necessária foi mostrado na discussão com Trasímaco pelo exemplo do bando de ladrões. A educação dos guardiões, tal como Sócrates e Adimanto concordaram que ela seria, não é uma educação para a justiça.[14] É uma educação para a coragem e a moderação. A educação música, em particular, diferentemente da educação ginástica, é educação para a moderação, e isso significa amor do belo, do que é por natureza atraente em si mesmo. Pode-se dizer que a justiça, no sentido mais restrito e rigoroso, flui a partir da moderação ou da combinação apropriada entre moderação e coragem. Dessa forma, Sócrates silenciosamente esclarece a diferença entre o bando de ladrões e a cidade boa: a diferença essencial consiste no fato de que a parte armada e governante da cidade boa é animada pelo amor do belo, pelo amor a tudo que é digno de louvor e gracioso. A diferença não deve ser buscada no fato de que a cidade boa é guiada em suas relações com as outras cidades, gregas ou bárbaras, por considerações de justiça: a extensão do território da cidade boa é determinada pelas necessidades moderadas dessa cidade e por nada mais.[15] A dificuldade aparece, quiçá, de forma mais clara naquilo que Sócrates diz quando fala dos governantes. Além das outras qualidades exigidas, os governantes devem ter a qualidade de cuidar da cidade ou amar a cidade; mas um homem tem maior probabilidade de amar aquilo cujo interesse ele acredita ser idêntico ao seu próprio interesse ou cuja felicidade ele acredita ser a condição da sua própria felicidade. O amor aqui mencionado não é, obviamente, desinteressado no sentido de que o governante ama a cidade, ou o serviço prestado à cidade, por si mesma. Isso pode explicar por que Sócrates exige que os governantes sejam honrados tanto enquanto estão vivos quanto depois de mortos.[16] Seja como for, o grau mais alto de cuidado com a cidade e de uns com os outros não sobrevirá a não ser que todo mundo seja levado a acreditar na mentira de que todos os compatriotas, e apenas eles, são irmãos.[17] Para dizer o mínimo, a harmonia entre interesse próprio e o interesse da cidade, que foi perdida com a decadência da cidade saudável, ainda não foi restaurada. Por isso, não espanta que, no princípio do livro IV, Adimanto expresse a sua insatisfação com a condição dos soldados na cidade guerreira. Lida no contexto do todo do argumento, a réplica de Sócrates significa o seguinte: apenas como membro de uma cidade feliz um homem pode ser feliz; apenas dentro desses limites pode um homem, ou qualquer outra parte da cidade, ser feliz; a dedicação completa

---

[14] Ibidem, 392a-c.
[15] Ibidem, 423b; cf., também, 398a e 422d.
[16] Ibidem, 414, 465d-466c; cf. 346e e s.
[17] Ibidem, 415b.

à cidade feliz é justiça. Resta ver se a dedicação completa à cidade feliz é ou pode ser a felicidade do indivíduo.

Depois que a fundação da cidade boa está, no que mais importa, completa, Sócrates e seus amigos se voltam para a investigação sobre o lugar da justiça e da injustiça, e se o homem que deseja ser feliz deve possuir a justiça ou a injustiça.[18] Eles procuram primeiro as três virtudes diferentes da justiça (sabedoria, coragem e moderação). Na cidade fundada segundo a natureza, a sabedoria reside nos governantes e apenas neles, pois os homens sábios são, por natureza, a menor parte de qualquer cidade, e não seria bom para a cidade se eles não fossem os únicos a dirigi-la. Na cidade boa, a coragem reside na classe dos guerreiros, porquanto a coragem política, à diferença da temeridade animal, é suscitada apenas pela educação naqueles que são, por natureza, aptos para ela. A moderação, por outro lado, deve ser encontrada em todas as partes da cidade boa. No contexto presente, a moderação não significa exatamente o que significava quando a educação dos guerreiros foi discutida, mas o controle daquilo que é por natureza pior por aquilo que é por natureza melhor – o controle pelo qual o todo se acha em harmonia. Em outras palavras, a moderação é o acordo entre o que é naturalmente superior e o que é naturalmente inferior a respeito de qual dos dois deve governar na cidade. Tendo em vista que controlar e ser controlado são duas coisas diferentes, deve-se supor que a moderação dos governantes não é idêntica à moderação dos governados. Embora Sócrates e Glauco tenham encontrado com facilidade as três virtudes mencionadas na cidade boa, é difícil encontrar a justiça nela, porque, como diz Sócrates, a justiça ali é demasiado óbvia. A justiça consiste em todos fazerem em benefício da cidade aquela coisa para a qual a sua natureza é mais apta, ou, simplesmente, em cada um cuidar da sua vida: é em virtude da justiça assim entendida que as outras três virtudes são virtudes.[19] Mais precisamente, uma cidade é justa quando cada uma das suas três partes (os produtores de riqueza, os guerreiros e os governantes) faz seu próprio trabalho e apenas o seu próprio trabalho.[20] A justiça é, então, a exemplo da moderação e diferentemente da sabedoria e da coragem, não o apanágio de uma única parte da cidade, sendo requerida de todas elas. No entanto, a justiça, como a moderação, tem um caráter diferente em cada uma das três classes. Deve-se supor, por exemplo,

---

[18] Ibidem, 427d.
[19] Ibidem, 433 a-b.
[20] Ibidem, 434c.

que a justiça dos governantes sábios é afetada pela sua sabedoria, assim como a justiça dos produtores de riqueza é afetada pela sua falta de sabedoria, pois se mesmo a coragem dos guerreiros é apenas uma coragem civil ou política, e não a coragem pura e simples,[21] parece claro que também a sua justiça – para nada dizer da justiça dos produtores de riqueza – não será a justiça pura e simples. Para descobrir a justiça pura e simples (a justiça em si) torna-se, então, necessário considerar a justiça no homem individual. Essa consideração seria a mais fácil se a justiça no indivíduo fosse idêntica à justiça na cidade; isso exigiria que o indivíduo, ou melhor, a sua alma, consistisse dos mesmos três tipos de "naturezas" que a cidade. Uma consideração bastante provisória da alma parece estabelecer essa exigência: a alma contém desejo, animosidade (ou irascibilidade)[22] e razão, exatamente como a cidade é composta de produtores de riqueza, guerreiros e governantes. Disso, podemos concluir que um homem é justo se cada uma dessas três partes da sua alma realizar a sua obra própria e apenas a sua obra própria, vale dizer, se a sua alma estiver em um estado de saúde. Mas se a justiça é a saúde da alma, e, da mesma forma, se a injustiça é a doença da alma, é óbvio que a justiça é boa e a injustiça é má, independentemente de alguém ser ou não conhecido como justo ou injusto.[23] Um homem é justo se a parte racional nele for sábia e governar,[24] e se a parte irascível, sendo vassala e aliada da parte racional, assisti-la no controle da multidão de desejos que quase inevitavelmente se transforma em desejo de cada vez mais riquezas. Isso significa, entretanto, que apenas o homem no qual a sabedoria governa as duas outras partes, vale dizer, apenas o homem sábio, pode ser verdadeiramente justo.[25] Não surpreende, assim, que o homem justo prove ser, ao fim e ao cabo, idêntico ao filósofo.[26] Os produtores de riqueza e os guerreiros não são verdadeiramente justos mesmo na cidade justa, porque a justiça deles deriva exclusivamente de um tipo ou outro de habituação e não da filosofia; de modo que nos recessos mais profundos das suas almas, eles anseiam pela tirania, ou seja, pela injustiça completa.[27] Vemos, então, o quanto

---

[21] Ibidem, 430c; cf. *Fédon*, 82a.
[22] *República*, 441a-c.
[23] Ibidem, 444d-445b.
[24] Ibidem, 441e.
[25] Cf. ibidem, 442c.
[26] Ibidem, 580d-583b.
[27] Ibidem, 619b-d.

Sócrates estava certo ao esperar encontrar injustiça na cidade boa.²⁸ Isso não significa negar, como resta evidente, que enquanto membros da cidade boa os não filósofos agirão de modo muito mais justo do que o fariam como membros de cidades inferiores.

A justiça dos que não são sábios aparece sob uma luz diferente quando se considera, de um lado, a justiça na cidade, e, do outro, a justiça na alma. Esse fato mostra que o paralelismo entre a cidade e a alma é incompleto. Esse paralelismo requer que, assim como na cidade os guerreiros ocupem uma posição mais alta que os produtores de riqueza, da mesma forma na alma a animosidade (ou irascibilidade) ocupa uma posição mais alta que o desejo. É muito plausível que aqueles que protegem a cidade contra inimigos externos e domésticos e que receberam uma educação música mereçam uma dignidade mais alta que aqueles que não têm nem responsabilidade pública nem educação música. Mas é muito menos plausível que a animosidade enquanto tal devesse merecer uma dignidade mais alta que o desejo enquanto tal. É verdade que a "irascibilidade" (ou animosidade) inclui uma grande variedade de fenômenos, que vão desde a mais nobre indignação contra a injustiça, a torpeza e a maldade até a raiva de uma criança mimada que se revolta quando não se lhe dá qualquer coisa, não importa em que medida má, que ela deseje. Mas o mesmo também é verdadeiro em relação ao desejo: um tipo de desejo é *Eros*, que em suas formas saudáveis vai do anseio de imortalidade através da reprodução passando pelo anseio de imortalidade através da fama imortal, até o anseio de imortalidade através da participação pelo conhecimento nas coisas que são imutáveis sob todos os aspectos. A asserção de que a irascibilidade ocupa uma posição mais alta do que o desejo enquanto tal é, assim, questionável. Não nos esqueçamos jamais que enquanto existe um *eros* filosófico não há uma irascibilidade filosófica;²⁹ ou, em outras palavras, que Trasímaco é muito mais uma encarnação da irascibilidade do que do desejo. A asserção em questão está baseada em uma abstração deliberada do *eros* – uma abstração característica da *República*.

Essa abstração se mostra da maneira mais marcante em dois fatos: quando Sócrates menciona as necessidades fundamentais que dão ensejo à sociedade humana, ele silencia sobre a necessidade de procriação, e, quando descreve o

---

²⁸ Ibidem, 427d.
²⁹ Cf. ibidem, 366c.

tirano, a injustiça encarnada, ele o apresenta como o *eros* encarnado.[30] Na discussão temática sobre as dignidades específicas da irascibilidade e do desejo, ele silencia sobre o *eros* mais uma vez.[31] Parece haver uma tensão entre o *eros* e a cidade e, portanto, entre o *eros* e a justiça: apenas pela depreciação do *eros* a cidade pode entrar na posse de si. O *eros* obedece as suas próprias leis, não as leis da cidade, por melhores que elas sejam; na cidade boa, o *eros* é simplesmente submetido ao que a cidade requer. A cidade boa requer que todo amor ao que nos pertence – todo o amor espontâneo aos nossos pais, nossos filhos, nossos amigos e amantes – seja sacrificado ao amor comum do que é comum. Tanto quanto possível, o amor ao que nos pertence deve ser abolido exceto como amor da cidade enquanto *esta* cidade particular, enquanto *a* nossa cidade. Tanto quanto possível, o patriotismo toma o lugar do *eros* e o patriotismo tem um parentesco mais próximo com a irascibilidade, a ânsia de combate, a "irritabilidade", a raiva, e a indignação que o *eros*.

Ao mesmo tempo que prejudica a alma pular na garganta de Platão porque ele não é um democrata liberal, também não é nada bom borrar a diferença entre platonismo e democracia liberal, pois as premissas "Platão é admirável" e "a democracia liberal é admirável" não conduzem legitimamente à conclusão de que Platão foi um democrata liberal. A fundação da cidade boa partiu do fato de que os homens são por natureza diferentes, e isso provou significar que os homens ocupam, por natureza, posições ou dignidades desiguais. Eles são desiguais particularmente em relação à sua capacidade de adquirir virtude. A desigualdade que se deve à natureza é intensificada e aprofundada pelos diferentes tipos de educação ou habituação e pelos diferentes modos de vida (comunista ou não comunista) praticados pelas diferentes partes da cidade boa. Em consequência, a cidade boa chega a se assemelhar a uma sociedade de castas. Um personagem platônico que ouve a descrição da cidade boa da *República* é por ela lembrado do sistema de castas estabelecido no antigo Egito, embora seja bastante claro que, no Egito, os governantes eram sacerdotes e não filósofos.[32] Certamente, na cidade boa da *República* não é a descendência, mas, em primeiro lugar, os dons naturais de cada um, o que determina a classe a que cada um pertence. Mas isso conduz a uma dificuldade. Os membros da classe mais alta, que vivem no comunismo, não podem saber

---

[30] Ibidem, 573b-e, 574e-575a.
[31] Cf. ibidem, 439d.
[32] *Timeu*, 24a-b.

quem são os seus pais naturais, tendo que encarar todos os homens e mulheres da geração anterior à sua como seus pais e mães. Por outro lado, os filhos vocacionados das classes inferiores não comunistas devem ser transferidos para a classe mais alta (ou vice-versa); uma vez que seus dons superiores não são necessariamente reconhecíveis no momento do seu nascimento, eles provavelmente virão a conhecer seus pais naturais e mesmo se apegarão a eles; isso parece torná-los inaptos para transferência à classe superior. Há duas maneiras pelas quais essa dificuldade pode ser removida. A primeira é ampliar o comunismo absoluto para a classe mais baixa; e, considerando a conexão existente entre modo de vida e educação, estender também a educação música para essa classe.[33] De acordo com Aristóteles,[34] Sócrates deixou indefinida a questão de saber se na cidade boa o comunismo absoluto se limita à classe mais alta ou se ele se estende também à classe inferior.[35] Deixar essa questão indefinida estaria de acordo com o que se diz da baixa opinião que tinha Sócrates acerca da importância da classe mais baixa.[36] Portanto, para remover a dificuldade mencionada ele dificilmente pode evitar tornar hereditária a inclusão de um indivíduo na classe alta ou baixa e, dessa forma, violar um dos princípios mais elementares da justiça. Isto à parte, pode-se ainda perguntar se é possível traçar uma linha perfeitamente clara entre os vocacionados e não vocacionados para a função de guerreiros e, portanto, se uma atribuição perfeitamente justa dos indivíduos para a classe alta ou baixa é possível, e, enfim, se a cidade boa pode ser perfeitamente justa.[37] Mas, seja como for, se o comunismo estiver limitado à classe alta, haverá privacidade tanto na classe dos produtores de riqueza quanto entre os filósofos enquanto filósofos, na medida em que pode bem haver apenas um único filósofo na cidade e, com certeza, jamais um rebanho deles: os guerreiros são a única classe que é inteiramente política ou pública ou que é inteiramente dedicada à cidade; apenas os guerreiros se apresentam, portanto, como o caso mais claro da vida justa em certo sentido da palavra "justo".

É necessário compreender a razão pela qual o comunismo está limitado à classe alta ou, dito de outro modo, qual é o obstáculo natural ao comunismo.

---

[33] *República*, 401b-c, 421e-422d, 460a, 543a.
[34] *Política*, 1264a 13-17.
[35] *República*, 421a, 434a.
[36] Ibidem, 415e, 431b-c, 456d.
[37] Reconsidere-se ibidem, 427d.

Aquilo que é, por natureza, privado, ou próprio de alguém, é o corpo e apenas o corpo.[38] As necessidades ou os desejos do corpo induzem os homens a ampliar a esfera do privado, da propriedade de cada um, tanto quanto possível. Esse impulso tão poderoso sofre a oposição da educação música que produz a moderação, isto é, um treinamento bastante severo da alma do qual, ao que parece, apenas uma minoria de homens é capaz. Ainda assim esse tipo de educação não extirpa o desejo natural de cada um pelas coisas ou por seres humanos que lhes são próximos: os guerreiros não aceitarão o comunismo absoluto se não estiverem submetidos aos filósofos. Dessa forma, torna-se claro que o impulso na direção do que é próprio ou do que pertence a cada um é contrariado, em última instância, apenas pela filosofia, pela busca da verdade que, enquanto tal, não pode ser propriedade pessoal de ninguém. Enquanto o privado por excelência é o corpo, o comum por excelência é a mente, a mente pura e não a alma em geral. A superioridade do comunismo em relação ao não comunismo tal como ensinada na *República* é inteligível apenas como um reflexo da superioridade da filosofia sobre a não filosofia. Isso contradiz claramente a conclusão do parágrafo anterior. A contradição pode e deve ser resolvida pela distinção entre dois tipos de justiça. Essa distinção não pode tornar-se clara antes que se tenha compreendido a doutrina da *República* a respeito da relação entre a filosofia e a cidade. Devemos, portanto, começar tudo de novo mais uma vez.

No fim do livro IV, a impressão é que Sócrates cumpriu a missão que Glauco e Adimanto lhe impuseram, pois ele logrou mostrar que a justiça entendida como saúde da alma é desejável não apenas por causa das suas consequências, mas, sobretudo, em si mesma. Mas, depois, no princípio do livro V, somos de repente confrontados com um novo começo, com a repetição de uma cena ocorrida bem no início do diálogo. Igualmente no começo do diálogo e no começo do livro V (e em nenhum outro lugar), os companheiros de Sócrates tomam uma decisão, ou melhor, votam, e Sócrates, que não toma parte na decisão deles, obedece.[39] Os companheiros de Sócrates se comportam em ambos os casos como uma cidade (uma assembleia de cidadãos), ainda que a menor cidade possível.[40] Mas há a seguinte diferença entre as duas cenas: enquanto Trasímaco estava ausente da primeira cena, ele se torna membro da

---

[38] Ibidem, 464d; cf. *Leis*, 739c.
[39] Cf. *República*, 449b-450a c/c 327b-328b.
[40] Cf. ibidem, 369d.

cidade na segunda. A impressão é que a fundação da cidade boa requer que Trasímaco seja convertido em cidadão.

No princípio do livro V, os companheiros de Sócrates o forçam a tratar do tema do comunismo das mulheres e crianças. Eles não fazem objeção à proposta propriamente dita da forma como Adimanto havia feito em relação ao comunismo da propriedade no princípio do livro IV, pois mesmo Adimanto não é mais o mesmo homem que era naquele momento anterior. Eles desejam apenas saber a maneira precisa pela qual o comunismo das mulheres e crianças deve ser gerido. Sócrates substitui essa questão por duas questões mais incisivas: 1) o comunismo é possível?; 2) ele é desejável? Parece que o comunismo das mulheres (isto é, a posse comum das mulheres) é a consequência ou pressuposição da igualdade dos sexos relativamente ao trabalho que eles devem fazer: a cidade não pode se dar ao luxo de perder a força de combate e de trabalho de metade da sua população adulta, e não há diferença essencial entre homens e mulheres relativamente aos dons naturais para as várias artes. A exigência de igualdade entre os sexos requer uma completa subversão do costume, uma subversão que é, aqui, apresentada menos como algo chocante que risível; a exigência é justificada com base no princípio de que apenas o útil é belo ou nobre e apenas o que é ruim, isto é, contra a natureza, é matéria de riso: a costumeira diferença de conduta entre os dois sexos é rejeitada como sendo contra a natureza, e a mudança revolucionária tem a intenção de produzir a ordem segundo a natureza.[41] Pois a justiça requer que todo ser humano pratique a arte para a qual ele ou ela é apto ou apta por natureza, independentemente do que o costume ou a convenção possa ditar. Sócrates mostra primeiro que a igualdade entre os sexos é possível, vale dizer, que ela está de acordo com a natureza dos sexos tal como essa natureza aparece quando vista na perspectiva da aptidão para a prática das várias artes, e, em seguida, ele mostra que ela é desejável. Ao provar essa possibilidade, ele faz explicitamente abstração da diferença entre os sexos em relação à procriação.[42] Isso significa que o argumento da *República* como um todo, segundo o qual a cidade é uma comunidade de artesãos masculinos e femininos, abstrai no grau mais alto possível a mais alta atividade essencial à cidade, que tem lugar "por natureza" e não "pela arte".

---

[41] Ibidem, 455d-e, 456b-c.
[42] Ibidem, 455c-e.

Sócrates passa, então, a discutir o comunismo das mulheres e crianças, e mostra que ele é desejável porque tornará a cidade mais "una", e, portanto, mais perfeita, do que seria uma cidade composta de famílias separadas: a cidade deve assemelhar-se tanto quanto possível a um ser humano individual ou a um corpo vivo individual, ou seja, a um ser natural.[43] Nesse ponto, entendemos bem melhor por que Sócrates começou a sua discussão sobre a justiça presumindo um importante paralelismo entre a cidade e o indivíduo: ele estava pensando à frente, tendo em mente a maior união possível da cidade. A abolição da família não significa, como resta evidente, a introdução da licença ou da promiscuidade; ela significa a mais severa regulação da relação sexual do ponto de vista do que é útil para a cidade e do que é necessário para o bem comum. A consideração do útil, seria possível dizer, suplanta a consideração do santo ou sagrado:[44] os machos e fêmeas humanos devem ser cruzados com o propósito exclusivo da produção da melhor prole, no espírito com que os criadores de cães, pássaros e cavalos procedem; as reivindicações do *eros* são simplesmente silenciadas. A nova ordem naturalmente afeta as proibições consuetudinárias contra o incesto, as regras mais sagradas da justiça segundo o costume.[45] No novo esquema, ninguém mais conhecerá seus pais naturais, seus filhos, irmãos e irmãs, mas todos *verão* todos os homens da geração anterior à sua como seus pais e mães, da sua própria geração como irmãos e irmãs, e da geração mais nova como seus filhos.[46] Isso quer dizer, entretanto, que a cidade construída segundo a natureza vive, em um aspecto bastante importante, mais segundo a convenção que segundo a natureza. Por essa razão ficamos decepcionados em ver que, mesmo discutindo a questão da possibilidade do comunismo das mulheres e crianças, Sócrates a abandona imediatamente.[47] Tendo em vista que a instituição em questão é indispensável para a cidade boa, Sócrates deixa, com isso, aberta a questão sobre a possibilidade da cidade boa, vale dizer, da cidade justa enquanto tal. E isso acontece justamente depois de seus ouvintes, e os leitores da *República*, terem feito os maiores sacrifícios – como o sacrifício do *eros* ou da família – em nome da cidade justa.

---

[43] Ibidem, 462c-d, 464b.
[44] Cf. ibidem, 458e.
[45] Ibidem, 461b-e.
[46] Ibidem, 463c.
[47] Ibidem, 466d.

Sócrates não consegue escapar por muito tempo do seu intimidante dever de responder a questão a respeito da possibilidade da cidade justa. O viril Glauco o compele a encarar essa questão. Talvez devêssemos dizer que, ao escapar, em aparência, da questão da guerra – uma questão mais fácil em si mesma e mais atraente para Glauco do que o comunismo das mulheres e crianças –, ao mesmo tempo que tratando desse tema de acordo com as mais austeras exigências da justiça, e, com isso, desvestindo-o de muito da sua atratividade, ele força Glauco a compeli-lo a retornar à questão fundamental. Seja como for, a questão para a qual Sócrates e Glauco retornam não é a mesma que eles deixaram. A questão que eles deixaram era se a cidade boa é possível no sentido de que está de acordo com a natureza humana. A questão para a qual retornam é se a cidade boa é possível, no sentido de que ela pode ser realizada através da transformação de uma cidade real.[48] Pode-se pensar que esta última pressupõe uma resposta afirmativa à primeira questão, mas isso não é inteiramente correto. Como ora aprendemos, todo o nosso esforço para descobrir o que é a justiça (a fim de nos tornarmos capazes de ver como ela se relaciona com a felicidade) era uma busca pela "justiça em si mesma", pela justiça como um "padrão". Ao buscar a justiça em si mesma como um padrão sugerimos que o homem justo e a cidade justa não serão perfeitamente justos, mas se aproximarão, com efeito, da justiça em si mesma com uma proximidade particular;[49] apenas a justiça em si mesma é perfeitamente justa.[50] Isso quer dizer que nem mesmo as instituições da cidade justa (comunismo absoluto, igualdade dos sexos e governo dos filósofos) são simplesmente justas. Ora, a justiça em si não é "possível" no sentido de que ela não é capaz de alguma vez vir a existir, porquanto ela "existe" sempre sem ser capaz de sofrer qualquer mudança. A justiça é uma "ideia" ou "forma", uma das muitas "ideias". As ideias são as únicas coisas que "existem" em sentido estrito, isto é, que existem sem nenhum mistura de não existir, porquanto estão para além de todo vir a ser, e o que quer que venha a ser está situado entre o existir e o não existir. Uma vez que as ideias são as únicas coisas que estão além de toda mudança, elas são, em certo sentido, a causa de toda mudança e de todas as coisas mutáveis. Por exemplo, a ideia da justiça é a causa de qualquer coisa (seres humanos, cidades, leis, comandos, ações) tornar-se justa. Elas são seres autossubsistentes

---

[48] Ibidem, 473b-c.
[49] Ibidem, 472b-c.
[50] Ibidem, 479a; cf. 538c e s.

que subsistem sempre. Elas são de máximo esplendor. Por exemplo, a ideia da justiça é perfeitamente justa. Mas o seu esplendor escapa aos olhos do corpo. As ideias são "visíveis" apenas aos olhos da mente, e a mente enquanto mente nada percebe, a não ser as "ideias". Contudo, como é indicado pelos fatos de que existem muitas ideias e de que a mente que percebe as ideias é radicalmente diferente das próprias ideias, deve haver algo mais alto que as ideias: "o bem" ou "a ideia do bem" que é, em certo sentido, a causa de todas as ideias, assim como da mente que as percebe.[51] É apenas pela percepção do "bem" da parte dos seres humanos que são por natureza equipados para percebê-lo que a cidade boa pode vir a existir e subsistir por um tempo.

A doutrina das ideias que Sócrates expõe a Glauco é bastante difícil de entender; para começar, ela é radicalmente in-crível, para não dizer que ela parece ser fantástica. Até agora nos havia sido dado a entender que a justiça é fundamentalmente determinado caráter da alma humana, ou da cidade, isto é, algo que não é autossubsistente. Agora somos urgidos a acreditar que ela é autossubsistente, tendo como lar, segundo parece, um lugar inteiramente diferente de onde estão os seres humanos e tudo o mais que participa da justiça.[52] Ninguém jamais teve êxito em apresentar de maneira satisfatória e clara essa doutrina das ideias. É, entretanto, possível definir bastante precisamente a dificuldade central. "Ideia" significa primariamente a aparência ou a forma de uma coisa; significa, portanto, um tipo ou uma classe de coisas que estão unidas pelo fato de que todas têm a mesma "aparência", isto é, o mesmo caráter e poder, ou a mesma "natureza"; assim, ela significa o caráter de classe ou a natureza das coisas que pertencem à classe em questão: a "ideia" de uma coisa é aquilo que indicamos ao tentar encontrar o "quê" ou a "natureza" de uma coisa ou de uma classe de coisas. A conexão entre "ideia" e "natureza" se torna aparente na *República* a partir dos fatos de que "a ideia de justiça" é chamada de "aquilo que é justo por natureza", e de se dizer que as ideias, em contraste com as coisas que não são ideias ou com as coisas percebidas sensoriamente, estão "na natureza".[53] Isso não explica, no entanto, por que as ideias são apresentadas como "separadas" das coisas que são o que são por participar de uma ideia ou, em outras palavras, por que a "cachorridade" (o caráter de classe dos cães) deve corresponder ao "verdadeiro cão". Parece que dois tipos de

---

[51] Ibidem, 517c.
[52] Cf. ibidem, 509b-510a.
[53] Ibidem, 501b; 597b-d.

fenômenos dão apoio à asserção de Sócrates. Em primeiro lugar as coisas matemáticas enquanto tais jamais podem ser encontradas entre as coisas sensíveis: nenhuma linha desenhada na areia ou no papel é uma linha tal como a entende o matemático. Em segundo lugar, e acima de tudo, o que indicamos por justiça e coisas semelhantes não é, enquanto tal, em sua pureza ou perfeição, necessariamente encontrado em seres humanos ou nas sociedades; com efeito, parece que o que se quer dizer por justiça transcende tudo que o homem possa algum dia atingir; precisamente os homens mais justos foram e são aqueles mais conscientes das insuficiências da sua justiça. Sócrates parece dizer que o que é patentemente verdadeiro em relação às coisas matemáticas e às virtudes é verdadeiro universalmente: há uma ideia da cama ou da mesa assim como há uma do círculo e da justiça. Ora, embora seja obviamente razoável dizer que um círculo perfeito ou a justiça perfeita transcende tudo o que algum dia pode ser visto, é difícil afirmar que a cama perfeita é algo sobre que nenhum homem jamais poderá repousar. Como quer que seja, Glauco e Adimanto aceitam essa doutrina das ideias com relativa tranquilidade, com muito mais tranquilidade que o comunismo absoluto. Esse fato paradoxal não nos causa tanta surpresa, porque, de alguma forma, acreditamos que esses jovens capazes estudam filosofia sob a orientação de Sócrates e ouviram-no expor a doutrina das ideias em inúmeras ocasiões, isso quando não acreditamos que a *República* é um tratado filosófico dirigido a leitores familiarizados com os diálogos mais elementares (ou "mais antigos"). No entanto, Platão se dirige aos leitores da *República* apenas por meio do diálogo de Sócrates com Glauco e os outros interlocutores da *República*, e Platão como autor da *República* não sugere que Glauco – para nada dizer de Adimanto e do resto – tenha estudado seriamente a doutrina das ideias.[54] Ainda assim, embora não seja possível creditar a Glauco e Adimanto uma compreensão genuína da doutrina das ideias, eles ouviram, e de certa forma sabem, que existem deuses como *Diké*, ou Justiça,[55] e *Niké*, ou Vitória, que não é essa ou aquela vitória ou essa ou aquela estátua de *Niké*, mas um ser autossubsistente que é a causa de toda vitória e que é dotado de um inacreditável esplendor. Mais geralmente, eles sabem que existem deuses – seres autossubsistentes que são as causas de tudo o que é bom, que são dotados de esplendor inacreditável, e que não podem ser apreendidos

---

[54] Cf. ibidem, 507a-c c/c 596a e 532c-d, contrastando com *Fédon*, 65d e 74a-b.
[55] *República*, 536b; cf. 487a.

pelos sentidos, uma vez que nunca mudam a sua "forma".[56] Isso não significa negar que existe uma profunda diferença entre os deuses tais como entendidos pela "teologia"[57] da *República* e as ideias, ou que na *República* os deuses sejam, de certa forma, substituídos pelas ideias. Trata-se simplesmente de afirmar que aqueles que aceitam essa teologia e que tiram dela todo tipo de conclusões tendem a chegar à doutrina das ideias.

Devemos voltar agora à questão da possibilidade da cidade justa. Aprendemos que a justiça em si não é "possível" no sentido de que qualquer coisa que venha a ser não pode jamais ser perfeitamente justa. Aprendemos imediatamente depois que não apenas a justiça em si, mas, tampouco a cidade justa, é "possível" no sentido indicado. Isso não significa que a cidade justa tal como concebida e esboçada na *República* é uma ideia como a "justiça em si", e ainda menos que ela é um "ideal"; "ideal" não é um termo platônico. A cidade justa não é um ser autossubsistente como a ideia da justiça, situada, por assim dizer, em um lugar supraceleste. O seu *status* é, antes, aquele do retrato de um ser humano perfeitamente belo, vale dizer, de algo que é apenas em virtude da pintura do pintor; mais precisamente, a cidade justa é apenas "em discurso": ela "é" apenas em virtude de ter sido concebida em vista da justiça em si ou daquilo que é por natureza justo, de um lado, e do humano demasiado humano, do outro. Embora a cidade justa seja, decididamente, de uma dignidade mais baixa que a justiça em si, mesmo a cidade justa enquanto padrão não é capaz de vir a ser como foi concebida; pode-se apenas esperar aproximações dela em cidades que são em atos ou obras e não meramente em discurso.[58] Não é claro o que isso significa. Será que isso significa que a melhor solução exequível é uma acomodação que nos leve a nos reconciliar com determinado grau de propriedade privada (p. ex., que devemos permitir que todo guerreiro conserve seus sapatos e outras coisas do tipo enquanto viver) e determinado grau de desigualdade entre os sexos (p. ex., que determinadas funções militares e administrativas permaneçam o apanágio dos guerreiros do sexo masculino)? Não há razão para supor que é isso que Sócrates pretendia. À luz do que vem imediatamente depois no diálogo, a seguinte sugestão pareceria mais plausível. A afirmação de acordo com a qual a cidade justa não pode vir a ser segundo seu modelo é provisória, ou prepara a afirmação de

---

[56] Cf. ibidem, 379a-b e 380d e s.
[57] Ibidem, 379a.
[58] Ibidem, 472c-473a; cf. 500c-501c c/c 484c-d e 592b.

que a cidade justa, embora capaz de vir a ser, tem pouca probabilidade de vir a ser. Seja como for, imediatamente depois de ter declarado que apenas uma aproximação da cidade boa pode ser esperada, Sócrates levanta a questão: que mudança exequível nas cidades reais será a condição necessária e suficiente para a sua transformação em cidades boas? A sua resposta é a "coincidência" do poder político com a filosofia: os filósofos devem governar como reis ou os reis devem genuína e adequadamente filosofar. Como mostramos em nosso resumo do livro I da *República*, essa resposta não é inteiramente surpreendente. Se a justiça é menos o dar ou deixar a cada um o que a lei lhe prescreve do que o dar ou deixar a cada qual o que é bom para a sua alma, e se o que é bom para a sua alma são as virtudes, segue-se que ninguém pode ser verdadeiramente justo sem conhecer as "virtudes em si" ou, em geral, as ideias, isto é, sem ser um filósofo.

Ao responder a questão de como a cidade boa é possível, Sócrates introduz a filosofia como tema da *República*. Isso quer dizer que, na *República*, a filosofia não é introduzida como o fim do homem, o fim para o qual o homem deve viver, mas como um meio de realizar a cidade justa, a cidade guerreira que é caracterizada pelo comunismo absoluto e pela igualdade dos sexos na classe superior, a classe dos guerreiros. Tendo em vista que o governo dos filósofos é introduzido não como um ingrediente da cidade justa, mas apenas como um meio para a sua realização, Aristóteles está justificado em desconsiderar essa instituição em sua análise crítica da *República* (*Política* II). Seja como for, Sócrates é bem-sucedido em reduzir a questão da possibilidade da cidade justa à questão da possibilidade da coincidência entre filosofia e poder político. Que essa coincidência deva ser possível é, para começar, sobremaneira incrível: todos podem ver que os filósofos são inúteis, quando não danosos, na política. Sócrates, que teve suas próprias experiências com a cidade de Atenas – experiências que seriam coroadas com a sua condenação à morte –, vê essa acusação contra os filósofos como bem fundada, ainda que carente de uma exploração mais profunda. Ele remete o antagonismo das cidades para com os filósofos principalmente às cidades: as cidades presentes, isto é, as cidades não governadas por filósofos, são como assembleias de loucos que corrompem muitos daqueles aptos a se tornar filósofos e para as quais aqueles que foram bem-sucedidos contra todas as probabilidades em se tornar filósofos viram as costas com aversão. Mas Sócrates está longe de absolver os filósofos completamente. Apenas uma mudança radical, tanto da parte das cidades quanto dos filósofos, pode produzir aquela harmonia entre os dois para a qual ambos parecem destinados por natureza. A mudança consiste precisamente nisto: que as cidades deixem de relutar em ser governadas pelos filósofos e os filósofos deixem de relutar em governar as cidades. Essa coincidência da filosofia com o poder político é muito difícil de obter, deveras improvável, senão impossível. Para ocasionar a mudança necessária da parte da cidade, dos não filósofos ou do grande número, o tipo certo de persuasão é necessário e suficiente. O tipo certo de persuasão é fornecido pela arte da persuasão, a arte de Trasímaco dirigida pelo filósofo e a serviço da filosofia. Não surpreende, assim, que no nosso contexto Sócrates declare que ele e Trasímaco acabam de tornar-se amigos. A multidão dos não filósofos tem a natureza boa e, portanto, passível de ser persuadida pelos filósofos. Mas se isso é verdade, por que os filósofos dos tempos antigos, para não dizer o próprio Sócrates, não tiveram êxito em persuadir a multidão quanto à supremacia da filosofia e dos filósofos, produzindo, assim, o governo dos filósofos e, com ele, a salvação e a felicidade das cidades? Por estranho que pareça, nessa parte do argumento parece ser mais fácil persuadir o grande número a aceitar o governo dos filósofos do que persuadir os filósofos a governar o grande número: os filósofos não podem ser persuadidos – eles podem apenas ser compelidos a governar as cidades.[59] Apenas os não filósofos podem compelir os filósofos a assumir o cuidado das cidades. Porém, em razão do preconceito contra os filósofos, essa coerção não se dará se os filósofos não persuadirem, em primeiro lugar, os não filósofos a compelir os filósofos a governá-los, e essa persuasão não se dará em razão da falta de vontade dos filósofos de governar. Chegamos, assim, à conclusão de que a cidade justa não é possível por causa da falta de vontade dos filósofos de governar.

Por que os filósofos não querem governar? Sendo dominados pelo desejo de conhecimento como o único necessário, ou sabendo que a filosofia é a mais prazerosa e abençoada propriedade, os filósofos não têm tempo para olhar para baixo, para os negócios humanos, muito menos para tomar conta deles.[60] Os filósofos creem que ainda em vida já estão firmemente assentados muito longe das suas cidades, nas Ilhas dos bem-aventurados.[61] Portanto, apenas a coação poderia induzi-los a tomar parte na vida política da cidade justa, isto é, na cidade que encara a formação apropriada dos filósofos como a sua tarefa mais

---

[59] Ibidem, 499b-c, 500d, 520a-d, 539e.
[60] Ibidem, 485a, 501b-c, 517c.
[61] Ibidem, 519c.

importante. Depois de perceber o que é verdadeiramente grande, as coisas humanas parecem insignificantes aos filósofos. A própria justiça dos filósofos – o seu abster-se de prejudicar os outros seres humanos – nasce do desprezo das coisas pelas quais os não filósofos competem com tanto ardor.[62] Eles sabem que a vida que não é dedicada à filosofia e, portanto, em particular a vida política, é como a vida em uma caverna; tanto é que a cidade deve ser identificada com a Caverna.[63] Os moradores da caverna (isto é, os não filósofos) enxergam apenas as sombras dos artefatos.[64] O que significa que o que quer percebam eles o entendem à luz das suas opiniões, santificadas pelo *fiat* dos legisladores, a respeito das coisas nobres e justas, vale dizer, à luz de opiniões convencionais: e eles ignoram que as suas mais estimadas convicções não possuem um *status* mais alto que o de opiniões. Pois se mesmo a cidade melhor se encontra na inteira dependência de uma mentira fundamental, ainda que nobre, é lícito esperar que as opiniões sobre as quais repousam as cidades imperfeitas, ou nas quais elas acreditam, serão, ainda, muito menos verdadeiras. Precisamente os melhores entre os não filósofos, os bons cidadãos, estão apaixonadamente apegados a essas opiniões e, por isso, se opõem violentamente à filosofia,[65] que é a tentativa de ir além da opinião para o conhecimento: o grande número não é persuadível pelos filósofos como, cheios de esperança, presumimos num momento anterior. Essa é a verdadeira razão pela qual a coincidência entre a filosofia e o poder político é, para dizer o mínimo, extremamente improvável: a filosofia e a cidade tendem a se afastar uma da outra em direções opostas.

A dificuldade de vencer a tensão natural entre a cidade e os filósofos é indicada pela mudança na investigação de Sócrates da questão da possibilidade da cidade justa no sentido de ela estar ou não de acordo com a natureza humana para a questão da possibilidade da cidade justa no sentido de ela ser capaz de ser produzida pela transformação de uma cidade real. A primeira questão, entendida em contraste com a segunda, aponta a questão ulterior de se a cidade justa não poderia ser realizada por meio da associação de homens que antes estavam inteiramente dissociados uns dos outros. É a essa questão que Sócrates tacitamente dá uma resposta negativa ao se voltar para a questão de se a cidade justa pode ser produzida pela transformação de uma cidade

---

[62] Ibidem, 486a-b.
[63] Ibidem, 539e.
[64] Ibidem, 514b-515c.
[65] Ibidem, 517a.

real. A cidade boa não pode ser produzida a partir de seres humanos que não foram submetidos a nenhuma disciplina humana, a partir de "primitivos" ou "animais estúpidos" ou de "selvagens", sejam eles cruéis ou gentis; seus membros potenciais devem já ter adquirido os rudimentos da vida civilizada. O longo processo pelo qual os homens primitivos se transformam em homens civilizados não pode ser obra do fundador ou legislador da cidade boa, sendo, antes, pressuposto por ele.[66] Mas, por outro lado, se a boa cidade potencial tem de ser uma cidade antiga, os seus cidadãos terão sido inteiramente moldados pelas leis e pelos costumes imperfeitos da sua cidade, consagrados pela sua antiguidade, e terão se tornado apaixonadamente apegados a eles. Sócrates é, assim, compelido a revisar a sua sugestão original de que o governo dos filósofos é a condição necessária e suficiente para a criação da cidade boa. Enquanto originalmente ele havia sugerido que a cidade boa será criada quando os filósofos tornarem-se reis, no final ele sugere que a cidade boa será criada se, tendo os filósofos se tornado reis, eles expelirem da cidade todos que tiverem mais que dez anos de idade, separando completamente os filhos dos pais e das maneiras dos pais, formando-os segundo os modos inteiramente novos da cidade boa.[67] Ao assumir o poder em uma cidade, os filósofos cuidam de verificar que seus súditos não sejam selvagens; ao expulsar todos que têm mais de dez anos de idade, eles fazem com que seus súditos não sejam escravizados pela civilidade tradicional. A solução é elegante. Ela nos leva a perguntar, no entanto, como os filósofos podem compelir todos os que têm mais de dez anos a obedecer de forma submissa ao decreto de expulsão, uma vez que não tiveram como treinar, ainda, uma classe de guerreiros absolutamente obediente a eles. Isso não significa negar que Sócrates fosse capaz de persuadir muitos jovens de boa índole, e mesmo alguns entre os mais velhos, a acreditar que o grande número podia ser não, com efeito, compelido, mas persuadido pelos filósofos a deixar a cidade e os seus filhos e viver nos campos para que a justiça fosse feita.

A parte da *República* que trata da filosofia é a mais importante do livro. Por isso, ela transmite a resposta à questão acerca da justiça na medida em que essa resposta é oferecida na *República*. A resposta explícita à questão sobre o que é a justiça foi bastante vaga: a justiça consiste em cada parte da cidade ou

---

[66] Cf. ibidem, 376e.
[67] Ibidem, 540d-541a; cf. 499b, 501a-e.

da alma "realizar o trabalho para o qual ela é mais apta por natureza"; ou num "tipo" dessa realização; uma parte é justa se ela realiza o seu trabalho ou se toma conta dos próprios negócios "de determinada maneira". O caráter vago dessa asserção é removido quando se substitui "de determinada maneira" por "da melhor maneira" ou "bem": a justiça consiste em cada parte realizar bem o seu trabalho.[68] Portanto o homem justo é o homem em quem cada parte da alma realiza bem o seu trabalho. Considerando que a parte mais alta da alma é a razão, e considerando que essa parte não pode realizar bem o seu trabalho se as outras duas partes não realizarem bem o trabalho delas, apenas o filósofo pode ser verdadeiramente justo. Mas o trabalho que o filósofo faz bem é intrinsecamente atraente e, de fato, um trabalho sobremaneira prazeroso inteiramente independente das suas consequências.[69] Assim, apenas na filosofia justiça e felicidade coincidem. Em outras palavras, o filósofo é o único indivíduo que é justo no sentido de que a cidade boa é justa: ele é autossubsistente, verdadeiramente livre, e a sua vida é tão pouco devotada ao serviço dos outros indivíduos quanto a vida da cidade é devotada ao serviço das outras cidades. Mas o filósofo na cidade boa é justo também no sentido de que serve a seus compatriotas, seus cocidadãos, à sua cidade, ou de que obedece a lei. Isso quer dizer que o filósofo é justo também no sentido no qual todos os membros da cidade justa, e de certo modo, todos os membros justos de qualquer cidade, independentemente de serem ou não filósofos, são justos. Contudo, a justiça nesse segundo sentido não é intrinsecamente atraente ou digna de escolha por si mesma, sendo boa apenas em vista das suas consequências, isto é, não sendo nobre, mas necessária: o filósofo serve à sua cidade, mesmo a cidade boa, não como ele busca a verdade, movido por uma inclinação natural, pelo *eros*, mas sob coação.[70] É quase desnecessário acrescentar que a coação não deixa de ser coação porque é autocoação. De acordo com uma noção de justiça que é mais comum do que aquela sugerida pela definição de Sócrates, a justiça consiste em não causar dano aos outros; a justiça assim entendida prova ser, no caso mais alto, meramente um concomitante da grandeza de alma[71] do filósofo. Mas se a justiça for tomada no sentido mais amplo, segundo o qual ela consiste em dar a cada um o que é bom para a sua alma, é preciso distinguir entre

---

[68] Ibidem, 433a-b e 443d; cf. Aristóteles, *Ética a Nicômaco*, 1098a 7-12.
[69] Platão, *República*, 583a.
[70] Ibidem, 519e-520b; 540b-e.
[71] *Megalopsychia*, literalmente magnanimidade, grandeza de alma. (N. T.)

os casos em que esse dar é intrinsecamente atraente para quem dá (os casos dos filósofos potenciais) e aqueles em que se trata meramente de um dever ou de uma coação (ainda que autocoação). Incidentalmente, essa distinção sublinha a diferença entre as conversas voluntárias de Sócrates (aquelas que ele busca espontaneamente) e aquelas em que ele é coagido a participar (aquelas que ele não pode, em boa educação, evitar). Essa clara distinção entre a justiça que é digna de escolha por si mesma, em total independência das suas consequências, e idêntica à filosofia, e a justiça que é meramente necessária e que é idêntica, no caso mais alto, à atividade política do filósofo, é tornada possível pela abstração do *eros* que é característica da *República*. Pois é bem possível argumentar que não existe razão para que o filósofo não tome parte na atividade política levado por aquele tipo de amor pelo que lhe pertence (a *sua* cidade), que corresponde ao patriotismo.[72]

No fim do livro VII, a justiça já foi revelada plenamente. De fato, Sócrates cumpriu o dever, que lhe foi imposto por Glauco e Adimanto, de mostrar que a justiça entendida de forma adequada é digna de escolha por si mesma independentemente das suas consequências e, portanto, que a justiça é inteiramente preferível à injustiça. No entanto, o diálogo continua, pois parece que a nossa clara apreensão da justiça não inclui uma clara apreensão da injustiça, devendo ser suplementada por uma apreensão da cidade inteiramente injusta e do homem inteiramente injusto: apenas depois que tivermos visto a cidade inteiramente injusta e o homem inteiramente injusto com a mesma clareza com a qual vimos a cidade inteiramente justa e o homem inteiramente justo seremos capazes de julgar se devemos seguir o amigo de Sócrates, Trasímaco, que escolhe a injustiça, ou o próprio Sócrates, que escolhe a justiça.[73] Isso requer, por sua vez, que a ficção da possibilidade da cidade justa seja mantida. Na realidade, a *República* jamais abandona a ficção de que a cidade justa enquanto uma sociedade de seres humanos, e não como uma sociedade de deuses ou filhos de deuses, é possível.[74] Quando Sócrates se volta para o estudo da injustiça, torna-se, inclusive, necessário para ele reafirmar essa ficção com uma força ainda maior que em qualquer momento anterior. A cidade injusta será mais feia e mais condenável à proporção que a cidade justa se tornar mais e mais possível. Mas a possibilidade da cidade justa permanecerá

---

[72] Considere-se a *Apologia de Sócrates*, 30a.
[73] *República*, 545a-b; cf. 498c-d.
[74] *Leis*, 739b-e.

duvidosa se a cidade justa jamais tiver existido. Em consequência, Sócrates agora assevera que a cidade justa já existiu. Mais precisamente, ele faz as Musas afirmarem, ou melhor, implicarem isso. A asserção de que a cidade justa já existiu é, pode-se dizer, uma asserção mítica que está de acordo com a premissa mítica de que o melhor é o mais antigo. Sócrates assevera, assim, pela boca das Musas que a cidade boa existiu no princípio, antes da emergência dos tipos inferiores de cidades;[75] as cidades inferiores são formas degeneradas da cidade boa, fragmentos manchados da cidade pura, originalmente íntegra; de modo que quanto mais próxima no tempo uma cidade inferior está da cidade justa, melhor ela é, e vice-versa. É mais apropriado falar em regimes bons e inferiores que em cidades boas e inferiores (observe-se a transição de "cidades" para "regimes" em 543d-544a). "Regime" é a nossa tradução do grego *politeia*. O livro que chamamos de *República* é, em grego, intitulado *Politeia*. *Politeia* é comumente traduzido por "constituição". O termo designa a forma de governo entendida como a forma da cidade, isto é, como aquilo que confere à cidade o seu caráter ao determinar o fim que a cidade em questão persegue ou ao qual ela aspira como o mais alto, e simultaneamente o tipo de homens que a governam. Por exemplo, a oligarquia é o tipo de regime no qual os ricos governam e, portanto, a admiração pela riqueza e pela aquisição de riqueza anima a cidade como um todo; a democracia é o tipo de regime no qual governam todos os homens livres e no qual, portanto, a liberdade é o fim que a cidade persegue. De acordo com Sócrates, há cinco tipos de regime: 1) monarquia ou aristocracia, o governo do melhor homem ou dos melhores homens, que é voltado para a bondade ou a virtude, o regime da cidade justa; 2) timocracia, governo dos amantes da honra ou dos homens ambiciosos, que é voltado para a superioridade ou para a vitória; 3) oligarquia, ou o governo dos ricos, no qual a riqueza é o bem mais estimado; 4) democracia, o governo dos homens livres, no qual a liberdade é o grande objeto de estima; 5) tirania, o governo do homem completamente injusto, no qual a injustiça mais irrestrita e mais sem-vergonha predomina. A ordem decrescente dos cinco tipos de regime tem como modelo a ordem descendente das cinco raças de homens de Hesíodo: as raças de ouro, prata, bronze, a raça divina dos heróis e a raça de ferro.[76] Vemos de imediato que o equivalente

---

[75] Cf. *República*, 547b.
[76] Cf. ibidem, 546e-547a e Hesíodo, *Os Trabalhos e os Dias*, 106 s.

platônico da raça divina de heróis de Hesíodo é a democracia. Logo veremos a razão dessa correspondência aparentemente estranha.

A *República* se baseia na suposição de que existe um paralelismo estrito entre a cidade e a alma. Nessa linha, Sócrates afirma que, assim como existem cinco tipos de regime, existem cinco tipos de caracteres humanos, com o homem timocrático, por exemplo, correspondendo à timocracia. A distinção que conheceu uma breve popularidade na ciência política contemporânea entre "personalidades" democráticas e autoritárias, correspondente à distinção entre sociedades democráticas e autoritárias, foi um reflexo cru e apagado da distinção socrática entre a alma (ou o homem) real ou aristocrática, timocrática, oligárquica, democrática e tirânica correspondente aos regimes aristocrático, timocrático, oligárquico, democrático e tirânico. Nesse sentido, deve ser mencionado que, ao descrever os regimes, Sócrates não fala das "ideologias" que lhes sejam próprias; ele está preocupado com o caráter de cada tipo de regime e com o fim que ele manifesta ou explicitamente persegue, assim como com a justificação política do fim em questão em contraste com qualquer justificação transpolítica derivada da cosmologia, teologia, metafísica, filosofia da história, do mito e de outras coisas do gênero. Em seu estudo dos regimes inferiores, Sócrates examina em cada caso primeiro o regime e, depois, o indivíduo ou a alma correspondente. Ele apresenta o regime e o indivíduo que lhe corresponde como surgindo a partir do regime e do indivíduo que lhes antecederam. Consideraremos, aqui, apenas a visão da democracia, tanto porque esse tema é de grande importância para os cidadãos de uma democracia (como nós) quanto por causa da sua importância intrínseca. A democracia nasce da oligarquia, que, por sua vez, surge da timocracia, o governo dos guerreiros insuficientemente músicos que se caracterizam pela supremacia da irascibilidade. A oligarquia é o primeiro regime em que o desejo é supremo. Na oligarquia o desejo dominante é o de riqueza ou dinheiro, o desejo de aquisição ilimitada. O homem oligárquico é frugal e industrioso, controla todos os desejos que não o desejo pelo dinheiro, não tem educação e possui uma honestidade superficial derivada do interesse próprio mais grosseiro. É forçoso que a oligarquia dê a cada um o direito irrestrito de dilapidar sua propriedade conforme lhe aprouver. Ela torna, assim, inevitável o surgimento de "parasitas", isto é, de membros da classe dirigente que, sobrecarregados de dívidas ou já falidos, ficam destituídos de antigos direitos e privilégios – despossuídos que se ressentem da fortuna dissipada e têm esperança de reavê-la, junto com o poder político, por meio de uma mudança de regime ("existências catilinárias").⁷⁷ Além disso, mesmo os oligarcas mais corretos, por serem ricos e, ao mesmo tempo, indiferentes à virtude e à honra, tornam-se a si mesmos e especialmente a seus filhos gordos, mimados e frouxos. De forma que se fazem desprezíveis aos olhos dos pobres esguios e duros. A democracia surge quando os pobres, tendo-se conscientizado da sua superioridade em relação aos ricos e quiçá conduzidos por alguns parasitas que agem como traidores da sua classe e possuem as habilidades que normalmente apenas os membros da classe dirigente possuem, tornam-se, no momento oportuno, mestres da cidade ao derrotar os ricos, matando e exilando parte deles, e permitindo que o resto permaneça na posse de direitos civis plenos. A democracia em si é caracterizada pela liberdade, que inclui o direito de dizer e fazer tudo que se quer: a cada um é permitido seguir o modo de vida que mais lhe apraz. Por isso, a democracia é o regime que promove a maior variedade: todo modo de vida, todo regime pode ser encontrado nela. Por isso, cabe acrescentar, a democracia é o único regime além do melhor em que o filósofo pode cultivar o seu modo de vida peculiar sem sofrer perturbações: é por essa razão que, com algum exagero, se pode compará-la à Idade de Ouro de Hesíodo da raça divina de heróis, sendo aquele, entre todos os regimes, que chega mais perto dessa Idade. Certamente, em uma democracia o cidadão que é filósofo não está em absoluto coagido a participar da vida política ou a ocupar cargos públicos.⁷⁸ Fica, assim, a pergunta: por que Sócrates não atribuiu à democracia o posto mais alto entre os regimes inferiores, ou, antes, o posto mais alto pura e simplesmente, uma vez que o melhor regime não é possível? Pode-se dizer que ele mostrou a sua preferência pela democracia "em obras": passando toda a sua vida na Atenas democrática, lutando por ela em suas guerras, e morrendo em obediência às suas leis. Seja como for, ele com certeza não preferia a democracia a todos os outros regimes "em discurso". A razão para isso é que, sendo um homem justo, ele pensava no bem-estar não meramente dos filósofos, mas dos não

---

⁷⁷ Com essa expressão de Nietzsche (*Crepúsculo dos Ídolos*, IX, 45: "Catilina: a expressão preexistente a todo César") e Bismarck, Leo Strauss evoca o odioso conspirador romano Catilina (108?-62 a.C.), de ascendência patrícia arruinada, e a virulência da sua contínua oposição, em discursos e ações, à República e ao Senado, especialmente durante o consulado de Cícero (em grande parte responsável pela má reputação do personagem). A motivação do seu incansável esforço conspiratório foi, como sugere o contexto de sua evocação por Strauss, a restauração do prestígio e da situação financeira de sua família (os Sergius) em decadência. (N. T.)

⁷⁸ *República*, 557d-e.

filósofos também, entendendo que a democracia não é o regime apropriado para induzir os não filósofos a tentar tornar-se tão bons quanto lhes seja possível, porquanto o fim da democracia não é a virtude, mas a liberdade, isto é, a liberdade de viver tanto nobre quanto abjetamente segundo o gosto de cada um. Por isso, ele atribui à democracia um posto ainda mais baixo que o da oligarquia, uma vez que a oligarquia requer dos cidadãos algum tipo de comedimento, ao passo que a democracia, tal como ele a apresenta, abomina todo tipo de restrição. Pode-se dizer que, adaptando-se ao seu objeto, Sócrates abandona todo comedimento quando fala do regime ao qual repugna o comedimento. Em uma democracia, diz ele, ninguém é compelido a governar ou ser governado se não quiser; o cidadão pode viver em paz quando a sua cidade está em guerra; a pena capital não tem a menor consequência para o condenado: ele não é sequer preso; a hierarquia entre governantes e governados é completamente invertida: o pai se comporta como um garoto e o filho não tem nem respeito nem reverência pelo pai, o professor teme seus alunos enquanto os alunos não dão nenhuma atenção ao professor, e existe uma igualdade completa dos sexos; nem mesmo os cavalos ou burros dão passagem quando esbarram com os seres humanos. Platão escreve como se a democracia ateniense não tivesse realizado a execução de Sócrates, e Sócrates fala como se a democracia ateniense não tivesse se lançado numa orgia de perseguições sangrentas, atingindo culpados e inocentes indiferentemente, quando as estátuas de Hermes foram mutiladas no início da expedição siciliana.[79] O exagero socrático sobre a indulgência licenciosa da democracia compara-se ao exagero quase de mesma intensidade sobre a intemperança do homem democrático. Com efeito, ele não podia evitar o último exagero se não quisesse desviar-se, no caso da democracia, do procedimento seguido na discussão dos regimes inferiores. Esse procedimento consiste em entender o homem correspondente ao regime inferior como filho do pai correspondente ao regime que o precede. De modo que o homem democrático tinha que ser apresentado como o filho de um pai oligárquico, como o filho degenerado de um pai rico preocupado somente com o dinheiro: o homem democrático é o parasita, o *playboy* gordo, frouxo e pródigo, o indolente que, atribuindo uma espécie de igualdade a coisas iguais e desiguais, vive um dia em completa rendição aos seus mais baixos desejos e o dia seguinte asceticamente, o homem que, segundo o ideal de Karl Marx,

---

[79] Ver Tucídides, VI 27-29 e 53-61.

"sai para caçar de manhã, pescar à tarde, pastoreia ao cair da noite e devota-se à filosofia depois do jantar", isto é, um sujeito que faz a cada momento o que lhe ocorre gostar naquele momento: o homem democrático não é o esguio, duro e frugal artesão ou camponês que cumpre uma única função.[80] A censura deliberadamente exagerada de Sócrates contra a democracia torna-se inteligível até certo ponto quando se considera o seu destinatário imediato, o austero Adimanto, que não é amigo do riso e que já havia sido o destinatário da austera discussão sobre a poesia na seção sobre a educação dos guerreiros: com a sua censura exagerada contra a democracia Sócrates dá expressão ao "sonho" de Adimanto sobre o que é a democracia.[81] Não se deve, tampouco, esquecer que a descrição otimista do "grande número" (isto é, do povo) que foi provisoriamente exigida a fim de provar a harmonia entre a cidade e a filosofia carece de reformulação: a censura exagerada contra a democracia nos lembra com uma força ainda maior que em qualquer outro momento anterior a desarmonia existente entre o povo e a filosofia.[82]

Depois que Sócrates trouxe à luz o regime e o homem inteiramente injustos e, em seguida, comparou a vida do homem inteiramente injusto com a do homem perfeitamente justo, tornou-se claro para além de toda dúvida possível que a justiça é preferível à injustiça. No entanto, o diálogo continua. Sócrates subitamente retorna à questão da poesia, a uma questão de que ele já havia tratado longamente ao discutir a educação dos guerreiros. Devemos tentar compreender esse retorno aparentemente repentino. Em uma digressão explícita em relação à discussão da tirania, Sócrates observara que os poetas louvam os tiranos e são honrados pelos tiranos (e também pela democracia), ao passo que eles não são honrados pelos três regimes melhores.[83] A tirania e a democracia são caracterizadas pela rendição aos desejos sensuais, inclusive os mais desregrados. O tirano é o *eros* encarnado, e os poetas cantam em louvor do *eros*. Eles dedicam tamanha atenção e homenagem precisamente àquele fenômeno do qual Sócrates faz abstração na *República* com todas as suas forças. Portanto, os poetas promovem a injustiça. O mesmo faz Trasímaco. Mas, assim como Sócrates, a despeito disso, pode ser amigo de Trasímaco, não há razão para que ele não possa ser amigo dos poetas e, especialmente, de Homero.

---

[80] Cf. Platão, *República*, 564c-565a e 575c.
[81] Cf. ibidem, 563d c/c 389a.
[82] Cf. ibidem, 577c-d c/c 428d-e e 422a-c.
[83] Ibidem, 568a-d.

Talvez Sócrates tenha necessidade dos poetas para restaurar, em uma outra ocasião, a dignidade do *eros*: o *Banquete*, o único diálogo platônico em que Sócrates é mostrado conversando com poetas, é devotado inteiramente a *Eros*.

O fundamento para o retorno à poesia foi lançado bem no começo da discussão dos regimes e das almas inferiores. A transição do melhor regime para os regimes inferiores foi explicitamente atribuída às Musas que falam "tragicamente", e a transição do homem melhor para o homem inferior é, de fato, carregada de um tom sobremaneira cômico:[84] a poesia toma a frente quando começa a descida a partir do tema mais alto – a justiça entendida como filosofia. O retorno à poesia, que é precedido pela discussão dos regimes e das almas inferiores, é seguido pela discussão das "maiores recompensas à virtude", isto é, das recompensas não inerentes à justiça ou filosofia propriamente dita.[85] O retorno à poesia constitui o centro daquela parte da *República* em que o diálogo desce do tema mais alto. Isso não pode causar surpresa, uma vez que a filosofia enquanto busca da verdade é a atividade mais alta do homem, e que a poesia não está preocupada com a verdade.

Na primeira discussão da poesia, que precedeu em muito a introdução da filosofia como tema, a despreocupação da poesia com a verdade era o principal objeto de encômio, pois nesse momento era a não verdade que se fazia necessária.[86] Os poetas mais excelentes foram expulsos da cidade justa não porque ensinavam a inverdade, mas porque ensinavam o tipo errado de inverdade. Mas, nesse meio-tempo, tornou-se claro que apenas a vida do homem que filosofa na medida em que ele filosofa é a vida justa, e que essa vida, longe de ter necessidade da inverdade, rejeita-a maximamente.[87] O progresso que vai da cidade, mesmo a melhor cidade, ao filósofo requer, ao que parece, um progresso que vai da aceitação parcial da poesia até a sua total rejeição.

À luz da filosofia, a poesia se revela uma imitação das imitações da verdade, isto é, das ideias. A contemplação das ideias é a atividade do filósofo, a imitação das ideias é a atividade do artesão comum, e a imitação dos trabalhos dos artesãos é a atividade dos poetas e outros artistas "imitativos". Em um primeiro momento, Sócrates apresenta essa hierarquia nos seguintes termos: o fazedor das ideias (isto é, da ideia da cama) é o Deus, o fazedor da imitação

---

[84] Ibidem, 454d-e, 549c-e.
[85] Ibidem, 608c, 614a.
[86] Ibidem, 377a.
[87] Ibidem, 485c-d.

(da cama que pode ser usada) é o artesão, e o fazedor da imitação da imitação (da pintura de uma cama) é o artista imitativo. Mais à frente, ele reapresenta a ordem hierárquica assim: primeiro o usuário, depois o artesão e, finalmente, o artista imitativo. A ideia da cama tem origem no usuário que determina a "forma" da cama em vista do fim para o qual ela será usada. O usuário é, portanto, aquele que tem o conhecimento mais alto e de maior autoridade: o conhecimento mais alto não é propriedade de quaisquer artesãos enquanto tais; o poeta, que se encontra no polo oposto ao do usuário, não possui conhecimento algum, nem mesmo a reta opinião.[88] A fim de entender esse processo quase ultrajante dirigido contra a poesia é preciso primeiro identificar o artesão cujo trabalho o poeta imita. Os temas dos poetas são acima de tudo as coisas humanas referentes à virtude e ao vício; os poetas veem as coisas humanas à luz da virtude, mas a virtude para a qual olham é uma imagem imperfeita e mesmo distorcida da virtude.[89] O artesão que o poeta imita é o legislador não filosófico que é um imitador imperfeito da mesma virtude.[90] Em particular, a justiça, tal como entendida pela cidade, é necessariamente obra do legislador, pois o justo, tal como entendido pela cidade, é o legal. Ninguém expressou essa sugestão de Sócrates de maneira mais clara do que Nietzsche, quando disse que "os poetas sempre foram valetes de alguma moralidade...".[91] Mas, segundo um ditado francês, não há heróis para um valete:[92] será que os artistas e os poetas, em particular, não têm consciência das fraquezas secretas dos seus heróis? Esse é, com efeito, o caso segundo Sócrates. Os poetas trazem à luz, por exemplo, a força plena da dor que um homem sente pela perda de alguém que lhe é querido – a força de um sentimento ao qual um homem respeitável não expressaria de maneira adequada, a não ser quando está só, porquanto a sua expressão adequada na presença dos outros não é apropriada e lícita: os poetas trazem à luz aquela parte da nossa natureza que a lei forçosamente reprime.[93] Se isso é verdadeiro, se os poetas são, talvez, os homens que mais bem compreendem a natureza das paixões que a lei reprime, eles estão muito

---

[88] Ibidem, 601-c-602a.
[89] Ibidem, 598e, 599c, 600e.
[90] Cf. ibidem, 501a.
[91] *A Gaia Ciência*, n. 1.
[92] Leo Strauss se refere ao ditado que diz que "nenhum homem é grande para o seu valete" ou aos olhos deste, quer dizer, aos olhos de quem o conhece na mais cotidiana intimidade. (N. T.)
[93] *República*, 603e-604a, 606a-c, 607a.

longe de ser meros criados dos legisladores; eles são, também, homens com os quais o legislador prudente irá aprender. A autêntica "discussão entre a filosofia e a poesia"[94] diz respeito, do ponto de vista do filósofo, não ao valor da poesia enquanto tal, mas à relação hierárquica entre a filosofia e a poesia. Segundo Sócrates, a poesia é legítima apenas como subsidiária ao, ou auxiliar do, "usuário" por excelência, do rei que é o filósofo, e não autonomamente. Pois a poesia autônoma apresenta a vida humana como autônoma, isto é, como não dirigida à vida filosófica, jamais apresentando, portanto, a própria vida filosófica sem distorcê-la comicamente; de modo que a poesia autônoma é, necessariamente, ou tragédia ou comédia, uma vez que a vida não filosófica, entendida como autônoma ou não, tem saída para a sua dificuldade fundamental ou tem uma saída inepta. Mas a poesia entendida como auxiliar ou subsidiária apresenta a vida não filosófica como auxiliar ou subsidiária à vida filosófica, compreendendo, assim, e acima de tudo, a própria vida filosófica.[95] O maior exemplo de poesia auxiliar ou subsidiária é o diálogo platônico.

A *República* se conclui com uma discussão das maiores recompensas para a justiça e os maiores castigos para a injustiça. A discussão consiste de três partes: 1) a prova da imortalidade da alma; 2) as recompensas e os castigos humanos e divinos para os homens ainda em vida; 3) os castigos e as recompensas depois da morte. A parte central nada diz a respeito dos filósofos: recompensas pela justiça e castigos pela injustiça durante a vida são necessários aos não filósofos, cuja justiça não tem a atratividade intrínseca que a justiça dos filósofos tem. A discussão sobre as recompensas e punições depois da morte se dá em forma de mito. O mito não é sem fundamento, uma vez que está baseado na prova da imortalidade da alma. A alma não pode ser imortal se for composta de muitas coisas, a não ser que a composição seja deveras perfeita. Mas à alma tal, como a conhecemos em nossa experiência, falta essa harmonia perfeita. A fim de descobrir a verdade seria necessário recuperar pelo raciocínio a natureza original ou verdadeira da alma.[96] Este raciocínio não é concluído na *República*. O que quer dizer que Sócrates prova a imortalidade da alma sem ter trazido à luz a natureza da alma. A situação no final da *República* corresponde precisamente à situação no final do primeiro livro do diálogo, em que Sócrates deixa claro ter provado que a justiça é salutar sem conhecer o "que" ou a natureza da justiça.

[94] Ibidem, 607b.
[95] Cf. ibidem, 604e.
[96] Ibidem, 611b-612a.

A discussão que se segue ao primeiro livro traz, com efeito, à luz, a natureza da justiça como a ordem correta da alma, mas, ainda assim, como é possível conhecer a ordem correta da alma se não se conhece a natureza da alma? Lembremos, aqui, também, o fato de que o paralelismo entre a alma e a cidade, que é a premissa da doutrina da alma exposta na *República*, é evidentemente questionável e, no limite, insustentável. A *República* não pode trazer à luz a natureza da alma, porque ela faz abstração do *eros* e do corpo. Se estivermos genuinamente preocupados em descobrir com precisão o que é a justiça, devemos dar "outra grande volta" em nosso estudo da alma, uma volta maior do que aquela que é dada na *República*.[97] Isso não significa que aquilo que aprendemos na *República* sobre a justiça não seja verdadeiro ou que seja inteiramente provisório. O ensinamento da *República* sobre a justiça, embora não incompleto, pode ainda ser verdadeiro na medida em que a natureza da justiça depende decisivamente da natureza da cidade – pois mesmo o transpolítico não pode ser compreendido enquanto tal, a não ser que a cidade seja compreendida – e a cidade é completamente inteligível porque os seus limites podem ser tornados perfeitamente manifestos: para enxergá-los não é necessário ter respondido a questão a respeito do todo; basta haver levantado essa questão. Desse modo, a *República* torna, com efeito, claro o que é a justiça. No entanto, como observou Cícero, ela não traz à luz o melhor regime possível, mas, antes, a natureza das coisas políticas – a natureza da cidade.[98] Sócrates torna claro na *República* o caráter que a cidade teria de ter para satisfazer às necessidades mais altas do homem. Ao nos levar a ver que a cidade construída de acordo com essa exigência não é possível, ele nos leva a enxergar os limites essenciais, a natureza da cidade.

II. O político

O *Político* é precedido pelo *Sofista*, que por sua vez é precedido pelo *Teeteto*. O *Teeteto* apresenta uma conversa entre Sócrates e o jovem matemático Teeteto, que tem lugar na presença do matemático maduro e renomado Teodoro, assim como do jovem amigo de Teeteto, chamado Sócrates, e que tem a intenção de esclarecer o que é o conhecimento ou a ciência. A conversa

---

[97] Ibidem, 504b, 506d.
[98] Cícero, *República*, II.52.

não conduz a um resultado positivo: por si mesmo Sócrates só sabe que nada sabe, e Teeteto não é como Glauco ou Adimanto, que podem ser auxiliados por Sócrates (ou auxiliá-lo) a formular um ensinamento positivo. No dia seguinte à sua conversa com Teeteto, Sócrates encontra com Teodoro, o jovem Sócrates e o próprio Teeteto, mas, dessa vez, na presença de um filósofo sem nome designado apenas o Estrangeiro de Eleia. Sócrates pergunta ao estrangeiro se os seus companheiros veem o sofista, o político e o filósofo como uma única coisa ou como duas ou três. A impressão é que a questão relativa à identidade ou não identidade do sofista, do político e do filósofo toma o lugar da questão, ou é uma versão mais articulada da questão: o que é conhecimento? O Estrangeiro responde que seus companheiros veem o sofista, o político ou rei e o filósofo como diferentes uns dos outros. O fato de que o filósofo não é idêntico ao rei foi reconhecido na tese central da *República*, segundo a qual a coincidência entre a filosofia e a realeza é a condição para a salvação das cidades e, com efeito, da raça humana: coisas idênticas não têm de coincidir. Mas a *República* não deixou suficientemente claro o *status* cognitivo da realeza ou arte de governar. Da *República* podemos facilmente receber a impressão de que o conhecimento exigido do filósofo-rei consiste de duas partes heterogêneas: de um lado, o conhecimento puramente filosófico das ideias que culmina na visão da ideia do bem, e, do outro, a experiência meramente política que não tem, em absoluto, o *status* de conhecimento, mas que nos torna capazes de nos guiar no ambiente da Caverna e discernir as sombras projetadas nas paredes. Mas o suplemento indispensável ao conhecimento filosófico também parecia ser uma espécie de arte ou ciência.[99] O Estrangeiro de Eleia parece entender a segunda e mais alta visão da consciência não filosófica como peculiar ao político. E, não obstante, nos diálogos *Sofista* e *Político* ele esclarece a natureza do sofista e do político, isto é, a diferença entre o sofista e o político, sem esclarecer a diferença entre o político e o filósofo. Teodoro nos promete que o Estrangeiro de Eleia também irá expor (numa continuação do *Político*) o que é o filósofo, mas Platão não cumpre a promessa do seu personagem. Isso quer dizer que entendemos o que é o filósofo uma vez que tenhamos entendido o que são o sofista e o político? Ou seja, será que a arte do governo, a arte ou o conhecimento peculiar ao político ou homem de Estado, longe de ser uma mera noção necessária para se guiar na Caverna, e longe de ser, em si

---

[99] Cf. Platão, *República*, 484d e 539e c/c 501a.

mesma, independente da visão da ideia do bem, é uma condição ou, quiçá, até um ingrediente da visão da ideia do bem? Se for esse o caso, então, a "política" seria muito mais importante de acordo com o *Político* do que de acordo com a *República*. Sem dúvida, a conversa sobre o rei ou o homem de Estado que se desenrola no *Político* tem lugar quando Sócrates já foi acusado de um crime capital, por cujo cometimento ele seria logo depois condenado e executado (ver o fim do *Teeteto*). A cidade parece estar muito mais poderosamente presente no *Político* do que na *República*, na qual o antagonista de Sócrates, Trasímaco, é o único a fazer o seu papel. Por outro lado, entretanto, enquanto na *República* Sócrates funda uma cidade, ainda que apenas em discurso, com a ajuda dos dois irmãos que se preocupam apaixonadamente com a justiça e a cidade, no *Político* Sócrates ouve silenciosamente um estrangeiro sem nome (um homem sem responsabilidade política) trazer à luz o que é o político na atmosfera fria da matemática: a preocupação de descobrir o que é o político parece ser filosófica em vez de política.[100] A impressão geral é que o *Político* é muito mais sóbrio que a *República*.

Podemos dizer que o *Político* é mais científico que a *República*. Por "ciência" Platão entende a forma mais alta de conhecimento, ou o único tipo de percepção que merece ser chamado de conhecimento. Ele chama essa forma de conhecimento de "dialética". "Dialética" significa primariamente a arte da conversa e, então, a forma mais alta dessa arte, essa arte tal como praticada por Sócrates, aquela arte da conversa que tem a intenção de trazer à luz os "quês" das coisas, ou as ideias. A dialética é, assim, o conhecimento das ideias – um conhecimento que não faz qualquer uso da experiência sensível; ela se move de ideia para ideia até exaurir todo o mundo das ideias, pois cada ideia é uma parte e, assim, aponta para outras ideias.[101] Na sua forma completa, a dialética desce da ideia mais alta, a ideia que governa o mundo das ideias, passo a passo, até as ideias mais baixas. O movimento procede "passo a passo", isto é, ele segue a articulação, a divisão natural das ideias. O *Político*, assim como o *Sofista*, apresenta uma imitação da dialética assim entendida; ambos pretendem oferecer uma ideia da dialética assim entendida; a imitação que eles apresentam é brincalhona e humorística. No entanto, a brincadeira não é meramente uma brincadeira. Se o movimento de ideia a ideia sem

---

[100] Cf. *Político*, 285d.
[101] *República*, 511a-d, 531a-533d, 537c.

recurso à experiência sensível se provasse impossível, se, em outras palavras, a *República* se provasse utópica não apenas naquilo que afirma sobre a cidade em seu melhor, mas, também, naquilo que diz sobre a filosofia ou a dialética em seu melhor, a dialética em seu melhor, não sendo possível, não seria séria. A dialética possível permaneceria, assim, dependente da experiência.[102] Há uma conexão entre esse aspecto do *Político* e o fato de as ideias da forma em que são tratadas no diálogo serem classes, compreendendo todos os indivíduos que "participam" da ideia em questão, e, portanto, não subsistindo independentemente dos indivíduos ou "além" deles. Seja como for, no *Político* o Estrangeiro de Eleia tenta trazer à luz a natureza do homem de Estado descendo da "arte" ou do "conhecimento" passo a passo até chegar à arte do homem de Estado. Por diversas razões, não podemos, nessa sede, acompanhar em detalhe esse procedimento "metódico".

Pouco depois do começo da conversa, o Estrangeiro de Eleia faz o jovem Sócrates concordar com o que se pode chamar de a abolição da distinção entre o público e o privado. Ele obtém esse resultado em dois passos. Considerando que a arte do governo ou a realeza é, em essência, um tipo de conhecimento, não tem importância alguma a questão de se o homem que tem esse conhecimento é revestido da gala da mais alta posição do Estado em virtude de uma eleição, por exemplo, ou se ele leva uma existência privada. O segundo passo é que não existe uma diferença essencial entre a cidade e a casa e, assim, entre o homem de Estado ou o rei, de um lado, e o proprietário ou senhor da casa (isto é, o senhor de escravos), do outro. A lei e a liberdade, os fenômenos caracteristicamente políticos que são inseparáveis um do outro, são descartadas logo no princípio porque a arte do governo é entendida como um tipo de conhecimento ou arte, ou porque se faz abstração daquilo que distingue a arte política das outras artes. Aqui, o Estrangeiro de Eleia faz abstração do fato de que a força física ou corporal é um ingrediente necessário do governo dos homens sobre outros homens. Essa abstração se justifica, em parte, pelo fato de que a arte do governo ou realeza é uma arte cognitiva e não manual (ou braçal). Ela não é, entretanto, simplesmente cognitiva, como a aritmética; trata-se de uma arte que prescreve coisas aos seres humanos. Mas todas as artes que dão prescrições assim o fazem com a finalidade de produzir algo. Algumas dessas artes prescrevem com a finalidade de produzir seres vivos ou animais,

---

[102] Cf. *Político*, 264c.

ocupando-se da criação e nutrição de animais. A arte real é uma espécie desse gênero de arte. Para o entendimento adequado da arte real, não basta dividir o gênero "animal" nas espécies "irracional" e "homens". Essa distinção é tão arbitrária quanto a distinção da raça humana em gregos e bárbaros, em contraste com a distinção entre homens e mulheres; não é uma distinção natural, mas uma distinção que tem origem no orgulho.[103] O treinamento do jovem Sócrates pelo Estrangeiro na dialética, ou na arte de dividir espécies ou ideias ou classes, caminha lado a lado com o seu treinamento na modéstia e na moderação. De acordo com a divisão das espécies de animais proposta pelo Estrangeiro, o parente mais próximo do homem chega a ser mais baixo do que é de acordo com a origem das espécies proposta por Darwin. Mas aquilo que em Darwin era sério e literal, no Estrangeiro é uma brincadeira.[104] O homem deve aprender a ver como é baixa a sua condição para se voltar do humano para o divino, isto é, para ser verdadeiramente humano.

A divisão de "arte" (isto é, da ideia de arte) leva ao resultado de que a arte do homem de Estado, ou político, é a arte que se ocupa da criação e nutrição *dos*, ou do cuidado *com* os rebanhos da espécie de animal chamada homem. Esse resultado é manifestamente insuficiente, porquanto existem muitas artes – por exemplo, a medicina e a arte da formação de casais – que reivindicam com tanta justiça quanto a política ocupar-se do cuidado dos rebanhos humanos. O erro deveu-se ao fato de que o rebanho humano foi tomado como um rebanho do mesmo tipo que os rebanhos de outros animais. Mas os rebanhos humanos são um tipo muito especial de rebanho: a bipartição de "animal" em animais irracionais e homens não se origina apenas do orgulho. O erro é removido por um mito. De acordo com o mito, agora contado em sua inteireza pela primeira vez, houve um tempo (a era de Cronos) em que o deus guiava o todo e, depois, um tempo (a era de Zeus) em que o deus deixou o todo mover-se com seu próprio movimento. Na era de Cronos, o deus governava e cuidava dos animais destinando as diferentes espécies de animais ao governo e cuidado de diferentes deuses, que agiam como pastores assegurando a paz e a abundância universal: não havia sociedades políticas, propriedade privada nem famílias. Isso não significa necessariamente que os homens viviam felizes na era de Cronos; apenas se usassem a paz e a abundância, então, disponíveis

---

[103] Ibidem, 262c-263d, 266d.
[104] Cf. ibidem, 271e, 272b-c.

para filosofar poder-se-ia dizer que eles viviam na felicidade. Em todo caso, na idade presente, o deus não cuida mais do homem: na idade presente não há providência divina; os homens têm de cuidar de si mesmos. Destituído do cuidado divino, o mundo abunda em desordem e injustiça; cabe aos homens estabelecer a ordem e a justiça tão bem quanto lhes for possível, com o entendimento de que nessa época de escassez o comunismo, e, portanto, também o comunismo absoluto, é impossível. Pode-se dizer que o *Político* afirma abertamente o que a *República* deixa de dizer, a saber, a impossibilidade do melhor regime apresentado na *República*.

O mito do *Político* pretende explicar o erro cometido pelo Estrangeiro de Eleia e pelo jovem Sócrates na definição inicial do diálogo: ao buscar uma arte única do cuidado para com os rebanhos humanos, eles estavam olhando inadvertidamente para a era de Cronos ou para o cuidado divino; com o desaparecimento do cuidado divino, isto é, de um cuidado dispensado por seres que, aos olhos de todos, são superiores aos homens, tornou-se inevitável que toda arte ou todo homem passasse a se acreditar no direito de governar tanto quanto qualquer outra arte ou homem,[105] ou, pelo menos, que muitas artes se tornassem concorrentes da arte real. A primeira consequência inevitável da transição da era de Cronos para a era de Zeus foi a ilusão de que todas as artes e todos os homens são iguais. O erro consistiu em presumir que a arte real é devotada ao cuidado total dos rebanhos humanos (um cuidado total que incluiria a nutrição e o acasalamento dos governados) e não a um cuidado parcial ou limitado. Em outras palavras, o erro consistiu em negligenciar o fato de que, no caso de todas as artes do pastoreio que não a arte humana de pastorear seres humanos, o pastor pertence a uma espécie diferente da espécie dos membros do rebanho. Devemos, então, dividir todo o "cuidado com os rebanhos" em duas partes: o cuidado dos rebanhos no qual o pastor pertence à mesma espécie que os membros do rebanho e o cuidado do rebanho em que o pastor pertence a uma espécie diferente daqueles que ele pastoreia (os pastores humanos de animais irracionais e os pastores divinos de seres humanos). Em seguida devemos dividir o primeiro desses dois tipos em partes, a fim de descobrir qual pastoreio parcial de rebanhos em que o pastor pertence à mesma espécie que os membros do rebanho corresponde à arte real. Suponhamos que o cuidado parcial que assim buscamos

---

[105] Ibidem, 274e-275c.

seja o "governo das cidades". O governo das cidades é naturalmente dividido no governo não consentido pelos governados (o governo pela pura força) e o governo consentido pelos governados; o primeiro é tirânico e o último é real. Com isso, recebemos o primeiro vislumbre da liberdade como o tema especificamente político. Mas, no momento mesmo em que o Estrangeiro faz alusão a essa dificuldade, ele se afasta dela, por achar todo o procedimento descrito até agora insatisfatório.

O método que se prova útil onde a divisão de classes e em classes, bem como o mito, fracassaram, é o uso de um exemplo. O exemplo pretende ilustrar a situação do homem em relação ao conhecimento – ao fenômeno que se constitui no tema central da trilogia *Teeteto-Sofista-Político*. O exemplo escolhido é o aprendizado da leitura entre as crianças. Começando com o conhecimento das letras (os "elementos"), elas procedem passo a passo para o conhecimento das sílabas mais breves e fáceis (a combinação dos "elementos"), e daí para o conhecimento das mais longas e difíceis. O conhecimento do todo não é possível se não for semelhante à arte de ler: o conhecimento dos elementos deve estar disponível, os elementos devem ser razoavelmente limitados em número, e nem todos os elementos podem ser combinados.[106] Mas podemos dizer que possuímos conhecimento dos "elementos" do todo ou que algum dia poderemos partir de um começo absoluto? Será que no *Político* nós partimos de um conhecimento adequado de "arte" ou "conhecimento"? Não é verdade que, embora almejemos o conhecimento do todo estamos condenados a ficar satisfeitos com o conhecimento parcial do todo e, portanto, a jamais transpor verdadeiramente a esfera da opinião? Se é, de fato, assim, a filosofia, e, com ela, a vida humana, não é necessariamente sisífica? Poderia ser essa a razão pela qual a demanda por liberdade não se mostra tão evidentemente salutar quanto muitos dos atuais amantes da liberdade acreditam que ela seja com base em ideias muito semelhantes? (Talvez isso pudesse induzir a uma consideração do *Grande Inquisidor* de Dostoiévski à luz do *Político* de Platão.) Depois de nos compelir a levantar essas e outras questões semelhantes, o Estrangeiro volta ao seu exemplo, concebido para lançar luz não sobre o conhecimento em geral ou sobre a filosofia enquanto tal, mas sobre a arte real. Dessa forma, o exemplo escolhido é a arte da tecedura: ele ilustra a arte política por meio de uma arte enfaticamente doméstica

---

[106] Cf. *Sofista*, 252d-e.

e não com outras artes particularmente "sociáveis" como o pastoreio ou a pilotagem de navios; ele ilustra a mais viril das artes com uma arte caracteristicamente feminina. Para descobrir o que é a tecedura, deve-se dividir a ideia de "arte", mas de maneira diferente daquela com que os interlocutores a dividiram inicialmente. A análise da arte da tecedura que é feita com base na nova divisão torna possível ao Estrangeiro elucidar a arte em geral e a arte real em particular antes de aplicar explicitamente o resultado dessa análise à mesma arte real. Talvez o ponto mais importante estabelecido nesse contexto seja a distinção entre dois tipos da arte da medição: um tipo que considera o maior e o menor um em relação ao outro, e outro tipo que considera o maior e o menor (agora entendidos como excesso e carência) em relação ao justo meio ou ao que é adequado ou algo do gênero. Todas as artes, e em especial a arte real, fazem as suas medições em vista do justo meio ou do que é adequado, o que equivale a dizer que elas não são matemáticas.

A aplicação explícita à arte real dos resultados da sua análise da arte da tecedura faz com que o Estrangeiro seja capaz de esclarecer a relação da arte real com todas as outras artes e especialmente com aquelas artes que pretendem com alguma aparência de justiça competir com a arte real pelo governo da cidade. Os concorrentes mais bem-sucedidos e astutos são aqueles extraordinários sofistas que fingem possuir a arte real, vale dizer, os governantes concretos das cidades concretas, aqueles governantes a quem falta a arte política ou real, e que correspondem a praticamente todos os governantes que já existiram, existem e existirão. Há três espécies desse tipo de governo político: o governo de um, o governo de poucos, e o governo de muitos; mas cada um desses três tipos se divide em duas partes em vista da diferença entre violência e consentimento ou entre licitude e ilicitude; assim, a monarquia se distingue da tirania, e a aristocracia, da oligarquia, enquanto o nome de democracia é aplicado ao governo de muitos independentemente de a maioria dos pobres governar os ricos com o consentimento dos ricos e em obediência estrita às leis ou pela violência e mais ou menos à margem da lei. (A distinção dos regimes esboçada pelo Estrangeiro é quase idêntica à distinção desenvolvida por Aristóteles no livro III da sua *Política*; considere-se a diferença, no entanto.) Nenhum desses regimes baseia a sua pretensão ao governo no conhecimento ou na arte dos governantes, isto é, na única base irrestritamente legítima dessa pretensão. Segue-se daí que as pretensões ao governo baseadas na vontade dos súditos (no consentimento ou na liberdade) e na licitude são dúbias. Esse julgamento é defendido com uma referência ao exemplo das outras artes e especialmente da medicina. Um médico é um médico, não importa se ele nos cura com ou contra a nossa vontade, se ele nos corta, queima ou nos inflige qualquer outra dor, e se ele age de acordo com regras escritas ou sem elas; ele é um médico quando o seu governo redunda em benefício para os nossos corpos. Da mesma forma, o único regime correto ou que é verdadeiramente um regime é aquele no qual governam os detentores da arte real, independentemente de eles governarem segundo leis ou sem elas e de os governados consentirem ou não no seu domínio, contanto que o seu governo redunde no benefício do corpo político; não faz nenhuma diferença se atingem esse fim matando alguns ou os exilando, reduzindo assim o tamanho da cidade, ou, ao contrário, trazendo mais cidadãos do estrangeiro, assim aumentando o seu número.

O jovem Sócrates, que não se mostra chocado com o que o estrangeiro diz a respeito de matar e exilar, revela-se deveras chocado pela sugestão de que o governo sem leis (o governo absoluto) pode ser legítimo. Para compreender plenamente a reação do jovem Sócrates, cumpre dar atenção ao fato de que o Estrangeiro não faz uma distinção entre leis humanas e naturais. O Estrangeiro transforma a indignação incipiente do jovem Sócrates em um desejo de discussão. O Estado de direito é inferior ao governo da inteligência viva porque as leis, em razão da sua generalidade, não são capazes de determinar sabiamente o que é justo e apropriado em todas as circunstâncias, dada a infinita variedade delas: apenas o sábio *in loco* pode decidir corretamente o que é justo e apropriado nas circunstâncias. Não obstante, as leis são necessárias. Os poucos sábios existentes não podem sentar-se ao lado de cada um dos muitos não sábios e dizer a ele exatamente o que lhe é apropriado fazer. Os poucos sábios existentes estão quase sempre afastados dos inúmeros não sábios. Todas as leis, escritas e não escritas, são substitutos precários, porém, indispensáveis, das decisões individuais dos sábios. Elas são toscas regras práticas suficientes para a grande maioria dos casos: elas tratam os seres humanos como se eles fizessem parte de um rebanho. A perpetuação de regras práticas transformadas em prescrições sagradas, invioláveis e imutáveis que seriam rejeitadas por todos como ridículas se aplicadas à ciência e às artes é uma necessidade na ordenação dos negócios humanos; essa necessidade é a causa próxima da diferença inerradicável entre as esferas política e suprapolítica. Mas a principal objeção às leis não é a de que elas não são suscetíveis de ser individualizadas, mas a noção de que elas obrigam o sábio, o homem que detém a arte real.[107] No entanto, mesmo essa objeção não é inteiramente válida. Como explica o Estrangeiro por meio de imagens,[108] o sábio está sujeito às leis, cuja justiça e sabedoria são inferiores às suas, porque os não sábios não podem evitar desconfiar do sábio, e essa desconfiança não é inteiramente indefensável, posto que se mostram incapazes de compreendê-lo. Eles não conseguem crer que um sábio que mereceria governar como um verdadeiro rei, sem leis, tenha vontade e capacidade de governá-los. A razão última da sua descrença é o fato de que nenhum ser humano tem aquela superioridade manifesta, em primeiro lugar no que respeita ao corpo, mas também no que respeita à alma, que seria passível de induzir todos a se submeter ao seu domínio sem qualquer hesitação e sem nenhuma reserva.[109] Os não sábios não podem evitar tornar-se juízes do sábio. Não espanta, portanto, que os sábios não queiram governá-los. Os não sábios irão até mesmo exigir do sábio que ele encare a lei como portadora de autoridade pura e simplesmente, isto é, que ele sequer duvide de que as leis estabelecidas são perfeitamente justas e sábias; se o sábio deixar de fazer isso, tornar-se-á culpado de corromper a juventude, um crime capital; os não sábios deverão, assim, proibir a livre investigação sobre as questões mais importantes. Todas essas implicações do governo das leis devem ser aceitas, uma vez que a única alternativa factível é o governo sem lei dos egoístas. O sábio deve curvar-se à lei, que é inferior a ele em sabedoria e justiça, não apenas em atos, mas também em discurso. (Aqui não podemos evitar a pergunta: existem limites à submissão do sábio às leis? Os exemplos platônicos nesse sentido são os seguintes: Sócrates obedeceu sem piscar a lei que ordenou a sua morte por ter supostamente corrompido a juventude; contudo, ele não teria obedecido uma lei que o proibisse formalmente de praticar a filosofia. Leia-se a *Apologia de Sócrates* em conjunção com o *Críton*.) O governo da lei é preferível ao governo sem lei dos não sábios tendo em vista que as leis, mesmo as piores, são, de um modo ou de outro, resultado de algum uso da razão. É essa observação que permite a ordenação hierárquica dos regimes incorretos, vale dizer, de todos os regimes que não o governo absoluto do verdadeiro rei ou homem de Estado. O governo legal da democracia é inferior ao governo legal dos poucos (aristocracia) e ao governo

---

[107] *Político*, 295b-c.
[108] Ibidem, 297a e s.
[109] Ibidem, 301c-e.

legal de um (monarquia), mas a democracia sem lei é superior ao governo sem lei de poucos (oligarquia) e ao governo sem lei de um (tirania). "Sem lei" não significa, aqui, a completa ausência de leis ou costumes, quaisquer que sejam. Significa o desrespeito habitual das leis pelo governo e especialmente daquelas leis que são destinadas a restringir o poder do governo: um governo que pode mudar toda lei, ou que é "soberano", é sem lei. Na passagem imediatamente seguinte, a impressão é que, de acordo com o Estrangeiro, mesmo na cidade governada pelo verdadeiro rei, sempre existirá leis (o verdadeiro rei é o verdadeiro legislador), mas que o verdadeiro rei, em contraste com todos os outros governantes, pode com justiça mudar as leis ou agir contra elas. Na falta do verdadeiro rei, o Estrangeiro provavelmente ficaria satisfeito com uma cidade governada por um código de leis concebido por um sábio, e que só pudesse ser mudado pelos não sábios em casos extremos.

Depois que a arte verdadeiramente real foi separada de todas as outras artes, resta ao Estrangeiro determinar o trabalho que é próprio ao rei. Aqui, o exemplo da arte da tecedura ganha uma importância decisiva. O trabalho do rei se assemelha a uma teia. De acordo com a visão popular, todas as partes da virtude estão simplesmente em harmonia umas com as outras. No entanto, verifica-se, de fato, uma tensão entre elas. Acima de tudo, existe uma tensão entre coragem ou virilidade e moderação, suavidade, preocupação com o que é decente. Essa tensão explica a tensão e mesmo a hostilidade entre os seres humanos de temperamento preponderantemente enérgico e os preponderantemente brandos. A missão do verdadeiro rei é entrelaçar esses dois tipos opostos de seres humanos, pois as pessoas na cidade que são completamente incapazes de tornar-se seja enérgicas, seja brandas, são da mesma forma incapazes de tornar-se cidadãos. Uma parte importante dessa tecedura real consiste em acasalar os filhos das famílias preponderantemente enérgicas com os filhos das famílias preponderantemente brandas. O rei humano deve, assim, aproximar-se do pastor divino, ampliando a arte de governar as cidades em seu sentido estrito, até incluir nela a arte do acasalamento ou da formação de casais. A formação de casais praticada pelo rei é semelhante à formação de casais praticada por Sócrates,[110] o que significa que elas não são idênticas. Se obtivéssemos sucesso em compreender o parentesco entre a arte de formação de casais do rei e a de Sócrates, teríamos

---

[110] Cf. *Teeteto*, 151b.

feito algum progresso na compreensão do parentesco existente entre o rei e o filósofo. Seja como for, de tudo pelo menos isto é certo: embora seja possível e mesmo necessário falar em um "rebanho humano" na nossa tentativa de definir o rei, o filósofo nada tem a ver com "rebanhos".

O *Político* faz parte de uma trilogia cujo tema é o conhecimento. Para Platão, o conhecimento propriamente dito, ou a busca do conhecimento propriamente dita, é a filosofia. A filosofia é a busca do conhecimento do todo, da contemplação do todo. O todo consiste de partes; o conhecimento do todo é o conhecimento de todas as partes do todo enquanto partes do todo. A filosofia é a atividade humana mais alta, e o homem é uma parte excelente, quiçá, a mais excelente, do todo. O todo não é um todo sem o homem, sem o homem ser um todo ou sem ele ser completo. Mas o homem não se torna um todo sem o seu próprio esforço, e esse esforço pressupõe um conhecimento de determinado tipo: um conhecimento que não é contemplativo ou teórico, mas prescritivo, ou diretivo[111] ou prático. O *Político* se apresenta como uma discussão teórica do conhecimento prático. Em contraste com o *Político,* a *República* conduz da vida prática ou política à filosofia, à vida teórica; a *República* apresenta uma discussão prática da teoria: ela mostra aos homens preocupados com a solução do problema humano que essa solução consiste na vida teórica; o conhecimento que a *República* apresenta é prescritivo ou diretivo. No *Político,* a discussão teórica do mais alto conhecimento prático (a arte real) se reveste, pelo simples fato de fazer uma apresentação do caráter da arte real, de um caráter diretivo: ela apresenta o que o governante deve fazer. Muito embora a distinção entre conhecimento teórico e prático seja necessária, a sua separação é impossível. (Considere-se desse ponto de vista a descrição da vida teórica no *Teeteto* 173b-177c.) A arte real é uma das artes diretamente ocupadas em fazer do homem um todo ou inteiro. O indicativo mais óbvio da incompletude de todo ser humano, e, ao mesmo tempo, a indicação do caminho através do qual ele pode ser completado, é a distinção da raça humana em dois sexos: assim como a união de homem e mulher, a principal meta do *eros*, torna o "homem" autossuficiente para a perpetuação, para não dizer eternização da espécie humana, todos os outros tipos de incompletude encontradiças no homem são completadas na espécie, na "ideia" de homem. Toda a raça humana, e não uma parte qualquer dela, é autossuficiente enquanto parte do todo, e

---

[111] *Político*, 260a-b.

não como senhora e possuidora do todo.¹¹² É, talvez, por essa razão que o *Político* acaba com o elogio de um tipo determinado de arte do acasalamento.

III. As Leis

A *República* e o *Político* transcendem a cidade de maneiras diferentes, porém, afins. Eles mostram primeiro como a cidade teria de transformar-se se deseja manter a sua reivindicação de supremacia em face da filosofia. Eles mostram, depois, que a cidade é incapaz de passar por essa transformação. A *República* mostra silenciosamente que a cidade ordinária – quer dizer, a cidade que não é comunista e que se constitui como a associação dos pais e não dos artesãos – é a única cidade possível. O *Político* mostra, explicitamente, a necessidade do governo das leis. A *República* e o *Político* revelam, cada qual a seu modo próprio, a limitação essencial e, com ela, o caráter essencial da cidade. Assim fazendo, eles deitam as fundações da resposta à questão da melhor ordem política, a melhor ordem da cidade compatível com a natureza do homem. Mas eles não descrevem essa melhor ordem possível. Essa tarefa é deixada às *Leis*. Podemos, portanto, dizer que as *Leis* é, a rigor, a única obra política de Platão. É o único diálogo platônico do qual Sócrates está ausente. Os personagens das *Leis* são anciãos com longa experiência política: um Estrangeiro de Atenas sem nome, o cretense Clínias e o espartano Megilo. O Estrangeiro de Atenas ocupa o lugar ordinariamente ocupado por Sócrates nos diálogos platônicos. A conversa tem lugar bem longe de Atenas, na ilha de Creta, enquanto os três anciãos caminham da cidade de Cnosso até a caverna de Zeus.

A nossa primeira impressão é que o Estrangeiro ateniense foi para Creta para descobrir a verdade sobre aquelas leis gregas que, em certo aspecto, eram as mais renomadas, pois se acreditava que as leis cretenses tiveram a sua origem em Zeus, o maior dos deuses. As leis cretenses eram semelhantes às leis de Esparta, que eram ainda mais renomadas que elas e tinham a sua origem atribuída a Apolo. Incitados pelo ateniense, os três homens entabulam uma conversa sobre leis e regimes. O ateniense ouve do cretense que o legislador da sua ilha concebeu todas as suas leis em vista da guerra: por natureza, toda

---

¹¹² Referência ao *Discurso do Método* (Parte VI), de Descartes, e ao projeto de dominação da natureza pela ciência que se anunciaria ali. (N. T.)

cidade se encontra, em todos os tempos, em um estado de guerra não declarada com toda outra cidade; a vitória na guerra e, portanto, a guerra, é a condição de todas as bênçãos. O ateniense convence com facilidade seu interlocutor cretense de que as leis da sua ilha miram o fim errado: o fim não é a guerra, mas a paz. Pois se a vitória na guerra é a condição de todas as bênçãos, a guerra não é o fim: as bênçãos em si pertencem à paz. Assim, a virtude da guerra, a coragem, é a parte mais baixa da virtude, inferior à moderação e, sobretudo, à justiça e à sabedoria. Uma vez que nos tenhamos dado conta da ordem natural das virtudes, conheceremos o princípio mais alto de legislação, posto que a ideia de que a legislação deve preocupar-se com a virtude, com a excelência da alma humana, e não com quaisquer outros bens, é uma tese facilmente concedida pelo cavalheiro cretense, Clínias, a quem o ateniense assegura que a posse da virtude é necessariamente acompanhada da posse da saúde, da beleza, da força e da riqueza.[113] Parece que tanto o legislador espartano quanto o cretense, convencidos como estavam de que o fim da cidade é a guerra e não a paz, elaboraram bons dispositivos para a educação dos seus súditos ou compatriotas para a coragem, para o autocontrole em relação às dores e aos medos, fazendo-os experimentar as maiores dores e os maiores medos; porém, eles não elaboraram dispositivo algum para a educação na moderação, no autocontrole em relação aos prazeres, não os deixando experimentar os prazeres mais intensos. De fato, se podemos confiar em Megilo, o legislador espartano desencorajou completamente o gozo dos prazeres.[114] Os legisladores espartano e cretense seguramente proibiram os prazeres da bebida – prazeres livremente experimentados pelos atenienses. O ateniense argumenta que a bebida, até mesmo a embriaguez, quando praticada com propriedade, conduz à moderação, a virtude gêmea da coragem. Para ser apropriadamente praticado, o beber deve ser feito em comum, isto é, em certo sentido, em público, para que possa ser supervisionado. Beber, e mesmo a embriaguez, será salutar se os bebedores forem dirigidos pelo tipo certo de homem. Para que um homem seja comandante de um barco, não basta que possua a arte ou ciência da navegação; ele também não pode marear.[115] Da mesma forma, a arte ou o conhecimento não é suficiente para dirigir um banquete. A arte somente não é suficiente para governar qualquer associação e, em particular, uma cidade. O banquete é uma analogia mais adequada

---

[113] *Leis*, 631b-d; cf. 829a-b.
[114] Ibidem, 636e.
[115] Ibidem, 639b-c.

da cidade que o barco ("a nave do Estado"), pois, assim como os convivas estão bêbados de vinho, os cidadãos estão embriagados de medos, esperanças, desejos e aversões, tendo, assim, a necessidade de ser governados por alguém que esteja sóbrio. Uma vez que os banquetes são ilegais em Esparta e em Creta, mas legais em Atenas, o ateniense se vê compelido a justificar perante seus interlocutores estrangeiros uma instituição ateniense. A justificação se dá em um longo discurso, e longos discursos eram uma prática ateniense, e não espartana ou cretense. O ateniense é, assim, compelido a justificar uma instituição ateniense de uma maneira ateniense. Ele é compelido a transformar, até certo ponto, os seus interlocutores não atenienses em atenienses. Apenas dessa forma pode ele corrigir as opiniões errôneas de seus interlocutores sobre as leis em geral e, com elas, quem sabe, as suas próprias leis. Com isso, entendemos melhor o caráter das *Leis* como um todo. Na *República*[116] os regimes cretense e espartano foram usados como exemplos de timocracia, o tipo de regime inferior apenas ao melhor regime, mas em muito superior à democracia, isto é, ao tipo de regime que prevaleceu em Atenas durante a maior parte da vida de Sócrates (e de Platão). Nas *Leis*, o Estrangeiro ateniense tenta corrigir a timocracia, transformando-a no melhor regime possível, que está de algum modo situado entre a timocracia e o melhor regime da *República*. Esse melhor regime possível provará ser muito semelhante ao "regime ancestral", o regime pré-democrático de Atenas.

Descobriu-se que as leis cretenses e espartanas eram defeituosas porque não permitiam àqueles que lhes estão sujeitos experimentar os maiores prazeres. Mas se pode realmente dizer que a bebida é aquilo que é capaz de proporcionar os maiores prazeres, mesmo os maiores prazeres sensuais? E, no entanto, ao falar de vinho o ateniense tinha em mente aqueles grandes prazeres que podem ser experimentados em público e aos quais os cidadãos têm de ser expostos, a fim de aprender a controlá-los. Os prazeres dos banquetes são a bebida e a dança. Para justificar os banquetes deve-se, portanto, discutir também a dança, a música e, logo, a educação como um todo:[117] os prazeres da música são os maiores de que se pode gozar em público e que os cidadãos têm de aprender a controlar sendo expostos a eles. As leis espartanas e cretenses padecem, assim, do grande defeito de não expor em absoluto, ou ao menos não suficientemente, aqueles que lhes estão sujeitos aos prazeres musicais.[118]

---

[116] *República*, 544c.
[117] Ibidem, 643c, 659d-e; 653a-b.
[118] Cf. ibidem, 673a-c.

A razão para isso é que essas duas sociedades não são cidades, mas verdadeiros acampamentos militares,[119] uma espécie de rebanho: em Esparta e em Creta mesmo os jovens que são por natureza aptos a ser educados como indivíduos por tutores privados são criados como meros membros de um rebanho. Em outras palavras, os cretenses e espartanos sabem apenas cantar nos coros: eles não conhecem a canção mais bela, a música mais nobre.[120] Na *República* a cidade guerreira, uma Esparta imensamente melhorada, foi transcendida pela Cidade da Beleza, a cidade na qual a filosofia, a mais alta musa, é honrada como se deve. Nas *Leis*, onde o melhor regime possível é apresentado, essa transcendência não tem lugar. A cidade das *Leis* não é, entretanto, em nenhum sentido, apenas um acampamento militar. Mas ela tem algumas características em comum com a cidade guerreira (equivalente a um acampamento militar) da *República*. Assim como na *República*, a educação música prova ser a educação para a moderação, e essa educação mostra requerer a supervisão dos músicos e poetas por parte do verdadeiro político ou legislador. Contudo, enquanto na *República* a educação para a moderação culmina no amor do belo, nas *Leis* a moderação se reveste das cores do sentido de vergonha ou de reverência. A educação apresentada pelas *Leis* é, certamente, educação para virtude, mas para a virtude do cidadão ou para a virtude do homem.[121]

A virtude do homem é, em sentido primário, a postura apropriada em relação aos prazeres e dores ou o controle apropriado dos prazeres e dores; o controle apropriado é aquele operado por meio da reta razão. Se o resultado do raciocínio reto for adotado pela cidade, esse resultado se torna lei; a lei que é digna desse nome é o ditame da reta razão primariamente, a propósito dos prazeres e das dores. O parentesco, não a identidade, entre os ditames da reta razão e das boas leis corresponde ao parentesco, mas não à identidade, do homem bom com o bom cidadão. Para aprender a controlar os prazeres e dores ordinários, os cidadãos devem ser expostos desde a infância aos prazeres proporcionados pela poesia e outras artes imitativas, que por sua vez devem ser controlados por leis boas e sábias, por leis que, portanto, jamais devem ser mudadas; o desejo de inovação tão natural à poesia e às demais artes imitativas deve ser suprimido tanto quanto possível; o meio para conseguir

---

[119] Ou "cidades guerreiras", correspondente ao segundo estágio da evolução para a cidade perfeita discutida na seção sobre a *República*. (N. T.)
[120] Ibidem, 666e-667b.
[121] Ibidem, 643c, 659d-e; 653a-b.

isso é consagrar o que é correto assim que ele vier à luz. O legislador perfeito persuadirá ou compelirá os poetas a ensinar que a justiça combina com o prazer e a injustiça com a dor. O legislador perfeito exigirá que essa doutrina manifestamente salutar seja ensinada mesmo que não seja verdadeira.[122] Essa doutrina toma o lugar ocupado pela teologia no livro II da *República*. Na *República*, o ensinamento salutar a respeito da relação entre a justiça e o prazer ou a felicidade não podia ser discutido no contexto da educação dos não filósofos porque a *República* não pressupõe, como se faz nas *Leis*, que os interlocutores do personagem principal sabem o que é a justiça.[123] Toda a discussão a propósito da educação e, assim, também a propósito dos fins ou princípios da legislação é subsumida pelo Estrangeiro de Atenas na discussão sobre o "vinho" ou sobre a "embriaguez" porque o melhoramento das leis antigas pode ser confiado com segurança apenas a homens bem criados, que, enquanto tais, são avessos a toda mudança e que, para se disporem a mudar as leis antigas, devem passar por um rejuvenescimento análogo àquele produzido pelo consumo do vinho.

Apenas depois de ter determinado o fim a que a vida política deve servir (a educação e a virtude), o Estrangeiro passa a tratar do início da vida política ou da gênese da cidade, visando a descobrir a causa das mudanças políticas e, em particular, das mudanças de regime. A vida política teve muitos inícios porque houve muitas destruições de quase toda a humanidade por dilúvios, pragas e calamidades semelhantes, que trouxeram em seu bojo a destruição de todas as artes e ferramentas; apenas uns poucos seres humanos sobreviveram no alto das montanhas e em outros lugares privilegiados; foram necessárias muitas gerações até que eles ousassem descer para as terras baixas, e, durante essas muitas gerações, as últimas lembranças das artes desapareceram. A condição a partir da qual todas as cidades e regimes, todas as artes e leis, todo vício e toda virtude surgiram é a carência em que o homem se encontrava de todas essas coisas; aquilo "a partir do qual" algo surge ou nasce é um tipo de causa da coisa em questão; originalmente, a falta, a ausência ou a carência daquilo que podemos chamar de "civilização" parece, assim, ser a causa de toda mudança política.[124] Se o homem tivesse tido um início perfeito, não teria havido causa de mudança, e a imperfeição desse início forçosamente produzirá efeitos em todos os estágios, por mais perfeitos, da sua civilização, da civilização do homem. O Estrangeiro mostra que esse é o caso ao

---

[122] Ibidem, 660e-664b.
[123] *República*, 392a-c.
[124] *Leis*, 676a-c, 678a.

seguir as mudanças que a vida humana sofreu desde os primórdios, quando os homens eram aparentemente virtuosos não, com efeito, porque fossem sábios, mas porque eram simplórios e inocentes, embora de fato selvagens, até a destruição da primeira fundação de Esparta e das suas cidades-irmãs Messina e Argos. Ele apenas alude, com delicadeza, à subjugação despótica dos messinianos pelos espartanos, sintetizando o resultado da sua investigação com a enumeração das prerrogativas de governo geralmente aceitas e efetivas. É a contradição entre essas prerrogativas ou entre as pretensões a elas que explica as mudanças de regime. A impressão é que a prerrogativa baseada na sabedoria, embora a mais alta, é apenas uma entre outras sete. Entre outras, encontramos a prerrogativa ou pretensão do mestre de governar os seus escravos, do mais forte sobre o mais fraco, e daqueles escolhidos por sorteio para governar os que não foram escolhidos.[125] A sabedoria não é uma prerrogativa suficiente; um regime viável pressupõe uma mistura da pretensão baseada na sabedoria com as pretensões baseadas em outros tipos de superioridade; talvez a mistura apropriada ou sábia entre algumas das outras pretensões ao domínio possa servir de substituto para a pretensão derivada da sabedoria. O Estrangeiro ateniense não faz abstração, como faz o Estrangeiro de Eleia, da força corporal como um ingrediente necessário do governo do homem pelo homem. O regime viável deve ser misto. O regime espartano é misto. Mas a sua mistura é sábia? Para responder essa questão é preciso, primeiro, olhar para os ingredientes da mistura correta separadamente. No caso de Esparta, esses ingredientes são a monarquia, da qual a Pérsia oferece um exemplo notável, e a democracia, da qual Atenas é o exemplo mais proeminente.[126] A monarquia em si significa o governo absoluto dos sábios ou do senhor de escravos; a democracia significa liberdade. A mistura correta é a mistura entre sabedoria e liberdade, sabedoria e consentimento, entre o império das leis sábias concebidas por um legislador sábio e administrada pelos melhores membros da cidade e o governo do povo comum.

Depois que o fim, assim como o caráter geral do melhor regime possível, foi esclarecido, Clínias revela que a conversa que eles estão tendo tem um uso direto para ele. Os cretenses planejaram fundar uma colônia e designaram a ele, entre outros, a missão de cuidar do projeto e, em particular, de criar leis para a colônia conforme achasse apropriado; é-lhe permitido, inclusive,

---

[125] Ibidem, 690a-d.
[126] Ibidem, 693d.

selecionar leis estrangeiras se elas lhe parecerem superiores às leis cretenses. Os colonos virão tanto de Creta quanto do Peloponeso: eles não vêm todos de uma mesma cidade. Se viessem da mesma cidade, com a mesma língua e as mesmas leis e os mesmos rituais e crenças religiosas, não seria fácil persuadi-los a aceitar instituições diferentes daquelas da sua cidade natal. Por outro lado, a heterogeneidade da população de uma futura cidade causa dissensões.[127] No caso presente a heterogeneidade parece ser suficiente para tornar possível uma mudança considerável para melhor, isto é, o estabelecimento do melhor regime possível, não sendo, contudo, grande demais para impedir uma fusão. Temos, aqui, a alternativa viável à expulsão de todos os cidadãos com mais de dez anos requerida para o estabelecimento do melhor regime na *República*. As tradições que os vários grupos de colonos trazem consigo serão modificadas em vez de erradicadas. Graças à boa fortuna que ocasionou a presença do Estrangeiro ateniense em Creta no tempo que a criação da colônia está em preparação, há uma boa chance de que as tradições sejam modificadas sabiamente. Todo o cuidado deve ser tomado para que a nova ordem estabelecida pelo sábio não seja mudada depois por homens menos sábios: ela deverá ser exposta o mínimo possível à mudança, pois toda mudança de uma ordem sábia parece ser uma mudança para pior. Seja como for, sem a presença casual do Estrangeiro ateniense em Creta, não haveria qualquer perspectiva de uma legislação sábia para a nova cidade. Isso nos faz entender a afirmação do Estrangeiro de que não são os seres humanos, mas o acaso ou a Fortuna, que legisla: a maior parte das leis é, segundo parece, ditada por calamidades. Não obstante, há espaço, ainda, para a arte legislativa. Ou, em sentido inverso, o detentor da arte legislativa nada pode fazer sem a boa fortuna, pela qual ele pode apenas rezar. A circunstância mais favorável pela qual o legislador rezaria é que a cidade para a qual ele irá criar leis seja governada por um jovem tirano cuja natureza seja, em certos aspectos, a mesma do filósofo, muito embora ele não tenha de ser gracioso ou perspicaz, amante da verdade e justo; a sua falta de justiça (o fato de que ele é movido exclusivamente pelo desejo de poder e glória pessoal) não é um impedimento desde que esteja disposto a ouvir o sábio legislador. Dada essa condição – dada a coincidência entre o maior poder e a sabedoria pela cooperação entre o tirano e o legislador sábio –, o legislador operará a mais rápida e mais profunda mudança para melhor nos hábitos

---

[127] Ibidem, 707e-708d.

dos cidadãos. Mas, tendo em vista que a cidade a ser fundada deve mudar o mínimo possível, importa mais, talvez, entender que o regime mais difícil de mudar é a oligarquia, o regime que ocupa o lugar central na ordem dos regimes apresentada na *República*.[128] É certo que a cidade a ser fundada não deve ser governada tiranicamente. O melhor regime é aquele em que governa um deus ou um demônio, como na Era de Cronos, a Idade de Ouro. A imitação mais próxima do governo divino é o governo das leis. Mas as leis dependem, por sua vez, do homem ou dos homens capazes de estabelecer e aplicar as leis, vale dizer, do regime (monarquia, tirania, oligarquia, aristocracia, democracia). No caso de cada um desses regimes, uma parte da cidade governa o resto, governando, portanto, a cidade em vista de um interesse particular (ou parcial), não do interesse comum.[129] Conhecemos já a solução dessa dificuldade: o regime deve ser misto como era, de certo modo, em Esparta e Creta,[130] e ele deve adotar um código criado por um legislador sábio.

O legislador sábio não se limitará a elaborar simples prescrições acompanhadas de sanções, isto é, ameaças de castigo. Essa é a maneira de guiar escravos, não homens livres. Ele prefaciará as suas leis com preâmbulos expondo as razões das leis. No entanto, tipos diferentes de razões são necessárias para persuadir diferentes tipos de homens, e a multiplicidade de razões pode ter o efeito de confundir, ameaçando, com isso, a simplicidade da obediência. O legislador deve, assim, dominar a arte de dizer simultaneamente coisas diferentes a diferentes tipos de cidadãos, de tal modo que o discurso do legislador logrará operar em cada caso individual o mesmo resultado simples: a obediência às suas leis. Na aquisição dessa arte ele será enormemente ajudado pelos poetas.[131] As leis devem ter uma dupla dimensão: elas devem consistir na "lei sem mistura", na afirmação direta do que deve ou não deve ser feito "se não", isto é, na "prescrição tirânica", e no preâmbulo à lei que persuade suavemente fazendo apelo à razão.[132] A mistura apropriada de coação e persuasão, de "tirania" e "democracia",[133] de sabedoria e consentimento, em toda parte dá prova de ser o caráter dos sábios ordenamentos políticos.

---

[128] Cf. ibidem, 708e-712a com *República*, 487a.
[129] *Leis*, 713c-715b.
[130] Ibidem, 712c-e
[131] Ibidem, 719b-720e.
[132] Ibidem, 722e-723a; cf. 808d-e.
[133] Cf. Aristóteles, *Política*, 1266a 1-3.

As leis exigem um preâmbulo geral – uma exortação a honrar os vários seres que merecem ser honrados na ordem adequada. Considerando que o governo das leis é uma imitação do governo divino, a honra deve ser concedida em primeiro lugar, e acima de todo o resto, aos deuses, depois aos seres supra-humanos, em seguida aos ancestrais e, então, a pai e mãe. Todos devem honrar, também, a sua alma, mas depois dos deuses. A ordem hierárquica existente entre honrar a própria alma e honrar os próprios pais não é inteiramente clara. Honrar a própria alma significa adquirir as diversas virtudes sem as quais não se pode ser um bom cidadão. A exortação geral culmina na prova de que a vida virtuosa é mais prazerosa que a vida do vício. Antes que o fundador da nova colônia possa começar o trabalho legiferante propriamente dito, ele deve tomar duas medidas da maior importância. Primeiro, ele deve operar uma espécie de purificação dos cidadãos potenciais: apenas o tipo certo de colonos deve ser admitido na nova colônia. Em segundo lugar, a terra deve ser distribuída para os que forem admitidos à cidadania. Não haverá, portanto, comunismo. Quaisquer que sejam as vantagens que o comunismo possa ter, ele não é factível se o próprio legislador não exercer o governo tiranicamente,[134] ao passo que, no caso presente, sequer a cooperação entre o legislador e um tirano é vislumbrada. Entretanto, a terra deve permanecer como propriedade de toda a cidade; nenhum cidadão será proprietário absoluto da terra a ele destinada. A terra será dividida em lotes, que jamais devem ser mudados por venda, compra ou de qualquer outro modo, e isso será conseguido se todo proprietário deixar a sua parte para um único filho; os outros filhos devem tentar casar-se com herdeiras; para evitar o excesso de população masculina além do número dos lotes estabelecidos originalmente, deve-se recorrer ao controle de natalidade e, no caso extremo, à criação de outras colônias. Não deve haver ouro nem prata na cidade, assim como cumpre buscar a menor monetarização possível das trocas. É impossível que haja igualdade total de propriedade, mas deve haver um limite de posses para cada cidadão: não será permitido que o cidadão mais rico possua mais de quatro vezes mais que os cidadãos mais pobres, que o mínimo equivalente ao lote individual que inclui a casa e os escravos. É impossível desconsiderar a desigualdade de propriedade na distribuição do poder político. O corpo de cidadãos será dividido em quatro classes, de acordo com a quantidade de propriedade de cada um. A terra

---

[134] Platão, *Leis*, 739a-740a.

designada para cada cidadão deve ser suficiente para fazê-lo capaz de servir à cidade na guerra como cavaleiro ou hoplita.[135] Em outras palavras, a cidade está limitada a cavaleiros e hoplitas. O regime parece ser aquele que Aristóteles chama de *politeia* – uma democracia limitada por uma considerável restrição do voto dos não proprietários. Mas essa comparação não é correta, como se depreende particularmente das leis relativas à participação no conselho e à eleição desse conselho. O conselho corresponde àquilo que chamaríamos de a parte executiva do governo; cada 12ª parte do conselho deve ser reeleita a cada mês. O conselho deve consistir em quatro grupos igualmente representados, o primeiro proveniente da classe mais alta de proprietários, o segundo da segunda parte dessa classe, e assim por diante, até aqueles que possuem o limite mínimo de propriedade. Todos os cidadãos têm o mesmo poder de voto, mas, enquanto todos são obrigados a votar nos candidatos ao conselho provenientes da classe mais alta de proprietários, apenas os cidadãos das duas classes mais altas de proprietários são obrigados a votar nos candidatos provenientes da classe mais baixa de proprietários. Esses arranjos são, obviamente, concebidos para favorecer os mais ricos; o regime é concebido como um justo meio entre monarquia e democracia,[136] ou, mais precisamente, um justo meio mais oligárquico ou aristocrático que a *politeia* aristotélica. Privilégios semelhantes são dados aos mais ricos também no que diz respeito ao poder na Assembleia e à ocupação dos cargos mais honoráveis. Não é, entretanto, a riqueza enquanto riqueza que é assim favorecida: nenhum artesão ou comerciante, por rico que seja, pode ser um cidadão. Só podem ser cidadãos aqueles que têm tempo suficiente para se devotar à pratica da virtude cidadã.

A parte mais notável da legislação propriamente dita diz respeito à impiedade, que é, evidentemente, tratada no contexto da lei penal. A impiedade fundamental é o ateísmo, ou a negação da existência dos deuses. Considerando que uma boa lei não meramente punirá os crimes ou recorrerá ao medo, mas tem de apelar, também, à razão, o Estrangeiro ateniense é compelido a demonstrar a existência dos deuses e, considerando que deuses que não se ocupam da justiça dos homens, que não recompensam o justo e castigam o injusto, não são suficientes para a cidade, ele deve demonstrar a providência divina também. As *Leis* são a única obra platônica que contém essa demonstração.

---

[135] Soldado grego de infantaria. (N. T.)
[136] Ibidem, 756b-e.

É a única obra platônica que se inicia com "um deus". Pode-se dizer que é a obra mais piedosa de Platão, e que é, por essa razão, que, ali, ele ataca a impiedade, vale dizer, a opinião de que não existem deuses, na raiz. O Estrangeiro de Atenas discute a questão relativa aos deuses embora ela jamais tenha sido sequer levantada em Creta ou em Esparta; foi Atenas que, na Grécia, levantou essa questão.[137] Clínias se mostra fortemente favorável à demonstração recomendada pelo ateniense com base no argumento de que ela se constituiria no mais perfeito e melhor preâmbulo ao conjunto do código. O ateniense não pode refutar os ateus antes de expor as suas afirmações. Eles parecem afirmar que o corpo é anterior à alma ou à mente, ou que a alma ou a mente é derivativa em relação ao corpo e, consequentemente, que nada é, por natureza, justo ou injusto, ou, ainda, que todo direito tem origem na convenção. A refutação consiste na prova de que a alma é anterior ao corpo, uma prova que implica a existência do direito natural. Os castigos para a impiedade diferem de acordo com os diferentes tipos de impiedade. Não é claro que pena, se é que há alguma, é infligida ao ateu que é um homem justo; ele é certamente menos severamente punido do que, por exemplo, o homem que pratica a retórica forense em vista do ganho pessoal. Mesmo nos casos dos outros tipos de impiedade, a pena capital será extremamente rara. Mencionamos esses fatos porque considerá-los de maneira insuficiente pode induzir gente ignorante a repreender Platão por uma suposta falta de liberalismo. Aqui, não qualificamos de ignorantes as pessoas que assim procedem porque elas acreditam que o liberalismo demanda uma tolerância completa em relação ao ensino de todas as opiniões, não importa em que medida elas sejam perigosas ou degradantes. Chamamo-las de ignorantes por não enxergarem que Platão é extraordinariamente liberal, segundo os parâmetros que elas próprias veneram, parâmetros que não podem, por óbvio, jamais ser pura e simplesmente "absolutos". Os parâmetros de tolerância geralmente reconhecidos no tempo de Platão são mais bem ilustrados pela prática de Atenas, uma cidade altamente renomada pela sua liberalidade e pela brandura dos seus costumes. Em Atenas, Sócrates foi punido com a morte porque foi considerado culpado de não acreditar nos deuses cultuados pela cidade de Atenas – deuses cuja existência era conhecida apenas de ouvir dizer. Na cidade das *Leis*, ao contrário, a crença nos deuses é exigida apenas na medida em que se apoia em uma demonstração; e, além

---

[137] Ibidem, 886; cf. 891b.

disso, aqueles que não quedem convencidos pela demonstração, mas que são homens justos, não serão condenados à morte.

A estabilidade da ordem esboçada pelo Estrangeiro ateniense parece ser tão garantida quanto possa ser a estabilidade de qualquer ordem política: a sua garantia é a obediência da parte da grande maioria dos cidadãos a leis sábias, que são imutáveis ao máximo, uma obediência que resulta principalmente da educação para a virtude, da formação do caráter. No entanto, as leis são apenas o melhor substituto possível para o melhor: nenhuma lei pode ser tão sábia quanto a decisão do verdadeiro sábio *in loco*. É preciso, portanto, elaborar disposições no sentido de garantir o progresso infinito na qualidade das leis no interesse do melhoramento progressivo da ordem política, assim como para se contrapor à decadência dessas mesmas leis. A legislação deve, assim, ser um processo sem fim; em cada geração tem de haver legisladores vivos. As leis deveriam ser mudadas apenas com a maior das precauções, apenas no caso de uma necessidade universalmente admitida. Os legisladores tardios devem mirar o mesmo fim que o legislador original: a excelência das almas dos membros da cidade.[138] Para evitar a mudança das leis, as relações dos cidadãos com os estrangeiros devem ser supervisionadas de perto. Nenhum cidadão pode viajar com um propósito privado ou pessoal. Mas cidadãos de boa reputação e com mais de 50 anos de idade que tenham o desejo de ver como vivem os outros homens, e, especialmente, de conversar com homens proeminentes com quem possam aprender alguma coisa para o aperfeiçoamento das suas leis, são encorajados a proceder segundo a sua vontade.[139] Não obstante, todas essas medidas e outras similares não bastam para a salvação das leis e do regime; a fundação mais firme ainda não está aí. Essa fundação firme só pode ser dada por um Conselho Noturno, formado pelos anciãos mais proeminentes e pelos jovens cidadãos selecionados com mais de 30 anos de idade. O Conselho Noturno deve estar para a cidade como a mente está para o indivíduo humano. Para cumprir a sua função, os seus membros devem possuir, acima de qualquer outra coisa, o conhecimento mais adequado possível do único fim que toda ação política direta ou indiretamente tem como meta. Esse fim é a virtude. A virtude deve ser una, porém, ela é também muitas; há quatro tipos de virtude, e ao menos duas delas – sabedoria e coragem (ou irascibilidade)

---

[138] Ibidem, 769a-771a, 772a-d, 875c-d.
[139] Ibidem, 949e e s.

– são radicalmente diferentes entre si.[140] Como pode, então, haver um fim único da cidade? O Conselho Noturno não pode cumprir a sua função se não puder responder a essa questão, ou, em termos mais gerais e quiçá também mais precisos, o Conselho Noturno deve incluir em seu meio pelo menos alguns homens que saibam o que são as virtudes em si mesmas ou que conheçam as ideias das várias virtudes, assim como aquilo que as une, de modo que todas juntas possam, com justiça, ser chamadas de "virtude" no singular: será a "virtude", o fim único da cidade, uma ou um todo[141] ou ambas as coisas, ou, ainda, algo diverso? Eles devem conhecer, também, tanto quanto seja humanamente possível, a verdade sobre os deuses. A reverência sólida pelos deuses nasce apenas do conhecimento da alma e dos movimentos das estrelas. Apenas os homens que reúnem esse conhecimento às virtudes populares ou vulgares podem ser governantes adequados da cidade: deve-se entregar a cidade ao governo do Conselho Noturno se este se constituir. Com uma volta, Platão aproxima gradativamente o regime das *Leis* do regime da *República*.[142] Tendo chegado ao fim das *Leis*, devemos retornar ao início da *República*.

---

[140] Ibidem, 963e.
[141] Isto é, um conjunto. (N. T.)
[142] Aristóteles, *Política*, 1265a, 1-4.

Parte 3

Nota do editor: As primeiras duas partes deste ensaio foram publicadas em *Modern Judaism* (v. 1, 1981, p. 17-45) e representam uma versão editada de duas palestras (de um ciclo de três) que Leo Strauss ministrou na Hillel House, da Universidade de Chicago, em novembro de 1952. A Parte 3, correspondente à terceira palestra, foi publicada anteriormente com o título "The Mutual Influence of Theology and Philosophy" [A Influência Mútua da Teologia e Filosofia] no *Independent Journal of Philosophy* (v. 3, 1979, p. 111-118). O texto da palestra original foi ligeiramente editado para alinhá-la com uma tradução para o hebraico já publicada (em *Iyyun. Hebrew Philosophical Quarterly*, v. 5, n. 1, janeiro de 1954). Nos poucos trechos em que o texto em inglês se distancia da tradução hebraica, a versão inglesa foi incluída em separado entre colchetes. Todas as três partes são aqui reimpressas sob permissão.[1]

---

[1] A mais nova edição dessas palestras (em *Jewish Philosophy and the Crisis of Modernity: Essays and Lectures in Modern Jewish Thought*. Nova York, State University of New York Press, 1997, p. 87-136) oferece uma versão mais confiável do texto em relação àquela em que se baseia esta tradução, alguns anos mais antiga (1989). Além de ter sido de grande utilidade na indicação das referências que faltam ao texto de Leo Strauss (originalmente uma fala), essa edição mais recente de Kenneth Hart Green serviu para corrigir e completar algumas lacunas do texto, como, por exemplo, as treze últimas linhas da parte II, omitidas, provavelmente por descuido, na versão que utilizamos para traduzir. (N. T.)

8. Progresso ou retorno? A crise contemporânea da civilização ocidental

I

O título dessa palestra indica que o progresso tornou-se um problema – que pode parecer que o progresso tenha nos levado à beira de um abismo e que, portanto, faz-se necessário pensar em alternativas a ele. Como, por exemplo, parar onde estamos agora ou, se isso se provar impossível, retornar. Retorno é a tradução da palavra hebraica *t'shuvah*. *T'shuvah* tem um significado ordinário e outro enfático. Seu sentido enfático se traduz em português pela palavra "arrependimento". Arrependimento é retorno, significando o retorno do caminho errado para o caminho certo. Isso implica que já estivemos no caminho certo antes de passarmos ao caminho errado. Originalmente, estávamos no caminho certo; o desvio, ou pecado ou imperfeição, não é original. O homem está originalmente em casa na casa do pai. Ele se torna um estrangeiro ao afastar-se, ao afastar-se com o pecado.[2] Arrependimento, retorno, é voltar para casa.

---

[2] *He becomes a stranger through estrangement, through sinful estrangement.* (N. T.)

Vêm-me agora à mente alguns versos do primeiro capítulo de *Isaías*:

> Como se prostituiu a cidade fiel, cheia de retidão? A justiça habitava nela, agora são os homicidas [...] Por isso eis o que diz o senhor [...] Tornarei teus juízes semelhantes aos de outrora, e teus conselheiros como antigamente. Então, te chamarão cidade da justiça, cidade fiel (Is 1,21.24.26).

Arrependimento é retorno; redenção é restauração. Um começo perfeito – a cidade fiel – é seguido da queda, do declínio, do pecado, que é seguido de um fim perfeito. Mas o fim perfeito é a restauração do começo perfeito. A cidade fiel no princípio e no fim. No princípio, os homens não vagavam pela floresta deixados a si mesmos, sem proteção e sem orientação. O princípio é o jardim do Éden. A perfeição resulta no princípio – no princípio do tempo, no tempo mais antigo. Logo, a perfeição é buscada derivativamente no tempo antigo – no pai, no pai dos pais, nos patriarcas. Os patriarcas são a carruagem divina que Ezequiel vislumbrou em sua visão. O grande tempo – o tempo clássico – está no passado. Primeiro, o período do deserto; depois, o período do templo. A vida do judeu é a vida da memória. É, ao mesmo tempo, uma vida de antecipação, de esperança, mas a esperança de redenção é restauração – *restitutio in integrum*. Jeremias 30: "Seus filhos serão como antes." A redenção consiste no retorno dos mais jovens, dos que estão mais distantes do passado, dos mais futuros, por assim dizer, à condição primeva. O passado é superior ao presente. Esse pensamento é, assim, perfeitamente compatível com a esperança no futuro. Mas será que a esperança de redenção – a expectativa do Messias – não atribui um lugar bem mais alto ao futuro que ao passado, por mais venerável?

Isso não é inteiramente verdadeiro. De acordo com a visão mais aceita, o Messias é inferior a Moisés. A idade messiânica testemunhará a restauração da prática plena da Torá, que foi descontinuada com a destruição do templo. A fé na Torá sempre foi o caminho para o judaísmo, ao passo que o messianismo não raro esteve dormente. Por exemplo, conforme me ensina Gershom Scholem, a Cabala, antes do século XVI, concentrava-se no princípio; foi apenas com Isaac Luria que a cabala passou a concentrar-se no futuro – no fim. Não obstante, mesmo aqui, a última era tornou-se tão importante quanto a primeira era. Ela não se tornou mais importante. Além disso (e eu cito Scholem), "por inclinação e hábito, Luria era definitivamente um conservador. Essa tendência encontra-se bem expressa nas tentativas persistentes de relacionar o que ele tem a dizer com autoridades mais antigas". Para Luria, "salvação nada mais significa, com efeito, que restituição, reintegração do todo original ou *tikkun*, para usar o termo hebreu". Para Luria, "a vinda do Messias nada mais é que a consumação do processo contínuo de restauração. O caminho para o fim de todas as coisas é o caminho para o começo".[3] Judaísmo é a preocupação com o retorno, não a preocupação com o progresso. O retorno pode ser facilmente expresso no hebraico bíblico; o progresso, não. As traduções hebraicas de progresso parecem um tanto artificiais, para não dizer paradoxais. Mesmo que seja verdade que o messianismo é indicativo de uma predominância da preocupação com o futuro, ou de viver para o futuro, isso em nada afeta a crença na superioridade do passado em relação ao presente. O fato de que o presente está mais próximo no tempo da redenção final do que o passado não significa, é claro, que o presente é superior ao passado em piedade ou sabedoria, especialmente o passado clássico. Hoje, a palavra *t'shuvah* adquiriu um sentido ainda mais enfático. Hoje, *t'shuvah* às vezes significa não um retorno que tem lugar no interior do judaísmo, mas um retorno ao judaísmo por parte de muitos judeus que romperam, ou cujos pais romperam com o judaísmo como um todo. Esse abandono do judaísmo – esse rompimento com o judaísmo – não entendeu a si mesmo, é claro, como uma queda ou deserção, como um abandono do caminho certo; tampouco como um retorno a uma verdade da qual a tradição judaica, por sua vez, teria desertado; sequer como um retorno a algo superior. Ele entendeu-se a si mesmo como progresso. Ele concedeu à tradição judaica a honra de admitir que o judaísmo é antigo, muito antigo, ao passo que ele próprio não tinha passado de que pudesse se gabar. Mas ele considerava esse fato mesmo, a antiguidade do judaísmo, como uma prova da sua própria superioridade e da inadequação do judaísmo. Pois ele questionava a própria premissa que sustenta a noção de retorno, a saber, o caráter perfeito do princípio ou dos tempos mais antigos. Ele presumiu que o princípio é o mais imperfeito e que a perfeição pode ser encontrada apenas no fim. Isso tanto é verdadeiro que o movimento do princípio para o fim é, em princípio, um progresso da imperfeição radical para a perfeição. Desse ponto de vista, a antiguidade não tinha qualquer direito à veneração. Ao contrário, a antiguidade merece desprezo ou, possivelmente, desprezo mitigado pela piedade.

---

[3] Cf. Gershom Scholem, *Major Trends in Jewish Mysticism*. New York, Schocken, 1946, p. 256, 268 e 274. (N. T.)

Tentemos esclarecer essa questão de modo um tanto mais completo, contrastando a vida caracterizada pela ideia de retorno com a vida caracterizada pela ideia de progresso. Quando os profetas exigem que o povo preste contas, eles não se limitam a acusá-lo deste ou daquele pecado ou crime particular. Eles reconhecem a raiz de todos os crimes particulares no fato de que o povo abandonou o seu Deus. Eles acusam o povo de rebelião. Originalmente, no passado, o povo foi fiel ou leal; agora, encontra-se em um estado de rebelião. No futuro, ele retornará e Deus o restaurará ao seu lugar original. O primeiro, original, o inicial, é a lealdade; a deslealdade, a infidelidade, é secundária. A própria noção de infidelidade pressupõe que a fidelidade ou lealdade é primeira. O caráter perfeito da origem é uma condição do pecado – do pensamento do pecado. O homem que entende a si mesmo dessa forma anseia pela perfeição da origem, ou pelo passado clássico. Ele sofre com o presente; e tem esperança no futuro.

O homem progressista, por outro lado, vê um princípio deveras imperfeito ao olhar para trás. O princípio é barbarismo, estupidez, rudeza, escassez extrema. Ele não sente que perdeu algo de grande, para não dizer infinita, importância; ele perdeu apenas seus grilhões. Ele não sofre com a rememoração do passado. Ao olhar para o passado, ele se sente orgulhoso das suas realizações; ele está certo da superioridade do presente em relação ao passado. Ele não está satisfeito com o presente; ele almeja o progresso futuro. Mas ele não espera meramente ou reza por um futuro melhor; ele acha que pode produzi-lo com seu próprio esforço. Ao buscar a perfeição em um futuro que não é, em nenhum sentido, o princípio ou a restauração do princípio, ele vive inteiramente para o futuro. A vida que se entende a si mesma como uma vida de lealdade ou fidelidade lhe aparece como atrasada, como se estivesse sob o feitiço de velhos preconceitos. O que os outros chamam de rebelião ele chama de revolução ou liberação. À polaridade fidelidade-rebelião ele opõe a polaridade preconceito-liberdade.

Repetindo o que disse antes, o retorno ao judaísmo se sucede a um rompimento com o judaísmo que acabou, ou começou, entendendo a si mesmo como um progresso para além do judaísmo. Esse rompimento foi realizado de maneira clássica por um homem solitário: Espinosa. Este negou a verdade do judaísmo – o judaísmo, que, naturalmente, inclui a Bíblia, é um conjunto de preconceitos e práticas supersticiosas de velhas tribos. Espinosa encontrava nessa massa heterogênea de relatos tradicionais alguns elementos de verdade, mas ele não os considerava peculiares ao judaísmo. Ele encontrava os mesmos elementos no paganismo também. Espinosa foi excomungado pela comunidade judaica de Amsterdã. Ele deixou de considerar-se judeu. Por vezes, foi acusado de hostilidade para com o judaísmo e os judeus. Eu não considero que ele tenha se oposto mais ao judaísmo que ao cristianismo, por exemplo, e não considero que fosse hostil para com os judeus. Ele adquiriu uma estranha, ou, quiçá, nem tão estranha, neutralidade em relação ao conflito secular entre judaísmo e cristianismo. Olhando para os judeus e para o destino dos judeus do seu ponto de vista neutro, ele veio a fazer algumas sugestões relativas à redenção dos judeus. Uma dessas sugestões é quase explícita. Depois de afirmar que os judeus não foram eleitos em nenhum sentido diferente daquele em que os cananeus haviam sido eleitos antes deles, e que, portanto, os judeus não foram eleitos para a eternidade, ele tenta mostrar que a sua sobrevivência depois de perder a terra pode ser explicada de uma maneira perfeitamente natural. Nesse contexto, ele faz a seguinte observação: "se os fundamentos da sua religião não tivessem efeminado as suas mentes, eu acredito absolutamente que eles poderiam, em circunstâncias auspiciosas, recuperar a terra perdida, em vista do fato de que as coisas humanas são mutáveis".[4] Isso significa que a esperança da redenção divina é completamente sem fundamento. Os sofrimentos dos exilados são inteiramente sem sentido. Não há nenhuma garantia de que esses sofrimentos um dia irão acabar. Mas a primeira condição para cultivar qualquer esperança razoável pelo fim do exílio é que os judeus se livrem dos fundamentos da sua religião, vale dizer, do espírito do judaísmo. Pois esse espírito, Espinosa pensava, é avesso à empresa guerreira e à energia do governo. Até onde eu sei, essa é a mais antiga afirmação de uma solução puramente política para o problema judaico. A proposição de uma solução puramente política em lugar do milagre da redenção para o qual os homens podem contribuir, se tanto, apenas com uma vida de piedade. É a primeira aparição do Sionismo político sem restrições. Mas Espinosa concebeu também outra solução. Em seu *Tratado Político-Teológico*, ele esboça as linhas gerais do que ele considerava uma sociedade decente. Essa sociedade, tal como ele a descrevia, pode ser caracterizada como uma democracia liberal. Incidentalmente, pode-se dizer que Espinosa foi o primeiro filósofo a advogar a democracia liberal.

---

[4] *Tratado Teológico-Político*, "Sobre a Vocação dos Hebreus", cap. 3. (Edição brasileira: São Paulo, Martins Fontes, 2003, p. 65. A versão aqui apresentada acompanha a de Leo Strauss e não o texto em português). (N. T.)

Ele ainda pensava ser necessário reforçar esse regime com uma religião pública ou de Estado. Ora, é bastante notável que essa religião, essa religião de Estado, que decididamente não é uma religião da razão, não seja nem cristã nem judaica. Ela é neutra no que toca às diferenças entre judaísmo e cristianismo. Além disso, Espinosa alega ter provado, com base na Bíblia, que a lei mosaica era obrigatória apenas para o período do Estado judaico. Quando se toma esses dois fatos em consideração, primeiro que a religião de Estado é neutra em relação às diferenças entre judaísmo e cristianismo, e, segundo, que a lei mosaica não tem mais validade, torna-se lícito dizer que Espinosa lançou os fundamentos de outra solução puramente política do problema judaico. Com efeito, com isso ele deitou os fundamentos da alternativa ao sionismo político, também conhecida como assimilacionismo.

Na democracia liberal de Espinosa, os judeus não têm que se batizar para adquirir direitos civis plenos. Eles só precisam aceitar a religião de Estado extremamente latitudinária e, assim, esquecer a lei mosaica. Nessa atmosfera neutra, é lícito esperar que os sofrimentos dos exilados desapareçam. Espinosa apenas sugeriu as duas alternativas clássicas que se seguiram ao rompimento radical com o judaísmo. As consequências práticas desse rompimento foram plenamente desenvolvidas no curso do século XIX. Mas, quando as alternativas foram expostas ao teste da prática, elas levaram a certas dificuldades.

Tomando como base a premissa do assimilacionismo, o sofrimento dos judeus – o sofrimento pelo judaísmo – torna-se sem sentido. Esse sofrimento é meramente o resíduo de um passado de barbárie, um resíduo que se extinguirá à medida que o gênero humano for progredindo. Mas os resultados foram um tanto quanto decepcionantes. A diminuição do poder do cristianismo não produziu a diminuição esperada do sentimento antijudaico. Mesmo nos lugares em que a igualdade legal dos judeus tornou-se um fato, ela causava um contraste ainda mais forte com a desigualdade social que persistia. Em vários países, a desigualdade legal e as formas mais abertas de desigualdade social deram lugar a formas mais sutis de desigualdade social, mas a desigualdade social não se tornou, por essa razão, menos dura. Ao contrário, a sensibilidade aumentou com a ascensão social. Nossos ancestrais estavam imunes ao ódio e ao desprezo porque isso apenas provava para eles a eleição de Israel. O judeu assimilado e sem raízes nada tinha a opor ao ódio e ao desprezo, a não ser o seu mero eu. A igualdade social plena provou requerer o completo desaparecimento dos judeus enquanto judeus – uma proposição que é impraticável, se não por outra razão, ao menos pela razão perfeitamente suficiente do simples respeito próprio. Por que nós, que temos um passado heroico atrás e dentro de nós, que não fica atrás do passado de nenhum outro grupo em nenhum lugar da terra, deveríamos negar ou esquecer esse passado? Esse passado que é tanto mais heroico, pode-se dizer, quando se considera que as suas características principais não são o brilho e os ornamentos da glória marcial e do esplendor cultural, embora não lhe falte também isso. A assimilação provou requerer a servidão interior como preço da liberdade exterior. Ou, para dizer o mesmo de modo um tanto diferente, o assimilacionismo pareceu jogar os judeus no lodo do filistinismo, da satisfação rasa com o mais insatisfatório tempo presente. Um fim dos mais inglórios para um povo que foi conduzido da casa da escravidão para o deserto evitando cuidadosamente a terra dos filisteus, muito embora, e agora eu cito (Ex 13,17), "tendo o Faraó deixado o povo partir, Deus não o conduziu pela terra dos filisteus, que é, no entanto, o caminho mais curto". Ele é sempre o mais curto. Uma vez que o progresso foi, de fato, obtido, o ódio aos judeus não mais podia apresentar-se entre pessoas educadas ou semieducadas como ódio aos judeus. Ele tinha de ser disfarçado como antissemitismo, um termo inventado, em pudicícia, por algum pedante francês ou alemão do século XIX. É, decerto, um termo demasiado impróprio. O choque ocasionado pela persistência da desigualdade social e pela emergência do antissemitismo, especialmente na Alemanha e na França, provou-se um aviso bastante fidedigno do que iria acontecer na Alemanha, especialmente entre 1933 e 1945.

Os judeus europeus que se deram conta de que a assimilação não era solução para o problema judaico e que, por isso, buscaram alguma outra solução puramente humana ou política voltaram-se para o sionismo político. Mas o sionismo político também levou a algumas dificuldades bem peculiares. A ideia básica por trás do sionismo puramente político não era, de modo algum, sionista. Ela poderia ter sido satisfeita pela fundação de um Estado judeu em qualquer lugar da Terra. O sionismo político já era, ele mesmo, uma concessão à tradição judaica. Aqueles que buscavam uma solução para o problema judaico diferente do desparecimento dos judeus tinham que aceitar não apenas o território venerado pela tradição judaica, mas também a sua linguagem, o hebraico. Além disso, eles foram forçados a aceitar a cultura judaica. O sionismo cultural tornou-se um rival bastante poderoso do sionismo político. Mas o patrimônio ao qual recorre o sionismo cultural revoltou-se contra a perspectiva de ser interpretado em termos de cultura ou civilização, no sentido de um produto autônomo do gênio do povo judeu. Essa cultura e essa civilização tinham a sua essência na Torá, e a Torá se apresenta como algo dado por Deus, não como criado por Israel. Assim, as tentativas de resolver o problema judaico por meios puramente humanos terminaram em fracasso. O nó que não foi atado pelo homem não pôde ser desatado pelo homem. Eu não acredito que a experiência americana nos obrigue a nuançar essas afirmações. Estou muito longe de minimizar a diferença entre uma nação concebida em liberdade e dedicada à proposição de que todos os homens foram criados iguais, e as nações do velho mundo, que certamente não foram concebidas em liberdade. Eu compartilho da esperança na América e da fé na América, mas me vejo obrigado a acrescentar que essa fé e essa esperança não podem ter o mesmo caráter que aquela fé e aquela esperança que um judeu tem em relação ao judaísmo e que o cristão tem em relação ao cristianismo. Ninguém reivindica que a fé na América e que a esperança pela América estejam baseadas em premissas divinas explícitas.

A tentativa de solucionar o problema judaico fracassou por causa do poder acachapante do passado. A experiência desse poder por uma geração que havia se esquecido desse poder é parte daquilo que, por vezes, é chamado de descoberta da história. A descoberta foi feita no século XIX. Enquanto descoberta, ela consistiu na percepção de algo que não havia sido previamente percebido: que a aceitação do passado ou o retorno à tradição judaica é algo radicalmente diferente de uma mera continuação dessa tradição. É bem verdade que a vida judaica no passado foi quase sempre mais que uma continuação de uma tradição. Mudanças bastante grandes no interior dessa tradição tiveram lugar no curso dos séculos. Mas também é verdade que a mudança que estamos testemunhando hoje, e da qual todos participamos,[5] é, de um modo ou de outro, qualitativamente diferente de todas as mudanças anteriores no interior do judaísmo.

Deixe-me tentar esclarecer essa diferença. Aqueles que hoje retornam ao judaísmo não afirmam que, digamos, Espinosa estava totalmente errado. Eles aceitam ao menos o princípio daquela crítica bíblica que foi vista como a maior das ofensas de Espinosa à comunidade. Falando de uma maneira geral,

---

[5] Ao leitor não familiarizado com essa discussão, vale lembrar que o texto do ensaio, especialmente esta primeira parte, corresponde a uma palestra dirigida a uma plateia de judeus na Hillel House (instituição voltada à promoção da "vida judaica" nos *campi* universitários norte-americanos) da Universidade de Chicago. (N. T.)

aqueles que hoje retornam ao judaísmo admitem que o racionalismo moderno, para fazer uso desse termo vago, teve uma porção de intuições importantes que não podem ser jogadas fora que eram estranhas à tradição judaica. Portanto, eles modificam a tradição judaica conscientemente. Não é preciso mais do que contrastar essa visão com o procedimento de Maimônides no século XII, que, ao introduzir a filosofia aristotélica no judaísmo, foi obrigado a presumir que estava apenas recuperando a própria herança de Israel. Esses judeus dos tempos atuais que retornam à tradição tentam fazer no elemento da reflexão o que tradicionalmente era feito inconsciente ou ingenuamente. A sua atitude é histórica, em vez de tradicional. Eles estudam o pensamento do passado como pensamento do passado e, portanto, como não necessariamente obrigatório para a geração presente tal como ela se apresenta. Mas, ainda assim, o que eles estão fazendo tem a intenção de ser um retorno – vale dizer, a aceitação de algo que foi igualmente aceito pela tradição judaica. Assim surge a questão a respeito da importância relativa desses dois elementos: o novo elemento e o elemento que não foi mudado, o novo correspondendo ao fato de que o judaísmo dos dias atuais é forçado a ser o que já foi chamado de "pós-crítico". Somos mais sábios que os nossos ancestrais no aspecto decisivo ou apenas em um aspecto secundário? No primeiro caso, ainda teríamos de demonstrar que fizemos progressos decisivos. Mas, se as intuições implicadas no caráter "pós--crítico" do judaísmo dos tempos atuais têm apenas um caráter secundário, o movimento que estamos testemunhando pode, com justiça, pretender-se um retorno. Ora, esse movimento de retorno não teria tido o efeito que teve senão pelo fato de que, não apenas entre os judeus, mas em todo o mundo Ocidental, o progresso tornou-se matéria de dúvida. O termo "progresso", no seu sentido pleno e enfático, praticamente desapareceu da literatura séria. As pessoas falam cada vez menos de "progresso" e cada vez mais de "mudança". Elas não têm mais a pretensão de saber que estamos caminhando na direção certa. Não o progresso, mas a "crença" no progresso ou a "ideia" de progresso como um fenômeno social ou histórico tornou-se um tema central para os estudiosos da sociedade nos dias de hoje. Há mais ou menos uma geração, o mais célebre estudo sobre esse tema tinha como título *A Ideia de Progresso*.[6] O seu êmulo na literatura atual tem como título *A Crença no Progresso*.[7]

---

[6] J. B. Bury, *The Ideia of Progress, An Inquiry into its Origin and Growth*. Cambridge, 1920. (N. T.)
[7] John Baillie, *The Belief in Progress*. New York, 1951. (N. T.)

A substituição de "ideia" por "crença" é, em si mesma, digna de nota. Pois bem, para compreender a crise da crença no progresso devemos primeiro esclarecer o conteúdo dessa crença.

O que é progresso? Ora, progresso, no seu sentido enfático, pressupõe que há algo que é simplesmente bom, ou final, como a meta do progresso. Progresso é mudança na direção do fim. Mas essa é apenas a condição necessária, não suficiente, da ideia de progresso. Um sinal disso é a noção da Idade de Ouro, que também pressupõe a noção do simplesmente bom, com a diferença de que esse puro e simples bom, esse fim, está, nesse caso, localizado no começo. O fim do homem, o bem puro e simples, tem de ser entendido de uma maneira específica se deve tornar-se a base da ideia de progresso. Eu sugiro que o fim do homem deve ser entendido primariamente como a perfeição do entendimento, de tal maneira que a perfeição do entendimento esteja de algum modo relacionada às artes e aos ofícios. Sempre foi objeto de controvérsia a questão de se os primórdios do homem foram perfeitos ou imperfeitos, mas ambos os lados da controvérsia admitiam que as artes e os ofícios e, certamente, a sua perfeição não pertencem a esses primórdios. Portanto, a decisão dessa questão, independentemente da perfeição ou imperfeição dos primórdios do homem, depende de como a questão do valor das artes e ofícios é decidida. Seja como for, a ideia de progresso pressupõe que existe a vida pura e simplesmente boa e que o começo da vida é radicalmente imperfeito. Da mesma forma, encontramos na ciência ou filosofia grega uma consciência plena de progresso: em primeiro lugar, do progresso já obtido e da sua consequência inevitável, o desprezo pela inferioridade ou fraqueza dos antigos; e, em relação ao progresso futuro, ninguém menos que Aristóteles observou: "na arte da medicina, não há limites para a busca da saúde, e nas outras artes não há limites para a busca de seus variados fins. Pois elas buscam realizar ao máximo os seus fins".[8] A possibilidade de progresso infinito, ao menos em determinados aspectos, é, nesses termos, afirmada. No entanto, *a* ideia de progresso é diferente da concepção grega de progresso. Qual é a importância relativa da realização do fim, de um lado, e do progresso futuro, do outro? As declarações mais elaboradas a respeito do progresso parecem ocorrer em Lucrécio e Sêneca, em quem a possibilidade de progresso infinito nas ciências e nas artes é claramente

---

[8] Aristóteles, *Política*, 1257 b25-28. (N. T.)

afirmada. Contudo, Lucrécio era um epicurista, e Sêneca, um estoico, o que significa que ambos pressupunham que a questão fundamental já havia sido resolvida, seja por Epicuro, seja pela Stoa. Nenhum progresso futuro na questão decisiva é vislumbrado nessas afirmações. Falando em termos gerais, parece que no pensamento clássico achava-se que as questões decisivas foram respondidas tanto quanto elas podem sê-lo. A única exceção que eu conheço é Platão, que sustentava que a realização do fim propriamente dita, a saber, a sabedoria plena, não é possível, mas somente a busca da sabedoria, que em grego significa filosofia. Ele também insistia que não existem limites determináveis para essa busca de sabedoria, seguindo-se, portanto, dessa noção platônica que o progresso indefinido é possível em princípio.

Até agora, falei apenas de progresso intelectual. E quanto ao progresso social? Os dois são paralelos? A ideia de que eles são necessariamente paralelos ou de que o progresso intelectual é acompanhado, em princípio, do progresso social, era conhecida pelos clássicos. Neles, encontramos a ideia de que a arte da legislação, que é a arte social arquitetônica, progride como toda outra arte. No entanto, Aristóteles, que transmite essa doutrina, questiona essa solução, fazendo notar a diferença radical entre as leis e as artes ou outras atividades intelectuais. Falando em termos ainda mais gerais, ou de modo mais simples, ele aponta a diferença radical entre as exigências da vida social e as exigências da vida intelectual. A exigência suprema da vida social é a estabilidade, enquanto oposta ao progresso. Resumindo esse argumento, na concepção clássica de progresso admite-se claramente que o progresso intelectual infinito em questões secundárias é, em tese, possível. Mas, devemos imediatamente acrescentar, não há a possibilidade prática de isso acontecer, pois, de acordo com uma das principais escolas de pensamento, o universo visível tem duração finita: ele veio a ser e perecerá novamente. E, quanto à outra grande escola, que postulava a eternidade do universo, ela afirmava, Aristóteles em especial, que ocorrem cataclismos periódicos que destroem toda a civilização que os precedeu. Portanto, a ideia é de uma recorrência eterna do mesmo processo progressivo seguido de decadência e destruição.[9]

Ora, o que falta na concepção clássica em comparação com a moderna? Eu vejo dois pontos. Aos clássicos falta a noção de um paralelismo garantido,

---

[9] Para a "primeira escola", cf. Platão, *Timeu*, 22b-23c, e Aristóteles, *Política*, 1269 a5-8; para a segunda, Aristóteles, *Física*, 251b 20 e s.; *Metafísica*, 1071b 55 e s. (N. T.)

seguro entre progresso intelectual e social; e nos modernos não existe um fim necessário do processo progressivo ocasionado por catástrofes telúricas ou cósmicas. Quanto ao primeiro ponto – o paralelismo garantido entre progresso social e intelectual –, nas declarações clássicas a respeito do progresso, a ênfase recai sobre o progresso intelectual de preferência ao social. A ideia básica pode ser articulada do seguinte modo: a ciência ou filosofia é o apanágio de uma pequena minoria, daqueles que possuem boas naturezas, como se dizia então, ou que são vocacionados, como hoje dizemos nós. O seu progresso, o progresso dessa minúscula minoria, não afeta necessariamente a sociedade como um todo – longe disso. Esse pensamento foi radicalmente questionado no século XVII, com o princípio da filosofia moderna e a introdução da noção crucial de método. O método produz o nivelamento das diferenças naturais da mente, e métodos podem ser aprendidos em princípio por qualquer um. Apenas a descoberta permanece o apanágio de poucos. Mas a aquisição dos resultados da descoberta e especialmente da descoberta dos métodos está aberta a todos. E havia uma prova muito simples disso: problemas matemáticos que antes não podiam ser resolvidos pelos maiores gênios matemáticos eram, agora, resolvidos por garotos de colégio; o nível de inteligência – essa era a conclusão – foi elevado enormemente; e, uma vez que isso se prova possível, há, sim, um paralelismo necessário entre progresso intelectual e social.

Quanto ao segundo ponto – a garantia de um futuro infinito na Terra não interrompido por catástrofes telúricas –, encontramos esse pensamento plenamente desenvolvido no século XVIII. A raça humana teve um princípio, mas não tem fim; ela começou há cerca de sete mil anos – e viu-se que o homem não se conformava à cronologia bíblica. Assim, se a humanidade tem apenas sete mil anos, ela ainda está na infância. Um futuro infinito está em aberto, e veja o que já conseguimos nesse breve período – em comparação ao infinito – em que estamos aqui. O ponto decisivo é, portanto, este: há um princípio e nenhum fim. Obviamente, o argumento pressupõe um princípio; pois, de outro modo, não é possível conceber o progresso infinito. A origem dessa ideia – um princípio sem fim – pode, talvez, ser encontrada no diálogo platônico *Timeu*, se ele for lido literalmente.[10] No entanto, Platão decerto admitia catástrofes telúricas regulares. A fonte, penso eu, tem de ser buscada em uma determinada interpretação da Bíblia, que encontramos, por

---

[10] *Timeu*, 41 a-b. (N. T.)

exemplo, em Maimônides, onde há o princípio – a criação – e nenhum fim, e os cataclismos são excluídos não pela necessidade natural, mas pela Aliança de Deus com Noé. Contudo, precisamente com base na Bíblia, o princípio não pode ser imperfeito. Além disso, noções tão importantes quanto o poder do pecado e a necessidade de uma redenção contrapõem-se ao efeito da noção de progresso necessariamente. Portanto, mais uma vez, na Bíblia a essência do processo que vai do princípio ao fim não é progresso. Há um passado clássico, não importa se o procuramos nos patriarcas ou em outro lugar. Ademais, e de maneira bastante óbvia, a essência do processo apresentado na Bíblia não diz respeito ao progresso intelectual e científico. A disponibilidade de tempo infinito para o progresso infinito parece, assim, ser garantida por um documento de revelação que condena os demais elementos cruciais da ideia de progresso. O progresso, no sentido enfático e pleno do termo, é uma noção híbrida.

Essa dificuldade explica por que a ideia de progresso sofreu uma modificação radical no século XIX. Eu cito um exemplo dessa transformação:

> A verdade não pode mais ser encontrada em uma coleção de proposições dogmáticas fixas, mas apenas no processo de conhecer, um processo que ascende do mais baixo para estágios cada vez mais elevados. Todos esses estágios são apenas fases perecíveis no desenvolvimento sem fim do mais baixo para o mais alto. Não há verdade absoluta e final ou um estágio absoluto de desenvolvimento. Nada é imperecível, a não ser o processo ininterrupto de surgir e perecer, da ascensão interminável do mais baixo para o mais alto. Não temos de considerar, aqui, a questão de se essa visão concorda com o estágio presente da ciência natural, pois no presente a ciência natural prevê um fim possível para a existência da Terra e um fim certo para a possibilidade de habitá-la. A ciência natural supõe, portanto, hoje, que a história humana consiste não apenas em um processo de ascensão, mas, também, de decadência. Como quer que seja, estamos ainda seguramente bastante distantes do ponto em que o declínio começa a se estabelecer".[11]

Essa declaração foi feita por Friedrich Engels, o amigo e parceiro de pena de Karl Marx. Nela, vemos que o progresso infinito propriamente dito é abandonado, com as graves consequências desse abandono sendo evadidas com

---

[11] Fridriech Engels, "Ludwig Feuerbach e o Fim da Filosofia Clássica Alemã" (1886), seç. 1. (N. T.)

um "não se preocupe" completamente incompreensível e injustificável. Essa forma mais recente de crença no progresso está baseada na decisão de simplesmente esquecer-se do fim, de esquecer-se da eternidade.

Pode-se dizer que a crise contemporânea da civilização ocidental se identifica com o clímax da crise da ideia de progresso no sentido pleno e enfático do termo. Repetindo-me, essa ideia consiste nos seguintes elementos: o desenvolvimento do pensamento humano como um todo é um desenvolvimento progressivo, com a emergência do pensamento moderno desde o século XVII certamente marcando um progresso sem nuances em relação a todo o pensamento anterior. Existe um paralelismo fundamental e necessário entre o progresso intelectual e o progresso social. Não existem limites determináveis para o progresso intelectual e social. O progresso intelectual e social infinito é efetivamente possível. Uma vez que a humanidade tenha atingido determinado estágio de desenvolvimento, existe uma base sólida abaixo da qual o homem não pode mais decair. Todos esses pontos tornaram-se questionáveis, creio, para todos nós. Para mencionar apenas um, quiçá o mais importante dentre eles, a ideia de progresso estava forçosamente ligada à noção da conquista da natureza, do homem fazer de si mesmo o mestre e o possuidor da natureza, com o propósito de aliviar a sua condição.[12] O meio para essa meta era a nova ciência. Todos conhecemos o enorme sucesso da nova ciência e da tecnologia nela baseada, e todos podemos testemunhar o incremento do poder do homem. O homem moderno é um gigante em comparação com o homem que lhe precedeu. Mas também somos obrigados a perceber que não há um incremento correspondente em sabedoria ou em bondade. O homem moderno é um gigante que não sabemos se é melhor ou pior que o homem antigo. Mais que isso, esse desenvolvimento da ciência moderna culminou na visão de que o homem não é capaz de distinguir de maneira responsável entre o bem e o mal – o célebre juízo de valor. Nada pode ser dito responsavelmente a respeito do uso correto desse poder imenso. O homem moderno é um gigante cego. A dúvida sobre o progresso conduziu a uma crise da civilização ocidental como um todo, porque no curso do século XIX a antiga distinção entre bom e mau, bem e mal, foi progressivamente substituída pela distinção entre progressista e reacionário. Nenhuma distinção simples, inflexível, eterna entre bom e mau era capaz de convencer aqueles que tinham aprendido a orientar-se apenas

---

[12] *Relieving Man's Estate*. (N. T.)

pela distinção entre progressista e reacionário na hora em que despertaram para a desconfiança em relação ao progresso.

A substituição da distinção entre bom e mau pela distinção entre progressista e reacionário é outro aspecto da descoberta da história a que me referi antes. A descoberta da história, para falar isso do modo mais simples, é idêntica à substituição do eterno pelo passado ou futuro – a substituição do eterno pelo temporal. Ora, para entender essa crise da civilização ocidental, não se pode contentar-se com entender o caráter problemático da ideia de progresso, posto que a ideia de progresso é apenas uma parte, ou um aspecto, de um todo maior, daquilo que não devemos hesitar em chamar de modernidade. O que é modernidade? Eis uma pergunta difícil que não pode ser discutida em detalhe aqui. Entretanto, eu gostaria de oferecer uma ou duas considerações um tanto descosidas a respeito. Primeiro, cumpre recordar os passos decisivos que levaram à crise contemporânea da civilização ocidental, e àqueles que estão familiarizados com essas coisas devo me desculpar pela superficialidade do que aqui é oferecido de modo sumário; mas eu acho que é importante recordar essas coisas mesmo assim. Portanto, encarem o que se segue como um estenograma, não como uma análise.

A civilização ocidental tem duas raízes: a Bíblia e a filosofia grega. Comecemos olhando para o primeiro desses elementos, a Bíblia, o elemento bíblico. O racionalismo moderno rejeitou a teologia bíblica e a substituiu por coisas como o deísmo, o panteísmo e o ateísmo. Mas, nesse processo, a moralidade bíblica foi, de certo modo, conservada. Ainda se acreditava que a bondade consistisse em algo como justiça, benevolência, amor ou caridade; e o racionalismo moderno deu origem a uma tendência a acreditar que essa moralidade bíblica é mais bem preservada quando divorciada da teologia bíblica. Ora, isso era, evidentemente, mais visível no século XIX do que é hoje; o fenômeno não é mais visível hoje porque um evento crucial teve lugar por volta de 1870-1880: o surgimento de Nietzsche. A crítica de Nietzsche pode ser reduzida a uma única proposição: o homem moderno tem tentado preservar a moralidade da Bíblia ao mesmo tempo que abandona a fé bíblica. Isso é impossível. Se a fé bíblica se vai, a moralidade da Bíblia deve ir também, e uma moralidade radicalmente diferente deve ser aceita. A palavra que Nietzsche usou foi "a vontade de poder". Nietzsche tinha em mente com essa palavra algo muito nobre e sutil, embora a maneira violenta e ignóbil pela qual ela foi mais tarde entendida não seja completamente independente da mudança radical de orientação que ele sugeriu.

Quanto ao outro componente maior da civilização ocidental, o elemento clássico, isto é, a ideia de filosofia ou ciência, ele também começou a mudar. No século XVII uma nova filosofia e uma nova ciência começaram a aparecer. Elas tinham as mesmas pretensões que toda filosofia e ciência anterior, mas o resultado dessa revolução do século XVII produziu algo que jamais existira antes – a emergência da Ciência com "C" maiúsculo. Originalmente, tratava-se de uma tentativa de substituir a filosofia e a ciência tradicional por uma nova filosofia e uma nova ciência; mas, ao cabo de algumas gerações, a impressão era de que apenas uma parte da nova filosofia e ciência havia sido bem-sucedida e, com efeito, incrivelmente bem-sucedida. Ninguém podia questionar esses desenvolvimentos, como, por exemplo, aqueles obtidos por Newton. Mas apenas uma parte da nova ciência ou filosofia foi bem-sucedida, e então a grande distinção entre filosofia e ciência, com a qual todos estamos familiarizados, se produziu. A ciência é a parte bem-sucedida da filosofia ou ciência moderna, e a filosofia é a sua parte mal-sucedida – o restolho. A ciência é, portanto, mais alta em dignidade que a filosofia. A consequência, que todos conhecem, é a depreciação de todo conhecimento que não seja científico nesse sentido peculiar. A ciência se torna a autoridade para a filosofia de modo perfeitamente comparável àquele pelo qual a teologia fora a autoridade para a filosofia na Idade Média.[13] A ciência é *a* perfeição do entendimento natural que o homem tem do mundo. Mas, então, algumas coisas aconteceram no século XIX, como, por exemplo, a descoberta da geometria não Euclideana e o seu uso na física, o que tornou claro que a ciência não pode ser descrita adequadamente como a perfeição do entendimento natural que o homem tem do mundo, mas, ao contrário, como uma modificação radical desse entendimento. Em outras palavras, a ciência se baseia em certas hipóteses fundamentais que, enquanto hipóteses, não são absolutamente necessárias e permanecem sempre hipotéticas. A consequência foi, mais uma vez, muito claramente extraída por Nietzsche: a ciência é apenas uma interpretação do mundo entre muitas outras. Ela tem as suas vantagens, mas isso, é claro, não lhe confere nenhum *status* cognitivo superior, em última instância. A consequência encontrada por alguns homens do nosso tempo é de conhecimento geral: a ciência moderna não é, de modo algum, superior à ciência grega, da mesma forma que a poesia moderna não é superior à poesia

---

[13] Leo Strauss certamente tem em mente algo parecido com as palavras de Locke no prefácio de seu *Ensaio sobre o Entendimento Humano* (1690), que declaram, sem reservas, a nova filosofia que ali se propõe como "serva" (*underlabourer*) da nova ciência de Newton. (N. T.)

grega. Em outras palavras, mesmo a ciência com o seu enorme prestígio – um prestígio maior que o de qualquer outra potência no mundo moderno – também é uma espécie de gigante de pés de barro, quando se considera as suas fundações. Como consequência dessa cadeia de desenvolvimento científico, a noção de uma moralidade racional, a herança da filosofia grega, perdeu, para repetir o que já disse, completamente o seu lugar; todas as escolhas são, segundo essa linha de pensamento, em última instância não racionais ou irracionais.

II

A causa imediata do declínio da crença no progresso pode, talvez, ser colocada do seguinte modo: a ideia de progresso no sentido moderno implica que, uma vez que o homem tenha atingido determinado nível intelectual, social ou moral, estabelece-se um sólido patamar de ser abaixo do qual ele não pode mais cair. A afirmação é, no entanto, refutada empiricamente pela incrível barbarização que tivemos a infelicidade de testemunhar no nosso século. Podemos dizer que a ideia de progresso, no sentido pleno e enfático do termo, está baseada em esperanças completamente infundadas. Podemos percebê-lo até mesmo em muitos críticos da ideia de progresso. Um dos mais célebres deles, ainda antes da Primeira Guerra Mundial, foi o francês Georges Sorel, que escreveu um livro chamado *As ilusões do Progresso*.[14] De maneira estranha, Sorel declarou nesse mesmo livro que o declínio do mundo Ocidental era impossível por causa da vitalidade da tradição Ocidental. Eu acho que agora que estamos suficientemente sóbrios podemos admitir que o que quer que esteja errado em Spengler – e há muita coisa errada em Spengler –, o próprio título do seu livro, especialmente na tradução inglesa, é mais sóbrio, mais razoável, que essas esperanças (tais como as expressas na declaração de Sorel) que persistiram durante tanto tempo.[15]

Essa barbarização que testemunhamos e continuamos a testemunhar não é inteiramente acidental. A intenção do desenvolvimento moderno foi, evidentemente, produzir uma civilização mais alta, uma civilização que ultrapassaria todas as civilizações anteriores. Não obstante, o efeito do desenvolvimento

---

[14] Georges Sorel, *Les illusions du Progrès*. Paris, Rivières, 1908. (N. T.)
[15] Oswald Spengler, *The Decline of the West*. New York, Alfred Knopf, 1926 (1918).

moderno foi diferente da intenção. O que, de fato, teve lugar no período moderno foi a corrosão e a destruição graduais da herança da civilização ocidental. A alma do desenvolvimento moderno, pode-se dizer, é um "realismo" peculiar, a noção de que os princípios morais e o apelo aos princípios morais – a pregação, os sermões – não são efetivos e, portanto, que se deve buscar um substituto para os princípios morais que seja muito mais eficiente que a pregação ineficaz.[16] Estes substitutos foram encontrados, por exemplo, nas instituições ou na economia, e, talvez, o mais importante deles foi o que se chamou de "processo histórico", no sentido de que o processo histórico é, de certo modo, uma garantia muito mais importante para a atualização da vida boa do que aquilo que o indivíduo poderia ou estaria disposto a fazer por seus próprios esforços. Essa mudança se mostra, como já foi observado, na mudança geral de linguagem, a saber, na substituição da distinção entre bom e mau pela distinção entre progressista e reacionário. Com a implicação de que devemos escolher e fazer o que conduz ao progresso, o que está em acordo com as tendências históricas, e de que é indecente ou imoral mostrar-se demasiado escrupuloso em fazer essas adaptações. No entanto, no momento em que ficou claro que as tendências históricas são absolutamente ambíguas e não podem, por isso, servir de parâmetro, ou, em outras palavras, que embarcar no trem da alegria ou entrar na onda do futuro não é mais razoável do que resistir a essas tendências, nenhum parâmetro, qualquer que seja, restou. Os fatos, entendidos como processos históricos, com efeito, não nos ensinam nada a respeito de valores, e a consequência do abandono do princípio moral propriamente dito foi a de que os juízos de valor não têm qualquer apoio objetivo. Para estabelecer esse ponto com a clareza necessária – embora isso seja bem conhecido a partir do estudo das ciências sociais –, os valores do barbarismo e do canibalismo são tão defensáveis quanto os valores da civilização.

Eu falei de modernidade como algo definido e, portanto, conhecível. Uma análise exaustiva do fenômeno está fora de questão aqui, é desnecessário dizê-lo. Em vez disso, eu gostaria de enumerar brevemente os elementos característicos da modernidade que são particularmente dignos de nota, ao menos para mim. Mas, antes, sinto-me obrigado a fazer uma observação a fim de me proteger contra um mal-entendido grosseiro. O fenômeno moderno não é

---

[16] Nessas duas linhas, Leo Strauss resume a tese central de seu primeiro estudo sobre Hobbes, *The Political Philosophy of Hobbes. Its Basis and Its Genesis*. Chicago, The University of Chicago Press, 1992 (1936), a ser proximamente publicado pela É Realizações nesta mesma coleção. (N. T.)

caracterizado pelo fato de que ele está localizado, digamos, entre 1600 e 1952, uma vez que tradições pré-modernas sobreviveram e sobrevivem. E, mais que isso, ao longo do período moderno tem havido um movimento constante contrário à tendência moderna. Desde o mais tenro princípio – um fenômeno que é bastante conhecido, quiçá até excessivamente conhecido – tem-se a querela entre os antigos e os modernos no fim do século XVII que, na sua forma mais difundida, estava preocupada com a questão relativamente sem importância de se o teatro francês do século XVII era realmente comparável ao teatro clássico. A verdadeira querela entre antigos e modernos não tinha nada que ver com teatro, evidentemente, mas com a ciência ou filosofia moderna. Desde o princípio, a resistência estava ali: o maior nome das letras inglesas a exemplificá-la é Swift; mas houve, também, grande resistência por parte do classicismo alemão na segunda metade do século XVIII; um movimento, ou contramovimento, que, com efeito, no século seguinte, seria celebrado como um grande movimento intelectual. Portanto, é claro que a tradição ainda persistiu. Assim, depois de tornar claro que por modernidade eu não pretendo indicar algo simplesmente cronológico, deixe-me falar do que eu penso serem os elementos mais característicos da modernidade de maneira puramente enumerativa, sem tentar nenhuma análise sobre eles.

O primeiro traço característico do pensamento moderno enquanto pensamento moderno é o seu caráter antropocêntrico. Embora aparentemente contradito pelo fato de que a ciência moderna, com o seu copernicanismo, é muito mais radicalmente antiantropocêntrica que o pensamento que o antecedeu, um exame mais cuidadoso mostra que isso não é verdadeiro. Quando falo do caráter antropocêntrico do pensamento moderno, estou contrastando-o com o caráter teocêntrico do pensamento bíblico e medieval e com o caráter cosmocêntrico do pensamento clássico. Vê-se isso mais claramente quando se olha para a filosofia moderna, que, embora não tenha a mesma autoridade geral de que goza a ciência moderna, é, não obstante, um tipo de consciência ou autoconsciência da ciência moderna. Tem-se apenas de olhar para os títulos das obras mais importantes de filosofia moderna para ver que a filosofia é, ou tende a tornar-se, a análise da mente humana. Também é possível identificar esse traço muito facilmente, embora isso seja algo um tanto mais laborioso, percebendo quais disciplinas filosóficas surgiram nos tempos modernos que eram desconhecidas à filosofia anterior – a totalidade delas parte da filosofia do homem ou da mente humana. A ideia central, que não se mostra com clareza em todos os lugares, mas em alguns lugares muito claramente, é que todas as verdades ou todo o sentido, toda ordem, toda beleza, tem a sua origem no sujeito pensante, no pensamento humano, no homem, enfim. Algumas formulações célebres desse princípio: "Conhecemos apenas o que fazemos" (Hobbes). "O entendimento prescreve à natureza suas leis" (Kant). "Descobri uma espontaneidade pouco conhecida anteriormente nas mônadas dos pensamentos" (Leibniz). Para dar apenas um exemplo muito simples e popular, certas atividades humanas que antes eram chamadas de artes imitativas são, agora, chamadas artes criativas. Não se deve, tampouco, esquecer que mesmo os pensadores ateus e materialistas da Antiguidade clássica davam como certo que o homem está sujeito a algo maior que ele, como, por exemplo, a ordem cósmica, e que o homem não é a origem de todo sentido.

Relacionada a esse caráter antropocêntrico temos uma mudança radical de orientação moral, que vemos com clareza particular no fato da emergência do conceito de direitos na forma precisa na qual ele foi desenvolvido no moderno pensamento social. Falando em termos gerais, o pensamento pré-moderno colocava a ênfase no dever, sendo os direitos, na medida em que são mencionados, entendidos apenas como algo derivativo em relação aos deveres e subserviente ao cumprimento dos deveres. Nos tempos modernos, encontramos a tendência, de novo nem sempre expressa com a clareza desejada, mas certamente identificável, a atribuir o primeiro lugar aos direitos e a encarar os deveres como secundários, ainda que, evidentemente, estes sigam sendo importantes. Isso está relacionado ao fato de que, no período crucial do século XVII, quando a mudança tornou-se mais visível, o direito mais básico e fundamental foi entendido como coincidindo com uma paixão. As paixões são, assim, de certo modo, emancipadas, porque na noção tradicional a paixão está subordinada à ação, e a ação significa virtude. A mudança que podemos observar no curso do século XVII em todos os mais célebres pensadores revolucionários é que a própria virtude passa, então, a ser entendida como uma paixão. Em outras palavras, a noção de que a virtude é uma atitude controladora, repressora, reguladora e ordenadora em relação à paixão – pense-se na imagem do *Fedro* platônico, dos dois cavalos e o condutor – é abandonada quando a própria virtude passa a ser entendida como uma paixão. Isso levou a outra mudança que se tornaria manifesta apenas em uma época bastante posterior – a liberdade toma gradualmente o lugar da virtude; de modo que, em muito do pensamento atual, se vê que a distinção entre liberdade e licença, embora não tenha sido abandonada por completo, ganha um sentido radicalmente diverso. A vida boa não mais consiste, como consistia de acordo com a noção antiga, no atendimento a um padrão anterior à vontade humana, mas primariamente no ato de originar esse mesmo padrão. A vida boa não mais consiste de um "quê" e um "como", mas apenas de um "como". Para dizer a mesma coisa de modo diferente, e mais uma vez deixando claro que se trata de uma simples enumeração, o homem não tem uma natureza da qual se possa falar. Ele faz de si mesmo o que é; a própria humanidade do homem é uma aquisição. Isso é admitido, penso eu, em muitos quadrantes; o que, no homem, é absolutamente estável são certas características biológicas ou talvez algumas características psicológicas bastante elementares, como o caráter da percepção, etc. Mas todas as coisas dignas de interesse não são modeladas segundo um padrão anterior à ação humana; elas são um produto da própria atividade humana. A própria humanidade do homem é adquirida.

E isso me leva ao terceiro ponto, que se tornou plenamente claro apenas no século XIX, e que ainda hoje é uma espécie de corretivo para essa emancipação radical do homem em relação ao supra-humano. Com efeito, nessa época tornou-se cada vez mais claro que a liberdade do homem é inseparável de uma dependência radical. No entanto, essa mesma dependência foi entendida como um produto da liberdade humana, e o nome dado a este produto foi história. A assim chamada descoberta da história consiste na conscientização, ou na suposta conscientização, de que a liberdade do homem é radicalmente limitada pelo uso anterior que ele fez dessa mesma liberdade, e não pela sua natureza ou por toda a ordem da natureza ou da criação. Esse elemento vem, segundo me parece, aumentando em importância. Tanto que hoje a tendência é dizer que o caráter específico do pensamento moderno é a "história", uma noção que nessa forma moderna é, de modo evidente, inteiramente estranha ao pensamento clássico ou a qualquer pensamento pré-moderno, incluindo o pensamento bíblico, muito naturalmente. Se tivesse mais tempo, eu tentaria mostrar que é precisamente nessa assim chamada historicização do pensamento moderno que o problema da modernidade se torna mais visível de um ponto de vista técnico, e um ponto de vista técnico tem um caráter particularmente convincente, ao menos para determinado tipo de gente. Assim, sou forçado a deixar a questão como ela está.

A crise da modernidade, sobre a qual estamos refletindo, conduz à sugestão de que devemos retornar. Mas retornar a quê? Obviamente, à civilização

Ocidental em sua integridade pré-moderna, aos princípios da civilização Ocidental. No entanto, há uma dificuldade aí, na medida em que a civilização Ocidental consiste de dois elementos, ela tem duas raízes, que estão em radical desacordo uma com a outra. Podemos chamar esses elementos, como fiz em outro lugar, Jerusalém e Atenas, ou, para falar não metaforicamente, a Bíblia e a filosofia grega. Esse desacordo radical é, hoje, frequentemente minimizado, e essa minimização tem uma justificativa superficial, pois toda a história do Ocidente se apresenta, à primeira vista, como uma tentativa de harmonizar ou fazer uma síntese entre a Bíblia e a filosofia grega. Porém, um exame mais cuidadoso mostra que o que aconteceu e tem acontecido no Ocidente por muitos séculos não é uma harmonização, mas uma tentativa de harmonização. Essas tentativas de harmonização estavam condenadas ao fracasso, pela seguinte razão: cada uma dessas duas raízes do mundo Ocidental apresenta uma coisa como a única coisa necessária, e a única coisa necessária proclamada pela Bíblia é incompatível, tal como ela é entendida pela Bíblia, com a única coisa necessária proclamada pela filosofia grega, tal como ela é entendida pela filosofia grega. Colocando as coisas de maneira muito simples e, portanto, muito crua, o único necessário de acordo com a filosofia grega é a vida do entendimento autônomo. O único necessário proclamado pela Bíblia é a vida de amor obediente. As harmonizações e sintetizações são possíveis porque a filosofia grega pode *usar* o amor obediente em uma função subserviente, enquanto a Bíblia pode *usar* a filosofia como serva; mas o que é assim usado em cada caso se rebela contra esse uso, e, portanto, o conflito se revela verdadeiramente radical. No entanto, esse próprio desacordo pressupõe algum acordo. De fato, podemos dizer que todo desacordo pressupõe algum acordo, porquanto as pessoas que discordam a respeito de algo devem concordar a respeito da importância desse algo. Mas, nesse caso, o acordo é mais profundo que esse acordo puramente formal que acabo de descrever.

Ora, qual é, então, a área de acordo entre a filosofia grega e a Bíblia? Negativamente podemos dizer, e pode-se facilmente amplificar a partir dessa posição, que existe um acordo perfeito entre a Bíblia e a filosofia grega na oposição aos elementos da modernidade que foram descritos anteriormente. Eles são rejeitados explícita ou implicitamente tanto pela Bíblia quanto pela filosofia grega. Mas esse acordo é, naturalmente, apenas implícito, e devemos, com efeito, examinar esse acordo tal como ele aparece diretamente nos textos. Pode-se dizer, e não é enganoso fazer isso, que a Bíblia e a filosofia grega concordam a respeito do que devemos chamar, e chamamos, de fato, de moralidade. Elas concordam, se assim devo dizer, a respeito da importância da moralidade, a respeito do conteúdo da moralidade, e a respeito da sua insuficiência última. Elas diferem com respeito àquele "x" que suplementa ou completa a moralidade, ou, o que é apenas um modo diferente de dizer a mesma coisa, elas discordam a respeito da base da moralidade.

Primeiro vou oferecer uma breve exposição, um resumo quase, desse acordo. Hoje alguns afirmam que existe uma oposição radical e completa entre a moralidade bíblica e a moralidade filosófica. A dar ouvidos a certas pessoas e certas posições, acreditar-se-ia que os filósofos gregos nada mais ensinaram que a pederastia, enquanto Moisés nada mais fez que deplorar a pederastia. Ora, essas pessoas devem ter-se limitado a uma leitura deveras perfunctória de uma parte do *Banquete* de Platão ou do princípio do *Cármides*, mas não é possível que, pensando assim, elas tenham lido a única obra em que Platão apresenta prescrições específicas para a sociedade humana, a saber, as *Leis*; e o que as *Leis* de Platão dizem sobre esse assunto concorda integralmente com o que diz Moisés.[17] Os teólogos que identificaram a segunda tábua do Decálogo, como a chamam os cristãos, com a lei natural da filosofia grega estavam bem informados. É tão óbvio para Aristóteles quanto o é para Moisés que assassinato, roubo, adultério, etc., são inteiramente maus.[18] A filosofia grega e a Bíblia concordam também que a moldura adequada da moralidade é a família patriarcal, que é, ou tende a ser, monogâmica, formando a célula de uma sociedade na qual os machos adultos livres, e especialmente os mais velhos, predominam. O que quer que a Bíblia e a filosofia nos digam a respeito da nobreza de certas mulheres, em princípio ambas insistem na superioridade do sexo masculino. A Bíblia explica a queda de Adão com a tentação de Eva. Platão encontra na cobiça de uma mulher a razão da queda da melhor ordem social.[19] Consistindo em homens livres, a sociedade celebrada pela Bíblia e pela filosofia grega se recusa a adorar qualquer ser humano. Não preciso citar a Bíblia a esse respeito, pois encontro esse preceito em um autor grego, que diz: "Não adoreis nenhum ser humano como seu Senhor, mas apenas os deuses", e, em seguida, ele expressa um horror quase bíblico para com

---

[17] Platão, *Leis*, 636b-d e 836c-e, e Lev 18,22 e 20,13; ver, também, Dt 22,5 e 23,18 (proibição do travestismo ou transexualidade). (N. T.)
[18] Aristóteles, *Ética a Nicômaco*, 1107a18 e s., e Ex 20,13-14 e Dt 5,17-18. (N. T.)
[19] Platão, *República*, 549c-d. (N. T.)

seres humanos que reivindicam honras divinas.[20] A Bíblia e a filosofia grega concordam em atribuir o lugar mais alto entre as virtudes não à coragem ou virilidade, mas à justiça. E por justiça ambos entendem, primariamente, obediência à lei. A lei que exige do homem a obediência plena é, em ambos os casos, não apenas a lei civil, penal e constitucional, mas também religiosa e moral. Ela é, em linguagem bíblica, a orientação, a Torá, para toda a vida do homem. Nas palavras da Bíblia, "é a nossa vida"[21] ou "a árvore da vida para aqueles que se agarram a ela",[22] e, nas palavras de Platão, "a lei promove a bem-aventurança daqueles que a obedecem".[23] A sua abrangência pode ser expressa, como faz Aristóteles, assim: "O que a lei não ordena ela proíbe";[24] substancialmente essa é também a visão bíblica, como mostram mandamentos como "Comei e fartai-vos"[25] e "sede fecundos e multiplicai-vos".[26] Obediência a uma lei desse tipo é mais que a obediência ordinária; é humildade. Não é de espantar que o maior dos profetas bíblicos, assim como o grego mais cumpridor da lei, tenha sido louvado pela sua humildade.[27] Lei e justiça assim entendidas são lei divina e justiça divina. O império da lei é fundamentalmente o império de Deus, a teocracia. A obediência ou desobediência do homem à lei é objeto da retribuição divina. O que Platão diz no livro X das *Leis* sobre a impossibilidade de o homem escapar da retribuição divina é quase literalmente idêntico a determinados versos

---

[20] Não foi possível localizar o autor grego que teria feito essa afirmação. Entre outras sugestões, Kenneth Hart Green, editor do ensaio na coletânea *Jewish Philosophy and the Crisis of Modernity*, já citada, imagina que Leo Strauss pode estar se referindo a Heródoto, *Histórias*, 7, 136. Embora Kenneth quase sempre se mostre certeiro na sua indicação de referências, esse não parece ser o caso aqui. O texto de Heródoto, que relata a recusa dos espartanos em ajoelhar-se diante do rei Persa como se ele fosse um deus, não aparece no modo imperativo, como um mandamento. E o contexto sugere uma postura de altivez orgulhosa da parte dos gregos, desdenhosos da servidão e da ignorância dos súditos persas – quase diríamos do seu caráter "supersticioso" (ver 7, 135) –, comunicando algo bem diferente da mensagem dos textos bíblicos (cf. Dt 4,16 e Ex 20,4-5). (N. T.)

[21] Dt 32,47. (N. T.)

[22] Pr 3,18. (N. T.)

[23] *Leis*, 718b (a tradução que Leo Strauss faz da passagem é bem pessoal). (N. T.)

[24] *Ética a Nicômaco*, 1138a1. (N. T.)

[25] Lv 25,19. (N. T.)

[26] Gn 1, 28. (N. T.)

[27] No caso de Sócrates, Leo Strauss se refere expressamente à humildade entendida como obediência perfeita à lei (cf. *Críton*, 50c-54d), porque a interpretação de que o célebre "sei que nada sei" (*Apologia*, 21d) expressa algo da humildade no sentido bíblico é, no mínimo, controversa. Para a "humildade" de Moisés ver Nm 12,3. (N. T.)

de Amós e ao Salmo 139.²⁸ Nesse contexto, cabe também mencionar, e sem fazer apologia, creio eu, a afinidade entre o monoteísmo da Bíblia e o monoteísmo para o qual tende a filosofia grega, assim como a afinidade entre o primeiro capítulo do *Gênese* e o *Timeu*, de Platão.²⁹ Mas a Bíblia e a filosofia grega concordam não somente a respeito do lugar que ambas atribuem à justiça, da conexão entre justiça e lei, do caráter da lei e da retribuição divina. Elas também estão de acordo a respeito do problema da justiça, da dificuldade criada pela desgraça do justo e da prosperidade dos maus. Não é possível ler a descrição de Platão no segundo livro da *República* do homem perfeitamente justo que sofre o que seria o destino justo para o mais injusto homem sem se lembrar da descrição de Isaías daquele que não fez violência a ninguém, nem teve logro em sua boca, e ainda assim foi oprimido e afligido e levado como um cordeiro ao holocausto.³⁰ E, assim como a *República* acaba com a restauração de todo tipo de prosperidade para o justo, o livro de *Jó* acaba com a restauração ao justo Jó de tudo que ele perdeu temporariamente.

Pois bem, no curso dessas observações extremamente sumárias, eu substituí tacitamente moralidade por justiça, entendendo por justiça obediência à lei divina. Essa noção de lei divina me parece ser o terreno comum entre a Bíblia e a filosofia grega. E com isso eu faço uso de um termo que é decerto facilmente traduzível tanto para o grego quanto para o hebraico bíblico. Mas cumpre ser mais preciso. O terreno comum entre a Bíblia e a filosofia grega é o problema da lei divina. Mas elas resolvem esse problema de maneiras diametralmente opostas.

Antes de falar sobre a raiz da diferença entre as duas, eu gostaria de ilustrar o antagonismo fundamental entre a Bíblia e a filosofia enumerando algumas das suas consequências. Já indiquei o lugar da justiça tanto na Bíblia quanto na filosofia grega. Podemos tomar a *Ética* de Aristóteles como a mais perfeita, ou, decerto, a mais acessível apresentação da ética filosófica. Ora, a *Ética* de Aristóteles tem dois focos, em vez de um: um é a justiça, e o outro é a magnanimidade ou o orgulho nobre. Tanto a justiça como a magnanimidade compreendem todas as outras virtudes, como diz Aristóteles, mas de maneiras

---

²⁸ Platão, *Leis*, 905a; Am 9, 1-4. (N. T.)
²⁹ Leo Strauss se refere à discussão platônica sobre o *status* do cosmos, se eterno ou criado, e à adesão do filósofo à segunda posição (cf. *Timeu*, 28a e s.). (N. T.)
³⁰ Cf. Platão, *República*, 361e, Is 53, 7,9. (N. T.)

diferentes.³¹ A justiça compreende todas as outras virtudes, na medida em que todas as ações pertinentes a elas se relacionam com os outros homens; a magnanimidade, entretanto, compreende todas as outras virtudes na medida em que elas fortalecem o próprio homem. Ora, há uma grande semelhança entre a justiça de Aristóteles e a justiça bíblica, mas, quanto à magnanimidade aristotélica, que significa a reivindicação habitual, feita pelo homem, de grandes honras na medida em que ele merece essas honras, esta é estrangeira em relação à Bíblia. A humildade bíblica exclui a magnanimidade no sentido grego. Há uma estreita relação entre o homem magnânimo e o cavalheiro perfeito. Alguns, muito poucos, cavalheiros e damas podem ser encontrados na Bíblia – e eu espero que essa observação não seja entendida como uma crítica à Bíblia. Primeiro, tem-se Saul, que desobedece uma ordem divina e, assim procedendo, faz a coisa nobre: ele poupa seu irmão, o rei Agag, destruindo apenas o que é abjeto e indigno. Por fazer isso, ele foi rejeitado por Deus, e Agag foi feito em pedaços pelo profeta Samuel diante do Senhor.³² Em vez dele, Deus elegeu Davi, que fez não poucas coisas que um cavalheiro não faria, que foi um dos maiores pecadores, mas, ao mesmo tempo, um dos maiores penitentes que já existiu. Há, também, o cavalheiro Jônatas, que era nobre demais para competir com seu amigo Davi pelo trono de Israel.³³ Há uma dama chamada Micol, esposa de Davi, que o viu saltando e dançando diante do Senhor, e desprezou-o em seu coração, ridicularizando-o por ter comprometido desavergonhadamente a sua dignidade real ao saltar e dançar na frente da gentalha, sendo, por isso, castigada por Deus com a esterilidade.³⁴ Eu não preciso me deter sobre a óbvia ligação entre a rejeição bíblica do conceito de "cavalheiro" e a sua insistência em falar dos deveres de um homem para com os pobres. Os filósofos gregos estavam muito longe de ser adoradores vulgares da riqueza – preciso realmente dizer isso? Sócrates vivia em infinita pobreza, como ele mesmo diz,³⁵ e não conseguia entender como um cavalo pode ser bom sem ser rico, enquanto um homem não.³⁶

---

[31] A *Ética a Nicômaco* discute a justiça ao longo de todo o livro V e a magnanimidade no livro IV, cap. 13. (N. T.)

[32] O episódio é contado em 1 Sm 15. (N. T.)

[33] Para a história de Jônatas, cf. 1Sm18-20. (N. T.)

[34] Cf. 2 Sm 6,12-23. (N. T.)

[35] *Thousand-fold poverty* (*penía muría*) Platão, *Apologia de Sócrates*, 23 b-c. (N. T.)

[36] Xenofonte, *Econômico*, 11.3.6. Conferir "Educação Liberal e Responsabilidade", adiante, onde esse texto é citado mais uma vez. (N. T.)

Mas eles eram da opinião de que, no que diz respeito à maioria dos homens, a virtude pressupõe uma situação econômica razoável. A Bíblia, por outro lado, usa "pobre", "piedoso" e "justo" como termos sinônimos. Comparada com a Bíblia, a filosofia grega não tem coração, nesse bem como em outros aspectos. A magnanimidade pressupõe a convicção que tem um homem do seu próprio valor. Ela pressupõe que o homem é capaz de ser virtuoso por seu próprio esforço. Quando essa condição é satisfeita, a consciência dos próprios defeitos ou falhas ou pecados é algo que está abaixo do homem bom. Mais uma vez eu cito Aristóteles: [o] "sentimento de vergonha", que é justamente essa consciência das falhas humanas, "é apropriado aos jovens que ainda não conseguem ser plenamente virtuosos, mas não a homens maduros que são, antes de mais nada, livres para não fazer a coisa errada".[37] Ou, para citar uma observação feita por um cavalheiro do século XX sobre outro do mesmo jaez, "o opróbrio lhe era impossível em razão do seu caráter e comportamento".[38] Os filósofos gregos não estavam todos de acordo quanto ao homem ser capaz de tornar-se plenamente virtuoso, mas, mesmo aqueles que, como Sócrates, negaram essa possibilidade, nada mais fizeram que admitir a substituição da sua autossatisfação, da autoadmiração do homem virtuoso, pela autossatisfação ou autoadmiração daquele que progride com firmeza na virtude.[39] Isso não implica, no que toca à elite da humanidade, que se deve ser contrito, arrepender-se, ou expressar qualquer sentimento de culpa. E a culpa do homem era, com efeito, o tema central da tragédia. Daí Platão recusar a tragédia em sua cidade perfeita. (Eu não estou dizendo que isso esgota tudo o que pode ser dito a respeito; trata-se apenas de uma parte da história, como pode ser visto pelo fato de que, na cidade perfeita, a tragédia é substituída por cantos de louvor aos virtuosos. E, de acordo com Aristóteles, o herói trágico é, necessariamente, um homem comum, não um homem da mais alta ordem).[40] Com efeito, é de se notar que a tragédia

---

[37] *Ética a Nicômaco*, 1128b. (N. T.)

[38] Trata-se de Winston Churchill falando de "Arthur James Balfour", em *Great Contemporaries*. Londres, Thornton Butterworth, 1937, p. 239. Essa referência eu devo totalmente a Kenneth Hart Green (que, por sua vez, já a deve a outra pessoa). (N. T.)

[39] Esse ponto é meridianamente claro no discurso que Sócrates faz diante de Hermógenes logo depois de ser acusado na Assembleia, e no orgulho que demonstra por ter vivido uma vida "boa", dedicada ao progresso na virtude. Cf. Xenofonte, *Memoráveis*, IV, 8, 6-7. (N. T.)

[40] Platão, *República*, 398a (recusa do poeta) e 605c-606b (condenação do *éthos* do homem trágico). (N. T.)

é composta e encenada para o benefício do vulgo. A sua função é excitar as paixões do medo e da piedade com a finalidade de purgá-las.⁴¹

Ora, o medo e a piedade são precisamente as paixões que se encontram necessariamente relacionadas ao sentimento de culpa. Quando me torno culpado, quando me torno consciente da minha culpa, experimento, ao mesmo tempo, o sentimento de piedade para com aquele que machuquei ou arruinei e o sentimento de medo de quem pode vingar-se do meu crime. Falando em termos humanos, a unidade de medo e piedade combinada ao fenômeno da culpa parece ser a raiz da religião. Deus, o rei ou juiz, é o objeto do medo; e Deus, o pai de todos os homens, faz de todos irmãos, consagrando a piedade. Segundo Aristóteles, sem esses sentimentos que têm de ser purgados pela tragédia, o melhor tipo de homem se encontra liberado de toda morbidez, podendo dedicar-se, com todas as suas forças, à ação nobre. A filosofia grega tem sido constantemente acusada de não praticar aquele exame impiedoso das intenções que é consequência da exigência bíblica de pureza do coração. "Conhece-te a ti mesmo" significa, para os gregos, conhece o que significa ser um ser humano, conhece qual é o lugar do homem no Universo, examina as tuas opiniões e teus preconceitos, e não "Perscruta o teu coração".⁴² Essa falta de profundidade filosófica, como ela é chamada, só pode ser defendida de maneira consistente quando se supõe que Deus não está preocupado com a bondade do homem ou quando a bondade do homem é vista como um assunto inteiramente seu. Com efeito, a Bíblia e a filosofia grega concordam a respeito da importância da moralidade ou da justiça, assim como em relação à insuficiência da moralidade, mas discordam a respeito do que deve completar a moralidade. De acordo com os filósofos gregos, como já foi dito, esse complemento é o entendimento ou a contemplação. Ora, essa meta tende necessariamente a enfraquecer a majestade das exigências morais, ao passo que a humildade, o sentimento de culpa, o arrependimento e a fé na misericórdia divina, que complementam a moralidade de acordo com a Bíblia, necessariamente fortalecem a majestade das exigências morais. Um sinal disso é o fato de que a contemplação é essencialmente uma possibilidade trans ou a-social, enquanto

---

⁴¹ Com essas palavras, Leo Strauss dá voz à interpretação clássica do sentido da tragédia por Aristóteles. Cf. *Poética*, 1453a-b, 1449b. Com efeito, a primeira passagem indicada da *Poética* é estreitamente paralela à segunda passagem da *República* citada na nota anterior, por mais que pareçam, no detalhe e no ornamento, diferir. (N. T.)

⁴² Jr 17,10 (é Deus quem busca); ver também Rm 8,27 (o sujeito também é Deus). (N. T.)

a obediência e a fé encontram-se essencialmente relacionadas à comunidade dos fiéis. Citando um pensador judeu medieval, Yehuda Halevi, "A sabedoria dos gregos tem belíssimas florações, mas nenhum fruto", com "frutos", aqui, significando ações.[43] Essa perfeição associal que é a contemplação normalmente pressupõe uma comunidade política, a cidade, que, por causa disso, é considerada pelo filósofo fundamentalmente boa, o que é verdadeiro também em relação às artes, sem cujos serviços, ou mesmo sem cujo modelo, a vida política e a vida filosófica não são possíveis. De acordo com a Bíblia, no entanto, o fundador da primeira cidade foi o primeiro assassino, e os seus descendentes foram os inventores das primeiras artes. Não a cidade, não a civilização, mas o deserto é o lugar em que o Deus bíblico se revela. Não o fazendeiro Caim, mas o pastor Abel encontra favor aos olhos do Deus bíblico.

O poder da exigência moral é diminuído na filosofia grega porque na filosofia grega essa exigência não está apoiada em promessas divinas. Segundo Platão, por exemplo, o mal na Terra jamais deixará de existir, ao passo que, de acordo com a Bíblia, o fim dos dias trará consigo a perfeita redenção. Por isso o filósofo vive em um estado acima do temor e do tremor, assim como acima da esperança, e o princípio da sua sabedoria não é, como na Bíblia, o temor de Deus, mas o sentimento de admiração (ou maravilhamento), ao passo que o homem bíblico vive no temor e tremor, assim como na esperança. Essa postura conduz, no filósofo, a uma serenidade peculiar, que eu gostaria de ilustrar, aqui, com um único exemplo que penso não ser completamente acidental. O profeta Natan censura séria e impiedosamente o rei Davi por ter cometido um assassinato e um ato de adultério.[44] Compare-se esse fato com a maneira pela qual um poeta-filósofo grego tenta lúdica e elegantemente convencer um tirano que cometeu um número inaudito de assassinatos e outros crimes de que ele teria haurido mais prazer se houvesse sido mais razoável.[45] Pois bem, deixemos a questão com esses dois exemplos, que certamente são, até certo ponto, arbitrários, embora, segundo creio, não equívocos. Eu acho que posso ilustrar a diferença

---

[43] Yehuda Halevi, "For the Sake of the House of our God". In: *Selected Poems of Jehuda Halevi*. Philadelfia, Jewish Publication Society, 1924, p. 16. (N. T.)

[44] 2 Sm 11-12. (N. T.)

[45] Leo Strauss se refere ao poeta Simônides e ao diálogo entre ele e o tirano Hiero, retratado na obra de mesmo nome, *Hiero*, ou *Da Tirania*, de Xenofonte. Strauss traduziu e comentou essa obra e essa situação, aqui descrita brevemente, num de seus livros mais célebres, intitulado *On Tyranny*. Em edição brasileira, ver *Da Tirania*. Trad. André Abranches. São Paulo, É Realizações, 2016. (N. T.)

também como se segue, mencionando dois eventos ou relatos característicos. Tome-se o relato da *Akedah* – o sacrifício de Isaac – na história de Abraão (Gn 22). Aqui a questão crucial é que Abraão obedece uma ordem ininteligível, uma ordem que é ininteligível porque lhe havia sido prometido que seu nome seria lembrado através de Isaac e dos descendentes de Isaac, o filho que ele agora é chamado a sacrificar. Mesmo com tudo isso, Abraão obedece a ordem sem hesitação. A única analogia com essa história que me vem à mente na filosofia grega é o exemplo de Sócrates, que recebe, ou ao menos acredita ter recebido, uma ordem de Apolo para fazer algo, embora a ação consista não em uma obediência incondicional, mas no exame de uma fala ininteligível do próprio Apolo.[46]

Pois bem, depois dessas ilustrações, qual é a diferença? Os seus princípios foram esclarecidos, na discussão medieval, nos tempos áureos da discussão teológica. Maimônides, em especial, no *Guia dos Perplexos*, mostra-se, provavelmente, o maior analista dessa diferença fundamental. A questão, tal como colocada por ele, é a seguinte: a filosofia ensina a eternidade do mundo, e a Bíblia ensina a criação a partir do nada.[47] Esse conflito deve ser entendido de modo correto, porque Maimônides tem em mente principalmente Aristóteles, que ensinou a eternidade do universo visível. Mas, uma vez que se amplie essa tese para aplicá-la não apenas a esse cosmo, a esse universo visível no qual vivemos agora, mas a qualquer cosmos ou caos que possa já ter existido, é certo que a filosofia grega ensina a eternidade do cosmos ou do caos; ao passo que a Bíblia ensina a criação, um ensinamento em que está implicada a noção de uma criação a partir do nada. O fundo do problema, no entanto, é que apenas a Bíblia ensina a onipotência divina, e o pensamento da onipotência divina é absolutamente incompatível com a filosofia grega em qualquer das suas formas. Eu creio que é, inclusive, possível fazer remontar essa incompatibilidade aos primórdios da literatura grega – tecnicamente muito além da filosofia, portanto –, à passagem da *Odisseia* na qual Hermes mostra a Odisseu determinada erva que poderia ser usada para proteger a si e a seus companheiros contra os feitiços de Circe.[48] Ora, ainda que nesse contexto seja possível aos deuses fazer qualquer coisa, ainda que se possa dizer que os deuses sejam onipotentes, é muito interessante o que o conceito significa nessa passagem particular. Por que os deuses são onipotentes? Porque eles conhecem as naturezas

---

[46] Cf. Platão, *Apologia de Sócrates*, 21a. (N. T.)
[47] Maimônides, *Guia dos Perplexos*, 2,13-24 e 2, 25-31. (N. T.)
[48] *Odisseia*, 10, 302. (N. T.)

das coisas, o que significa, evidentemente, que eles não são onipotentes. Eles conhecem a natureza das coisas que são inteiramente independentes deles e por esse conhecimento eles são capazes de usar todas as coisas do modo apropriado. Em todo o pensamento grego, sempre encontramos sob uma ou outra forma a ideia de uma necessidade impessoal que está acima de qualquer ser pessoal; ao passo que na Bíblia a primeira causa é, como se diz hoje, uma pessoa. Isso está relacionado ao fato de que a preocupação de Deus com o homem é absolutamente, se assim podemos dizer, essencial ao Deus bíblico; ao passo que essa preocupação é, para falar com moderação, um problema para todo filósofo grego. Para dizer a mesma coisa de maneira diversa, o que hoje se chama de experiência religiosa é enfatizado na Bíblia, e é entendido pela Bíblia, como experiência genuína; já do ponto de vista dos filósofos gregos, essa experiência religiosa é uma interpretação questionável – e aqui me vem à mente o exemplo de Platão –, uma interpretação questionável das experiências que temos da alma como princípio universal.[49]

Devemos tentar entender tanto quanto possível esse antagonismo. É bem possível questionar se o que eu vou dizer pode, na verdade, ser chamado de uma tentativa de entendimento; sem problema: pode-se tomá-lo como uma espécie de ilustração articulada do ponto de vista da ciência social. A fim de esclarecer esse antagonismo, propõe-se que voltemos ao que há de comum entre a Bíblia e a filosofia grega, ao estrato mais elementar, um estrato que é comum, ou assim pode ser presumido, a todos os homens. Como podemos encontrá-lo? Eu creio que é mais fácil começar da filosofia pela simples razão de que a questão assim levantada é uma questão científica ou filosófica. Temos de nos mover no elemento do pensamento chamado conceitual, e esse é, sem dúvida, o elemento da filosofia grega. Em vista desse fato, eu gostaria de colocar o problema de maneira mais precisa. O que distingue a Bíblia da filosofia grega é o fato de que a filosofia grega está baseada nesta premissa: que existe uma coisa chamada natureza, ou naturezas – uma noção que não tem equivalentes no pensamento Bíblico. Com efeito, cumpre observar que não existe um termo que indique natureza no hebraico bíblico, com a palavra hebraica sendo derivada muito indiretamente de uma palavra grega, que é um equivalente grego de natureza, *charakter*, *teva* em hebraico. Desse ponto de vista, a questão assume a seguinte forma: temos de remontar mais além em relação

---

[49] Cf. *Leis*, X, 892a (os homens ignoram sua verdadeira natureza e potência). (N. T.)

à descoberta ou invenção da natureza. Temos de tentar discernir o que podemos chamar de equivalente pré-filosófico da natureza, e, partindo daí, talvez possamos chegar a uma compreensão puramente histórica do antagonismo que estamos analisando. Deixe-me acrescentar, entre parênteses, outro ponto à questão. A filosofia é a busca pelos princípios, significando – e aqui sejamos literais – a busca pelos começos, pelas primeiras coisas. Este é, obviamente, um traço comum à filosofia e ao mito, e eu sugeriria, por hora, que a filosofia, enquanto distinta do mito, surge quando a busca pelos começos é entendida à luz da ideia de natureza.

Ora, qual é o equivalente pré-filosófico de natureza? Creio que podemos encontrar a resposta a essa questão em noções como "costume" ou "maneiras". Essa resposta me ocorreu, do modo mais simples, como resultado da leitura de Maimônides, que, com efeito, conhecia muito bem as verdadeiras raízes das quais estamos falando. No princípio da sua grande obra jurídica, a *Mishneh Torah*, na primeira seção, correspondente a "Hilchot Yesodei ha--Torah", "Leis concernentes aos Fundamentos da Torah", capítulo quarto, Maimônides discute os quatro elementos. Antes de introduzir o termo natureza, ele fala primeiro em costume ou maneira – o costume do fogo, a maneira da terra, fazendo referência, um tanto mais à frente, à natureza da água. É uma intuição que, segundo penso, vai à raiz do problema. As rubricas "costume" ou "maneira" são noções bíblicas que, é claro, também podem ser achadas em fontes gregas. Além disso, suponho que, até que o contrário seja provado, essas ideias são realmente universais. As pessoas de todos os tempos e lugares observaram que as coisas se comportam de maneira regular; que elas têm costumes ou maneiras de se comportar. Tome-se como exemplo a expressão bíblica *derech nashim*, a maneira das mulheres, que significa menstruação, ou, em grego, uma expressão como *boskaematon dikei*, o costume dos animais, que quer dizer a mesma coisa que a natureza dos animais. Ou, ainda, no hebraico bíblico, a palavra *mishpat* significa o costume ou a lei de uma coisa tal como refletido no seu comportamento regular. Nesse contexto, fica claro que não se faz distinção entre o costume dos cães e o costume dos filisteus, por exemplo: um filisteu se comporta regularmente da sua maneira, assim como o cão comporta-se regularmente da maneira dele. Podem-se tomar também "leões" e "hebreus" como ilustração para evitar a impressão de que estou empregando apenas maus exemplos. Mas o caso é que as coisas têm um comportamento regular, costumes ou maneiras. Aprendi também, com um aluno hindu, que o termo *dharma*, comumente traduzido por "religião", significa costume ou maneira, podendo referir-se também a coisas como o costume ou a maneira do ferro, das árvores, e do que quer que seja. E uma vez que o costume ou a maneira dos seres humanos é, é claro, a religião hindu, ele significa de forma derivada, ainda que sumamente importante, o que está de acordo com a religião.

Quando, pois, supomos que essa ideia de "maneira" ou "costume" é realmente o equivalente pré-filosófico de natureza, somos imediatamente forçados a acrescentar essa muito óbvia observação: que existe uma maneira, entre as muitas maneiras existentes, que é particularmente importante, e que corresponde à maneira do grupo ao qual pertencemos: a "nossa maneira". Ora, a nossa maneira é, obviamente, a maneira correta, a maneira justa. E por que ela é certa? A resposta: porque é antiga e porque é a nossa maneira, ou, para usar a bela expressão de Edmund Burke, "porque é criada em casa e prescritiva".[50] Podemos conotá-la de maneira satisfatória com a palavra "ancestral". Logo, a noção original é a de que o ancestral é idêntico ao bom. O bom é necessariamente ancestral, o que, tendo em vista que o homem sempre foi um ser pensante, implica que os ancestrais eram superiores. Se não fosse esse o caso, em que sentido o ancestral seria o bom? Os ancestrais são superiores, e por isso devem ser entendidos, se essa noção for levada ao seu limite, como deuses ou filhos de deuses ou discípulos dos deuses. Em outras palavras, é necessário considerar a "maneira certa" como lei divina, *theos nomos*. A objeção de que essa conclusão não se manifesta em todos os casos não tem, como parece claro, interesse para nós; porquanto admitimos a possibilidade de que, por vezes, as pessoas não pensem com suficiente penetração: mas naqueles lugares e em que efetivamente pensaram elas chegaram a essa compreensão.

Infelizmente, a lei divina, *o theos nomos*, para continuar na imagem grega, leva a *duas* alternativas fundamentais: uma é o caráter da filosofia grega; a outra é o caráter da Bíblia. Ora, por que essa divisão é problemática? A resposta nos é deveras familiar: por causa da variedade das leis divinas. Encontramos por toda parte ordens sociais que alegam ser divinas, e essas ordens não são somente diferentes umas das outras – tecnicamente, isso não traria dificuldade, porque diferentes deuses poderiam ter dado origem a diferentes códigos para

---

[50] Edmund Burke, "Fourth Letter on a Regicide Peace" (1795). In: *The Writings and Speeches of Edmund Burke*, v. 9. Oxford, Clarendon Press, 1991.

diferentes tribos –, mas se contradizem. Em todo código desse tipo, existem alguns elementos que reivindicam a universalidade. Por exemplo, não é preciso mais do que ler Heródoto para ter acesso a belos exemplos dessas reivindicações conflitantes: uma tribo crema os mortos enquanto a outra tribo os enterra. Ora, o costume fúnebre alternativo não é encarado somente como um costume diferente, um padrão cultural diferente, mas como uma abominação. De modo que podemos dizer que essas leis diferentes contradizem umas às outras, contradizendo-se especialmente a propósito do que dizem a respeito das coisas primeiras, porquanto nenhum código antigo, escrito ou não escrito, é pensável sem um preâmbulo que explique as obrigações envolvidas, e em que se proveja um relato das coisas primeiras. Dada essa variedade e esse caráter contraditório dos vários códigos alegadamente divinos, torna-se necessário transcender toda essa dimensão e orientar-se de maneira independente do que é ancestral, ou chegar à consciência de que o ancestral e o bom são duas coisas fundamentalmente diversas, apesar das coincidências ocasionais que possam ser verificadas entre eles.[51]

Há, outrossim, a questão básica de como orientar-se no cosmos. A resposta grega, que todos conhecem, é fundamentalmente a seguinte: temos de descobrir as coisas primeiras com base na investigação. Podemos observar duas implicações do significado de investigação: em primeiro lugar, ver com os próprios olhos e não por ouvir dizer, observar por si mesmo; e, em segundo lugar, a noção de investigação, de inquirir ou pesquisar pressupõe a consciência da diferença fundamental entre a produção humana e a produção das coisas que não são feitas pelo homem, de modo que nenhuma conclusão tirada da produção humana possa ser simplesmente transferida para a produção não humana das coisas, a não ser que primeiro seja estabelecido, via demonstração, que o universo visível foi feito por seres inteligentes. Essa implicação, segundo creio, é decisiva: foi com base nos princípios da filosofia grega que surgiu aquilo que mais tarde se tornaria conhecido como demonstrações da existência de Deus ou dos deuses. Isso é absolutamente necessário, e é verdadeiro não apenas a propósito de Aristóteles, mas de Platão também, como se vê, por exemplo, no livro X das *Leis*: um movimento de subida da percepção sensível e do raciocínio a partir dos dados dos sentidos, ascensão guiada, com efeito, em Platão e Aristóteles, por determinadas noções, conduz para cima de modo a fazer com

---

[51] Cf. Heródoto, *Histórias*, 3, 38. (N. T.)

que tudo o que vem depois dependa da solidez do processo de subida, isto é, da demonstração. Justamente em razão da busca pelo princípio, pelas coisas primeiras, transformar-se agora na análise filosófica ou científica do cosmos, o lugar da lei divina no sentido tradicional do termo, ou seja, como um código escrito por um deus pessoal, é substituído por uma ordem natural que pode inclusive vir a ser chamada, como mais tarde veio a ser chamada, de lei natural – ou, de todo modo, para usar um termo mais amplo, de moralidade natural. Assim, a lei divina, no sentido verdadeiro e estrito da expressão, é apenas o ponto de partida, o ponto de partida absolutamente essencial da filosofia grega, sendo, no entanto, abandonada no processo de ascensão. E quando ela é aceita pela filosofia grega, essa aceitação é apenas política, isto é, em nome da educação do vulgo, e não como algo que se sustenta de forma independente.

Para entender a noção bíblica no sentido em que estou usando a palavra "entendimento", pode-se dizer o seguinte: a Bíblia, o pensamento bíblico, agarra-se à noção de que existe uma lei divina particular; mas ela defende que essa lei divina particular é a única que pode ser em verdade chamada de lei divina. Todos os outros códigos, ao reivindicar a origem divina, são fraudulentos. Eles são criações do homem. Uma vez, entretanto, que um código seja aceito [como divino], não há mais a possibilidade de questionamento independente nem pode haver. Ora, o que, então, distingue a solução bíblica da solução mítica? A meu ver, é isto: que o autor ou os autores da Bíblia estavam conscientes do problema da variedade das leis divinas. Em outras palavras, eles se deram conta, e aqui estou falando não como teólogo, mas como historiador, eles se deram conta de quais são as condições absolutamente necessárias para que uma lei particular seja considerada *a* lei divina. Como o todo tem de ser concebido quando uma lei particular, que é, portanto, contingente, de uma tribo particular, e, portanto, contingente, deve ser a lei divina? A resposta é: ele deve ser um Deus pessoal; a causa primeira tem de ser Deus; ele deve ser onipotente, não controlado e não controlável. Mas ser cognoscível significa ser controlável, de modo que Ele não deve ser cognoscível no sentido estrito do termo. Logo, na linguagem do pensamento posterior, um pensamento já influenciado pelos gregos, a essência de Deus não é cognoscível; como diz a Bíblia, não se pode ver a face Deus.[52] Mas isso ainda não é radical o suficiente, e o nome divino dado no Êxodo, que, traduzido literalmente, significa

---

[52] Ex 3,6; 33,20.

"Eu serei o que eu serei", é a formulação mais radical desse pensamento.[53] É exatamente o oposto da noção grega de essência, que significa que o ser é o que é, o que foi e o que será... Mas aqui o fundo do conceito, se assim se pode dizer, é inacessível, porque Ele é absolutamente livre: Deus é o que ele será. É um Deus livre, imprevisível. Por que, então, o homem pode confiar nele? Apenas por causa da Aliança. Deus obrigou-se livremente, mas toda a confiança depende da confiança na palavra de Deus, na promessa de Deus; não há uma relação necessária e, portanto, inteligível; e, desnecessário dizer, essa aliança não é uma aliança livre, firmada por parceiros originalmente independentes; é uma aliança que, de acordo com a Bíblia, Deus ordenou ao homem fazer.

Para completar esse quadro extremamente grosseiro com algumas considerações, eu gostaria de dizer ainda o seguinte. Não há dúvida de que os filósofos gregos do período clássico não conheceram a Bíblia, e é, penso eu, geralmente admitido que os autores da Bíblia não conheceram os filósofos gregos. Mas o fato extraordinário é que, quando se estuda tanto os filósofos gregos quanto a Bíblia com um pouco mais de atenção, se percebe que em ambas as fontes do pensamento ocidental a fonte alternativa foi, se assim posso dizer, adivinhada. Em Aristóteles, por exemplo, se encontrará passagens em que ele fala de certas noções bastante rudimentares na Grécia que apontavam fundamentalmente para aquilo que conhecemos na Bíblia sob uma forma um tanto mais desenvolvida, como, por exemplo, a noção de que talvez seja ruim devotar-se à rebelião filosófica contra Deus.

Para efeito de comparação, considere-se, agora, o acordo perfeito, no que toca à mensagem bíblica decisiva, entre o primeiro e o segundo relato da criação, que culmina com a narrativa da Queda.[54] Uma mesma noção está na base do relato do primeiro capítulo do Gênesis, que fala da depreciação do céu, e do segundo capítulo do mesmo livro, sobre a proibição de comer do fruto da árvore do conhecimento do bem e do mal. Porque o conhecimento do bem e do mal significa, evidentemente, não um ramo especial do conhecimento, como mostra o fato de que, ao conhecer as coisas criadas, o texto sempre acaba com a seguinte expressão a respeito de Deus: "e Ele viu que era bom". A coisa completa, o conhecimento completo da coisa completa, é conhecimento do bem, a despeito da noção de que o desejo, a busca do conhecimento,

---

[53] Ex 3,14.
[54] Gn 1,1- 2,4; 2,4-3,24.

é proibido. O homem não foi criado para ser um ser teórico, conhecedor e contemplativo; o homem foi criado para viver em obediência, como uma criança. Desnecessário dizer que essa noção foi modificada de várias maneiras na tradição posterior, mas a mim me parece que, se desconsiderarmos alguns desenvolvimentos marginais, o pensamento fundamental foi conservado.

Qual é, então, o princípio que está por trás da atitude aparentemente contrastante adotada nos tempos posteriores? Eu creio que podemos entendê-lo a partir da própria Bíblia. O leitor atento se lembrará de que a narrativa da queda é seguida da narrativa de Caim e, mais à frente, pela genealogia do mesmo Caim, na qual a cidade e as artes são atribuídas a esse ramo indesejável do gênero humano; e, no entanto, mais à frente descobrimos que existe uma atitude bastante diferente em relação à cidade e às artes: basta pensar na cidade santa de Jerusalém, e nas artes que Bezalel usou para adornar o templo, etc.[55] Penso que encontramos a mais clara discussão existente sobre a questão um pouco mais adiante, na discussão sobre a realeza, sobre a instituição da realeza humana em Israel, no primeiro livro de Samuel, em que podemos observar qual é a tendência geral da solução proposta pela Bíblia.[56] A instituição da realeza humana é fundamentalmente má – é uma espécie de rebelião contra Deus, assim como a *polis*, as artes e o conhecimento. Mas, então, torna-se possível, por uma dispensação divina, que essas coisas, que têm origem na rebelião humana, sejam dedicadas ao serviço de Deus, tornando-se, com isso, sagradas. E eu penso que essa é a solução bíblica para o problema do conhecimento humano: o conhecimento humano, se dedicado ao serviço de Deus, e apenas assim, pode ser bom, e talvez, nesse sentido, ele seja inclusive necessário. Mas, sem essa consagração, é uma rebelião. Ao homem foi dado o entendimento para entender os mandamentos divinos. Ele não poderia ser livremente obediente se não tivesse entendimento. Ao mesmo tempo, contudo, é esse mesmo fato que permite ao homem emancipar seu entendimento do serviço, da função subserviente para a qual ele foi criado, e essa emancipação é a origem da filosofia ou da ciência do ponto de vista bíblico. Daí o antagonismo. Mesmo que se tomem as versões mais tardias do pensamento bíblico como modelo, como, por exemplo, a assim chamada filosofia medieval judaica, se descobrirá que essa dificuldade continua a ser bastante visível.

---

[55] Ex 35,30 (Bezeleel). (N. T.)
[56] 1 Sm 8,10.12. (N. T.)

Seja como for, a mim me parece que esse antagonismo pode ser considerado por nós em plena vigência e ação. O que quer dizer: a mim me parece que o cerne, o fulcro da história intelectual do Ocidente, da história espiritual do Ocidente, quase se poderia dizer, é o conflito entre as noções bíblica e filosófica da vida boa. Um conflito que, naturalmente, manifestou-se sobretudo em argumentos – argumentos apresentados pelos teólogos em defesa do ponto de vista bíblico e pelos filósofos em defesa do ponto de vista filosófico. Há muitas razões a justificar a importância desse ponto, mas eu gostaria de enfatizar apenas uma delas: a minha impressão é a de que esse conflito não resolvido é o segredo da vitalidade da civilização ocidental.[57]

III

1.
Quando tentamos voltar às raízes da civilização ocidental, logo observamos que a civilização ocidental tem duas raízes que estão em conflito uma com a outra, a Bíblia e a filosofia grega, e esta é, para começar, uma observação deveras desconcertante. Contudo, essa consciência tem também algo de tranquilizador e reconfortante. A vida mesma da civilização ocidental é a vida entre dois códigos, uma tensão fundamental. Não há, portanto, nenhuma razão inerente na civilização ocidental, na sua constituição fundamental, que justifique ela desistir da vida. Mas esse pensamento reconfortante se justifica apenas se vivermos essa vida, isto é, se vivermos esse conflito. Ninguém pode ser, ao mesmo tempo, filósofo e teólogo, ou ainda um terceiro que esteja além do conflito entre filosofia e teologia, ou uma síntese dos dois. Mas cada um de nós pode e deve ser ou um ou outro, isto é, ou o filósofo aberto ao questionamento proposto pela teologia ou o teólogo aberto ao questionamento proposto pela filosofia.

Há um conflito ou desacordo fundamental entre a Bíblia e a filosofia grega. Esse conflito fundamental é obscurecido até certo ponto pela estreita semelhança entre elas em determinados pontos. Existem, por exemplo, certas

---

[57] Na edição mais recente de Green, o primeiro parágrafo da parte III, treze linhas ao todo, é reproduzido duas vezes, aqui, no fim da parte II e no início da parte III. Publicados postumamente, os dois textos se superpõem, o que explica a repetição que marca as primeiras páginas da parte III. (N. T.)

filosofias que aparentemente chegam perto do ensinamento bíblico – basta pensar nas doutrinas filosóficas monoteístas, que falam do amor de Deus e do homem, que chegam a admitir a oração, etc. De modo que a diferença se torna, por vezes, quase invisível. Mas reconhecemos a diferença imediatamente quando fazemos a seguinte observação. Para um filósofo ou para a filosofia não pode nunca haver a sacralidade absoluta de um evento particular ou contingente. Esse particular ou contingente é chamado, desde o século XVIII, de o histórico. Portanto, veio-se a dizer que a religião revelada significa religião histórica, enquanto distinta da religião natural, e que os filósofos poderiam ter uma religião natural [mas não uma religião histórica], e ainda que existe uma superioridade essencial do histórico em relação ao natural. Em consequência da interpretação do particular e do contingente como histórico, passou-se a defender, como é muito frequente se fazer hoje em dia, que a Bíblia é, num sentido enfático, histórica, que ela (ou seus autores), segundo parece, descobriu a história, ao passo que a filosofia enquanto filosofia é essencialmente não histórica. Essa visão está na base de grande parte da interpretação hodierna do pensamento bíblico. O que hoje se conhece como existencialismo é realmente apenas uma forma mais elaborada dessa interpretação. Não acredito que essa abordagem seja muito útil para o entendimento da Bíblia, pelo menos no que toca às suas partes básicas e fundamentais; e, à guisa de explicação, vou sugerir aqui apenas uma consideração: que esses conceitos atuais, como História com "H" maiúsculo, são conceitos bastante tardios, bastante derivativos, e, por esse mesmo fato, não são capazes de nos desvelar o pensamento do passado, um pensamento que não é de modo algum derivativo, mas que se encontra no princípio de uma tradição.

Pode-se começar a descrever o desacordo fundamental entre a Bíblia e a filosofia grega fazendo uso de um ponto de vista puramente histórico, partindo do fato de que observamos primeiro um amplo acordo entre a Bíblia e a filosofia grega a respeito da moralidade e da insuficiência da moralidade; o desacordo diz respeito àquele "x" que completa a moralidade. De acordo com a filosofia grega esse "x" é a *theoria*, contemplação, ao passo que podemos chamar o complemento bíblico, sem criar, eu acho, nenhum entendimento equívoco, de piedade, a necessidade da misericórdia e redenção divinas, o amor obediente. Para ser mais preciso (a própria palavra moralidade é um desses termos derivados que não são inteiramente adequados para o entendimento do pensamento antigo), devemos substituir o termo moralidade pelo termo justiça, comum a ambas as fontes; e justiça significa primariamente obediência à lei, lei no sentido pleno e abrangente do termo, lei divina. Remontando a algo ainda mais originário, sugerimos como ponto de partida de todo o desenvolvimento moral do gênero humano, se assim podemos nos exprimir, uma identificação primordial do bom com o ancestral. A partir dessa equação primeira, que ainda somos capazes de compreender, e da qual ainda fazemos uso na vida real, a noção de lei divina necessariamente surgiu. Assim como, depois, num estágio posterior, o problema da lei divina: a noção original de lei ou código divino contrasta com o fato de que existe uma grande variedade deles. A própria variedade e, mais especificamente, a contradição entre os vários códigos divinos, torna a ideia de uma lei divina no sentido simples e primário do termo radicalmente problemática.

Há duas soluções diametralmente opostas que são possíveis para esse problema, a solução filosófica e a bíblica. A solução filosófica, podemos descrevê-la nos seguintes termos: os filósofos transcendem a dimensão dos códigos divinos completamente, toda a dimensão da piedade e da obediência piedosa a um código anterior. Em vez disso, eles embarcam numa busca livre pelos começos, pelas coisas primeiras, pelos princípios. Supondo que é com base no conhecimento dos primeiros princípios, dos começos, que será possível determinar o que é, por natureza, bom, distinguindo-o do que é bom por convenção. Essa busca pelos começos procede por meio da percepção sensível, pelo raciocínio, e o que eles chamavam de *noesis*, que se traduz literalmente por "entendimento" ou "intelecto", e que podemos traduzir de maneira um pouco mais cuidadosa por "percepção",[58] um perceber com os olhos da mente distinto da percepção sensível. Mas, ainda que essa percepção certamente tenha o seu equivalente bíblico, e inclusive o seu equivalente místico, esse equivalente no contexto filosófico jamais está completamente divorciado da percepção sensível e do raciocínio baseado na percepção sensível. Em outras palavras, a filosofia jamais se esquece do seu parentesco com as artes e os ofícios, com o conhecimento usado pelo artesão e seu tipo de conhecimento humilde, porém sólido.

Voltando agora à alternativa bíblica, aqui a premissa básica é que um código divino particular é aceito como verdadeiramente divino; que um código particular de uma tribo particular é o código divino. Mas, com isso,

---

[58] *Awareness*: consciência não reflexiva, percepção abrangente, instantânea e intuitiva, mas, também, não sensorial. (N. T.)

o caráter divino de todos os outros códigos supostamente divinos é simplesmente negado, o que implica uma rejeição radical da mitologia. Embora essa rejeição da mitologia seja também característica do impulso original da filosofia, a rejeição bíblica da mitologia procede na direção contrária à da filosofia. Para dar algum significado ao termo que sou forçado a usar, eu diria que a mitologia é caracterizada pelo conflito entre os deuses e os poderes impessoais que estão por trás dos deuses. Aquilo que em grego é, por vezes, chamado de *moira*, por exemplo. Ora, a filosofia substitui esse destino impessoal, por assim dizer, pela natureza e a necessidade inteligível. A Bíblia, de outro lado, concebe Deus como a causa de tudo, inclusive das necessidades impessoais. A solução bíblica depende, assim, inteiramente da crença na onipotência divina. A noção de onipotência requer, é claro, o monoteísmo, porque, se há mais de um Deus, é claro que nenhum deles pode ser onipotente. Podemos dizer que apenas os autores bíblicos entenderam o que onipotência realmente quer dizer, porque apenas se Deus for onipotente é possível que um código particular seja o código absoluto. Mas um Deus onipotente que possa, em princípio, ser perfeitamente conhecido pelo homem, se encontra, em princípio, submetido ao homem, na medida em que conhecimento é, de certo modo, poder. Portanto, um Deus verdadeiramente onipotente deve ser um Deus misterioso, e este é, como se sabe, o ensinamento da Bíblia. O homem não pode ver a face de Deus, e especialmente o nome divino, "Eu serei o que eu serei", significa que jamais é possível saber em qualquer tempo presente o que Deus será. Mas se o homem não tem qualquer controle sobre o Deus bíblico, como pode haver alguma ligação entre o homem e Deus? A resposta bíblica é a Aliança, um ato de amor livre e misterioso da parte de Deus, sendo a atitude correspondente da parte do homem a confiança, ou fé, que é radicalmente diferente da certeza teórica. O Deus bíblico é conhecido num sentido humano relevante apenas por suas ações, por suas revelações. O livro, a Bíblia, é o relato do que Deus fez e do que ele prometeu. Não é uma especulação teórica sobre Deus. Na Bíblia, podemos dizer, os homens falam das ações e promessas de Deus com base na sua experiência de Deus. Essa experiência, e não o raciocínio baseado na percepção sensorial, é a raiz da sabedoria bíblica.

Essa diferença radical entre a Bíblia e a filosofia grega mostra-se também no caráter literário da Bíblia, de um lado, e dos livros filosóficos, do outro. As obras dos filósofos gregos são verdadeiros livros, obras de um único homem, que começa com o que ele considera ser o começo necessário, seja o princípio pura e simplesmente ou o melhor princípio para conduzir os leitores ao que ele entende ser a verdade. E esse regime de um homem, um livro foi característico do pensamento grego desde o mais tenro princípio, com Homero. Mas a Bíblia é fundamentalmente, como hoje em geral se a entende, uma compilação de fontes, o que significa que ela continua sendo uma tradição já existente com um mínimo de mudanças, gerando as tão conhecidas dificuldades sobre as quais se debruçam os biblistas. O ponto decisivo, segundo penso, no que toca ao gênero literário da Bíblia, é este: aqui não há um princípio escolhido e realizado por um indivíduo, em última instância, nenhum começo feito pelo homem. Existe uma afinidade entre essa arte de escrever e a forma preferencial de escrever na tradição judaica, o comentário, que está sempre fazendo referência a algo anterior. Não é o homem que começa.

Em minha análise, pressupus que a equação entre o bem e o ancestral é a equação primordial. Isso pode ser verdade em termos cronológicos, mas não é possível dar-se por satisfeito com isso, evidentemente, porquanto surge a questão de por que tem de ser assim, de qual é a evidência que tem essa equação? Essa é uma questão muita extensa, que eu não me proponho a responder neste momento. No momento, limito-me a fazer uma referência ao mito grego segundo o qual *Mnemosyne,* a memória, é a mãe das musas, ou seja, a mãe da sabedoria. Em outras palavras, o bem, a verdade, ou como quer que se o chame, pode ser conhecido apenas como o antigo, porque, antes da emergência da sabedoria, a memória ocupava o lugar da sabedoria. Em último caso, penso eu, seria necessário remontar a um dualismo fundamental no homem para entender esse conflito entre a Bíblia e a filosofia grega, ao dualismo entre obra e discurso, ação e pensamento – um dualismo que coloca necessariamente a questão de quem tem a primazia –, podendo-se dizer que a filosofia grega afirma a primazia do pensamento, do discurso, enquanto a Bíblia afirma a primazia da obra, da ação. Bem sei que tudo isso se encontra exposto a mal-entendidos, mas que me seja permitido, pelo menos por enquanto, parar por aqui.

2.
Agora, seja como for, somos colocados diante do fato de que existe uma oposição radical entre a Bíblia e a filosofia, e essa oposição deu origem a um conflito secular desde o mais tenro princípio. Esse conflito é característico

do Ocidente, o Ocidente no sentido mais abrangente do termo, que inclui, evidentemente, toda a civilização mediterrânea. A mim me parece que esse conflito é o segredo da vitalidade do Ocidente. Eu ousaria dizer que enquanto houver uma civilização ocidental haverá teólogos que olharão com suspeita para os filósofos e filósofos, que serão incomodados ou se sentirão incomodados pelos teólogos. Porém, como diz o ditado, temos de aceitar o nosso destino, e esse não é o pior destino que os homens podem imaginar para si. Temos, assim, esta oposição radical: a Bíblia recusa ser integrada a uma moldura filosófica, assim como a filosofia se recusa a ser integrada a uma moldura bíblica. Quanto à recusa bíblica, temos a observação muitas vezes repetida de que o deus de Aristóteles não é o Deus de Abraão, Isaac e Jacó, e que, portanto, qualquer tentativa de integrar o entendimento bíblico ao entendimento filosófico significa abandonar tudo o que é significado pela expressão.[59] Quanto ao caso da filosofia, a sua recusa é, talvez, um tanto obscurecida por uma multiplicidade de fatos, o que faz com que tenhamos de nos deter um pouco sobre isso. Esse obscurecimento, segundo creio, deve-se em última instância ao fato de que, nas discussões a propósito da relação entre teologia e filosofia, a filosofia é identificada primariamente com o sistema filosófico completo, na Idade Média, naturalmente com a filosofia de Aristóteles – com o que eu não pretendo dizer que Aristóteles tenha um sistema, embora muitas vezes se acredite que ele o tinha –, e certamente com Hegel nos tempos modernos. Essa é, como resta claro, uma forma muito especial de filosofia: não é a forma primária e necessária da filosofia, e isso merece uma explicação.

Numa obra medieval, o *Kuzari*, escrita por Yehuda Halevi, encontramos a seguinte afirmação: "Sócrates diz para o povo 'eu não rejeito a sua sabedoria divina. Eu simplesmente não a compreendo. A minha sabedoria é meramente humana'."[60] Ora, para Sócrates, como nesse apotegma, a sabedoria humana significa uma sabedoria imperfeita ou a busca por sabedoria, vale dizer, a filosofia. Tendo em vista que ele se dá conta da imperfeição da sabedoria humana, é difícil entender por que não passa direto dela para a sabedoria divina. A reação implicada nesse texto é a seguinte: como filósofo, Sócrates se recusa a assentir a qualquer coisa que não seja evidente para ele, e a revelação é, para ele, apenas uma possibilidade não evidente e não demonstrada. Confrontado

---

[59] A formulação clássica da "observação" foi concebida por Blaise Pascal (1623-1662) no texto que documenta sua conversão, *Mémorial* (1654). Cf., também, *Pensées*. Paris, Seuil, 1963, p. 449. (N. T.)
[60] *Kuzari*, 4,12-19; 1,11 e 25. (N. T.)

com uma possibilidade não demonstrada, ele não a rejeita, apenas suspende o juízo. Mas, então, surge uma grande dificuldade que pode ser enunciada da seguinte forma: é impossível suspender o juízo a respeito de assuntos da máxima urgência, assuntos de vida e morte. Ora, a questão da revelação é evidentemente da máxima urgência. Se há uma revelação, a descrença na revelação ou a desobediência à revelação é fatal. A suspensão do juízo diante da revelação parece, nesses termos, impossível. O filósofo que se recusa a assentir à revelação porque ela não é evidente rejeita, com isso, a revelação. Mas essa rejeição é injustificada se a revelação não for refutada. O que significa dizer que o filósofo, quando confrontado com a revelação, parece estar compelido a contradizer a própria ideia de filosofia ao recusá-la sem uma fundamentação suficiente. Como podemos entender isso? A resposta filosófica pode ser formulada do seguinte modo: a questão de máxima urgência é a questão de como se deve viver. Ora, essa questão se resolve para Sócrates no fato de que ele é um filósofo. Como filósofo, ele sabe que somos ignorantes a respeito das coisas mais importantes. A ignorância, o fato evidente dessa ignorância, prova à evidência que a busca pelo conhecimento das coisas mais importantes é a coisa mais importante para nós. A filosofia é, pois, evidentemente o modo de vida correto. Isto é, ademais, aos seus olhos, confirmado pelo fato de que ele encontra a sua felicidade na aquisição do mais alto grau de clareza possível de ser adquirido. Ele não vê nenhuma necessidade de assentir a algo que não é evidente para ele. E se lhe dizem que a sua desobediência à revelação deve ser fatal, ele coloca a questão: o que significa "fatal"? No caso extremo, seria a danação eterna. Ora, os filósofos do passado estavam absolutamente seguros de que um Deus sábio não castigaria com a danação eterna ou qualquer outra coisa os seres humanos que vivem em busca da verdade ou da clareza. Mais à frente, devemos considerar se essa resposta é verdadeiramente suficiente. Seja como for, ela sugere que a filosofia é entendida, e esse é o ponto decisivo, não como um conjunto de proposições, uma doutrina, ou mesmo um sistema, mas como um modo de vida, uma vida animada por uma paixão peculiar, o desejo ou *eros* filosófico, não como um instrumento ou departamento da autorrealização humana. A filosofia entendida como um instrumento ou departamento é, evidentemente, compatível com qualquer tipo de vida, e, portanto, também com o modo bíblico de vida. Mas não se trata mais da filosofia no sentido original do termo. Isso foi obscurecido em grande medida, penso eu, pelo desenvolvimento Ocidental, porquanto a filosofia foi, decerto durante a

Idade Média Cristã, destituída do seu caráter de modo de vida, tornando-se apenas um compartimento muito importante.

Cabe-me, portanto, reformular a razão pela qual, segundo a noção original de filosofia, a filosofia é necessariamente um modo de vida e não uma mera disciplina, ainda que a disciplina maior. Cabe-me explicar, em outras palavras, por que a filosofia não pode conduzir ao *insight* de que outro modo de vida que não o filosófico é o modo de vida correto. Filosofia é a busca do conhecimento a respeito do todo. Sendo essencialmente busca e não podendo jamais tornar-se sabedoria, os problemas são sempre mais evidentes que as soluções. Todas as soluções são questionáveis. Ora, o modo de vida correto não pode ser plenamente estabelecido a não ser por um entendimento da natureza do homem, e a natureza do homem não pode ser plenamente esclarecida a não ser por um entendimento da natureza do todo. Portanto, o modo de vida correto não pode ser estabelecido metafisicamente, a não ser por uma metafísica completa, acabada, de forma que o modo correto de vida segue sendo questionável. Mas a própria incerteza de todas as soluções, a própria ignorância a respeito das coisas mais importantes, torna a busca do conhecimento a coisa mais importante e, portanto, a vida devotada a ela o modo correto de viver. Assim, a filosofia, no seu sentido pleno e original, é decerto incompatível com o modo bíblico de vida. A filosofia e a Bíblia são as alternativas ou os antagonistas no drama da alma humana. Cada um dos antagonistas alega conhecer ou possuir a verdade, a verdade decisiva a respeito do modo correto de viver. Mas pode haver somente uma verdade: daí o conflito entre essas reivindicações e, necessariamente, o conflito entre os seres pensantes, o que significa, inevitavelmente, discussão. Cada um dos dois oponentes tem tentado, há milênios, refutar o outro. Esse esforço continua em nossos dias e, de fato, está ganhando uma nova intensidade depois de algumas décadas de indiferença.

3.
Agora me cabe dizer algumas palavras sobre o argumento nos dias atuais. Podemos dizer que o argumento atual em favor da filosofia é praticamente não existente por causa da desintegração da filosofia. Tive a oportunidade de falar numa ocasião anterior sobre a distinção entre a filosofia e a ciência tal como hoje ela é entendida, uma distinção que leva, necessariamente, a um descrédito da filosofia. O contraste entre a falta de resultados na filosofia e o enorme sucesso das ciências produz essa situação. Hoje, a ciência é a única

atividade intelectual que pode, com sucesso, reivindicar ser a perfeição do entendimento humano. A ciência é neutra em relação à revelação. A filosofia tornou-se insegura de si mesma. Apenas uma citação, uma declaração de um dos mais célebres filósofos da atualidade: "A fé na revelação é verdadeira, mas não verdadeira para o filósofo. A rejeição da revelação é verdadeira para o filósofo, mas não para o crente".[61] Mas voltemos ao argumento atual, bem mais promissor, em favor da revelação. Não vou jogar palavras ao vento falando sobre o argumento de tipo popular baseado nas necessidades da civilização atual, na crise atual, que equivale simplesmente ao seguinte: que hoje precisamos, para competir com o comunismo, da revelação como de um mito. Ora, o argumento ou é tolo ou é blasfemo. Desnecessário dizer que encontramos argumentos semelhantes também no interior do sionismo, e eu penso que, em si, ele já foi inteiramente descartado por antecipação muito tempo atrás por Dostoiévski em *Os Demônios*.[62]

Ora, o argumento sério em favor da revelação nos dias de hoje pode ser formulado do seguinte modo: não existe qualquer evidência objetiva em favor da revelação, o que significa que não há traço de demonstração em favor da revelação a não ser, primeiro, a experiência, a experiência pessoal, do encontro do homem com Deus, e, depois, a prova negativa da inadequação de toda posição não crente. Ora, quanto ao primeiro ponto – de que não existe evidência objetiva em favor da revelação a não ser o encontro pessoal com Deus –, surge uma dificuldade. A saber, qual é a relação dessa experiência pessoal com a experiência expressa na Bíblia? Torna-se, portanto, necessário distinguir entre o que os profetas experimentaram, entre o que podemos chamar de o chamado de Deus ou a presença de Deus, e o que eles disseram, e essa última teria de ser chamada, como hoje é chamada por todos os teólogos não ortodoxos, de uma interpretação humana da ação de Deus. Não mais a ação de

---

[61] Leo Strauss está, provavelmente, citando de memória ou resumindo de maneira pessoal o pensamento de outro autor. Daí a impossibilidade de localizar a citação em termos literais. (N. T.)

[62] Leo Strauss refere-se decerto ao intenso encontro entre Chatov e Strávoguin no capítulo intitulado "Noite", Parte II, cap. 1, VII, no qual, depois de ouvir Chatov discursar febrilmente sobre a necessidade de um Deus para tornar o povo russo invencível, Stravóguin pergunta-lhe, à queima-roupa, se ele acredita em Deus, o que leva Chatov a engasgar-se e, hesitante, fazer sua confissão: "Eu... Eu acreditarei". No mais, a ideia de uma religião recuperada apenas para fazer face ao ateísmo contemporâneo e suas doutrinas é, com efeito, a posição de Chatov, personagem-símbolo do eslavofilismo; é a "ideia" que o obceca ao longo de todo o livro e que está, como bem mostra o desenvolvimento da trama que se resolve com seu assassinato, votada ao fracasso mais radical. (N. T.)

Deus propriamente dita. A interpretação humana não cria autoridade. O que faz, então, surgir a questão: todo significado específico atrelado ao chamado ou à presença de Deus não é uma interpretação humana? Por exemplo, o encontro com Deus será interpretado de maneiras radicalmente diferentes pelo Judeu, de um lado, pelo cristão, do outro, para nada dizer do muçulmano, entre outros. E, no entanto, apenas uma interpretação pode ser a interpretação verdadeira. Há, portanto, a necessidade de uma discussão entre os diversos crentes na revelação, um debate que não pode deixar de aludir de algum modo à objetividade. Quanto ao segundo ponto – a prova negativa da inadequação de toda posição descrente –, ela é, geralmente, muito forte enquanto se limita a mostrar a inadequação do progressismo, do otimismo e do cinismo modernos, e, nesse âmbito, eu a acho absolutamente convincente.

Mas essa não é a dificuldade decisiva. A dificuldade decisiva diz respeito à filosofia clássica, e aqui a discussão, até onde tenho conhecimento dela, não faz frente à dificuldade real. Para mencionar apenas um ponto, diz-se que a filosofia clássica está baseada em uma espécie de ilusão que se poderia provar ser uma ilusão. Diz-se que a filosofia clássica está baseada na crença injustificada de que o todo é inteligível. Ora, trata-se de uma discussão muito longa. Permitam-me limitar-me a dizer que o protótipo do filósofo no sentido clássico foi Sócrates, que sabia nada saber, e que, com isso, admitia que o todo não é inteligível, e que apenas se perguntava se, ao dizer que o todo não é inteligível, não admitimos ter algum entendimento dele. Pois de algo sobre o que não sabemos absolutamente nada não podemos, evidentemente, nada dizer, e esse é o sentido, segundo me parece, do que é tão erroneamente traduzido por inteligível, a saber, que o homem enquanto homem tem alguma percepção (*awareness*) do todo. Deixe-me apenas concluir isso. Até onde sei, os argumentos atuais em favor da revelação contra a filosofia estão baseados numa compreensão inadequada da filosofia clássica.

Agora, retomando nosso rumo, voltemos a um estrato mais elementar do conflito. Assim, fazendo aquilo que é verdadeiramente significativo no argumento atual, tornar-se-á mais claro, e entenderemos também as razões para o recuo em relação ao critério de objetividade característico do argumento em favor da revelação na teologia atual. A típica visão mais antiga a respeito da relação entre revelação e razão é hoje aceita em sua plenitude apenas pela Igreja Católica e por judeus e protestantes ortodoxos. Eu falo, é claro, apenas da versão judaica. A questão é: como sabemos que a *Torá* vem do Sinai ou que ela é a palavra do Deus vivo? A resposta judaica tradicional é que os nossos pais assim nos disseram, e que eles receberam esse conhecimento dos seus pais em uma corrente contínua de tradição confiável que remonta ao Monte Sinai. Se a questão for respondida desse modo, torna-se inevitável a pergunta: a tradição é confiável? Mencionarei apenas um espécime da discussão original. No princípio do seu código jurídico, Maimônides cita uma cadeia tradicional que vai de Moisés aos tempos talmúdicos, em que ocorre a figura de Ahijá, o Shilonita, que se diz ter recebido a Torá do Rei Davi e que também é apresentado como um contemporâneo de Moisés, tendo recebido a Torá também deste.[63] Ora, o que quer que Maimônides tenha querido expressar com a introdução dessa história talmúdica, do nosso ponto de vista ela é uma indicação do fato de que essa corrente tradicional, especialmente nas suas partes mais antigas, contém o que hoje se chama de elementos "míticos", quer dizer, não históricos. Não vou deter-me aqui nas discrepâncias muito bem conhecidas presentes na Bíblia. A questão a respeito de quem escreveu o Pentateuco era tradicionalmente respondida, como algo óbvio, com a autoria de Moisés, tanto que quando Espinosa questionou a origem mosaica da Torá tinha-se como certo que ele estava negando a sua origem divina. Quem escreveu o Pentateuco? O próprio Moisés ou homens que conheciam a revelação apenas de ouvir dizer ou indiretamente? Os detalhes do problema não nos interessam aqui; temos de considerar o princípio.

Uma prova histórica do fato da revelação é possível? Uma prova histórica do fato da revelação seria comparável à prova histórica do fato, digamos, do assassinato de César por Bruto e Cássio. Isso é comprovadamente impossível. No caso dos fatos históricos propriamente ditos, ou dos fatos históricos no sentido ordinário do termo, há sempre a prova fornecida por observadores imparciais ou testemunhas pertencentes a ambas as partes. Por exemplo, nesse caso, os amigos e inimigos de César. No caso da revelação, não há observadores imparciais. Todas as testemunhas são adeptos e todos os elos da cadeia são formados de crentes. Além disso, não existem pseudoassassinatos ou pseudoguerras, mas há pseudorrevelações e falsos profetas. A prova histórica pressupõe, portanto, critérios para distinguir a revelação espúria da verdadeira. Conhecemos o critério bíblico, pelo menos o critério decisivo no nosso contexto: um profeta não pode ser um genuíno profeta se ele contradiz

---

[63] Há uma edição brasileira da *Mishne Torá*. São Paulo, Imago, 2000. (N. T.)

as revelações anteriores, a revelação mosaica. Portanto a questão passa a ser: como estabelecer a revelação clássica?

A resposta tradicional era: pelos milagres. Mas então surge uma dificuldade, que pode ser formulada do seguinte modo: milagres, enquanto milagres, não são demonstráveis. Em primeiro lugar, um milagre enquanto milagre é um fato cujas causas naturais não conhecemos, mas a nossa ignorância da causa de um dado fenômeno não nos permite dizer que ele não pôde ter sido produzido por alguma causa natural, mas apenas sobrenaturalmente. A nossa ignorância sobre o poder da natureza – essa é a formulação espinosiana do argumento – desqualifica toda tentativa de recorrer a uma causação sobrenatural.[64] Ora, esse argumento, sob essa forma, não é inteiramente adequado pelas seguintes razões: embora o nosso conhecimento do poder da natureza seja decerto muito limitado, algumas coisas nós sabemos, ou ao menos homens como Espinosa acreditavam saber, que são impossíveis por natureza. Só preciso falar da ressurreição de um cadáver, para tomar o exemplo mais poderoso, que Espinosa diria jamais poder acontecer naturalmente. Portanto, o argumento baseado na ignorância do poder da natureza tem de ser suplementado pelo argumento seguinte: deve ser teoricamente possível estabelecer em determinados casos que um determinado fenômeno é miraculoso; mas acontece que todos esses eventos a propósito dos quais se faz essa alegação (isto é, de que eles são miraculosos) são conhecidos apenas por terem sido relatados por outrem, e há muitas coisas que são relatadas e que jamais aconteceram. Mais precisamente, todos os milagres que são importantes, certamente para o judeu e mesmo para o protestante (o caso do catolicismo é diferente), tiveram lugar numa época pré-científica. Nenhum milagre foi realizado na presença de físicos de primeira linha, etc. Portanto, por essas razões muitas pessoas dizem hoje o que já fora dito por alguns teólogos famosos do passado, que os milagres pressupõem a fé; eles não se destinam a estabelecer a fé. Mas que isso é suficiente, que isso está em acordo com a visão bíblica dos milagres, eis a questão. Para começar, seria possível fazer a seguinte objeção: quando se considera a história do profeta Elias no Monte Carmelo, verifica-se que a questão entre Deus e Baal é decidida por um acontecimento objetivo, igualmente aceitável pela percepção sensível de crentes e descrentes.[65]

---

[64] *Tratado Teológico-Político*, cap. 6, "Dos milagres". (N. T.)
[65] 1 Rs 18, esp. 36-39. (N. T.)

O segundo argumento tradicional em favor da revelação é o cumprimento das profecias. Mas eu não preciso dizer que este também está exposto a enormes dificuldades. Em primeiro lugar, temos a ambiguidade das profecias, e mesmo nos casos de profecias sem ambiguidade – como, por exemplo, a profecia de Ciro no capítulo 40 de Isaías, ela é hoje, em geral, considerada uma profecia posterior ao evento, porquanto, segundo a crítica moderna, ela seria um milagre se estabelecida: mas o caso é que ela é conhecida apenas por intermédio de uma terceira pessoa, e, portanto, surge como inevitável a questão da crítica histórica da fonte.

Muito mais persuasiva é a outra linha de argumentação que prova a revelação pela sua qualidade intrínseca. A lei revelada é a melhor de todas as leis. Ora, isso significa que a lei revelada concorda com o padrão racional da melhor lei; mas, se esse é o caso, a lei supostamente revelada não é, de fato, o produto da razão, da razão humana, obra de Moisés e não de Deus? Não obstante, a lei revelada, embora jamais contradiga a razão, tem um excesso acima da razão; ela é suprarracional e, por isso, não pode ser produto da razão. Trata-se de um argumento muito célebre, mas, de novo, temos de nos perguntar: o que significa "suprarracional"? O supra tem de ser provado, e ele não pode ser provado. O que a razão não assistida vê é apenas um elemento não racional, um elemento que, embora não contradiga a razão, não está, em si mesmo, apoiado na razão. Do ponto de vista da razão, trata-se de uma possibilidade indiferente: possivelmente verdadeira, possivelmente falsa, ou possivelmente boa, possivelmente má. Ela deixaria de ser indiferente se fosse demonstrada como verdadeira ou boa, o que significa dizer se ela fosse verdadeira ou boa de acordo com a razão natural. Mas, de novo, se esse fosse o caso, ela pareceria ser produto da razão, da razão humana. Deixe-me tentar formular o problema em termos mais gerais. A lei revelada ou é plenamente racional – e, nesse caso, ela é produto da razão – ou ela não é plenamente racional – e, nesse caso, ela pode tanto ser produto da desrazão humana quanto da suprarrazão divina. Em termos ainda mais gerais, ou a revelação é um fato bruto, ao qual nada na experiência puramente humana corresponde – e, nesse caso, ela é uma bizarrice sem nenhuma importância humana – ou é um fato significativo, um fato requerido pela experiência humana para resolver os problemas fundamentais do homem – e, nesse caso, ela pode bem ser o produto da razão, da tentativa humana de resolver o problema da vida humana. Desse modo, a impressão é que é impossível para a razão, para a filosofia, assentir à revelação como revelação. Além do mais, as qualidades intrínsecas da lei revelada não são vistas como decisivas pela própria lei revelada. A lei revelada coloca a ênfase não no universal, mas no contingente, o que leva às dificuldades que eu já indiquei.

Voltemo-nos agora para o outro lado da história; essas coisas estão, é claro, implicadas em todo o secularismo atual. Ora, todos esses argumentos e outros similares só provam que a razão humana não assistida é invencivelmente ignorante em relação à revelação divina. Elas não provam a impossibilidade da revelação. Suponhamos que a revelação seja um fato, ainda que um fato não acessível à razão não assistida, e que ela deve ser inacessível à razão não assistida. Pois se houvesse conhecimento seguro nesse campo, não haveria necessidade da fé, da confiança, da obediência verdadeira, da livre rendição a Deus. Nesse caso, toda a refutação da suposta rejeição das supostas provas históricas da revelação seria absolutamente irrelevante. Tomemos esse simples exemplo de Elias no Carmelo: os crentes em Baal, que Elias ou Deus convenceram, eram observadores científicos imparciais? Num famoso ensaio, Francis Bacon traçou uma distinção entre idólatras e ateus e disse que os milagres se destinam a convencer não os ateus, mas os idólatras, quer dizer, as pessoas que admitiam, em princípio, a possibilidade da ação divina.[66] Esses homens estavam temendo e tremendo, e não além da esperança e do medo, como os filósofos.[67] Não é a teologia, mas a filosofia, que faz petição de princípio. A filosofia exige que a revelação prove a sua alegação diante do tribunal da razão humana, mas a revelação enquanto tal se recusa a reconhecer esse tribunal. Em outras palavras, a filosofia reconhece apenas aquelas experiências que podem ser vividas por todos os homens em todos os tempos em plena luz do dia. Mas Deus disse, ou decidiu, que faria a sua morada na treva. A filosofia é vitoriosa enquanto se limita a repelir o ataque que os teólogos lançam contra a filosofia usando as armas da filosofia. Mas ela sofre, por sua vez, uma derrota tão logo dá início à sua própria ofensiva, tão logo tenta refutar não as provas necessariamente inadequadas da revelação, mas a própria revelação.

---

[66] Francis Bacon, "Do Ateísmo", em *Ensaios* (1625). (N. T.)
[67] Leo Strauss se refere ao ideal estoico da serenidade (*apatheia*) como condição e produto da vida segunda a razão (a vida feliz. Cf. Sêneca, *Epistolae ad lucilium*, ep. 47) e, em especial, à leitura que Espinosa faz dele na *Ética* e no *Tratado Teológico-Político*, em que a serenidade é interpretada sob a perspectiva da crítica da religião – no *Prefácio* da obra a esperança e o medo são colocados, juntamente com a ignorância, como a raiz e a origem de toda religião, em especial a religião revelada. A mesma coisa fará David Hume, no século seguinte, com a sua *História Natural da Religião*. (N. T.)

4.

Pois bem, existe hoje, segundo creio, uma visão que ainda é muito comum, e que era muito difundida entre os livres-pensadores dos séculos XIX e XX, de que a ciência moderna e a crítica histórica refutaram a revelação. Ora, eu diria que elas não refutaram sequer a ortodoxia mais fundamentalista. Examinemos a questão. Primeiro temos o célebre exemplo, que ainda desempenhava um papel tão importante no século XIX e, para aqueles entre nós criados em meios conservadores ou ortodoxos, em nossas próprias vidas. A Idade da Terra é muito maior do que supunham os relatos bíblicos, mas esse é obviamente um argumento bastante falho. A refutação pressupõe que tudo acontece naturalmente; mas isso é negado pela Bíblia. A Bíblia fala de criação; a criação é um milagre, *o* milagre. Todos os dados fornecidos pela geologia, pela paleontologia, etc., são válidos contra a Bíblia apenas na premissa de que nenhum milagre tenha intervindo. O argumento do livre pensamento está, na verdade, baseado em mau pensamento. Ele faz uma petição de princípio. Da mesma forma, a crítica textual – as inconsistências, repetições e outras deficiências aparentes do texto bíblico: se o texto for divinamente inspirado, todas essas coisas significam algo inteiramente diferente daquilo que significariam se estivéssemos autorizados a supor que a Bíblia é um livro meramente humano. Então elas seriam apenas deficiências, enquanto no outro caso são mistérios.

A crítica histórica pressupõe a descrença na inspiração verbal. O ataque, o célebre e bem-sucedido ataque levado a cabo pela ciência e pela crítica histórica contra a revelação está baseado na exclusão dogmática da possibilidade dos milagres e da inspiração verbal. Aqui vou limitar-me a discutir apenas os milagres, porque a inspiração verbal é, em si mesma, um milagre. Ora, esse ataque, que se encontra na base de todos os argumentos científicos e históricos, seria defensável se soubéssemos que milagres são impossíveis. Então, seríamos capazes de tirar todas essas conclusões. Mas o que isso significa? Teríamos de estar de posse de uma prova, seja da não existência de um Deus onipotente, o único capaz de operar os milagres, ou de que os milagres são incompatíveis com a natureza de Deus. Não vejo nenhuma outra alternativa. Ora, a primeira alternativa – uma prova da não existência de um Deus onipotente – pressuporia que temos um conhecimento perfeito do todo, de modo que, conhecendo todos os cantos dele, não houvesse espaço para um Deus onipotente. Em outras palavras, a pressuposição é o sistema filosófico acabado. Temos a solução de todos os enigmas. No entanto, penso que podemos desconsiderar essa possibilidade como absurda. A segunda alternativa – a saber, que os milagres são incompatíveis com a natureza de Deus – pressuporia o conhecimento humano da natureza de Deus: em linguagem tradicional, a teologia natural. Com efeito, a base, a base esquecida do livre-pensamento moderno, é a teologia natural. No tempo em que as batalhas decisivas foram empreendidas, não no século XIX, mas no XVII e XVIII, as tentativas de refutação dos milagres, etc., estavam baseadas num pretenso conhecimento da natureza de Deus – e teologia natural é o nome técnico dessa pretensão.

Deixe-me esboçar o caráter geral desse argumento. Deus é o ser mais perfeito. É isso que todos os homens querem indicar com a palavra Deus, independentemente de Ele existir ou não. Ora, os filósofos alegam que podem provar a incompatibilidade da revelação e de todo outro milagre com a perfeição divina. Essa é uma longa história, escrita não apenas nos séculos XVII e XVIII, mas evidentemente também na Idade Média. Tentarei esboçar esse argumento remontando às suas raízes humanas. Fundamentalmente o argumento filosófico da teologia natural se baseia numa analogia com a perfeição humana. Deus é o ser mais perfeito. Mas conhecemos empiricamente a perfeição apenas sob a forma da perfeição humana, e considera-se que a perfeição humana é representada pelo sábio ou pela mais alta aproximação humana da sabedoria. Por exemplo, da mesma forma que o sábio não inflige castigos eternos aos falhos seres humanos, tampouco o faria Deus, que é ainda mais perfeito do que ele. Um sábio não faz coisas tolas ou sem propósito, mas usar o milagre da inspiração verbal, por exemplo, com o fim de dizer a um profeta o nome de um rei pagão que governará séculos mais tarde, isso seria uma tolice. É esse argumento que está por trás da segunda alternativa de refutação da revelação ou algo do tipo. A isso eu responderia: a perfeição de Deus implica que ele é incompreensível. Os caminhos de Deus podem parecer tolos ao homem; isso não significa que eles são tolos. Em outras palavras, a teologia natural teria de livrar-se da incompreensibilidade de Deus para refutar a revelação, e isso ela nunca fez.

Um homem tentou forçar a questão negando a incompreensibilidade da essência de Deus, e esse homem foi Espinosa. [Devo dizer de passagem que, nessa discussão, apoiei-me fortemente na minha análise desses temas em Espinosa.[68]] Pode-se aprender muito de Espinosa, que é, com certeza, o mais

---

[68] Esta análise, desenvolvida como uma pesquisa de doutorado, encontra-se publicada como *Spinoza's Critique of Religion*. Chicago, University of Chicago Press, 1997 (1930). (N. T.)

extremo dos críticos modernos da revelação, não necessariamente em seu pensamento, mas decerto na expressão do seu pensamento. A esse respeito, gosto de citar a observação de Hobbes, que, como se sabe, foi um homem extremamente audaz, que disse não ter ousado escrever com tanta ousadia quanto Espinosa.[69] Ora, é, com efeito, Espinosa quem diz: "Temos um conhecimento adequado da essência de Deus", e, se temos de fato esse conhecimento, Deus é, como resta evidente, plenamente compreensível.[70] O que Espinosa chamava de conhecimento adequado da essência de Deus levava à consequência de que milagres de qualquer espécie são impossíveis. Mas o que dizer do conhecimento adequado que tinha Espinosa da essência de Deus? Consideremo-lo por um instante, porquanto não se trata, realmente, de um caso singular ou acidental. [Muitos de vocês já devem ter travado conhecimento com a *Ética* de Espinosa, a exposição desse conhecimento.] A *Ética* de Espinosa começa, como se sabe, com algumas definições. Ora, essas definições são, em si mesmas, absolutamente arbitrárias, em especial a célebre definição de substância: substância é aquilo que existe em si e é por si concebido.[71] Mas se as definições são arbitrárias, as conclusões também o são. As definições básicas não são, entretanto, arbitrárias se as consideramos em vista da sua função. Espinosa estabelece, com essas definições, as condições que devem ser satisfeitas para que o todo seja plenamente inteligível. Mas elas não provam que essas condições são, de fato, satisfeitas – isso depende do sucesso da empresa espinosiana. A prova reside no sucesso. Se Espinosa for capaz de fazer um relato claro e distinto de tudo, então seremos confrontados com essa situação. Temos um relato claro e distinto do todo, e, de outro lado, relatos obscuros do mesmo todo, um dos quais é o relato bíblico. Com efeito, toda pessoa sã vai preferir o relato claro e distinto ao obscuro. Esta é, penso, a verdadeira prova que Espinosa deseja dar. Mas o relato espinosista do todo é realmente claro e distinto? Aqueles que já experimentaram examinar, por exemplo, a sua análise das emoções não ficaram tão seguros disso. Mais do que isso, mesmo que seja claro e distinto, ele é necessariamente verdadeiro? Sua clareza e sua distinção não se devem ao fato de que Espinosa faz abstração daqueles elementos do todo que não são claros

---

[69] A anedota, provavelmente verdadeira, é contada por John Aubrey em seu *Brief Lives* (1669-1696). (N. T.)

[70] A afirmação completa é: "A alma humana tem um conhecimento adequado da essência eterna e infinita de Deus". *Ética*, parte II, prop. 47. (N. T.)

[71] *Ética*, parte I, def. 3. (N. T.)

e distintos e que jamais podem ser tornados claros e distintos? Ora, no sentido fundamental, o procedimento de Espinosa é o mesmo da ciência moderna de acordo com a sua concepção original – tornar o universo inteiramente claro e distinto, uma unidade inteiramente matematizável.

Deixe-me resumir tudo isso que acabo de dizer: a refutação histórica da revelação – e eu digo que isso não muda quando se toma a revelação no sentido mais fundamentalista do termo – pressupõe a teologia natural porque a refutação histórica sempre pressupõe a impossibilidade dos milagres, e a impossibilidade dos milagres é, em última instância, garantida apenas pelo conhecimento de Deus. Ora, uma teologia natural que satisfaça essa exigência pressupõe, por sua vez, uma prova de que a natureza de Deus é compreensível, e isso, a seu turno, requer a finalização e o fechamento do sistema verdadeiro, do relato verdadeiro e adequado sobre o todo. Considerando que esse relato verdadeiro e adequado, e não simplesmente claro e distinto, do todo, decerto, não se encontra disponível, [podemos dizer que] a filosofia nunca refutou a revelação. Assim como, para voltar ao que disse há pouco, tampouco a revelação, ou melhor, a teologia, logrou refutar a filosofia. Pois, do ponto de vista da filosofia, a revelação é apenas uma possibilidade; além disso, o homem, a despeito do que dizem os teólogos, pode, sim, viver como filósofo, quer dizer, não tragicamente. A mim me parece que todas essas tentativas feitas, por exemplo, por Pascal entre outros, de provar que a vida da filosofia é fundamentalmente miserável, pressupõem a fé; elas não são aceitáveis e possíveis como uma refutação da filosofia. Falando em termos gerais, eu diria que todas as supostas refutações da revelação pressupõem a descrença na revelação, assim como todas as supostas refutações da filosofia pressupõem a fé prévia na revelação. Não parece haver terreno comum aos dois campos e, portanto, algo superior a eles.

Se eu dissesse coloquialmente que os filósofos nunca refutaram a revelação e os teólogos nunca refutaram a filosofia, a afirmação soaria plausível, considerando a enorme dificuldade do problema sob qualquer ponto de vista. E, nesse sentido, pode, com efeito, ser dito que afirmamos algo deveras trivial; mas, para mostrar que a coisa não é tão trivial quanto parece, eu gostaria de apresentar o seguinte pensamento à guisa de conclusão. Observando que, aqui, quando eu uso o termo filosofia é no seu sentido vago e ordinário, que inclui qualquer orientação racional no mundo, inclusive a ciência e aquilo que todos possuímos, o senso comum. Pois bem, se o uso que faço é correto, a filosofia tem de admitir a possibilidade da revelação. Ora, isso significa que é possível que a própria filosofia não seja o modo de vida correto. Ela não é necessariamente nem evidentemente o modo correto de vida, porque existe essa possibilidade da revelação. Mas o que, então, significa escolher a filosofia nessas condições? Nesse caso, a escolha da filosofia está baseada na fé. Em outras palavras, a busca do conhecimento evidente se apoia numa premissa não evidente. E a mim parece que essa dificuldade está na base de todo filosofar atual e que é essa dificuldade que está na base daquilo que em ciências sociais é chamado de o problema do valor: que a filosofia ou ciência, como quer que seja chamada, é incapaz de prestar contas com evidência da sua própria necessidade. Eu não acho que tenha de provar que mostrar a utilidade prática da ciência, natural ou social, não prova, evidentemente, e de modo algum, a sua necessidade. Quer dizer, eu não vou falar dos grandes sucessos das ciências sociais, porque eles não são tão impressionantes assim; mas, quanto aos grandes sucessos das ciências naturais, nós que vivemos na era da bomba de hidrogênio sabemos que é uma questão completamente em aberto se esse esforço é, de fato, razoável com vistas à sua utilidade prática. Essa não é, como resta claro, a razão mais importante no âmbito teórico; mas ela tem desempenhado, no âmbito prático, um importante papel.

9. O que é educação liberal?

Educação liberal é educação na cultura ou para a cultura. O produto acabado de uma educação liberal é um ser humano cultivado. "Cultura" (*cultura*) significa, em sentido primário, agricultura: o cultivo do solo e seus produtos, o cuidado com o solo, o seu melhoramento de acordo com a sua natureza. Em sentido derivado, e hoje, o mais das vezes, "cultura" indica o cultivo da mente, o cuidado e o aperfeiçoamento das faculdades nativas da mente de acordo com a sua natureza. Assim como o solo tem necessidade de alguém que o cultive, a mente precisa de professores. Mas professores não surgem tão facilmente quanto agricultores. Eles mesmos são alunos e devem sê-lo. Mas não pode haver um regresso infinito: em última instância, deve haver professores que não sejam, por sua vez, alunos. Esses professores que não são alunos são as grandes mentes, ou, para evitar qualquer ambiguidade num assunto de tamanha importância, as maiores mentes. Esses homens são extremamente raros. Não é provável que encontremos um deles numa sala de aula. Não é provável que os encontremos em qualquer lugar. É um golpe de sorte ter como contemporâneo um único que seja. Para todos os efeitos práticos, alunos, não importa seu grau de proficiência, têm acesso a professores que não são, por sua vez, alunos, isto é, às maiores mentes, somente através dos grandes livros. De modo que a educação liberal consistirá em estudar com o devido cuidado os grandes livros que as grandes mentes nos legaram – um estudo no qual os alunos mais experientes ajudam os menos experientes, inclusive os iniciantes.

Não é uma tarefa fácil, como fica claro quando consideramos a fórmula que acabo de mencionar. Essa fórmula requer um longo comentário. Muitas vidas foram gastas, e ainda o serão, escrevendo este comentário. Por exemplo, o que se quer dizer com a observação de que os grandes livros devem ser lidos "com o devido cuidado"? Nesse momento, menciono apenas uma dificuldade, que é óbvia para cada um de vocês: as maiores mentes não nos dizem as mesmas coisas sobre os temas mais importantes; a comunidade das maiores mentes é marcada pela discórdia e mesmo por vários tipos de discórdia. Quaisquer que sejam as outras consequências desse fato, uma consequência certa é que a educação liberal não pode reduzir-se à simples doutrinação. Mas faço questão de mencionar outra dificuldade. "Educação liberal é educação na cultura." Em qual cultura? Nossa resposta é: cultura no sentido da tradição ocidental. Não obstante, a ocidental é apenas uma cultura entre muitas. Ao nos limitarmos à cultura ocidental, não condenamos a educação liberal a uma espécie de paroquialismo? E o paroquialismo não é incompatível com a liberalidade, a generosidade, a largueza de visão que definem a educação liberal? Nossa noção de educação liberal parece não se adequar a uma era que se mostra consciente do fato de que não há *a* cultura *da* mente humana, mas uma variedade de culturas. Obviamente, o termo cultura, quando suscetível de ser usado no plural, não é realmente a mesma coisa que cultura concebida como um *singulare tantum*, que pode ser usado no singular. Cultura já não é mais, como se costuma dizer, um absoluto, tendo-se tornado relativo. Não é fácil dizer o que é "cultura", quando suscetível de ser usada no plural, quer dizer. Em consequência dessa obscuridade já se sugeriu, explícita ou implicitamente, que cultura é todo padrão de conduta adotado por um grupo humano. Razão pela qual não hesitamos em falar da cultura dos subúrbios ou da cultura das gangues juvenis, tanto as delinquentes quanto as não. Em outras palavras, todo ser humano que esteja fora dos asilos de loucos é um ser humano aculturado, na medida em que participa de uma cultura. Nas fronteiras da pesquisa surge, inclusive, a questão de se não há também a cultura dos internados em manicômios. Quando comparamos o uso do termo "cultura" nos tempos atuais com o seu significado original, é como se ouvíssemos alguém dizer que cultivar um jardim pode consistir em amontoar latas e garrafas de uísque vazias e papéis usados de vários tipos e jogá-los a esmo sobre um pedaço de terra.

Nesse ponto, nos damos conta de que, de alguma forma, nós nos perdemos no caminho. Comecemos, então, do zero, levantando a seguinte questão: o que "educação liberal" pode significar aqui e agora?

Educação liberal é educação letrada de um determinado tipo, um tipo de educação nas letras ou através das letras. Não há, aqui, qualquer necessidade de defender o letramento; todo eleitor sabe que a democracia moderna depende inteiramente da alfabetização. Para entender essa necessidade, devemos refletir sobre a democracia moderna. O que é a democracia moderna? Já foi dito que a democracia é o regime que depende inteiramente da virtude: uma democracia é um regime no qual todos ou a maior parte dos adultos são homens de virtude, e, uma vez que a virtude parece exigir sabedoria, um regime no qual todos ou a maior parte dos adultos desenvolveram em alto grau a sua razão, isto é, *a* sociedade racional. Numa palavra, a democracia devia ser um regime aristocrático ampliado numa espécie de aristocracia universal. Antes da emergência da democracia moderna havia dúvidas a respeito de se a democracia assim entendida era possível. Como disse uma das duas maiores mentes entre os teóricos da democracia,[1] "se houvesse um povo de deuses, ele se governaria democraticamente. Um governo tão perfeito não convém aos seres humanos". Mas esse questionamento, a princípio tímido e silencioso, tornou-se agora uma voz de grande poder.

Existe toda uma ciência – a ciência que eu, entre milhares, ensino, a ciência política – que, por assim dizer, não tem outro tema que não o contraste entre a concepção original de democracia, ou o que podemos chamar de o ideal da democracia, e a democracia tal como ela se apresenta. Segundo uma visão extrema, que é a visão predominante na profissão, o ideal da democracia foi nada mais que uma ilusão, e a única coisa que conta é o comportamento das democracias e o comportamento dos homens nas democracias. A democracia moderna, longe de ser uma aristocracia universal, não seria senão o governo das massas, não fosse o fato de que as massas não têm como governar, sendo governadas pelas elites, isto é, por grupos de homens que, não importa as razões, estão por cima ou pelo menos têm uma boa chance de chegar lá. Diz-se, portanto, que uma das virtudes mais importantes para o bom funcionamento da democracia, no que diz respeito às massas, é a apatia eleitoral, isto é, a falta

---

[1] Leo Strauss tem em mente Rousseau, o autor da citação (*Do Contrato Social*, III, 4). A segunda "grande mente" é Montesquieu. (N. T.)

de espírito público; não, com efeito, o sal da terra, mas o sal da democracia moderna são os cidadãos que nada leem a não ser a página de esportes e as tiras de humor. Assim, democracia não é governo de massa, mas cultura de massa. Uma cultura de massa é uma cultura que pode ser apropriada pelas menores capacidades sem qualquer esforço moral ou intelectual e a um preço monetário bastante baixo. Porém, mesmo uma cultura de massa, e precisamente uma cultura de massa, requer um suprimento constante das chamadas novas ideias, que são o produto do que se chama de mentes criativas: mesmo os comerciais mais divertidos perdem o apelo se não forem substituídos de tempos em tempos. Mas a democracia, mesmo quando é entendida como a concha dura que protege o cerne mole da cultura de massa, requer, no longo prazo, qualidades de uma espécie inteiramente diferente: dedicação, concentração, amplitude e profundidade. E com isso entendemos mais facilmente o que a educação liberal significa aqui e agora. A educação liberal é o antídoto para o veneno da cultura de massa, à sua tendência intrínseca a produzir nada mais que "especialistas sem visão e sem espírito e voluptuários sem coração".[2] A educação liberal é a escada pela qual tentamos ascender da democracia liberal para a democracia em seu sentido original. A educação liberal é o esforço necessário para fundar uma aristocracia no interior da sociedade democrática de massa. Ela leva aqueles membros da democracia de massa que têm ouvidos para ouvir a recordar-se da grandeza humana.

Alguém pode dizer que essa noção de educação liberal é meramente política, que ela assume dogmaticamente a bondade da democracia moderna. Não podemos dar as costas à sociedade moderna? Não podemos retornar à natureza, à vida das tribos pré-letradas? Não estamos esmagados, nauseados, degradados pela massa de materiais impressos, os túmulos de tantas florestas belas e majestosas? Não basta dizer que se trata de mero romantismo, que hoje não podemos retornar à natureza: as próximas gerações não podem, depois de um cataclismo causado pelo homem, ser obrigadas a viver em tribos iletradas? Os nossos pensamentos a respeito da guerra termonuclear não serão afetados por essas perspectivas? O que há de certo é que os horrores da cultura de massa (que incluem visitas guiadas à natureza intocada) tornam inteligível o anseio por um retorno à natureza. Uma sociedade iletrada em sua melhor acepção

---

[2] A citação direta (com modificações) é de Max Weber, *A Ética Protestante e o Espírito do Capitalismo*. Ela remete, muito provavelmente, ao poeta francês Paul Valéry, em cuja obra, entretanto, a citação não foi encontrada. (N. T.)

é uma sociedade governada por costumes ancestrais que ela faz remontar aos fundadores originais, aos deuses, ou filhos ou pupilos dos deuses; uma vez que não existem letras nessa sociedade, os descendentes mais recentes não podem entrar em contato direto com os fundadores originais; eles não têm como saber se seus pais ou os pais de seus pais não se desviaram do desejo e das determinações dos fundadores originais, ou se eles não subverteram a mensagem divina com adições ou abstrações meramente humanas; de modo que uma sociedade iletrada não pode agir consistentemente com base no seu princípio de que o melhor é o mais antigo. Apenas textos que remontam aos ancestrais podem tornar possível aos fundadores falar diretamente com seus descendentes atuais. É, portanto, autocontraditório o desejo de retorno ao iletramento. Somos obrigados a conviver com os livros. Nessa questão, assim como em tantas outras, fazemos bem em tomar como modelo aquele entre as maiores mentes que, em razão do seu bom senso, é *o* mediador entre nós e as maiores mentes. Sócrates jamais escreveu um livro; mas ele lia livros. Deixem-me citar uma declaração de Sócrates que diz quase tudo o que há para ser dito sobre o nosso tema com aquela simplicidade nobre e grandeza serena[3] dos antigos:

> Assim como outros têm prazer na visão de um bom cavalo, de um bom cão ou pássaro, eu tenho muito mais prazer na companhia dos bons amigos [...] E os tesouros dos homens sábios dos tempos antigos que eles deixaram escrevendo-os nos livros, eu os descubro e percorro com meus amigos, e, quando damos com algo de bom, o recolhemos e o reconhecemos como um grande ganho se, dessa forma, tornamo-nos úteis uns para os outros.[4]

O homem que nos transmite essa declaração observa em seguida: "Quando ouvi isso, pareceu-me que Sócrates era abençoado e que ele estava levando aqueles que o ouviam em direção à perfeita nobreza". O relato é defeituoso, na medida em que nada nos diz a respeito do que Sócrates fazia com essas passagens dos livros dos sábios dos tempos antigos que ele não sabia se eram boas ou ruins. De outro relato aprendemos que Eurípides uma vez o presenteou

---

[3] *Noble simplicity and quiet greatness (ou grandeur – edle Einfalt und stille Größe)*: a fórmula, das mais célebres, foi cunhada pelo fundador do neoclassicismo alemão, Johann Joachim Winckelmann, a propósito do ideal artístico da escultura e da pintura gregas (na obra, de 1755, *Reflexões sobre a Imitação das Obras Gregas na Pintura e na Escultura*).
[4] Xenofonte, *Memoráveis*, I, VI, 14.

com o livro de Heráclito e perguntou-lhe qual era sua opinião a respeito dele. Sócrates disse: "O que eu entendi é grande e nobre; acredito que o mesmo é verdadeiro para o que não entendi; mas o caso é que, deveras, para compreender esse livro é preciso ser um grande mergulhador".[5]

A educação para a nobreza perfeita, para a excelência humana, a educação liberal consiste em fazer recordar a excelência e a grandeza humanas. De que maneira, por que meios a educação liberal nos faz recordar da grandeza humana? É impossível ter em conta alta demais o que a educação liberal deve significar. É conhecida a opinião de Platão de que educação no sentido mais alto é filosofia. Filosofia é a busca da sabedoria ou a busca do conhecimento relativo às coisas mais importantes, mais altas e mais abrangentes. Este conhecimento, como ele sugeriu, é virtude e felicidade. Mas a sabedoria é inacessível ao homem, de modo que a virtude e a felicidade serão sempre imperfeitas. A despeito disso, Platão diz do filósofo, que, enquanto tal, não é simplesmente sábio, que ele é o único rei verdadeiro; que ele possui todas as excelências de que a mente do homem é capaz, e no mais alto grau. Disso devemos concluir que não podemos ser filósofos – que não podemos adquirir a forma mais alta de educação. Não devemos nos deixar enganar pelo fato de encontrarmos muita gente que se diz filósofa. Pois essas pessoas fazem uso de uma expressão vaga que talvez seja necessária em razão de conveniências administrativas. Porém, não raro, tudo o que elas querem dizer com isso é que são membros de departamentos de filosofia. E é tão absurdo esperar que membros de departamentos de filosofia sejam filósofos quanto que membros de departamento de artes sejam artistas. Não podemos ser filósofos, mas podemos amar a filosofia; podemos tentar filosofar. Seja como for, esse filosofar consiste primária e, em certo sentido, principalmente em ouvir a conversa entre os grandes filósofos, ou, de maneira mais geral e mais cautelosa, entre as maiores mentes, e, portanto, estudar os grandes livros. As maiores mentes que devemos ouvir não se resumem, de modo algum, às grandes mentes do Ocidente. É apenas uma infeliz necessidade nossa impossibilidade de ouvir as grandes mentes da Índia e da China: não compreendemos as suas línguas, e não podemos aprender todas as línguas.

Mais uma vez: a educação liberal consiste em ouvir a conversa das maiores mentes. Mas aqui somos confrontados com a acachapante dificuldade de

---

[5] Diógenes Laércio, *Vidas e Doutrinas dos Filósofos Ilustres*, II, 22.

que essa conversa não acontece sem a nossa ajuda – que, de fato, temos que trazê-la à tona ou provocá-la. As maiores mentes compuseram monólogos. Cabe a nós transformar seus monólogos em diálogo, o seu "lado a lado" em um "frente a frente". As maiores mentes fazem monólogos mesmo quando compõem diálogos. Quando examinamos os diálogos platônicos, observamos que jamais há diálogo entre mentes da mais alta ordem: todos os diálogos platônicos envolvem um homem superior e um inferior. Platão, aparentemente, percebeu que não era possível escrever um diálogo entre dois homens da mais alta ordem. Devemos, portanto, fazer algo que as maiores mentes foram incapazes de fazer. Encaremos essa dificuldade – uma dificuldade tão grande que parece condenar ao absurdo a educação liberal. Uma vez que as maiores mentes se contradizem umas às outras a respeito das questões mais importantes, elas nos obrigam a julgar os seus monólogos. Não podemos simplesmente aceitar o que uma delas diz. Por outro lado, não podemos deixar de notar que não somos juízes competentes.

Esse estado de coisas nos é dissimulado por uma série de ilusões fáceis. De alguma forma, acreditamos que o nosso ponto de vista é superior, mais alto que o das maiores mentes – seja porque corresponde ao ponto de vista do nosso tempo, e o nosso tempo, sendo posterior ao tempo das maiores mentes, é supostamente superior ao tempo delas, seja porque acreditamos que cada uma das maiores mentes estava certa em seu próprio ponto de vista, embora não, como todas alegaram, pura e simplesmente estava certa: sabemos que não pode haver *a* visão substantivamente verdadeira, mas apenas uma visão verdadeira do ponto de vista formal. Esta visão formal consiste no *insight* de que toda visão do todo se relaciona a uma perspectiva específica, ou de que todas as visões do todo são mutuamente exclusivas e não podem ser simplesmente verdadeiras. As ilusões fáceis que nos dissimulam a nossa verdadeira situação se resumem a isto: que somos, ou podemos ser, mais sábios do que os mais sábios homens do passado.[6] Somos, assim, induzidos a desempenhar o papel não de audiência atenta e dócil, mas de donos do circo ou domadores de leão. Não obstante, devemos encarar nossa incrível situação criada pela necessidade de tentar ser mais que ouvintes atentos e dóceis, vale dizer, juízes, e ainda assim não termos competência para isso. Tal como se me afigura, a causa

---

[6] Experimente-se ler essa reflexão sobre a nossa leitura dos antigos à luz dos comentários de Leo Strauss sobre o historicismo, especialmente no ensaio *O Direito Natural e a Abordagem Histórica*. (N. T.)

dessa situação é que perdemos todas as tradições (e sua autoridade) em que podíamos confiar, o *nomos* que nos guiava, porque nossos professores e os professores dos seus professores acreditaram na possibilidade de uma sociedade simplesmente racional. Cada um de nós é obrigado a achar seu caminho por suas próprias forças, não importa em que medida elas sejam insuficientes.

Não temos outro consolo que não aquele que é inerente a essa atividade. A filosofia, segundo aprendemos, tem de ficar de guarda contra o desejo de ser edificante – a filosofia só pode ser edificante de modo intrínseco. Não podemos exercer o nosso entendimento sem, de tempos em tempos, entender algo importante: e esse ato de entendimento deve ser acompanhado da consciência do nosso entendimento, do entendimento do entendimento, a *noesis noeseos*, uma experiência tão alta, tão nobre, tão pura que Aristóteles pôde atribuí-la ao seu Deus.[7] Esta experiência é inteiramente independente de se o que entendemos é, primordialmente, agradável ou desagradável, bonito ou feio. Ela nos leva à percepção de que todos os males são, em certo sentido, necessários se tem de haver entendimento. Ela nos torna capazes de aceitar todos os males que nos abatem e que podem partir nossos corações no espírito de bons cidadãos da Cidade de Deus. Ao nos tornarmos conscientes da dignidade da mente, percebemos o verdadeiro fundamento da dignidade do homem e, com ela, da bondade do mundo, independentemente de o entendermos como criado ou incriado [eterno], posto que o mundo é a casa do homem porque é a casa da mente humana.

A educação liberal, que consiste na constante interação com as maiores mentes, é um treinamento na forma mais alta de modéstia, para não dizer de humildade. É, ao mesmo tempo, um treinamento para a ousadia: ela demanda de nós um rompimento completo com o barulho, a correria, a desatenção e a vulgaridade da Feira das Vaidades dos intelectuais e seus inimigos. Ela exige de nós a ousadia presente na determinação de encarar as visões correntes como meras opiniões, ou as opiniões em voga como opiniões extremas que têm pelo menos tanta probabilidade de estar erradas quanto as opiniões mais estranhas e menos populares. A educação liberal significa libertação da vulgaridade. Os gregos tinham uma bela palavra para indicar a "vulgaridade"; eles a chamavam de *apeirokalia,* falta de experiência nas coisas belas. A educação liberal nos propicia experiência nas coisas belas.

---

[7] *Metafísica*, XII, 1072b. (N. T.)

10. Educação liberal e responsabilidade

Quando fui abordado pelo *Fundo Para Educação Superior* com a sugestão de que preparasse um ensaio sobre "Educação Liberal e Responsabilidade", minha reação inicial não foi de prazer. Embora eu seja, de muitas formas, dependente da administração da educação e, portanto, de organizações voltadas à educação, a minha tendência é olhar para essas coisas, quando as olho, com aquele espanto que nasce tanto da gratidão quanto da apreensão misturada à ignorância. Eu achava que era o meu trabalho, a minha responsabilidade, dar o melhor de mim na sala de aula, nas conversas com os alunos, sem qualquer consideração pelo fato de eles estarem ou não matriculados, e, o que não é de modo algum menos importante, em meus estudos em casa. Reconheço que a educação é, em certo sentido, o tema principal das minhas aulas e da minha pesquisa. Mas eu me ocupo quase exclusivamente da meta ou do fim da educação em seu sentido mais alto ou melhor – a educação do, por assim dizer, príncipe perfeito – e muito pouco com as suas condições e seus meios. As condições mais importantes, segundo me parece, são as qualidades do educador e do ser humano que deve ser educado; no caso da forma mais alta de educação, essas condições são muito raramente satisfeitas, e nada se pode fazer para produzi-las; as únicas coisas que podemos fazer a respeito são não interferir com a sua interação e evitar essa interferência. Quanto aos meios, eles são conhecidos uma vez que se saiba o que a educação deve fazer a um ser humano e uma vez que se saiba a finalidade da educação. Decerto existem as regras do *metier*. Quase todo ano me reúno com os alunos mais avançados do meu departamento para discutir com eles como ensinar teoria política na universidade. Uma vez, em uma dessas ocasiões, um aluno perguntou-me se eu não podia oferecer a ele uma regra geral relativa à educação. Eu respondi: "Sempre presuma que há um aluno silencioso em sua aula que lhe é em muito superior em mente e coração". O que eu quis dizer com isso: não tenha uma opinião alta demais de sua importância, mas tenha a mais alta opinião do seu dever, da sua responsabilidade.

Há outra razão para eu ter ficado um tanto intrigado ao preparar este ensaio. Essa razão tem a ver com a palavra "responsabilidade". Pois é claro que educação liberal e responsabilidade não são idênticas. Elas podem não ser separáveis. Mas, antes que se possa discutir a relação entre as duas coisas, seria preciso saber o que cada uma delas é. Quanto à palavra "responsabilidade", ela anda muito em voga hoje, e eu mesmo a tenho usado de tempos em tempos, como na verdade acabei de usá-la. No sentido em que ela é usada com mais frequência, trata-se de um neologismo. É, creio eu, o substituto da moda de palavras como "dever", "consciência" ou "virtude". Com frequência, dizemos sobre alguém que ele é um homem responsável, ali onde as pessoas de gerações passadas teriam dito que ele é um homem justo ou consciencioso ou um homem virtuoso. No sentido primário, um homem é responsável se pode ser responsabilizado pelo que faz – por exemplo, por um assassinato; ser responsável está tão longe de ser o mesmo que virtuoso que se apresenta meramente como a condição para ser virtuoso ou vicioso. Ao substituir virtude por responsabilidade, provamos ser muito mais fáceis de satisfazer que nossos ancestrais, ou, talvez mais precisamente, supomos que ao ser responsável já se é virtuoso ou que nenhum homem vicioso é responsável pela sua viciosidade. Há um parentesco entre "responsabilidade" assim entendida e "decência" tal como por vezes é usada pelos ingleses: se um homem se arruína para salvar alguém completamente estranho, o estranho, se inglês, deve agradecê-lo dizendo: "Foi muito decente da sua parte fazer isso". Parecemos rejeitar as grandes palavras antigas e talvez as coisas que elas indicam, preferindo a elas, por delicadeza ou zelo prático, expressões mais atenuadas. Seja como for, minhas apreensões foram causadas pela consciência da minha ignorância a respeito do que a substituição do dever e da virtude pela responsabilidade vem a significar.

Eu decerto senti que estava particularmente mal preparado para dirigir-me a educadores profissionais sobre o tema "Educação e Responsabilidade". Mas então foi-me informado, para meu alívio, que a única coisa que se esperava de mim era a explicação de algumas declarações presentes em meu discurso "O que é educação liberal?". As declarações são as seguintes: "A educação liberal é a escada pela qual tentamos ascender da democracia liberal à democracia em seu sentido original. A educação liberal é o esforço necessário para fundar uma aristocracia no interior da sociedade democrática de massa".

Começando do começo, a palavra "liberal" teve, no princípio, assim como tem agora, um significado político, mas o seu significado político original é quase o oposto do significado atual. Originalmente, um homem liberal era um homem que se comportava de maneira apropriada a um homem livre, concebido em oposição ao escravo. "Liberalidade" fazia referência (por oposição), então, à escravidão, e a pressupunha. Um escravo é um ser humano que vive para outro ser humano, para o seu senhor; em certo sentido, ele não tem uma vida própria: ele não tem tempo para si. O senhor, por outro lado, tem todo o seu tempo para si, isto é, para as atividades que lhe são afeitas: a política e a filosofia. Não obstante, há muitos homens livres que são quase como escravos, porque têm muito pouco tempo para si, posto que precisam trabalhar para a sua sobrevivência e descansar para trabalhar de novo no dia seguinte. Esses homens livres sem tempo livre são os pobres, a maioria dos cidadãos. O homem verdadeiramente livre, que pode viver de modo apropriado a um homem livre, é o homem ocioso (lit. o homem de ócio), o cavalheiro[1] que possui necessariamente alguma riqueza – mas riqueza de determinado tipo: um tipo de riqueza cuja administração, para não falar da aquisição, não toma a maior parte do seu tempo, podendo ser administrada pela supervisão de profissionais adequadamente treinados; o cavalheiro será, assim, proprietário de terra e não um comerciante ou empreendedor. Contudo, se passar a maior parte do seu tempo no campo, ele não terá disponibilidade suficiente para as atividades adequadas à sua condição. Assim, ele deve viver na cidade. Mas seu modo de vida estará à mercê daqueles entre seus compatriotas que não são cavalheiros se ele e seus iguais não governarem: o que equivale a dizer que o modo de vida dos cavalheiros não está assegurado, a não ser que eles sejam

---

[1] "Cavalheiro", *gentleman*, em inglês, é usado aqui no sentido original do espanhol *caballero*, que dá origem ao equivalente em português: homem nobre e virtuoso. (N. T.)

os governantes não questionados da cidade, isto é, se o regime da cidade não for aristocrático.

Um homem torna-se um cavalheiro pela educação, pela educação liberal. A palavra grega para educação é derivada da palavra grega para criança: educação em geral, e, logo, a educação liberal em particular, não é primariamente, para dizer o mínimo, a educação dos adultos. A palavra grega para educação é parente da palavra grega para jogo, e a atividade do cavalheiro é enfaticamente séria; com efeito, os cavalheiros são "os homens sérios". Eles são sérios porque se ocupam das questões mais decisivas, das únicas coisas que merecem ser tomadas seriamente em si mesmas, a boa ordem da alma e da cidade. A educação do cavalheiro potencial é a lúdica antecipação da vida do cavalheiro. Ela consiste, acima de tudo, na formação do caráter e do gosto. A fonte dessa educação são os poetas. É quase dispensável dizer que o cavalheiro precisa de habilidades. Para não falar de ler, escrever, contar, calcular, lutar, do manejo da lança e do domínio da arte da equitação, ele deve possuir a habilidade de administrar bem e nobremente os negócios da sua propriedade e da sua cidade em palavras e ações.[2] Ele adquire essa habilidade pelo convívio com cavalheiros mais velhos ou mais experientes, preferivelmente homens de Estado mais velhos, recebendo instrução de professores profissionais na arte de falar, lendo histórias e livros de viagem, meditando sobre as obras dos poetas e, é claro, tomando parte na vida política. Tudo isso requer tempo livre tanto da parte dos jovens quanto dos mais velhos, sendo, portanto, o apanágio de determinado tipo de gente afluente.

Esse fato dá ensejo à questão da justiça de uma sociedade que, no melhor dos casos, seria governada por cavalheiros que comandassem de pleno direito. O governo justo é aquele que governa no interesse de toda a sociedade e não meramente de uma parte dela. Os cavalheiros estão, portanto, na obrigação de mostrar para si mesmos e para os outros que o seu governo é o melhor para todos na cidade ou para a cidade como um todo. Mas a justiça requer que homens iguais sejam tratados igualmente, e não há uma boa razão para pensar

---

[2] Por estranha que pareça, essa descrição da vida e da formação do cavalheiro é clássica e se liga à formação atual e ideal da nobreza na Grécia Antiga: Leo Strauss a tira diretamente de Xenofonte (430-355 a.C.), discípulo de Sócrates, especialmente de obras como a *Ciropedia* (também conhecida como *"A educação de Ciro"*), o diálogo *Economicus* (*ho oikonomikos*) e a *Arte da Equitação*. Cf. o artigo do *Dicionário de Filosofia Política*, editado por Strauss, dedicado ao mesmo autor, *Xenofonte: Filósofo e Cavalheiro*. (N. T.)

que os cavalheiros sejam por natureza superiores ao vulgo. Os cavalheiros são, com efeito, superiores ao vulgo pela sua criação, mas a grande maioria dos homens é, por natureza, capaz da mesma criação se eles são pegos ainda novos, em seus berços; apenas o acidente do nascimento decide se certo indivíduo tem chance de tornar-se um cavalheiro ou se ele se tornará necessariamente um vilão.³ Portanto, a aristocracia é injusta. Os cavalheiros respondiam como se segue a essa objeção: a cidade como um todo é pobre demais para permitir a todo mundo criar seus filhos de maneira a torná-los cavalheiros; se você insistir em que a ordem social deve corresponder com precisão razoável à ordem natural – isto é, que homens que são mais ou menos iguais por natureza devem ser também iguais socialmente ou por convenção –, tudo que conseguirá produzir é um estado de lusco-fusco universal. Mas apenas com base numa concepção estreita de justiça, que deve sua evidência ao poder da paixão ignóbil da inveja, deve-se preferir um edifício chato, em toda parte igualmente plano, a uma estrutura que, de uma base plana, se ergue num estreito platô de distinção e de graça e que, assim, confere alguma graça e distinção inclusive à sua base.⁴ Deve, assim, haver uns poucos afluentes e bem nascidos e muitos pobres e de origem obscura. Não obstante, parece não haver nenhuma boa razão para que essa família seja eleita para a gentilidade enquanto aquela é condenada à indistinção. A seleção parece arbitrária, para dizer o mínimo. Seria, com efeito, tolo negar que a riqueza antiga, por vezes, tem suas origens esquecidas no crime. Mas é mais nobre acreditar, e provavelmente mais verdadeiro também, que as famílias antigas descendem dos primeiros ocupantes e dos líderes da guerra ou da sabedoria. E é decerto justo que se tenha gratidão para com elas.

Os cavalheiros podem governar sem ser governantes de pleno direito; eles podem governar com base na eleição popular. Esse arranjo era visto como insatisfatório pela seguinte razão: ele equivaleria a dizer que os cavalheiros são, a rigor, responsáveis perante o povo comum – que o mais alto é responsável perante o mais baixo – e isso pareceria ser contra a natureza. Os cavalheiros têm a virtude como digna de escolha por si mesma, enquanto os outros louvam

---

³ Aqui, Leo Strauss brinca com o sentido original, ainda não pejorativo do termo, relativo à "gente da cidade", isto é, ao cidadão ordinário ("gentalha"), comum. (N. T.)
⁴ O argumento, absolutamente clássico, é tirado da discussão de Aristóteles sobre o "melhor regime" nos livros VII e VIII da *Política*. Muito do que vem antes, sobre o tipo de atividade que é apropriada ao cavalheiro e à sua formação, também tem sua referência aí, em conjunção com Xenofonte. (N. T.)

a virtude como um meio de adquirir riqueza e honrarias. Os cavalheiros e os outros não estão de acordo, portanto, sobre em que consiste o fim do homem e o mais alto bem. Eles discordam em relação aos primeiros princípios. De modo que os dois grupos não podem deliberar de maneira genuinamente comum.[5] Os cavalheiros não podem prestar contas de maneira suficiente ou inteligível de seu modo de vida aos outros. Embora sejam responsáveis diante de si mesmos pelo bem-estar do vulgo, eles não podem ser responsáveis perante o vulgo.

Entretanto, mesmo que se fique satisfeito com uma noção menos rigorosa do governo dos cavalheiros, o princípio indicado necessariamente conduz à rejeição da democracia. Grosso modo, a democracia é o regime no qual governa a maioria dos homens adultos livres que vivem numa cidade, embora apenas uma minoria deles seja educada. O princípio da democracia não é, portanto, a virtude, mas a liberdade, enquanto o direito de todo cidadão de viver como quer.[6] A democracia é rejeitada porque, como tal, é o governo dos não educados. Nesse ponto, um exemplo deve ser suficiente. O sofista Protágoras foi para a cidade democrática de Atenas com o objetivo de educar seres humanos, ou ensinar, em troca de dinheiro, a arte de bem administrar os negócios do lar e da cidade em palavra e ação – a arte política. Tendo em vista que numa democracia todos devem, de algum modo, possuir a arte política, e que a maioria, por falta de instrumentos, não pode ter adquirido essa arte pela educação, Protágoras se vê obrigado a presumir que os cidadãos receberam essa arte por meio de algo como um dom divino, um dom que, não obstante, se torna efetivo apenas através de castigos e recompensas estabelecidos pelo homem:[7] a verdadeira arte política, a arte que torna um homem capaz não apenas de obedecer às leis, mas de criá-las, é adquirida pela educação, pela

---

[5] Cf. *Crítias*, 49d 2-5.
[6] Compare-se essa definição com a afirmação do ensaio anterior, baseada em Rousseau e Montesquieu, as "grandes mentes" da democracia, de que a democracia é o regime da virtude. Cf., também, a visão platônica da democracia, que Leo Strauss reproduz aqui, no livro VIII da *República*. (N. T.)
[7] Literalmente, "castigos e recompensas humanos". O texto original busca, assim, uma ambiguidade deliberada (que se insinua no contraste entre a expressão usada e a fórmula comum, esperada, tradicional, que fala, ao contrário, de "castigos e recompensas divinos": a mudança na expressão reforça de maneira implícita a origem humana, e não divina, desses castigos e recompensas na opinião do sofista Protágoras e quase certamente na de Sócrates/Platão), que não pareceu conveniente reproduzir aqui, por razões de estilo, com o que forçoso foi recorrer a uma paráfrase ("estabelecidos pelo homem"). (N. T.)

forma mais alta de educação, que é necessariamente o apanágio daqueles que podem pagar por ela.

Resumindo, a educação liberal no sentido original não apenas promove a responsabilidade cívica: ela é condição para o exercício da responsabilidade cívica. Por ser o que são, os cavalheiros são chamados a determinar o tom da sociedade da maneira mais direta, menos ambígua e mais inquestionável possível: governando-a em plena luz do dia.

É necessário dar um passo a mais para fora das nossas opiniões, a fim de entender nossas opiniões. Diz-se que as atividades apropriadas ao cavalheiro são a política e a filosofia. A filosofia pode ser entendida em sentido vago ou estrito. Quando entendida no sentido vago, equivale ao que hoje se chama de interesses intelectuais. Quando entendida em sentido estrito, ela significa a busca da verdade sobre os assuntos mais importantes ou da verdade global ou da verdade sobre o todo ou da ciência do todo. Quando se compara a política com a filosofia no sentido estrito, percebe-se que a filosofia ocupa uma posição mais alta que a política. A política é a busca de determinados fins: a política decente é a busca decente dos fins decentes. A distinção responsável e clara entre fins decentes e fins que não o são é, de certa forma, pressuposta pela política. Ela certamente transcende a política. Pois tudo o que vem a existir por meio da ação humana e que é, portanto, perecível ou corruptível pressupõe coisas incorruptíveis e imutáveis – por exemplo, a ordem natural da alma humana – em vista das quais podemos distinguir entre ações certas e erradas.

À luz da filosofia, a educação liberal assume um novo significado: a educação liberal, em especial a educação nas artes liberais, aparece como uma preparação para a filosofia. Isso quer dizer que a filosofia transcende o cavalheirismo. O cavalheiro, enquanto cavalheiro, aceita em confiança como as coisas mais importantes aquilo que para o filósofo é objeto de investigação e questionamento. De modo que a virtude do cavalheiro não é inteiramente a mesma coisa que a virtude do filósofo. Um sinal dessa diferença é o fato de que, enquanto o cavalheiro tem de ser afluente para fazer o que lhe é próprio, o filósofo pode ser pobre. Sócrates vivia em notável pobreza. Certa vez, ele viu um grande número de pessoas seguindo um cavalo e admirando-o, enquanto ouvia muitas delas falar copiosamente coisas boas sobre ele. Em sua surpresa ele abordou o criador e perguntou-lhe se o cavalo era rico. O criador olhou-o não apenas como se ele fosse absolutamente ignorante, mas até mesmo louco: "Como é que um cavalo pode ter propriedades?". Com isso Sócrates recuperou-se compreensivelmente da sua surpresa, pois havia aprendido que é lícito para um cavalo pobre tornar-se bom, contanto que tenha uma alma naturalmente boa: assim, é também lícito para Sócrates tornar-se um homem bom, a despeito da sua pobreza.[8] Uma vez que não é necessário ao filósofo ser rico, ele não tem necessidade das artes pelas quais um homem defende a sua propriedade, por exemplo, nos tribunais; tampouco tem necessidade de desenvolver o hábito da autoafirmação neste ou em outros aspectos – um hábito que, necessariamente, faz parte da virtude do cavalheiro. A despeito dessas diferenças, a virtude do cavalheiro é um reflexo da virtude do filósofo; pode-se dizer que ela é o reflexo político dela.

Esta é a suprema justificação do governo dos cavalheiros. O governo dos cavalheiros é apenas o reflexo do governo dos filósofos entendidos como os melhores homens por natureza e educação. Tendo em vista o fato de que a filosofia é mais evidentemente a busca da sabedoria que a sua posse, a educação do filósofo nunca acaba enquanto ele viver; é a educação adulta por excelência. Pois, para nada falar das outras coisas, a espécie mais alta de conhecimento que um homem é capaz de adquirir jamais pode estar simplesmente à sua disposição como acontece com outros tipos de conhecimento; há a necessidade constante de que ele seja adquirido de novo desde o princípio. Isso conduz à seguinte consequência. No caso do cavalheiro, é possível fazer uma simples distinção entre a educação lúdica do cavalheiro potencial e a atividade séria do cavalheiro propriamente dito. No caso do filósofo, essa simples distinção entre o lúdico e o sério não vale, não a despeito do fato de que as coisas mais importantes são a sua única preocupação, mas por causa dele. Somente por essa razão, sem nada dizer sobre as outras, o governo dos filósofos prova ser impossível. O que leva à dificuldade de que os filósofos serão forçosamente governados pelos cavalheiros, isto é, por homens que lhes são inferiores.

Pode-se resolver essa dificuldade supondo que os filósofos não são, enquanto tais, parte constitutiva da cidade. Em outras palavras, os únicos professores que são, enquanto tais, parte constitutiva da cidade são os sacerdotes. O fim da cidade não é, portanto, a mesma coisa que o fim da filosofia. Se é verdade que o cavalheiro representa o melhor da cidade, deve-se dizer que o fim do cavalheiro não é o mesmo que o do filósofo. O que foi observado a respeito do cavalheiro em sua relação com o vulgo aplica-se ainda mais ao filósofo

---

[8] A história é relatada por Xenofonte, *Econômico*, 11.3-6. (N. T.)

em sua relação com os cavalheiros e, *a fortiori*, com todos os não filósofos: o filósofo e o não filósofo não podem entrar em deliberações genuinamente comuns. Há uma desproporção fundamental entre a filosofia e a cidade. Nas coisas políticas, é uma regra de sabedoria deixar as coisas como estão ou preferir o estabelecido ao não estabelecido ou reconhecer o direito do primeiro ocupante. A filosofia se define inteiramente pela sua negação intransigente dessa regra, e qualquer coisa semelhante a ela. A filosofia só pode, assim, viver lado a lado com a cidade. Como diz Platão em *A República*, somente numa cidade governada pelos filósofos, e na qual eles devam seu treinamento em filosofia à cidade, é justo que o filósofo seja compelido a tomar parte na atividade política; em todas as outras cidades – ou seja, em todas as cidades reais – o filósofo não deve o seu maior dom de origem humana à cidade e, portanto, não está na obrigação de fazer o trabalho da cidade. Em completo acordo com isso, Platão sugere em seu *Crítias*, no qual ele evita o próprio termo "filosofia", que o filósofo de fato deve muito à cidade e, por isso, é obrigado a obedecer pelo menos de forma passiva (isto é, padecer) mesmo as leis injustas da cidade e, inclusive, morrer por ordem da cidade. Mesmo assim, ele não é obrigado a se envolver na atividade política. O filósofo enquanto filósofo é responsável perante a cidade apenas na medida em que ao fazer seu trabalho próprio, por seu próprio bem-estar, ele contribui para o bem-estar da cidade: a filosofia tem necessariamente um efeito humanizante ou civilizador. A cidade precisa da filosofia, mas apenas de forma mediata ou indireta, para não dizer diluída. Platão apresentou esse estado de coisas comparando a cidade a uma caverna a partir da qual apenas uma subida dura e íngreme conduz à luz do sol: a cidade enquanto cidade é mais fechada à filosofia do que aberta a ela.

Os clássicos não tinham ilusões a respeito da probabilidade de uma aristocracia genuína algum dia tornar-se real. Para todos os efeitos práticos, eles estavam satisfeitos com um regime no qual os cavalheiros compartilham o poder com o povo de tal modo que o povo elege os magistrados e o conselho no seio da aristocracia e exige que eles prestem contas no fim do mandato. Uma variação desse pensamento é a noção de regime misto, no qual os cavalheiros formam o senado e o senado ocupa a posição-chave entre a assembleia popular e um monarca eleito ou hereditário colocado como chefe das forças armadas. Existe uma conexão direta entre a noção de regime misto e o republicanismo moderno. Para que essa conexão não seja objeto de mal-entendidos, é preciso imediatamente enfatizar as importantes diferenças entre a doutrina moderna e seu original clássico. A doutrina moderna parte da igualdade natural de todos os homens, conduzindo, daí, à afirmação de que a soberania pertence ao povo. No entanto, ela entende essa soberania de modo a garantir os direitos naturais de cada um e obtém esse resultado distinguindo o soberano do governo e exigindo que os poderes fundamentais de governo sejam separados uns dos outros. A fonte desse regime foi reconhecida como o desejo de cada um de melhorar as suas condições materiais. Consequentemente, a elite comercial e industrial, em vez da nobreza proprietária de terras, veio a predominar.

A doutrina plenamente desenvolvida requer que todo homem tenha um voto, que a votação seja secreta, e que o direito ao voto não seja tolhido em razão da pobreza, religião ou raça. Por outro lado, as ações governamentais devem estar abertas no mais alto grau possível à inspeção pública, pois o governo é apenas o representante do povo, sendo responsável perante o povo. A responsabilidade do povo, dos eleitores, não admite definição legal, sendo, portanto, o mais óbvio dilema do republicanismo moderno. Nos estágios mais primitivos, a solução foi buscada na educação religiosa do povo, na educação, baseada na Bíblia, de todos e cada um a encarar a si mesmo como responsável por suas ações e por seus pensamentos diante de um Deus que irá julgá-lo, pois, nas palavras de Locke, a ética racional propriamente dita está tão além do alcance de "diaristas e comerciantes, solteironas e amas de leite" quanto a matemática.[9] De outro lado, a mesma autoridade aconselha os cavalheiros da Inglaterra a educar seus filhos no *Direito Natural*, de Puffendorf, "no qual eles serão instruídos nos direitos naturais dos homens, e na origem e no fundamento da sociedade, e nos deveres que resultam daí". Os *Pensamentos sobre Educação*, de Locke, são dirigidos aos cavalheiros, de preferência "àqueles do tipo mais baixo", porquanto se os cavalheiros "forem colocados no caminho certo por sua educação, eles rapidamente levarão todo o resto à ordem". Pois, conforme podemos supor, os cavalheiros são aqueles chamados a agir como representantes do povo, e eles devem ser preparados para esse chamado por meio de uma educação liberal que é, acima de tudo, uma educação na "boa criação". Locke pega o seu modelo dos antigos romanos e gregos, e a educação liberal que ele recomenda consiste, em certa medida, em adquirir uma boa familiaridade com a literatura clássica. "O latim eu vejo como absolutamente necessário a um cavalheiro."[10]

---

[9] John Locke, *The Reasonableness of Christianity* [*A Razoabilidade do Cristianismo*, de 1695], § 243. (N. T.)

[10] Ep. Ded., p. 93-94, 164 e 186.

Não poucas das teses sugeridas por Locke aparecem claramente em *O Federalista*. Esse conjunto de escritos revela a sua conexão com os clássicos da maneira mais simples, ao ser apresentados como obra de um tal Publius. Esta obra eminentemente sóbria toma em consideração sobretudo aquela diversidade e desigualdade nas faculdades dos homens que se revelam na aquisição da propriedade, embora esteja muito longe de ser cega para a diferença entre negócios e governo. De acordo com Alexander Hamilton, os mecânicos e fabricantes "sabem que o comerciante é seu cliente e amigo natural", seu representante natural, porquanto o mercador tem "aqueles dons adquiridos sem os quais, em uma assembleia deliberativa, as maiores capacidades naturais são, em sua maior parte, inúteis". Da mesma forma, os proprietários mais afluentes são os representantes naturais do interesse da terra. O árbitro natural entre os interesses do dinheiro e da terra será "o homem das profissões liberais", porquanto "as profissões liberais [...] não compõem, com efeito, nenhum interesse específico na sociedade" e, portanto, têm maior tendência que os outros a pensar "nos interesses gerais da sociedade". É verdade que, para se tornar representante do povo, às vezes é suficiente que se pratique "com sucesso as artes viciosas pelas quais as eleições são com tanta frequência conduzidas", mas esses casos deploráveis são a exceção; a regra é que os representantes sejam proprietários respeitáveis, comerciantes e praticantes das profissões liberais. Se o eleitorado não for depravado, há uma boa chance de que eleja como representantes tanto para a deliberação quanto para a execução aqueles dentre os três grupos de homens "que têm mais sabedoria para discernir, e mais virtude para perseguir o bem comum da sociedade", ou aqueles mais destacados em "méritos e talentos", "capacidade e virtude".[11]

Sob as condições mais favoráveis, os homens que deverão zelar pelo equilíbrio do poder serão, assim, os homens das profissões liberais. No melhor dos casos, a República de Hamilton será governada pelos homens das profissões liberais. Esse governo nos remete ao governo dos filósofos, mas apenas nos remete a ele. Será que os homens das profissões letradas serão, ao menos, homens versados na educação liberal? É bem provável que os homens das profissões letradas sejam, sobretudo, advogados. Ninguém jamais teve um respeito maior pela lei e, portanto, pelos advogados que Edmund Burke: "Deus me livre de insinuar o que quer que seja em detrimento dessa profissão, que é um

---

[11] Números 10, 35, 36, 55, 57, 62 e 68.

outro sacerdócio, administrando os ritos da justiça sagrada". Não obstante, ele se sentiu compelido a descrever a preponderância de advogados nos conselhos nacionais como "perturbadora".

> O direito [...] é, em minha opinião, uma das primeiras e mais nobres das ciências humanas; uma ciência que faz mais para afiar e fortalecer o entendimento do que todos os outros tipos de saber juntos; mas não é apropriado, a não ser em pessoas muito felizmente constituídas, abrir e liberalizar a mente exatamente na mesma proporção.

Pois falar "legalmente e constitucionalmente" não é o mesmo que falar "prudentemente". "Legisladores devem fazer o que os advogados não conseguem; pois eles não têm outras regras a obrigá-los a não ser os grandes princípios da razão e da equidade, e o [bom] senso geral do gênero humano".[12] A liberalização da mente, é claro, requer o entendimento dos "grandes princípios da razão e da equidade", que para Burke equivalem à lei natural.

Entretanto, não é necessário se deter nesse inconveniente particular que pode abater-se sobre o governo representativo. Duas gerações depois de Burke, John Stuart Mill examinou a questão que diz respeito à relação entre o governo representativo e a educação liberal. Não é exagero dizer que ele examinou esses dois temas de forma completamente separada um do outro. O seu *Discurso Inaugural a St. Andrews* trata da educação liberal como "a educação de todos os que não estão obrigados pelas circunstâncias a interromper seus estudos escolares muito cedo", consistindo, portanto, na educação "dos favoritos da natureza e da fortuna". Esse discurso contém várias observações que requerem, da nossa parte, consideração e reconsideração. Mill explica a "superioridade" da literatura clássica "para propósitos educacionais" pelo fato de que essa literatura nos transmite "a sabedoria da vida": "Ao cultivar [...] as línguas antigas como nossa melhor educação literária, estamos, ao mesmo tempo, deitando uma fundação admirável para a cultura ética e filosófica". Ainda mais admirável que "a substância" é a "forma" do tratamento: "Deve ser lembrado que eles tinham mais tempo e que escreviam principalmente para uma classe seleta que gozava de tempo livre", enquanto nós "escrevemos com pressa para pessoas que leem apressadamente". Os clássicos usavam as "palavras certas nos lugares certos" ou, o que dá

---

[12] *The Works of Edmund Burke* (Bohn Standard Library), I, 407, II, 7, 317-318, e V, 295.

no mesmo, eles não eram "prolixos".[13] Mas a educação liberal tem muito pouco efeito sobre a "assembleia heterogênea", que faz as vezes de soberano legal e que é, frequentemente, dominada por homens que não têm qualquer qualificação para legislar, a não ser "uma língua fluente e a faculdade de lograr ser escolhido por determinado grupo de eleitores". Para assegurar as "qualificações intelectuais desejáveis nos representantes", pensava Mill, não há outro modo que não a representação proporcional, tal como concebida por Hare e Fawcett, um esquema que, na sua opinião, é de "perfeita factibilidade" e traz "vantagens transcendentes".

> A tendência natural do governo representativo, assim como da civilização moderna, é a mediocridade coletiva: e essa tendência é incrementada por todas as reduções e extensões do direito ao voto, tendo como efeito colocar o poder principal nas mãos de classes cada vez mais abaixo do mais alto nível de instrução presente na comunidade... É um fato amplamente reconhecido que na democracia americana, que é construída sobre esse modelo falho, os membros mais cultivados da comunidade, com a exceção daqueles dispostos a sacrificar suas próprias opiniões e modos de julgamento para tornarem-se porta-vozes servis de seus inferiores no saber, jamais se oferecem ao Congresso ou às legislaturas estaduais, tão certo é que não teriam a menor chance de ser correspondidos. Se um plano como o do Sr. Hare tivesse, por acaso, insinuado-se aos patriotas fundadores da república americana, as assembleias federal e estaduais conteriam muitos desses homens distintos, e a democracia teria sido poupada da maior censura que se lhe pode opor e de um de seus mais formidáveis males.

Apenas uma representação proporcional que garanta ou pelo menos não exclua a representação da melhor parte da sociedade no governo transformará "as assim falsamente chamadas democracias que agora dominam, e das quais a ideia corrente de democracia é exclusivamente derivada", no "único tipo verdadeiro de democracia", na democracia tal como originalmente concebida.

Por razões que não são inteiramente más, o remédio sugerido por Mill veio a ser julgado insuficiente, para não dizer sem valor algum. Quiçá foi

---

[13] James e John Stuart Mill, *On Education*. Cambridge, Cambridge University Press, 1931, p. 151-57.

certa consciência disso que o induziu a buscar compensação noutra parte do corpo político. Partindo do fato de que as assembleias representativas não são necessariamente "uma seleção das maiores mentes políticas do país", ele concluiu que para "uma legislação e administração hábeis" é preciso colocar "em responsabilidade estrita para com a nação o conhecimento adquirido e a inteligência testada de uns poucos homens especialmente treinados e bem experimentados".[14] Mill parece sugerir que com o crescimento e a maturidade da democracia, a sede institucional da inteligência imbuída de espírito público poderia e deveria ser buscada nos escalões superiores e médios dos servidores do Estado. Essa esperança pressupõe que a burocracia pode ser transformada num serviço público propriamente dito, tendo como diferença específica entre o burocrata e o servidor público a circunstância de que este último é um homem de educação liberal cuja educação liberal afeta decisivamente o cumprimento das suas funções.

Peço licença para fazer um resumo da discussão que acaba de ser desenvolvida. À luz da concepção original do republicanismo moderno, nossa situação presente parece ser causada pela derrocada da educação religiosa do povo e pela derrocada da educação liberal dos representantes do povo. Por derrocada da educação religiosa eu quero indicar mais do que o fato de que uma grande porção do povo não recebe mais qualquer tipo de educação religiosa, ainda que não seja preciso, no contexto presente, ir além desse fato. A questão de ser ou não possível restaurar a educação religiosa ao seu poder primeiro pelos meios à nossa disposição ultrapassa o escopo do Arden House Institute este ano.[15] Ainda assim, não posso evitar propor-lhes as seguintes questões: a nossa preocupação presente com a educação liberal dos adultos, as nossas expectativas presentes em relação a essa educação liberal não são devidas ao vazio criado pela derrocada da educação religiosa? Essa educação liberal deve ser concebida para cumprir a função antes exercida pela educação religiosa? A educação liberal pode cumprir essa função? É decerto mais fácil discutir o outro lado da nossa situação – a dificuldade causada pela derrocada da educação liberal dos governantes. Seguindo a sugestão de Mill, teríamos de considerar se e quanto a educação dos futuros servidores públicos pode e deve ser melhorada, ou, em outras palavras, se a forma presente da sua educação

---

[14] *Considerations on Representative Government*. London, Routledge, 1928, p. 93, 95, 101-02, 133-40 e 155.
[15] Instituto de apoio à educação superior que promoveu a palestra que deu origem ao ensaio. (N. T.)

é educação liberal em um sentido toleravelmente estrito. Em caso negativo, seria necessário levantar a questão mais ampla de se as atuais faculdades e universidades oferecem essa educação liberal e se elas podem ser reformadas para oferecê-la. É mais modesto, mais pertinente e mais prático pensar em algumas reformas necessárias do ensino nos departamentos de ciência política e, quem sabe, também nas faculdades de direito. As mudanças que tenho em mente dizem menos respeito aos temas ensinados que à ênfase e à abordagem: tudo o que amplie e aprofunde a compreensão deve ser mais incentivado do que aquilo que no melhor dos casos não pode enquanto tal produzir mais do que a eficiência mais rasteira e sem princípios.

Ninguém, eu acredito, tomará as observações anteriores no sentido de me imputar a ridícula afirmação de que a educação deixou de ser um poder político ou público. Deve-se, entretanto, dizer que um novo tipo de educação ou uma nova orientação de educação veio a ser predominante. Assim como a educação liberal em seu sentido original se sustentava sobre a filosofia clássica, a nova educação deve a sua sustentação, senão a sua própria existência, à filosofia moderna. De acordo com a filosofia clássica, o fim dos filósofos é radicalmente diferente do fim ou dos fins efetivamente perseguidos pelos não filósofos. A filosofia moderna surge quando o fim da filosofia é identificado com o fim que é passível de ser efetivamente perseguido por todos os homens. Mais precisamente, a filosofia é, então, afirmada como essencialmente subserviente ao fim passível de ser, de fato, perseguido por todos os homens. Já foi sugerido que a justificação última para a distinção entre cavalheiros e não cavalheiros é a distinção entre filósofos e não filósofos. Se essa sugestão é verdadeira, segue-se que fazer com que o propósito dos filósofos, ou, em geral, o propósito que transcende essencialmente a sociedade, se confunda com o propósito dos não filósofos, equivale a fazer com que o propósito dos cavalheiros se confunda com o propósito dos não cavalheiros. Nesse sentido, a concepção moderna de filosofia é fundamentalmente democrática. O fim da filosofia passa a não ser mais o que se pode chamar de contemplação desinteressada do eterno, mas o alívio da condição humana.[16] A filosofia assim entendida pode ser apresentada com alguma plausibilidade como inspirada pela caridade bíblica, ao mesmo tempo que a filosofia no sentido clássico

---

[16] No original, *the relief of man's state*, expressão que retoma o momento clássico da proposição da filosofia moderna como uma *filosofia operativa* ou transformadora na obra de Bacon e Hobbes principalmente. (N. T.)

podia, em consequência, ser depreciada como uma atividade pagã sustentada sobre o pecado do orgulho. É possível duvidar de que a alegação de inspiração bíblica fosse justificada e mesmo de que ela tenha sempre sido levantada de forma inteiramente sincera. Seja como for, conduz a uma maior clareza, ao mesmo tempo que está mais em acordo com o espírito da concepção moderna, dizer que os modernos opuseram uma concepção "realista", terrena, para não dizer rústica, à concepção "idealista", celestial, para não dizer visionária, dos clássicos. Então, a filosofia ou a ciência passou a não ser mais um fim em si mesma, mas um saber a serviço do poder humano, de um poder a ser usado para tornar a vida humana mais longa, mais saudável e mais abundante. A economia da escassez, que havia sido a pressuposição tácita de todo o pensamento social anterior, devia, agora, ser substituída por uma economia da abundância. A distinção radical entre ciência e trabalho manual devia ser substituída pela fluida cooperação entre o cientista e o engenheiro. De acordo com a concepção original, os homens no controle desse estupendo empreendimento eram os filósofos-cientistas. Tudo devia ser feito por eles para o povo, mas, segundo parece, nada pelo povo. Pois o povo estava, só para começar, bastante desconfiado dos novos dons distribuídos pelos novos feiticeiros, pois ele lembrava do mandamento: "Não deixarás viver a feiticeira".[17] Para tornar-se o destinatário voluntário dos novos dons, o povo tinha de ser esclarecido. Esse esclarecimento é o cerne da nova educação, que é o mesmo que a difusão ou popularização da nova ciência. Os destinatários da ciência popularizada foram, em um primeiro estágio, as condessas e duquesas, e não as solteironas e criadas, e a ciência popularizada não raro ultrapassava a ciência propriamente dita em elegância e charme de dicção. Mas o primeiro passo tornou necessários todos os passos subsequentes que foram dados na ordem devida. O esclarecimento estava destinado a tornar-se esclarecimento universal. Parecia que a diferença de dons naturais não tinha a importância que a tradição lhe havia atribuído; o método provou ser o grande igualador das mentes naturalmente desiguais. Embora a invenção e a descoberta continuassem a ser o apanágio de poucos, os resultados podiam ser transmitidos para todos. Os líderes dessa grande empresa não se colocaram inteiramente na dependência dos efeitos da educação formal para afastar os homens da preocupação com a beatitude do outro mundo a fim de trabalhar pela felicidade neste. O que o estudo não

---

[17] Ex 22,11.

conseguiu, e talvez não pudesse conseguir, o comércio operou: imensamente facilitado e encorajado pelas novas invenções e descobertas, o comércio que une os povos ganhou precedência sobre a religião, que divide os povos.

Mas o que devia ser feito da educação moral? A identificação do fim do cavalheiro com o fim do não cavalheiro fez com que o entendimento da virtude como digna de escolha, por si mesma, desse lugar a uma concepção instrumental da virtude: a honestidade nada mais é que a melhor política, a política mais adequada ao viver em comodidade ou à confortável autopreservação. A virtude adquiriu um significado estreito, com o resultado final de que a palavra "virtude" caiu em desuso. Não havia mais a necessidade de uma genuína conversão da preocupação pré-moral – quando não imoral – com os bens mundanos a uma preocupação com a bondade da alma, mas apenas da transição calculadora do interesse próprio não esclarecido para o interesse próprio esclarecido. Contudo, nem mesmo isso era inteiramente necessário. Pensava-se que pelo menos a maioria dos homens agiria bem e sensatamente se o curso de ação alternativo fosse tornado desvantajoso pelo tipo certo de instituição, tanto política quanto econômica. A concepção do tipo certo de instituição e de sua implementação veio a ser encarada como mais importante que a formação do caráter pela educação liberal.

No entanto, não nos deixemos esquecer o outro lado da questão. É um princípio de justiça que exista uma correspondência razoável entre a hierarquia social e a hierarquia natural. A falta dessa correspondência no esquema antigo era defendida pelo fato fundamental da escassez. Com cada vez mais abundância tornou-se cada vez mais possível perceber e admitir o elemento de hipocrisia que entrava na noção tradicional de aristocracia; as aristocracias existentes provaram ser oligarquias em vez de aristocracias genuínas. Em outras palavras, tornou-se cada vez mais fácil argumentar a partir da premissa de que a desigualdade natural tem muito pouco que ver com a desigualdade social, que, falando prática ou politicamente, se deve supor com segurança que todos os homens são por natureza iguais, que todos os homens têm os mesmos direitos naturais, contanto que se use a regra seguinte como a premissa maior para chegar à conclusão de que a todos deve ser dada a mesma oportunidade: a desigualdade natural tem seu lugar de direito no uso, não uso ou abuso da oportunidade *na* corrida, não na largada. Assim, tornou-se possível abolir muitas injustiças ou ao menos muitas coisas que se haviam tornado injustiças. E assim foi anunciada a Idade da tolerância. A humanidade, outrora a virtude adequada às relações com os inferiores – com o pobre diabo –, torna-se então a virtude maior. E a bondade passa a ser idêntica à compaixão.

Originalmente, a ideia era que o filósofo-cientista estava no controle da empresa progressista. Como não tinha poder, restava-lhe operar por meio dos príncipes, aïnda que príncipes esclarecidos. Mas com o progresso do esclarecimento, a tutela dos príncipes passou a não mais ser necessária. O poder podia ser confiado ao povo. É verdade que o povo nem sempre dá ouvidos aos filósofos-cientistas. Entretanto, à parte o fato de que ele era verdadeiro em relação aos príncipes, a sociedade veio a assumir tal aspecto que se via cada vez mais compelida a ouvir os filósofos-cientistas se desejava sobreviver. Mesmo assim, permanecia um hiato entre o esclarecimento vindo de cima e a maneira com que o povo exercia a sua liberdade. Aqui, pode-se, inclusive, usar mais uma vez a imagem da corrida: será que o povo entrará na posse plena da sua liberdade antes de tornar-se esclarecido e, em caso afirmativo, o que ele fará com essa liberdade e mesmo com o esclarecimento imperfeito que já terá recebido? Uma solução evidente foi encontrada numa aparente revolta contra o esclarecimento e numa revolta genuína contra o despotismo esclarecido. Foi dito que todo homem tem o direito à liberdade política, a ser membro do soberano, em virtude da dignidade que todo homem tem enquanto homem – a dignidade de ser um ser moral. A única coisa que pode ser considerada simplesmente boa sem nuances ou qualificações não é a contemplação do eterno, ou o cultivo da mente, para nada dizer de uma boa criação, mas a boa intenção, e de boas intenções todo mundo é capaz de forma absolutamente independente da educação. A partir desse ponto de vista, os não educados podem, inclusive, parecer ter uma vantagem sobre os educados: a voz da natureza ou da lei moral fala neles quiçá mais claramente e mais decididamente do que nos mais sofisticados que podem ter sofisticado a própria consciência a ponto de sufocá-la dentro de si. Essa crença não é o único ponto de partida, e, tampouco, talvez, o melhor ponto de partida, mas é para nós agora o ponto de partida mais conveniente para entender a afirmação que foi feita naquele momento: a asserção de que a virtude é o princípio da democracia e apenas da democracia. Uma consequência dessa afirmação foi o terror jacobino, que punia não apenas ações e discursos, mas, também, intenções. Outra foi a conclusão de que se deve respeitar todo homem simplesmente porque é um homem, independentemente do que ele faz com a sua vontade ou liberdade, e esse respeito deve ser implementado pela concessão de plenos direitos políticos para todo homem que não seja tecnicamente considerado criminoso ou insano, independentemente de ele estar ou não maduro para o exercício desses direitos. Esse raciocínio remete a outro raciocínio imortalizado pela crítica que Locke lhe impôs e que conduzia à conclusão de que se pode, com efeito, cortar a cabeça de um rei tirânico, mas apenas com a reverência devida a ele. Ele segue presente também no conflito entre a liberdade política embaixo e o esclarecimento vindo de cima.

Até agora tenho falado do filósofo-cientista. Quer dizer, na minha exposição fiz de conta que a concepção original, a concepção do século XVII, manteve a sua força. Mas, nesse ínterim, filosofia e ciência se divorciaram: um filósofo não precisa ser cientista e um cientista não precisa ser filósofo. Apenas o título de Ph.D. permanece como um lembrete do passado. Das duas faculdades doravante divorciadas da mente, a ciência adquiriu supremacia: a ciência é a única autoridade em nossa era que goza de reconhecimento universal. Essa ciência não tem mais qualquer conexão essencial com a sabedoria. É um mero acidente que um cientista, mesmo um grande cientista, venha a ser um homem sábio, seja no plano político, seja no privado. Em lugar da rica e enobrecedora tensão entre a educação religiosa e a educação liberal, vivemos agora a tensão entre o *éthos* da democracia e o *éthos* da tecnocracia. No curso dos últimos setenta anos vem se tornando cada vez mais aceita a opinião de que não existe a possibilidade de um conhecimento científico e, portanto, racional, dos "valores", isto é, que a ciência ou a razão é incompetente para distinguir entre fins bons e maus. Seria injusto negar que, graças à sobrevivência de hábitos arraigados, os cientistas, em geral, e os cientistas sociais, em particular, ainda dão como certo em muitos casos que a saúde, uma vida razoavelmente longa e a prosperidade são coisas boas e que a ciência deve encontrar meios de assegurá-las ou oferecê-las. Mas esses fins não podem mais reivindicar a evidência que outrora possuíram; eles, agora, parecem ser postulados por certos desejos que não são "objetivamente" superiores aos desejos que se lhes opõem. Uma vez, portanto, que a ciência é incapaz de justificar os fins para os quais ela busca os meios, ela é, na prática, compelida a satisfazer aos fins perseguidos por seus clientes, pela sociedade à qual o cientista individual pertença e, assim, em muitos casos, pela massa. Devemos desconsiderar aqui as tradições mais antigas que afortunadamente ainda retêm algo do seu poder passado; devemos desconsiderá-las porque seu poder se encontra cada vez mais corroído com o passar do tempo. Se, portanto, olharmos somente para o que é peculiar à nossa época ou característica dela, veremos pouco mais que a interação do gosto da massa com a eficiência no mais alto grau e, a rigor, sem princípios. Se não são exatamente responsáveis por elas, os técnicos ao menos reagem às demandas da massa; mas uma massa enquanto massa não pode ser responsável por nada perante nada ou ninguém. É nessa situação que nós, aqui, assim como outros pelo país, levantamos a questão a propósito da relação entre educação liberal e responsabilidade.

Nessa situação, os insuficientemente educados estão destinados a exercer uma influência irrazoavelmente forte sobre a educação – sobre a determinação tanto dos fins quanto dos meios da educação. Ademais, o próprio progresso da ciência conduz a uma especialização cada vez maior, com o resultado de que o grau de respeitabilidade das opiniões de um homem se torna dependente do fato de ele ser um especialista. A educação científica está ameaçada de perder seu valor para o arejamento e aprofundamento do ser humano. A única ciência universal que é possível sobre essa base – a lógica ou metodologia – torna-se ela própria um caso de e para técnicos. O remédio para a especialização é, assim, buscado num novo tipo de universalismo – um universalismo que se tornou quase inevitável por conta da extensão dos nossos horizontes espaciais e temporais. Tentamos nos livrar da estreiteza da especialização nos entregando à superficialidade de coisas como cursos de civilização geral ou ao que já foi muito adequadamente comparado ao filme sem fim (em oposição a uma galeria de imagens estáticas) da história de todas as nações em todos os aspectos: econômica, científica, artística, religiosa e política. O gigantesco espetáculo que assim se encena é, no melhor dos casos, excitante e divertido; ele não é instrutivo e educativo. Cem páginas – como cem? Dez! – de Heródoto nos introduzem incomensuravelmente melhor na misteriosa unidade entre semelhança e variedade nas coisas humanas do que muitos volumes escritos segundo o espírito predominante no nosso tempo. Além disso, a excelência humana ou virtude não pode mais ser vista como a perfeição da natureza humana para a qual o homem é, por natureza, inclinado ou como a meta do seu *eros*. Como os "valores" são, de fato, vistos como convencionais, o lugar da educação moral é tomado pelo condicionamento, ou, mais precisamente, pelo condicionamento operado através de símbolos verbais entre outros, ou pelo ajustamento à sociedade em questão.

Quais são, então, as perspectivas para a educação liberal na democracia de massa? Qual a perspectiva daqueles que receberam uma educação liberal tornarem-se, de novo, um poder na democracia? Não nos é permitido bajular a democracia precisamente porque somos amigos e aliados da democracia. E, muito embora não possamos permanecer calados a respeito das ameaças às quais se expõem tanto a democracia quanto a excelência humana, não podemos esquecer o fato óbvio de que, ao dar liberdade a todos, a democracia também dá liberdade àqueles que se importam com a excelência humana. Ninguém nos impede de cultivar nosso jardim ou estabelecer postos avançados que possam ser vistos por muitos cidadãos como salutares para a república e merecedores de nela imprimir o seu tom. Desnecessário dizer que o esforço mais extremo é a condição necessária, embora de modo algum suficiente, para o sucesso dessa empresa. Pois "os homens podem sempre ter esperança e jamais desistir, seja qual for a fortuna e o sofrimento em que se encontrem".[18] Estamos, com efeito, compelidos a ser especialistas, mas podemos tentar nos especializar nas questões mais importantes ou, para falar de modo mais simples e mais nobre, no único necessário. No estado atual das coisas, podemos esperar ajuda mais imediata das Humanidades corretamente entendidas que das ciências, do espírito de discernimento e de delicadeza que do espírito de geometria. Salvo engano, essa é a razão pela qual a educação liberal está atualmente se tornando quase sinônimo da leitura em comum dos Grandes Livros. Não poderia haver um começo melhor.

    Não devemos esperar que a educação liberal, algum dia, torne-se a educação universal. Ela seguirá sempre como a obrigação e o privilégio de uma minoria. Tampouco podemos esperar que os que se submeteram a ela se tornem um poder político em seu próprio direito. Pois não podemos esperar que a educação liberal conduza todos os que se beneficiam dela a compreender sua responsabilidade cívica da mesma forma ou a concordar politicamente. Karl Marx, o pai do comunismo, e Friedrich Nietzsche, o avô adotivo do fascismo, tiveram uma educação liberal de tal nível que não podemos sequer aspirar a emular. Mas talvez seja possível dizer que seus erros grandiosos tornam mais fácil para nós que experimentamos esses erros entender de novo o antigo dito de que a sabedoria não pode ser separada da moderação e, portanto, compreender que a sabedoria requer uma lealdade sem hesitação a uma constituição decente e, quiçá, mesmo à causa do constitucionalismo. A moderação nos protegerá dos riscos gêmeos de ter expectativas visionárias

---

[18] A citação é uma versão resumida de Maquiavel, *Discursos sobre a Primeira Década de Tito Lívio*, II, 29. (N. T.)

em relação à política e de um desprezo covarde[19] pela política. Dessa forma, pode ser que novamente se torne verdadeiro que todos os que tiverem uma educação liberal sejam homens politicamente moderados. É dessa maneira que aqueles que tiveram uma educação liberal poderão de novo ser ouvidos, mesmo na praça do mercado.

Nenhuma deliberação sobre os remédios para os nossos males pode ter algum valor se não for precedida por um diagnóstico honesto – um diagnóstico que não seja falsificado nem por esperanças infundadas nem por temor ao poder de turno. Devemos entender que é nosso dever esperar quase contra a esperança. Eu digo isso fazendo total abstração dos perigos que nos ameaçam nas mãos de um bárbaro, cruel, obtuso e astuto inimigo externo que é controlado, se é que é controlado, apenas pelo medo justificado de que o que quer que nos destrua o destruirá também.[20] Ao pensar em remédios, podemos ser compelidos a ficar satisfeitos com paliativos. Mas não devemos confundir paliativos com a cura. Devemos nos lembrar de que a educação liberal dos adultos não é simplesmente um ato de justiça para com aqueles que, em sua juventude, foram desprovidos em razão de sua pobreza de uma educação para a qual eram aptos por natureza. A educação liberal dos adultos deve agora compensar também os defeitos de uma educação que é liberal apenas no nome ou por cortesia. Por fim, mas não por isso menos importante, a educação liberal está preocupada com as almas dos homens e, por isso, as máquinas lhe são de pouco ou nenhum proveito. Se ela se transforma numa máquina ou indústria, torna-se indistinguível da indústria do entretenimento, a não ser em relação ao rendimento e à publicidade obtidos, aos penduricalhos e ao *glamour*. Mas a educação liberal consiste em aprender a escutar vozes mansas e delicadas[21] e, com isso, tornar-se surdo para os que falam alto demais. A educação liberal busca a luz e, por isso, evita a ribalta e suas luzes.

---

[19] *Unmanly*, literalmente, "afeminado" ou "não viril". (N. T.)
[20] Leo Strauss fala evidentemente de Stálin e da União Soviética em geral. (N. T.)
[21] Cf. 1 Rs 19,12. (N. T.)

Sobre as notas e a tradução

Por Élcio Verçosa Filho

Leo Strauss é daqueles autores que fazem da experiência da leitura algo grave e emocionante, surpreendendo-nos a cada frase, a cada tese, a cada antítese, a cada argumento e a cada mudança de direção, e as surpresas não são poucas. Seu estilo, muitas vezes elíptico e concentrado, mas sempre límpido, é parte inseparável da sua doutrina, daquele aspecto vertiginoso do seu pensamento que alguém já comparou à exploração de águas não mapeadas. Seu inglês, apesar de uma segunda língua, é elegante e gramaticalmente perfeito, e Strauss é senhor de uma excelência retórica incomum. Quase invariavelmente, ele diz o que quer dizer e cala o que deseja calar, sem nenhum espaço para a irreflexão. Na tradução dos textos que compõem este livro fez-se de tudo para manter essas características fundamentais da prosa straussiana na língua portuguesa. Alguns dos ensaios contêm repetições devidas ao fato de que foram publicados postumamente, sem a revisão do autor, ou de que consistem em anotações para falas e palestras, que não receberam o acabamento perfeito que Strauss fatalmente lhes teria dado se os tivesse publicado ele mesmo. Quanto às muitas "Notas do Tradutor" (N. T.), elas não têm pretensão de ser exaustivas, mas visam somente a preencher os vazios deixados por esse caráter inconcluso e improvisado de alguns textos, limitando-se a oferecer ao leitor brasileiro as referências e informações essenciais à compreensão.

Posfácio – Leo Strauss e a filosofia

Por Élcio Verçosa Filho

> Se eu vos dissesse que o maior bem para um homem é conversar diariamente sobre a virtude, e tudo aquilo a respeito de que me ouvis examinar a mim mesmo e aos outros, e que uma vida que não é posta sob exame não vale a pena ser vivida por um ser humano, se eu vos dissesse isto, ainda menos me acreditaríeis.
> *Apologia de Sócrates*, 38a

Não poucos leitores acharão motivo para espanto, fruto da ignorância ou de uma injustificada pretensão, se eu disser que Leo Strauss é um dos maiores pensadores do nosso tempo. Ou que ele foi seguramente o maior expoente da filosofia política num tempo em que os maiores filósofos, preocupados com outras questões (o problema do conhecimento e a filosofia da história, em especial), parecem ter passado ao largo da dimensão política da filosofia,[1] ao mesmo tempo que o estudo da política, depois de tornar-se altamente técnico, acabou incorporado, se não dissolvido, no conceito e na prática das chamadas ciências sociais.

É o caso, entretanto, de falar num espanto nacional. A despeito do fato de que a avaliação que acaba de ser feita está, como qualquer outra, aberta ao questionamento e ao debate, nenhum leitor bem informado de língua alemã, inglesa ou francesa a achará absurda ou duvidará de que ela merece ao menos um tanto de reflexão. Falando português claro, no Brasil, quase quarenta anos depois da sua morte, Leo Strauss permanece um ilustre desconhecido,[2] mesmo para aqueles que, quiçá, tivessem de saber dele por obrigação de ofício.

---

[1] Em "O Que É Filosofia Política", publicado neste volume, Leo Strauss cita nominalmente, nesse sentido, Bergson, Whitehead, Husserl e Heidegger.

[2] Quando, por ventura, sentimos que temos alguma familiaridade com ele, isso se dá por conta de um equívoco que seria, talvez, apropriado chamar de onomástico: a forma abreviada do seu nome

Entre outras razões, e sem me alongar a respeito dos motivos, todos nossos, que teriam levado a essa situação (toda uma tese não seria suficiente para explicá-los), é especialmente por isso que a edição das suas obras em português, que agora se inicia, tem de ser louvada como uma iniciativa do mais destacado valor, que nos salva de uma ignorância que não poderíamos, ou ao menos não deveríamos, ousar chamar de "natural".

Figura única no cenário filosófico de seu tempo e lugar, Strauss se destaca, sobretudo, pela coragem de remar contra a corrente, de contrariar os preconceitos reinantes que determinaram de maneira decisiva os hábitos intelectuais do século, e imaginar para si uma trajetória absolutamente singular que, recusando a originalidade ou o culto do novo, se apresenta, paradoxalmente, como uma contribuição original à maneira com que podemos pensar a nós mesmos e a própria história do pensamento que nos trouxe até aqui. Através do estudo cuidadoso e bem informado da história da filosofia – Strauss é *o* grande historiador contemporâneo da filosofia política –, ele ousou recuperar em seu significado primeiro conceitos e perspectivas que havia muito eram considerados superados pelo movimento moderno, pelo avanço da História (com H maiúsculo), palavras como "verdade", "virtude", "moderação", "bem", "direito natural", "prudência" e, enfim, "sabedoria", sabendo articulá-los filosoficamente, isto é, criticamente, num movimento de pensamento construído em intenso e esclarecido diálogo com os clássicos antigos e modernos, sem em nenhum momento esposar uma ideia mais ou menos enrijecida de "tradição".

Em geral conhecido por quem não o conhece como *mâitre à penser* do neoconservadorismo americano e, por isso – um equívoco –, muito injustamente odiado em certos meios,[3] este é, de fato, o traço que assoma sobre todos os outros na atitude filosófica de Strauss: a retomada da filosofia clássica

---

(L. Strauss) remete a alguém bem mais conhecido e mais próximo de nós, o antropólogo Lévi-Strauss, sem contar a enganosa semelhança entre os sons.

[3] O ódio ou a aversão a Leo Strauss são injustos e muito mal informados e, por isso, não merecem atenção: originados da simples ignorância, o remédio adequado para eles é um contato genuíno com seu pensamento. O mesmo, infelizmente, não pode ser dito a respeito de muitos dos que se pretendem seus discípulos, ou que assim foram considerados, os "straussianos". De alguns desses, com efeito, mas não de todos, não haveria muito de bom a dizer. Mas não é esse, quase sempre, o destino de todo imitador? O que conta é que, como filósofo e defensor apaixonado da filosofia, Strauss certamente quis e trabalhou duro para formar filósofos ou, como dizia, amantes da filosofia, não simples *epigonoi*. É justo que ele seja julgado, principalmente, por isso.

pela qual ele se tornou conhecido, o seu assim chamado "conservadorismo", é tudo menos um lapso acrítico em algo já ultrapassado, o testemunho da sobrevivência de um resquício que as inovações constantes no pensamento deveriam, nos melhores casos, já ter deixado para trás; pelo contrário, ela é o resultado de uma hipercrítica, de um mergulho pós-historicista e, por que não dizer, pós-crítico, na direção das raízes primeiras do filosofar. Ao arrepio do que sugere o hábito em nós inveterado de dividir o mundo em conservadores e progressistas, identificando os primeiros com o dogmatismo enrijecido e os últimos com a coragem que leva à maioridade do pensamento (o *sapere aude* kantiano que dá impulso a todo "avanço" do pensamento), é-se levado a admitir que Strauss é "conservador" por reflexão.

No que se segue eu tento traçar um quadro tão completo quanto possível da posição straussiana em seus pontos principais, baseando a discussão nos textos menos conhecidos – que dessa forma vão se dando a conhecer –, contextualizando as controvérsias e os temas no ambiente intelectual da época, assim como no âmbito maior da história da filosofia, e tomando o cuidado de enfatizar aquelas questões sem as quais o leitor brasileiro provavelmente se sentiria perdido ao começar a explorar a obra de Leo Strauss. Desnecessário dizer que não existe nenhuma pretensão de oferecer uma análise exaustiva da sua filosofia. A finalidade desse estudo introdutório é bem mais humilde: servir como uma espécie de guia para que o leitor brasileiro possa orientar-se nas águas não navegadas da versão straussiana da história da filosofia, mesmo levando em conta que simplesmente perder-se nelas está longe de ser o que se chama de uma má ideia. Com efeito, a insuspeitada sensação de deleite e de aventura envolvida numa primeira aproximação do pensamento de Strauss, especialmente em seu papel de explorador pioneiro da história da filosofia, não pode ser substituída por qualquer tentativa de ajuda ou de explicação. Por isso, rogo ao leitor benevolente que ignore o que se segue se por um momento que seja essa sensação única de "entender o entendimento", que Aristóteles atribui a nada menos que ao princípio divino do mundo e com a qual identifica o maior prazer e a maior felicidade possíveis ao ser humano, se essa sensação, eu dizia, se lhe afigurar comprometida ou ameaçada por um excesso de zelo explicativo ou pela simples volúpia de escrever. De modo que seria talvez mais acertado dizer que a finalidade precípua desse estudo é mais afastar o leitor iniciante dos obstáculos que se colocam ou poderiam colocar-se entre ele e a apreciação da obra de Strauss do que tentar levá-lo aonde apenas o contato direto com a riqueza dessa obra e do pensamento de que ela dá testemunho é capaz de levar. Incidentalmente, talvez ele possa servir também para oferecer alguns argumentos em favor do julgamento entusiasmado que abre o texto, chamando a atenção para a importância das intuições de Strauss no cenário filosófico contemporâneo assim como, em consequência, para a necessidade de conhecê-lo melhor. De todo modo, o que se segue, embora longo e cansativo, não tem a pretensão de ir muito além.

Vida e obra

Leo Strauss nasceu em 20 de setembro de 1899, em Kirchain, Hesse, um distrito rural a 10 km da cidade universitária de Marburgo, no centro-oeste da Alemanha. Criado no seio de uma família judia ortodoxa, primogênito de um modesto vendedor de implementos agrícolas, ele mais tarde descreveria o seu ambiente familiar como um lugar em que as "leis cerimoniais eram estritamente observadas", mas no qual havia "muito pouco conhecimento sobre o judaísmo".[4] Desde o tempo de ginásio, Strauss revelou um interesse incomum pela filosofia e pelo mundo do saber. Suas primeiras reminiscências nesse sentido falam de um primeiro contato "furtivo" com o "humanismo alemão", especialmente Schopenhauer e Nietzsche, heróis eternos de toda a juventude. (Depois ele irá dizer que até mais ou menos os 30 anos "acreditava literalmente em tudo que compreendia de Nietzsche".[5]) Mas o seu *eros* filosófico foi despertado pela primeira vez com a leitura na sala de aula, ainda no ginásio, do *Laques* de Platão. Enamorado pelo que viu e ouviu, aos 16 anos ele formou o "plano, ou o desejo", de arrumar um emprego no correio local, e criar coelhos, passando a vida dedicado à leitura dos diálogos. "Sem me dar conta disso", diz ele, "fui levado para bem longe da minha criação judaica, sem qualquer rebelião".

---

[4] "A Giving of Accounts". In: *Jewish Philosophy and the Crisis of Modernity*. New York, Suny Press, 1997, p. 459-60. Apesar disso, a identidade judaica de Leo Strauss foi fortemente afirmada desde o início: mais tarde, ele se lembrará de ter despertado para a situação precária dos judeus na Europa aos 7 anos de idade, quando seus pais receberam em casa refugiados dos *pogroms* da Rússia czarista.

[5] Carta a Karl Löwith de 23 de junho de 1935, "Leo Strauss and Karl Löwith: Correspondence", em *Independent Journal of Philosophy*, v. 5, n. 6, 1988, p. 183.

Strauss continua as suas "memórias" dizendo que aos 17 anos converteu-se ao sionismo, ao "simples e franco" sionismo político, uma confissão que, vista à luz das suas ideias posteriores a respeito do dilema implicado no movimento sionista (para ele intrinsecamente contraditório em razão da dificuldade de reconhecer-se judeu independentemente da Torá e, consequentemente, da impossibilidade de aceitar a resolução do assim chamado problema judaico por meios puramente humanos), confere um significado todo especial à afirmação anterior: apesar do seu intenso envolvimento na vida judaica da sua época, a experiência da descoberta da filosofia teve para ele o valor de um exílio em relação à casa paterna, um exílio que era experimentado dolorosamente, com maior ou menor consciência de causa, por todo o conjunto dos judeus europeus da sua época, e sobre o qual Strauss não se cansaria de refletir.[6]

Do ginásio Strauss seguiu para a universidade de Marburgo para estudar filosofia, matemática e ciências naturais com o fundador da escola neokantiana de pensamento, o filósofo judeu Herman Cohen, que, entretanto, morreu antes que ele pudesse conhecê-lo pessoalmente. Segundo Strauss, Cohen o teria atraído porque era "um filósofo apaixonado e um judeu apaixonadamente devotado ao judaísmo", uma espécie de modelo para o jovem sionista e filósofo, de um lado fascinado com as perspectivas do pensamento humano e, do outro, obcecado pela "eleição" de Israel e a questão de Deus. Mas, logo que se matriculou na universidade, antes ainda de começar seus estudos, no verão de 1917, Strauss não conseguiu escapar ao alistamento compulsório para servir na Primeira Guerra, apesar de todos os seus esforços nesse sentido.[7] Enviado ao *front* belga, ele serviria por um ano, de julho de 1917 a dezembro de 1918, como intérprete para as forças do exército germânico.

Retornado intacto da sua breve incursão guerreira, Strauss fez a sua formação universitária em meia dúzia de universidades alemãs (Marburgo,

---

[6] Esse exílio em relação à tradição judaica, ou, em outras palavras, a impossibilidade que experimentavam os judeus modernos, pós-iluministas ou pós-espinozistas, de abraçar sem reservas os princípios e as doutrinas da tradição judaica baseada na revelação, foi entendido por Leo Strauss como um segundo *galut*, uma segunda diáspora, que, à diferença da primeira, talvez pudesse ser resolvida humanamente, por meio de um "retorno" esclarecido às raízes da tradição. Cf. *Spinoza's Critique of Religion*. Chicago, University of Chicago Press, 1997 (1965), p. 7. Falaremos disso mais adiante.

[7] Reza a lenda que ele teria fingido uma apendicite, cuja inexistência foi descoberta já na mesa de operação. Essa anedota é relatada pelo colega de Leo Strauss na Universidade de Chicago, Edward Banfield, num artigo intitulado "Leo Strauss". In: Edward Shils (Ed.), *Remembering the University of Chicago*. Chicago, Chicago University Press, 1992.

Freiburgo, Frankfurt, Berlim e Hamburgo), como era o costume na época. Nesses tempos de consolidação e maturação da personalidade intelectual, seus interesses principais eram, segundo o precioso testemunho do amigo de vida inteira, Jacob Klein, "Deus e a política", e segundo as suas próprias palavras, a "teologia". A despeito disso, sua tese de doutorado, escrita e defendida sob a orientação de Ernst Cassirer, o substituto de Cohen à frente da escola de Marburgo, foi sobre "O problema do conhecimento na doutrina filosófica de Friedrich Heinrich Jacobi" (1921).[8] Apesar da sua imensa admiração por Cohen e sua filosofia, Strauss nunca demonstrou muito interesse pelo pensamento e pela linha de estudos do seu orientador, e, assim, em 1922, depois de defender a sua dissertação, ele sai de Hamburgo a fim de estudar com Edmund Husserl, o pai da fenomenologia, em Freiburgo, que naquele tempo já havia destronado Marburgo como a principal escola filosófica da Alemanha. Segundo o próprio Strauss reconhece, não houve benefícios dignos de nota do seu contato com Husserl, "provavelmente porque não estava maduro o suficiente". Um dia, ao levar seu interesse por teologia à atenção do ilustre professor, recebeu dele a resposta seguinte: "Se existir um *datum* chamado 'Deus', devemos poder descrevê-lo".[9] Ou seja, o que não podia ser objeto primário de percepção não tinha interesse para o grande fenomenólogo. Malgrado essa divergência de campos de interesse, foi no círculo de Husserl que Strauss travou conhecimento com a obra de Hobbes (através de Julius Ebbinghaus) e, principalmente, com o discípulo mais brilhante do mestre, Heidegger, que seria, como veremos, decisivo na sua trajetória filosófica posterior. Sobre o Heidegger dessa época, ainda um jovem professor de filosofia, Strauss diz:

> Eu comparecia aos seminários dele de quando em quando, sem entender uma palavra, mas tinha a sensação de que ele tratava de algo da maior importância para o homem enquanto homem. Numa ocasião, entendi algo: ao ouvi-lo interpretar o começo da *Metafísica*. Eu nunca tinha ouvido ou visto algo semelhante – uma interpretação tão completa e intensiva de um texto filosófico. No caminho para casa fiz uma visita a Rosenzweig[10] e disse a ele que, comparado a Heidegger, Max

---

[8] Para uma síntese desse estudo, que mais tarde Strauss chamaria de "uma performance vergonhosa", cf. *Leo Strauss, the Early Writings (1921-1932)*. New York, Suny Press, 2002.

[9] "A Giving of Accounts", op. cit., p. 460-61.

[10] Franz Rosenzweig (1886-1929).

Weber, que, até então, eu encarava como a encarnação do espírito da ciência e da erudição, era uma criancinha órfã.[11]

De 1922 a 1924 Strauss estuda história e se envolve com organizações sionistas, escreve textos voltados para temas e plateias sionistas[12] e é recrutado por Rosenzweig e Julius Guttman para a recém-criada "Academia para a Ciência do Judaísmo", uma organização de pesquisa que oferecia bolsas em troca de instrução para a comunidade. Nessa época ele entra em contato com a filosofia judaica medieval, especialmente Maimônides e Saadya Gaon (mas também Gersonides), aprendendo o hebraico e o árabe. No contexto da Academia Rosenzweigiana ele empreende (entre 1925 e 1928) a sua pesquisa pioneira sobre "A Crítica da Religião de Espinosa" (publicada apenas em 1930), que viria a se tornar a primeira das suas grandes obras e a sua primeira contribuição notável para a genealogia da modernidade, especialmente a moderna situação do judaísmo derivada do conflito clássico, que teve lugar no século XVII, entre a vertente radical da filosofia das luzes (que Strauss chamava de "luzes radicais") e a religião. O estudo do *Tratado Teológico-Político* de Espinosa e a sua criação da moderna crítica bíblica deu a Strauss a oportunidade de colocar-se no ponto de virada, no *carrefour* decisivo da civilização ocidental, reunindo num mesmo campo de estudos a crítica da religião, o pensamento moderno, o pensamento antigo e medieval (Espinosa articulou a sua crítica da religião em intenso diálogo com a tradição judaica anterior, cujo expoente máximo foi justamente Maimônides), a filosofia e a política, além dos dilemas da condição judaica no mundo moderno, ou seja, tudo o que o interessava naquela época e todos os campos de interesse pelos quais, no futuro, ele iria se notabilizar. O estudo sobre a crítica da religião em Espinosa marca, outrossim, o início da sua "mudança de orientação", expressa pela primeira vez com plena consciência de causa em uma resenha do célebre opúsculo de Carl Schmitt, *O Conceito do Político*.[13]

---

[11] "A Giving of Accounts", op. cit., p. 461. Leo Strauss repetiria esse mesmo julgamento comparativo em relação a Werner Jaeger, que na época estudava Aristóteles e, em especial, esse mesmo texto interpretado por Heidegger.
[12] Boa parte desses textos de juventude, editados por Heinrich Meier nas *Obras Completas de Strauss*, foi compilada por Michael Zank em *Leo Strauss, the Early Writings*, op. cit.
[13] A expressão é utilizada por ele no prefácio à primeira edição americana (1965) de *Spinoza's Critique of Religion*. Chicago, Chicago University Press, 1997 (1965), agora ausente do texto.

A partir dessa época fundamental para a formação da noção straussiana de filosofia (na qual ele trabalha ainda numa série de introduções à edição das Obras Completas de Moses Mendelssohn, ocasião em que entra em contato com o pensamento de Lessing, tão importante também na sua formação), a fascinação por Nietzsche e Heidegger, e pela corrente dominante, ou *avant garde*, do pensamento de seu tempo, ficará cada vez mais em segundo plano, dando lugar a um interesse crescente pelos clássicos tanto antigos e medievais, num claro movimento de "retorno" às fontes (modernas e antigas). Em 1931, a Academia passa por problemas financeiros e Strauss se candidata a uma bolsa de pesquisa (num primeiro momento em filosofia judaica medieval) pela *Rockefeller Foundation*. O estudo sobre Espinosa o levara a entrar em contato com Carl Schmitt, o grande expoente da filosofia política na Alemanha da época, que indicou a em todo ponto notável resenha que Strauss fez do seu livro para ser publicada na mesma revista em que a obra original havia saído, cinco anos atrás (1927). Da mesma forma, Espinosa levou Strauss a interessar-se por Hobbes (há todo um capítulo dedicado a Hobbes na sua leitura de Espinosa), que por sua vez interessava a Schmitt (o cerne do comentário straussiano a *O Conceito do Político* é uma leitura concentrada das categorias hobbesianas de estado de natureza e estado civil e o seu significado), o que fez com que Schmitt tivesse um papel fundamental no sucesso de Strauss em conseguir uma segunda bolsa – ou uma prorrogação da primeira – para estudar Hobbes em Londres, depois do primeiro ano de estudos em filosofia judaica medieval passado em Paris (Cassirer e Julius Guttman também foram importantes, fazendo indicações nesse sentido).

Finalmente, no segundo semestre de 1932, Strauss está em Paris financiado pela *Rockefeller Foundation*. Lá ele conhece Alexandre Kojève, um russo brilhante, grande especialista na filosofia de Hegel, com quem Strauss irá protagonizar, uns vinte anos mais tarde, uma douta e amigável controvérsia filosófica em torno da sua interpretação do *Hiero* de Xenofonte. Em Paris ele recebe Gadamer,[14] entre outros alemães, e casa-se com uma conhecida (também alemã) recentemente enviuvada, Marie (Miriam) Bersohn, em 20 de junho de 1933. No princípio de 1934, Strauss se muda com a família (Marie e

---

A resenha de Leo Strauss ao opúsculo de Schmitt pode ser lida em Heirich Meier, *Carl Schmitt and Leo Strauss, the Hidden Dialogue*. Chicago, Chicago University Press, 1995.

[14] Numa entrevista concedida muitos anos depois, com Leo Strauss já morto, Gadamer, o famoso teórico da hermenêutica, descreve de forma pitoresca os encontros em Paris. Cf. Gadamer, "Gadamer on Strauss: an Interview". *Interpretation*, v. 12, n. 2/3, 1984, p. 1-13.

o filho dela) para Londres, a fim de estudar *in loco* os manuscritos de Hobbes no *British Museum*. Num cartão postal enviado a Kojève ele confidencia ao amigo que Londres e os ingleses fazem mais o seu estilo que Paris, mesmo com a bebida cara e os *pubs* fechando todo dia às 10 da noite.[15] Morando numa pensão bem em frente ao *British Museum*, ele diz que a sua rotina diária é seguir religiosamente para a biblioteca da Instituição (meio minuto de caminhada) para estudar os manuscritos do filósofo inglês. Dessa pesquisa nascerão duas de suas obras mais interessantes, *The Political Philosophy of Hobbes, Its Basis and Genesis*,[16] na qual, baseado nos escritos hobbesianos de juventude, Strauss pensa ter encontrado as motivações primeiras, originais da filosofia moral de Hobbes, e aquilo que diferencia a sua teoria do direito natural das teorias clássicas sobre o mesmo tema,[17] e *A Crítica da Religião em Hobbes*, um texto inacabado, escrito entre 1933 e 1934 e publicado apenas em 2001 nas *Obras Completas* de Strauss, editadas por Heinrich Meier.[18]

Entre 1928 e 1932, ainda no contexto da Academia para a Ciência do Judaísmo, Strauss escreve um dos seus livros mais importantes, que marca um estágio fundamental na sua "mudança de orientação": *Philosophie und Gesetz (A Filosofia e a Lei: Contribuições à Compreensão de Maimônides e Seus Precursores)*,[19] uma série de três estudos mais uma brilhante introdução –

---

[15] Carta de 9 de abril de 1934. In: *On Tyranny*. New York, The Free Press, 1991, p. 225. A referência parece fazer parte de uma *private joke* entre ele e Kojève, que era dado à boemia.

[16] Escrita em alemão, mas que viria à luz apenas alguns anos mais tarde (1936), em inglês, pela Clarendon Press, da Universidade de Oxford (e, de novo, em 1952 e 1963 nos EUA pela Editora da Universidade de Chicago).

[17] No prefácio original da edição inglesa, Leo Strauss diz que o "objeto particular" de seu estudo é mostrar que a verdadeira base da filosofia política de Hobbes "não é a ciência moderna" (ou o "método geométrico" aplicado às coisas humanas e ao direito natural), como comumente se pensa e se pensava, e que é a "visão fundamental de Hobbes sobre a vida humana... que compõe a verdadeira base da sua filosofia política" (op. cit., p. IX-X). Daí a necessidade de buscar o que, seguindo uma voga já bem estabelecida pelas interpretações "evolutivas" dos grandes pensadores (iniciada com o *Aristóteles* de Jaeger), chamaríamos de "o primeiro" Hobbes, o Hobbes humanista, tradutor de Tucídides e leitor dos gregos, ou seja, o pensamento hobbesiano anterior à sua célebre virada mecanicista (expressa, por exemplo, nos *Elementos da Lei* e no *De Cive* – citado no prefácio de Gildin), no qual as "linhas principais" da sua filosofia moral já estariam estabelecidas, buscando a "gênese" (p. xi) das suas ideias morais e políticas em seus primeiros escritos.

[18] *Leo Strauss Gesammelte Schriften*. Stuttgart, Verlag J. B. Weimar, 2001, p. 262-369 (disponível também em francês, *La Critique de la Religion chez Hobbes: Une Contribuition à la Compréhension des Lumiéres*. Paris, PUF, 2005.

[19] Em *Maïmonide*. Paris, PUF, 1988.

marcada por um intenso *pathos* polêmico em relação à filosofia "irracionalista" da época – voltados à leitura da profetologia de Maimônides, Averróis e Gersonides. O livro só foi publicado em 1935, quando Strauss estava na Inglaterra, num momento em que a situação na Alemanha começava a ficar insustentável, com a posição dos judeus e das entidades voltadas aos assuntos judaicos tornando-se cada dia mais delicada desde a ascensão do Partido Nacional Socialista, em 1933. Ele foi escrito a partir de uma sugestão de Gershom Scholem, que pretendia usá-lo para obter para Strauss uma indicação para a Universidade de Jerusalém. Por motivos um tanto obscuros, o plano foi malsucedido: segundo Scholem expressaria numa carta a Walter Benjamin, foi prova de grande ousadia (ainda que de pouco juízo) da parte de Strauss tentar obter uma vaga para a Universidade de Jerusalém com um texto completamente ateu.[20] Difícil entender o que Scholem quis dizer com essa interpretação da Introdução de Strauss, certamente um dos textos mais brilhantes e incisivos de crítica da modernidade que se pode encontrar (saído da pena de um jovem de apenas trinta e poucos anos!), no qual a razão desassistida (da graça ou de informações confidenciais que Scholem bem poderia ter) não consegue encontrar nenhuma referência mais ou menos explícita de ateísmo (ao contrário do que ocorre com outras notórias obras de Strauss). De todo modo, quem terminou recebendo a indicação para a vaga na universidade foi Julius Guttmann.

Em 1934, Strauss se muda para a Universidade de Cambridge, onde finaliza seu livro sobre Hobbes. Com a bolsa da *Rockefeller Foundation* chegando ao fim, a sua situação financeira começa a ficar complicada, e as perspectivas de futuro não são as melhores. Em 9 de maio de 1935 ele escreve a Kojève:

> A [minha] situação econômica é séria. Tenho uma bolsa que vai até o dia 1º de outubro e que só me proporciona o mínimo para sobreviver. Ainda está em aberto se ela será renovada por mais um ano. E, depois disso, certamente chegará ao fim. Para onde olhar em busca de ajuda apenas os deuses sabem. Eu não tenho sorte, caro Sr. Kochevnikoff.[21]

---

[20] Gershom Scholem para Walter Benjamin, de 29 de março de 1935. In: *The Correspondence of Walter Benjamin and Gershom Scholem 1932-1940*. Massachusetts, Harvard University Press, 1989, p. 156-57. Minha perplexidade com a leitura de Scholem é compartilhada por Green, *Jewish Philosophy, etc.*, op. cit., p. 56.

[21] *On Tyranny*, op. cit., p. 231.

Ao mesmo tempo, com a escalada da violência antijudaica, voltar à Alemanha é cada vez mais uma opção improvável. Apesar de receber uma bolsa (ou, mais provavelmente, uma ajuda de custo) da Universidade de Cambridge relativa ao período 1936-1937, Strauss se vê forçado a buscar sua sorte e a de sua família em outro lugar. Nesse mesmo ano, ele aproveita a ajuda da universidade inglesa e viaja para os Estados Unidos para tentar uma posição permanente. Finalmente, no outono de 1937 obtém uma nomeação para lecionar no departamento de história da Universidade de Colúmbia, em Nova York, deixando mulher e filho para trás na Inglaterra. No ano seguinte, aproveitando-se de uma indicação entusiasmada de Harold Laski, ele consegue uma vaga na *New School of Social Research*. Nos próximos dez anos (1938-1948) ele seguirá nos quadros da instituição, assumindo uma cadeira de ciência política. É no contexto da sua participação na *New School* que Strauss é convidado a falar sobre as origens do "Niilismo Alemão", ministrando uma série de palestras que serão publicadas logo depois.[22]

Um pouco antes do início da Segunda Guerra, em 1939, a mulher e o enteado vêm se juntar a ele em Nova York. A sua família não terá a mesma sorte. Sua irmã, Betina, morre assassinada no Cairo em 1942 (o marido dela conhecerá a mesma sorte em 1944), fugindo da perseguição nazista. Ela lhe deixa uma sobrinha, Jenny, que Strauss virá a criar como sua filha. Seu pai morre nesse mesmo ano, em Marburgo, de um ataque do coração, um pouco antes de começar a deportação maciça dos judeus alemães para os campos de concentração, onde serão dizimados todos os membros restantes da família Strauss. Em 1944, Strauss se torna cidadão dos Estados Unidos.

De 1941 a 1948 Strauss escreve os ensaios que comporão uma das suas obras-primas, uma coletânea de artigos publicada apenas em 1952: *Persecution and the Art of Writing* [Perseguição e a Arte de Escrever], em que ele expõe as teses sobre a escrita (e a leitura) esotérica-exotérica dos textos filosóficos que até hoje responde por muito da sua fama como leitor de filosofia e historiador.[23] Em 1948 ele publica a primeira edição de *On Tyranny* [Da Tirania],

---

[22] *German nihilism* foi publicado muitos anos depois na revista *Interpretation*, v. 26, n. 3, 1999.
[23] Com efeito, o primeiro texto em que a tese do duplo sentido exotérico-esotérico das obras filosóficas clássicas e medievais é exposta data de 1941: "The Literary Character of the Guide for the Perplexed", publicado originalmente em *Essays on Maimonides*. New York, Columbia University Press, e depois como o segundo capítulo de *Persecution and the Art of Writing*. Chicago, Chicago University Press, 1988 (1952).

já mencionado, uma tradução e interpretação do diálogo socrático de Xenofonte entre o poeta Simonides e o tirano Hiero, dando início à frutífera correspondência filosófica com o amigo de longa data Alexandre Kojève.[24] Nesse mesmo ano de 1948, Strauss é chamado a assumir a docência plena na cadeira de filosofia política, do departamento de ciência política da Universidade de Chicago, instituição que nos vinte anos seguintes, e mesmo depois, se tornaria conhecida como o seu "quartel intelectual". Em 1949, Martin Buber, prestes a se aposentar, oferece-lhe a sua cátedra de "Cultura Judaica" na Universidade de Jerusalém, mas Strauss rejeita a oferta. A sua vida nos EUA apenas começa a prosperar. Em outubro desse mesmo ano ele ministra as célebres *Walgreen Lectures* (uma grande honra acadêmica até hoje), que dariam origem a um de seus livros mais justamente célebres e estudados, *Natural Right and History*, escrito, a partir das palestras, entre 1949 e 1953 (ano da primeira edição). É nessa obra que Strauss articula pela primeira vez em sua completude a sua leitura da história e dos princípios da civilização moderna a partir de uma comparação metódica e extremamente bem informada entre a doutrina clássica (Platão e Aristóteles) e a moderna teoria do direito natural, com capítulos dedicados a Maquiavel, Hobbes, Locke e Rousseau, além de uma introdução filosoficamente devastadora dirigida contra o "preconceito" moderno do historicismo.[25]

Em 1953 ele se torna professor visitante da Universidade de Berkeley, na Califórnia, e entre 1954 e 1955 passa um ano como professor visitante de filosofia política na Universidade Hebraica de Jerusalém. Em 1955, Strauss viaja à Alemanha pela primeira vez desde a sua partida em 1932, visitando o túmulo do pai em Heldeiberg e ministrando palestras sobre Sócrates a convite de seu velho conhecido Hans-Georg Gadamer. Em 1956 Strauss sofre um ataque cardíaco, que debilitará a sua saúde nos últimos 16 anos da sua vida. Como se quisesse dar testemunho da exatidão do juízo aristotélico sobre a idade ideal para a filosofia, o ataque coincide com o princípio do período mais rico e frutífero da atividade docente e autoral de Strauss, então com 57 anos. De 1953 a 1957 ele escreve as suas surpreendentes *Reflexões sobre Maquiavel*;[26] em 1959 publica *What is Political Philosophy* [O Que É Filosofia Política] (cujo ensaio principal, que dá nome à coletânea, encontra-se traduzido aqui), uma

---

[24] Todo o debate assim como as cartas foram incorporados nas edições subsequentes da obra, atingindo o clímax na edição de 1991, já citada.

[25] Ver *Natural Right and History*. Chicago, Chicago University Press, 1999 (1953).

[26] *Thoughts on Machiavelli*, publicado em 1958.

coletânea de ensaios escritos de 1944 a 1957; entre 1962 e 1964 é a vez de *The City and Man* [A Cidade e o Homem] (1964), na realidade uma longa – e, não raro vertiginosa, na multiplicidade dos domínios e habilidades articulados no trabalho de interpretação – leitura em profundidade dos textos políticos de Aristóteles, Platão, Xenofonte e Tucídides, em busca de apreender as categorias fundamentais da filosofia política ocidental em sua originalidade e seu frescor; imediatamente em seguida, ele escreve e publica *Socrates and Aristophanes* [Sócrates e Aristófanes] (1966), uma sofisticadíssima interpretação da assim chamada "virada socrática" para a filosofia política como uma resposta à crítica impiedosa dirigida contra o jovem Sócrates pelo Aristófanes de *As nuvens*: a leitura do desenvolvimento de Sócrates à luz dessa crítica é entendida, por Strauss, como uma espécie de genealogia do Sócrates maduro de Xenofonte e Platão;[27] de 1970 a 1972, já aposentado da Universidade de Chicago (1968) e tendo assumido a cadeira de filosofia política no St. John's College, em Anápolis, onde lecionava o amigo Jacob Klein, Strauss publica as suas três últimas obras originais: *Xenophon's Socratic Discourses* [Discursos Socráticos de Xenofonte] (1970), *Xenophon's Socrates* [O Sócrates de Xenofonte] (1972), e *The Argument and the Action of Plato's Laws* [O Argumento e a Ação das *Leis* de Platão] (1975). Ainda antes de morrer, ele deixa registrado o plano de edição de uma coletânea de artigos já publicados (entre 1967-1973), *Studies in Platonical Political Philosophy* [Estudos sobre a Filosofia Política Platônica], que só viria a lume bem depois da sua morte, em 1983.

Leo Strauss morre de pneumonia na manhã do dia 18 de outubro de 1973, sendo enterrado no cemitério da Sinagoga Knesseth Israel, em Anápolis. Ao fim de toda uma vida dedicada à sabedoria humana, o texto escolhido para acompanhar a sua partida não foi um texto filosófico, pelo menos não aparentemente, mas o Salmo 114, que exorta a Terra a tremer diante da presença do Deus de Jacó. Adiante haverá algo mais a dizer sobre isso.

A SITUAÇÃO CONTEMPORÂNEA

Na quase programática introdução à "A filosofia e a Lei", de 1935, Strauss expôs aquela que é a situação original, o "problema primeiro" do qual parte

---

[27] Essa leitura é tratada adiante.

todo o seu esforço de investigação, um problema percebido e trabalhado já desde algum tempo antes, desde pelo menos a época dos seus estudos sobre a crítica da religião em Espinosa, por volta de 1926. Com efeito, depois de passar boa parte de seus anos de universidade e primeira juventude envolvido com o movimento sionista e a sua tentativa de resolver o problema dos judeus europeus por meios puramente políticos, Strauss acabou descobrindo os dilemas envolvidos na assim chamada "questão judaica".

Esses dilemas, como já o haviam ensinado seus estudos sobre Espinosa, estavam basicamente ligados à crítica devastadora da revelação, ou à interpretação ortodoxa da revelação, à Bíblia e à tradição nela baseada, pelos campeões do pensamento moderno no século XVII, Hobbes e Espinosa em especial, determinando uma situação que devia ser percebida como uma alternativa *tranchante* e inescapável entre ortodoxia e *Lumières*, incluindo nessa última todas as tentativas "impuras" de síntese protagonizadas pelas "Luzes Moderadas" e que, como Strauss bem observava, cedo ou tarde se revelavam, para o observador atento, como outras tantas afirmações do pensamento moderno na sua radicalidade essencial.[28]

Eu disse "devia" em vez de "foi" percebida porque era exatamente a falta de clareza na apreensão dessa alternativa em seus termos precisos e em seu caráter absoluto o que desde o princípio incomodou Strauss e o levou para cada vez mais longe dos seus contemporâneos. Em sua visão, o judeu europeu da sua época, ao se propor a questão inescapável de "como devo viver", ou, no caso específico, de "como o judeu deve viver", via-se confrontado com uma alternativa excruciante que ele parecia não ter instrumentos para elucidar: de um lado, lhe parecia impossível simplesmente retornar à tradição depois de todas as derrotas a ela impostas pelas luzes radicais (a crítica dos milagres, da inspiração divina das Escrituras, da sua autoria por Moisés, enfim, todos os pontos em que a crítica bíblica prevaleceu sobre a abordagem tradicional), derrotas que tornavam inevitável a impressão de que ela havia sido definitivamente superada pelo avanço dos estudos e do conhecimento, pelo avanço da história ou, o que dá no mesmo, os progressos da civilização; e, do outro, todas as "soluções" propostas, todas as "sínteses" e "acomodações" que prometiam ao judeu e à religião judaica a felicidade e a harmonia no moderno mundo secular – soluções que iam desde a simples assimilação no

---

[28] Segundo Strauss, as luzes moderadas são "as melhores primícias das Luzes radicais" que sempre acabam por prevalecer sobre elas. Introdução à *Philosophie und Gesetz*, em *Maïmonide*, op. cit., p. 25.

quadro do estado laico e da tolerância civil até a resolução política do problema, com a fundação do Estado judeu, tal como proposta pela militância sionista –, mas que representavam, na verdade, uma deserção do judaísmo, da fidelidade à Lei revelada (a Torá), que desde o princípio havia definido o judeu como judeu. Os textos que dão testemunho dessa época crucial no desenvolvimento do pensamento straussiano parecem sugerir que, num sentido primário, é essa situação aporética do judeu na modernidade que Strauss quer indicar quando ele fala de um "problema teológico-político".[29]

Essa situação excruciante não pode, na visão de Strauss, ser simplesmente suportada de forma passiva. Ela não é, de modo algum, o que se poderia chamar de uma situação "natural". Sobretudo não é natural nem necessária a noção, que responde em grande parte por esse mal-estar, assim como pela perplexidade passiva do judeu moderno diante dele, de que a situação é em todo ponto inevitável, na medida em que faria parte do destino histórico do judeu europeu. A constatação é, em aparência, bastante óbvia. Ela tem mesmo algo de banal: a noção da historicidade radical do homem, que nasce, de forma a princípio imprevista, da noção mais antiga de "progresso" (que em sentido primário implica o caráter irremissível do tempo histórico, a ideia de que o melhor ou a "verdade" dependem essencialmente da história e do seu "avanço" no tempo), não é uma noção natural. Trata-se de algo que todo mundo já sabe e até mesmo já sabia então, a começar dos inventores do historicismo em suas sucessivas formulações – o progresso, na primeira modernidade, e a "consciência histórica" plenamente desenvolvida na modernidade pós-hegeliana. Mas isso que todos os observadores mais atentos ou mais bem informados talvez já soubessem se torna particularmente evidente em tempos de perplexidade, como aqueles aos quais Strauss estava se dirigindo, tempos em que os princípios que orientaram as diversas acomodações que haviam feito as gerações passadas de judeus acreditarem que o problema judaico estava em vias de ser resolvido pela História ou por meios puramente humanos já não tinham a evidência que por um tempo tiveram, tempos em que por diversas razões ligadas, sobretudo, à situação social dos judeus da época (não importa se ortodoxos ou assimilados), mas também relativas aos desenvolvimentos mais recentes no campo da filosofia e da ciência, essa fé nas promessas modernas começava a se abalar.

[29] Na maturidade, a opinião de Strauss parece ter permanecido exatamente a mesma como mostram as primeiras páginas da introdução à edição americana (1965) de *Spinoza's Critique of Religion*, op. cit.

Pois bem, é da constatação de que essa é a "situação atual" que parte o pensamento de Strauss. Uma vez reconhecido o problema, cumpria apreender os seus termos precisos e entender como foi que se chegou até ali. Como diz Strauss logo no princípio da sua introdução, é preciso entender o presente à luz do passado que o determinou, e considerar com seriedade todos os desenvolvimentos que produziram a situação atual, na qual – descrevamo-la mais uma vez de forma sucinta – o judeu europeu se encontra perplexo diante de duas alternativas que lhe parecem igualmente impossíveis, o retorno à ortodoxia ou a sua autonegação enquanto judeu que os princípios modernos parecem lhe impor. Ora, a primeira observação que deve ser feita nesse sentido é que a situação presente do judaísmo foi, como tal, determinada pela filosofia das Luzes. Pois

> [...] é às *Luzes*, ao movimento dos séculos XVII e XVIII, movimento introduzido pelas *Meditações* de Descartes e pelo *Leviatã* de Hobbes, que todos os fenômenos que distinguem a época presente remetem como à sua origem, se não nos deixamos enganar pelos pretextos e prestígios que ela exibe.[30]

Para Strauss é falacioso o argumento contemporâneo de que, tal como a revelação e a ortodoxia, a filosofia das luzes que as devastou estaria hoje ultrapassada, de que ela teria dado lugar a um pensamento que atingiu o ponto máximo da consciência de si precisamente na época presente, e que ela teria representado apenas um momento, decerto importante, na formação dessa autoconsciência, tendo sido, em termos hegelianos, completamente subsumida nela. O argumento talvez se sustentasse se essa evolução ou subsunção tivesse implicado num ganho inaudito de clareza em relação à nossa situação; se, como haviam projetado os próprios porta-vozes das luzes em suas diversas fases, estivéssemos hoje no topo do processo de evolução histórica, completamente à vontade no mundo, plenamente conscientes do que somos, de onde viemos e do que nos cabe fazer; numa palavra, se, como queria Hegel, a história da filosofia tivesse acabado no seu sistema, portador da verdade completa, expressão do "momento absoluto", e a sabedoria nos tivesse sido presenteada pela História como uma espécie de decreto do *destino*. Ora, mas é justamente

---

[30] Introdução à "Philosophie und Gesetz", em *Maïmonide*, op. cit., p. 12.

o contrário que se vê: pelo menos desde Nietzsche – e é especialmente por isso que Strauss viria a admirar e estudar o "filósofo do martelo" durante toda a vida – o resultado do processo histórico, do "progresso" e, com ele, do "movimento moderno", afigurou-se intensamente problemático, a ponto de conceitos como "verdade", "sabedoria" e mesmo "homem" terem sido quase completamente devorados por potências inumanas como "História", "Sociedade" ou o jogo caótico das "pulsões" em busca de afirmação, deixando de fazer qualquer sentido real; a ponto de, na falta deles, não apenas a resposta, mas até mesmo a própria pergunta fundamental sobre "como devo viver", tornada ainda mais urgente pelo sentimento de inadequação da tradição que se acreditava definitivamente ultrapassada, estar presentemente ameaçada de irrelevância pelo novo modo de pensar.

Diante de tamanho quadro de perplexidade, o que fazer? É possível recuperar o sentido das perguntas fundamentais e, com elas, a possibilidade de orientação que foi perdida? Não coloquemos os carros na frente dos bois. Strauss entendeu que o que cumpria fazer antes de mais nada para dirimir esse nó da situação atual era submeter a exame a filosofia das luzes em sua evolução, em outras palavras, empreender a crítica da modernidade na perspectiva do que foi dito antes, isto é, de que foram os desenvolvimentos do que Strauss chama de "o movimento moderno" os responsáveis pela desorientação que caracteriza o tempo presente e, assim, pela quase impossibilidade, para o judeu perplexo da sua época, de se colocar, em termos precisos, a pergunta fundamental. Porque a "desorientação" caracterizada pela impossibilidade de escolher entre as duas alternativas tem para Strauss um nome e uma causa precisa: ela se chama "crise da modernidade", e a sua causa é o abandono ou a "autodestruição" da razão. Na realidade, pode-se dizer que a genealogia da modernidade que Strauss se coloca como missão preliminar empreender a fim de desemaranhar o nó da situação contemporânea do judaísmo, caracterizada pela impossibilidade de fazer uma escolha significativa que ofereça a quem escolhe uma orientação sobre como seguir na vida, consiste, com efeito, na investigação de como o racionalismo moderno, o grande racionalismo das luzes indicado na citação acima pelas obras fundamentais de Hobbes e Descartes, acabou na afirmação irrestrita e mesmo extrema de irracionalismo que caracterizava a filosofia do princípio do século XX, especialmente nas suas versões mais influentes desenvolvidas a partir de Heidegger e Nietzsche, e que Strauss nomeia como "historicismo radical".

A SEGUNDA CAVERNA

A história é longa. Escrevê-la ocupou boa parte dos últimos quarenta anos da vida de Strauss. Tudo o que posso fazer aqui, neste estudo introdutório, é fornecer ao leitor brasileiro não familiarizado com a sua obra algumas indicações, um número limitado de pistas a respeito de como entender o movimento de pensamento straussiano, que é, de fato, deveras peculiar em relação aos seus contemporâneos na história da filosofia.[31] O primeiro passo é reconhecer, de maneira precisa, a absoluta necessidade de refazer a história da modernidade mais uma vez, de recomeçar de novo a olhar para o passado com base em outros princípios. Com efeito, fazer a história da modernidade com base nos conceitos e nas visões correntes na época – os trabalhos históricos de Ernst Cassirer, entre outros, devem ser lembrados nesse sentido –, conceitos e visões articulados pela própria modernidade com base nos seus próprios princípios, significa apenas aprofundar a perplexidade, contribuir para o problema e não para a sua solução. Mais precisamente, antes de proceder ao trabalho propriamente histórico é preciso questionar a modernidade e o tempo presente de maneira ainda mais fundamental, colocando entre parênteses os determinismos próprios das filosofias da história modernas e tomando a sério a possibilidade – para Strauss irrefutável – de que a verdade já tenha sido encontrada em algum tempo anterior, ou seja, de que a verdade (ou o bem) não sejam essencialmente dependentes da passagem do tempo, vale dizer, da História com "H" maiúsculo, em qualquer das suas formulações, mas tenham, como pensavam os clássicos, um valor e um alcance universais. Apenas desse modo, acredita Strauss, se poderá evitar os "prestígios" e "pretextos" do tempo presente, os seus preconceitos dominantes, em particular aqueles que nos lisonjeiam ao sugerir que entendemos os pensadores do passado melhor do que eles se entenderam a si mesmos, na medida em que nos é franqueado e mesmo requerido desconsiderar como "ingênua" a reivindicação de verdade das suas doutrinas com base nas ideias em voga que falam, num primeiro registro, de um avanço da história como progresso, e depois da relatividade de todo tempo histórico e da incomensurabilidade do

---

[31] A ponto de um de seus mais argutos intérpretes, Thomas L. Pangle, dizer que Leo Strauss se conduz pela história da filosofia como um verdadeiro descobridor de novos continentes, como se navegasse em águas não mapeadas, pela primeira vez. Cf. sua Introdução a Leo Strauss, *Studies in Platonic Political Philosophy*. Chicago, University of Chicago Press, 1983, p. 1.

que é nele produzido com os produtos de quaisquer outros tempos históricos equipolentes entre si.

Mas o caso é que todo pensador do passado digno desse nome, dos pré-socráticos pelo menos até Hegel (e talvez até o rompimento operado por Nietzsche), acreditou que a sua doutrina detivesse a verdade sobre o todo, ou ao menos sobre a parte do todo sobre a qual ele se debruçou. Eles não teriam se dedicado a uma vida de estudo e reflexão, à vida da filosofia, se, como querem os modernos apóstolos da consciência histórica, não tivessem acreditado nisso, se acreditassem que a "sua" verdade, a verdade possível no seu próprio tempo, era tudo a que podiam aspirar. E se quisermos empreender uma história da filosofia realmente digna desse nome, vale dizer, uma história filosófica da filosofia, é preciso antes de tudo tentar entender os pensadores do passado como eles se entenderam a si mesmos,[32] é preciso levar a sério a possibilidade de que eles tenham atingido a verdade que reivindicavam, assim como também a possível verdade daquilo que eles contestaram, além das contestações que lhe foram feitas em nome dessa mesma verdade eterna e universal. Uma história da filosofia na qual a verdade é abandonada em nome de um conceito filosoficamente ambíguo e questionável de História, pelo qual se afirma haver ultrapassado a noção de verdade que esteve no centro de todos os embates filosóficos de que se tem notícia, para Strauss não poderia passar de uma ilusão.

Uma ilusão entre muitas outras. Quiçá a ilusão final, a ilusão do presente, que, por isso mesmo, é extremamente difícil de vencer. Num escrito não publicado datado de 1930, [*Die*] *Religiose Läge der Gegenwart* [A Situação Religiosa do Presente], Strauss dramatiza em termos poéticos o problema que estou tentando descrever:

> Se colocarmos a questão da vida correta livre e candidamente, convencidos de que podemos respondê-la se tentarmos honestamente e se não tomarmos conhecimento de nenhum desvio, o presente bloqueia o nosso caminho, vestido nos trajes mais luxuosos e com as sobrancelhas levantadas de uma pessoa superior em conhecimento e de uma mais alta posição, dizendo-nos: "Alto lá, seu inocente! Você não sabe que, ano a ano, a terra inexaurível[33] produz novas gerações, todas destinadas, tendo apenas amadurecido, a marchar com todo o fogo da juventude para a verdade,

---

[32] Até mesmo para podermos avaliar se, segundo os nossos princípios, os princípios do presente, os entendemos melhor.

[33] Com essa expressão ele pensa, sem dúvida, em Nietzsche.

para *a* verdade?". Isso tem sido assim por milênios. Tem-se tentado por milênios, e tem-se fracassado uma e outra vez. Era uma vez disseram a si mesmos: "Se esses fracassaram, talvez tenham tomado o caminho errado; vamos simplesmente começar de novo; comecemos do zero, pois". E eles começaram do zero, e fracassaram também. Os pobres coitados não sabiam o que eu, o presente, a poderosa deusa, sei: que eles *tinham* que fracassar. Eles tinham que fracassar porque estavam buscando *a* verdade. Mas *a verdade eterna* não existe; toda época tem a *sua* verdade, e o que você, rapazote de vinte e poucos anos, tem que perseguir razoavelmente, é apenas a sua verdade, a verdade da sua época, a minha verdade, a verdade do presente. Em plena possessão *desse* conhecimento, que é o meu orgulho maior, eu rio do passado: da sua ingenuidade... Eu perdoo os que vieram antes porque, contra a sua vontade, fizeram o que eu ordenei aos meus filhos: bem entendido, eles buscaram *a* verdade, mas acharam a verdade sem tempo; eles fracassaram – de acordo com o seu próprio parâmetro; mas de acordo com o *meu* parâmetro atingiram a meta. Assim, entronizada no alto bem acima de todo passado eu os conclamo [...] Saibam, portanto, e entendam de uma vez, que vocês podem achar apenas a sua própria verdade, a verdade do presente, e que, portanto, essa é a única verdade que vocês podem razoavelmente buscar.[34]

Malgrado o *pathos* poético, trata-se de uma descrição perfeitamente razoável e fidedigna das posições presentes originadas da descoberta da história e sua radicalização. No entanto, Strauss pergunta, e se "todas as posições presentes repousarem sobre uma incompreensão dos fatos básicos?". Decerto é uma possibilidade a se considerar. Ao contrário do que parece pensar boa parte dos contemporâneos, não há nenhuma garantia lógica de que o presente detenha a verdade tal como exposta pela deusa (a História?) no texto acima, qual seja, a verdade intemporal de que *a* verdade eterna, a verdade pura e simples não existe nem nunca existiu. Em particular, é preciso investigar o que é o presente, ainda que seja apenas para saber se a sua reivindicação pode ser razoavelmente sustentada. Por isso, "se queremos conhecer o presente como ele é, livres de todas as concepções dominantes que devemos primeiro submeter a exame, devemos primeiro *libertar-nos do presente*. Essa liberdade não vai cair no nosso colo; é

---

[34] "Religiöse Lage der Gegenwart", em *Gesammelte Schriften*, 2: 380, em *Leo Strauss, the Early Writings (1921-1932)*, op. cit., p. 28.

preciso conquistá-la".³⁵ Porque o fato é que, mesmo reconhecendo que todos os que já pensaram e escreveram assim o fizeram no (seu) presente, ou seja, determinados, como quer o historicismo moderno, pelas condições do seu próprio tempo, é preciso dizer que "o nosso *destino* não é a nossa *tarefa*". Este é, segundo Strauss, "o erro principal ao qual o ser humano de hoje sucumbe sempre uma e outra vez: a tentativa de determinar a tarefa a partir do destino".³⁶ Uma tarefa concebida para além do destino, ou, colocado de outro modo, que é concebida contra o destino, parece a princípio uma imposição irrazoavelmente heroica quiçá. Entretanto, a sensação de prostração se dilui quando entendemos que ela se assemelha, e o quanto ela se assemelha, à tarefa original que está na base de toda a filosofia: livrar-se das opiniões do presente equivale e tem a mesma natureza de libertar-se das opiniões *tout court*, justamente a tarefa pela primeira vez vislumbrada pelo Sócrates de Platão, para quem a atividade filosófica se define precisamente pela ascensão da opinião para o conhecimento, da aparência para a realidade, da *doxa* para a *episteme*. Não surpreende, assim, que Strauss se utilize repetidas vezes nesses escritos que marcam a sua "mudança de orientação" do sionismo inicial para a "filosofia das coisas humanas" da imagem socrático--platônica da caverna, que ilustra justamente esse movimento para "cima", ou, como ele diz numa outra parte do mesmo texto, as "dificuldades naturais" do filosofar, relativas à natureza sensual, corpórea, do ser humano disposto à filosofia, e à sua convivência necessária com outros seres de mesma natureza e mesmas (ou até piores, no caso da maioria não filósofa) dificuldades. Com efeito, Strauss se mostra já desde muito cedo convencido de que essa ilusão do poder absoluto do presente em que nos enredamos com a elevação da história à categoria de saber supremo corresponde a uma *segunda caverna*, a um estado de ignorância deliberada ou inconscientemente "construída", e, portanto, à diferença da ignorância platônica, "não natural". Vejamos o que ele diz num texto, de 1931, no qual resenha o livro de seu antigo professor, Julius Ebbingaus.

> Para usar a apresentação clássica das dificuldades naturais do filosofar, a saber, a parábola platônica da caverna, pode-se dizer que hoje nos encontramos numa segunda caverna, bem mais profunda, do que estavam aqueles sortudos ignorantes com os quais Sócrates tratava.

---

³⁵ Ibidem, p. 29, grifo meu.
³⁶ Ibidem, grifo do autor.

Se isso é verdade, como ocorreu? Como viemos parar nessa segunda caverna? O que a imagem da "segunda caverna" significa exatamente? A resposta a essas questões, Strauss a teria encontrado numa leitura esotérica de Maimônides, um autor que de fato foi determinante para despertá-lo do "sono dogmático" que o fazia cair sob o feitiço do presente no tempo da sua aliança mais ou menos irrefletida com o sionismo. Lendo o *Guia dos Perplexos*, Strauss descobriu uma razão adicional, não natural, para as dificuldades da filosofia, um obstáculo que os gregos não conheciam: a autoridade dos hábitos e das crenças baseados na revelação. Com isso, diz ele, "a dificuldade de filosofar encontra-se fundamentalmente intensificada, e a *liberdade* de fazer filosofia é fundamentalmente reduzida, pelo fato de que uma tradição baseada na revelação entrou no mundo da filosofia", que é o mundo "natural".[37] Como é de conhecimento geral, a filosofia moderna, em seu nascimento, mostrou-se inteiramente consciente disso. Não foi contra outra coisa que, no princípio, ela lutou para nascer. Nesse sentido, ela entendeu a si mesma, e assim foi entendida, como a tentativa, então heroica por causa dessa mesma dificuldade adicional que Strauss acaba de mencionar, de regressar ao estado original, de resgatar a humana filosofia, protegendo a natureza contra a pressão e a interferência exercida pelas reivindicações do sobrenatural. Daí a crítica da religião ter significado o seu momento decisivo; daí a necessidade de lutar contra a filosofia clássica, em primeiro plano Aristóteles, justamente por haver supostamente se perdido e estar umbilicalmente associada aos "preconceitos" da revelação. No entanto, como já era possível adivinhar pelo que foi dito antes, alguma coisa deu errado nessa tentativa de resgate. Alguma coisa aconteceu que deixou a filosofia moderna, ou a versão moderna da filosofia, ainda mais longe do que pode ser razoavelmente concebido como o estado original, "natural" do filosofar. Acompanhemos Strauss mais uma vez enquanto ele descreve esse processo:

> De certa maneira, a luta de todo o período que abrange os três últimos séculos, a luta do Esclarecimento, encontra-se antecipada e descrita no comentário de Rambam [isto é, Maimônides]: para tornar o filosofar possível no seu estado naturalmente difícil, a complicação artificial do filosofar deve ser removida; é preciso lutar contra os *preconceitos*. Aqui reside uma diferença fundamental entre a filosofia moderna e a filosofia grega: enquanto

[37] Ibidem, p. 31.

esta última luta apenas contra a aparência e a opinião, a filosofia moderna começa lutando contra os preconceitos. Nesse aspecto, o Esclarecimento deseja [apenas] restaurar a liberdade grega. Mas o que ele consegue? Ele consegue a liberdade de *responder*, mas não a liberdade de perguntar; apenas a liberdade de dizer "não", ao invés do sim tradicional (mortalidade enquanto oposta à imortalidade, o acidente enquanto oposto à providência, o ateísmo enquanto oposto ao teísmo, a paixão enquanto oposta ao intelecto). Essa libertação em relação ao sim da tradição é conseguida através de um enredamento ainda mais profundo na tradição. Assim, o *Esclarecimento* empreende a sua luta contra a tradição em nome da tolerância, isto é, em última instância em nome do amor ao próximo; assim, a religião passa a residir inteiramente no amor ao próximo, mas de um modo que, junto com a dúvida sobre o amor ao próximo (em seu entendimento esclarecido), a própria religião se torna completamente duvidosa. Ou, para tomar um exemplo dos estágios mais altos do *Esclarecimento*: quando as *luzes* se tornam abertamente ateias e acreditam ter descartado Deus como um produto do coração humano, elas assim o fazem absorvendo na humanidade o que até então eram definições da deidade: a autorredenção da humanidade, a garantia da própria imortalidade, a assunção das prerrogativas da providência [pelo Estado e a economia]. E quando a cada estágio do Esclarecimento surgem oponentes do Esclarecimento, esses oponentes adotam, de seu lado, as realizações do Esclarecimento e as reconstroem de acordo com a sua posição (p. ex., a revelação passa a ser entendida como uma produção humana, como costume e como forma, ao invés de Lei; a criação passa a ser vista não como a criação do mundo, mas como o mandato de toda a humanidade, exarado antes de ela vir à existência). Desde a época do Esclarecimento, tem sido *geralmente* o caso que cada geração reage à geração precedente sem colocar os seus fundamentos em questão.[38]

A descrição intensamente concentrada que Strauss (então com apenas 30 anos!) faz da evolução do movimento moderno, que, na busca de emancipar-se, teria levado o homem ocidental a uma escuridão – uma segunda caverna – ainda muito mais profunda do que aquela que ele pretendia debelar, é de uma profundidade rara e não tem nada de banal. Ela

[38] Ibidem, p. 32.

serve como uma primeira explicação ou ilustração, parcial e provisória
decerto, de como "aquilo deu nisso", ou seja, de como o grande racionalismo das luzes degenerou na mais extrema afirmação do irracionalismo, redundando no atual estado de desorientação. Na versão de Strauss, tudo se passou como se, no momento decisivo, o pensamento militante tivesse se contaminado com a própria luta, como se ele tivesse padecido de *hubris*, e os deuses combatidos tivessem matreiramente possuído, num clássico exemplo de cegueira trágica, quem buscava combatê-los.[39] O resultado é que a filosofia moderna, apesar da sua aparência primeira de racionalismo, afirmou-se desde o princípio como uma aposta e, de maneira mascarada em relação ao seu êmulo religioso, como uma "fé". E "estar baseada numa fé é fatal para qualquer filosofia".[40] Ela fez promessas que não podia cumprir e entrou em descrédito por isso, como provaria a situação contemporânea de descrédito na razão.

Lucus a non lucendo

De fato, esse caráter irracional do movimento moderno não foi muito claro a princípio. E, justamente por conta de um mal-entendido, ou, como se queira, uma ilusão. Enquanto foi possível à ciência moderna afirmar-se e ser percebida segundo a antiga noção de verdade, que, em razão do idealismo e do construtivismo que estão na base do seu *método*, ela própria foi determinante para minar, não se percebeu o caráter hipotético do Esclarecimento, o seu caráter de projeto experimental. Tentemos entender esse processo sob outra ótica, mais precisa e detalhada, mais uma vez acompanhando o pensamento de Strauss. Se é realmente necessário olhar a gênese do tempo presente com outros olhos, livres dos preconceitos e prestígios que nos prendem a ele, a fim de novamente tomar pé na nossa situação, é imperativo avaliar qual foi o real resultado cognitivo da luta das luzes contra a revelação que marcou uma etapa tão fundamental na constituição do tempo presente. É imperativo colocar-se a pergunta seguinte: é realmente um fato atestado, um *affaire classé*, como se pensa geralmente

---

[39] *Até*: na Grécia, cegueira ou, nos casos mais extremos, demência enviada pela divindade como castigo para a *hubris* dos mortais, uma imagem muito popular no discurso trágico.
[40] *Spinoza's Critique of Religion*, op. cit., p. 30.

na contemporaneidade, que a revelação foi refutada pela filosofia das luzes? Em caso afirmativo, quais foram os termos dessa refutação?

Quase dez anos antes de redigir a introdução ao seu estudo de Maimônides, ainda no tempo da sua pesquisa sobre a crítica espinosista da religião, Strauss já acreditava que a resposta para essa pergunta era negativa. Simplificando talvez demasiadamente uma questão que, tratada em toda a sua riqueza, nos levaria decerto longe demais, Strauss afirma que a vitória das luzes sobre a ortodoxia foi puramente defensiva. Na crítica dos milagres, por exemplo, foi-lhe possível apenas estabelecer que um milagre enquanto milagre é indemonstrável e, portanto, não pode, a rigor, ser conhecido enquanto tal, sendo apenas objeto de fé – o que jamais foi negado pela tradição religiosa, para a qual a fé não é um defeito, como na filosofia, mas, antes, uma exigência primária e fundamental. De fato, analisados os termos do processo com cuidado, verifica-se que as Luzes não se mostraram capazes de demonstrar que o milagre – ou a crença nele – é absurdo, ou que a revelação – o milagre primeiro – é absurda ou impossível. Com efeito, a posição da revelação e da ortodoxia se revela nesse ponto uma cidadela inteiramente inexpugnável: tanto a revelação quanto o milagre (assim como todos os outros conceitos conexos: criação, redenção, eleição, etc.) dependem inteiramente da existência de um Deus todo-poderoso, que fez sua morada na escuridão, uma existência que não carrega em si qualquer contradição lógica, da mesma forma que a afirmação de que o mundo foi criado, por exemplo, como quer que se a entenda, não pode ser refutada por nenhum fato conhecido da experiência nem nenhum teorema racional. Se a intenção era refutar a ortodoxia, diz Strauss, "nenhum outro caminho se oferecia, a não ser buscar mostrar que o mundo e a vida são totalmente compreensíveis sem a hipótese de um Deus insondável". O que significa dizer que a refutação da ortodoxia dependia inteiramente do sucesso do sistema ou, o que dá no mesmo, da promessa de que o progresso da ciência, à medida que fosse nos aproximando de uma espécie de verdade final a ser encontrada no topo do processo histórico, eliminaria totalmente, radicalmente o "mistério do ser" por meio do qual um Deus insondável encontra "espaço" para se afirmar. Na falta dessa prova propriamente cognitiva

> Era preciso que o homem se reconhecesse de maneira teórica e prática como o mestre do mundo e da sua própria vida: era preciso que

o mundo que ele criava fizesse desaparecer o mundo que lhe era simplesmente "dado", e com isso a ortodoxia seria mais que refutada, ela seria "enterrada". Animadas pela esperança de que pudessem "deixar para trás" a ortodoxia levando à perfeição o seu próprio sistema e, em consequência disso, percebendo mal o fracasso daquilo que constituía o seu verdadeiro ataque à ortodoxia, as Luzes, partindo para a vitória numa estratégia à Napoleão, deixaram atrás de si a fortaleza inexpugnável da ortodoxia, dizendo para si mesmas que o inimigo não arriscaria nem poderia arriscar uma saída. Renunciando à impossível refutação direta da ortodoxia, elas lançaram-se na sua obra mais própria, que é a civilização do mundo e do homem.[41]

Incapacitada de apresentar uma refutação teórica da revelação, a filosofia das *Luzes* apostou no sucesso da ação ordenada, vale dizer, no "progresso" da civilização, que deixaria a revelação uma vez "enterrada" definitivamente para trás. Contra a reivindicação de verdade da revelação, que lhe foi impossível refutar, ela apresentou a "prova" da história que ela mesma se dispunha a construir. Ao fazê-lo, ofereceu uma resposta prática a um problema teórico, de modo que, se a interpretação straussiana é verdadeira, vê-se o quanto é inapropriado classificar a filosofia moderna, mesmo em seus primórdios gloriosos, de "racionalismo". Porquanto ela esteve baseada numa concepção "prática", militante, *poiética* da vida e, sobre essa base, numa filosofia da história, que baseava e ao mesmo tempo pressupunha essa prática, desde o seu primeiro despertar. Como foi mencionado anteriormente, o que lhe conferia a princípio a coroa da refutação foi a sua estreita associação com a moderna ciência da natureza, ao menos enquanto essa mesma ciência avaliou-se e foi avaliada segundo a noção tradicional de verdade. O segredo do seu sucesso temporário residiu aí, nessa associação. Dito de outro modo, foi porque a construção desse novo mundo que deveria enterrar o mundo antigo, o mundo "natural" sobre o qual a revelação e a filosofia clássica haviam milenarmente se combatido, se fez metodicamente a partir da ciência moderna em seus inegáveis sucessos e por meio dos instrumentos práticos e teóricos por ela criados, foi essencialmente por isso que o ideal de civilização concebido pelo movimento

---

[41] "Philosophie und Gesetz". In: *Maïmonide*, op. cit., p. 24.

das luzes pôde, por um momento, afirmar-se quase sem contestação. No entanto, durou pouco, como sabemos através de Kant, a pretensão de que a moderna ciência da natureza conhecesse a verdade do mundo "em si". Como diz Strauss, a "interpretação idealista" da ciência moderna "já estava contida no seu ponto de partida", em Descartes e Galileu, e ela foi fatal para pretensão de verdade dessa mesma ciência (isto é, para a crença de que ela tinha um caráter não hipotético e não condicional) e da civilização que sobre ela se desejava construir.[42] Em outras palavras, se a própria ciência da natureza, com todos os seus sucessos, tornou-se insegura de si mesma (na medida em que passou a ser vista como uma interpretação possível do mundo entre outras), o que dizer do ideal de civilização que pretendeu fundar-se sobre ela e sobre os seus sucessos, um ideal que prometeu, na figura do progresso da história (da ciência, da técnica, da "cultura" enfim), através de sucessos equivalentes, não apenas a civilização do bem-estar, que parecemos já ter atingido, mas uma nova forma de orientação? Embora em suas formas mais altas e mais autorreflexivas a ciência tenha abandonado ou pelo menos nuançado a sua pretensão de verdade, os seus sucessos continuam surgindo a olhos vistos, e ela se afirma "praticamente" a partir deles. Por chocante que a situação se nos afigure, o fato é que a ciência da natureza não parece precisar da verdade; ela tem a seu favor o "charme da competência", como diz Strauss, e esse charme tem se mostrado mais do que suficiente para sustentar o entusiasmo que a nossa época ainda dedica a ela. Da civilização construída e afirmada a partir da ciência já não se pode dizer o mesmo. No momento em que os sucessos (prometidos, a princípio, pelo ideal de progresso) se tornaram duvidosos — e eles começaram a tornar-se duvidosos de pouco em pouco, mais ou menos a partir da Revolução Francesa —, a civilização que prometeu o bem através do progresso da história foi condenada ao mesmo destino. O resultado foi, evidentemente, a desorientação. Leiamos o brilhante resumo de Strauss:

[42] "O idealismo moderno, que encontra a sua realização, de um lado, na descoberta da 'estética' como o meio mais sólido para penetrar na criatividade do homem, e do outro, na descoberta da 'historicidade' radical do homem e do seu mundo como ultrapassagem definitiva da ideia de uma natureza eterna e de uma verdade eterna, esse idealismo acaba por compreender a moderna ciência da natureza como uma forma historicamente condicionada de 'interpretação do mundo' entre outras" (ibidem, p. 26). Esse processo é o mesmo descrito por Gildin em seu "Prefácio" como a passagem inevitável do positivismo ao historicismo: o historicismo advém quando o positivismo torna-se consciente de si mesmo.

A moderna ciência da natureza não pode, portanto, ser a base ou o instrumento da vitória das Luzes sobre a ortodoxia, senão enquanto o antigo conceito de verdade, que ela já abalara, dominava ainda os espíritos, e, em particular, determinava a ideia que as pessoas se faziam da moderna ciência da natureza. É por essa única razão que a tentativa de fundar o ideal moderno, a saber, o ideal da civilização, por meio da moderna ciência da natureza pôde ser possível por um tempo: acreditava-se que o novo conceito de natureza seria para o novo ideal um fundamento suficiente, tendo em vista que o conceito antigo de natureza havia sido um fundamento suficiente para o ideal antigo. Mas isso não passou de uma ilusão; foi-se então obrigado a estabelecer que a natureza "desprovida de fins e de valores", que é a natureza da moderna ciência da natureza, nada pode dizer ao homem sobre "fins e valores", que o "ser", compreendido no sentido da ciência moderna, não contém nada que remeta a um dever-ser, e, portanto, que a maneira de ver tradicional, segundo a qual a vida boa seria uma vida conforme à natureza, se torna absurda com base na pressuposição moderna. Se, portanto, a moderna ciência da natureza não é capaz de justificar o ideal moderno, e se, por outro lado, a ligação entre a moderna ciência da natureza e o ideal moderno não pode deixar de ser reconhecida, fica-se obrigado a perguntar se, ao contrário, não seria o ideal moderno o fundamento da ciência moderna, e se, portanto, o que justifica as Luzes não seria não um novo saber, mas também e antes de tudo uma nova fé.[43]

O MOTIVO OCULTO

Uma vez estabelecido que a empresa civilizatória moderna não é racional em seu princípio, cabe indagar qual é o princípio que presidiu à sua construção, qual a verdadeira face da "fé" que ela professa.[44] Desde o seu primeiro estudo sobre a gênese do movimento moderno, a *Crítica da Religião de*

---

[43] Ibidem, p. 27.
[44] Esse é mais um dos truques que Strauss aprendeu de Nietzsche: a racionalidade e a coerência de uma doutrina – para Nietzsche de qualquer doutrina – amiúde a um só tempo exprimem e dissimulam uma potência em busca de domínio. Na minha visão, foi a lição de Nietzsche que levou o jovem Strauss, então com apenas 25 anos, a procurar a explicação da crítica da religião de Espinosa na filosofia epicurista e, mais especificamente, num motivo do coração, e não apenas nas razões e nos argumentos envolvidos no debate.

Espinosa, Strauss, seguindo talvez uma pista sugerida pela tradição interpretativa do judaísmo, o *Talmud* dos rabinos, mas presente também em Nietzsche, responde sem vacilar: é o espírito do epicurismo.[45] As pistas são múltiplas e podem ser encontradas um pouco por toda parte quando se segue os rastros da modernidade. Mas a maior delas, aquela que decide a questão, é o fato de que Epicuro é "o clássico da crítica da religião". E considerando que o projeto das luzes depende inteiramente, como vimos, da refutação ou da superação do ideal religioso, da verdade religiosa, que, apoiado na ciência, ele viria substituir, é aí, na sua relação com a religião, que parece mais prudente e mais certeiro procurar o motivo oculto da sua fé. Com efeito, nenhuma outra filosofia postula como a epicurista "que o medo diante das potências supra-humanas e diante da morte é o perigo que ameaça a felicidade e a quietude do homem". A filosofia epicurista não é mesmo outra coisa que "o remédio clássico para aliviar o medo diante da divindade e diante da morte, mostrando que esse medo é 'sem objeto'". Ao fazer isso, ela dá expressão a um motivo eterno do coração humano, que, representando-se a situação original como um estado de penúria e hostilidade, marcado pela violência dos elementos e o desamparo da providência (que para Epicuro não existe ou não deve existir), anseia menos pelo prazer desbragado dos sentidos, como comumente se avalia, do que pela tranquilidade e pela paz – a ausência de dor. Para Strauss é um engano (e, quiçá, um autoengano) entender o desejo de autonomia – como faz, por exemplo, Ernst Cassirer na sua historiografia da modernidade –, a aspiração intransigente por liberdade, como o motor primeiro do movimento moderno.

> A liberdade como autonomia do homem e da sua cultura não é nem a justificação originária, nem a justificação definitiva das Luzes. Ao contrário, esse ideal não foi viável senão durante um período intermediário de calma: no período intermediário durante o qual o combate contra a ortodoxia parecia consumado e enquanto, de outro lado, a revolta das

---

[45] Desde o princípio, diz Leo Strauss em diversos textos (cf., p. ex., ibidem, p. 28), os rebes tenderam a ver a maior parte (embora não todas, mas decerto as mais comuns) das apostasias, das negações da divindade, da sua providência ou da sua lei, como "epicurismo". A interpretação é atestada, inclusive, por alguns textos bíblicos mais tardios, como a Sabedoria de Salomão, por exemplo. Cf. Sb 2,6-9. Com efeito, toda essa articulação entre pessimismo e hedonismo, descrita à continuação, que é própria da filosofia epicurista, encontra-se perfeitamente traduzida na representação dos "ímpios" negadores da providência divina que faz esse capítulo II da Sabedoria de Salomão.

forças desencadeadas pelas Luzes contra as suas libertadoras ainda não havia estourado. Em uma época na qual se vivia numa casa habitável sem poder ver o fundamento sobre o qual a casa fora construída.

Essa época intermediária, que é a época das "filosofias da cultura", do esteticismo desbragado, da louvação incessante das forças criativas do homem, do ideal "mais elevado" da cultura como "criação soberana do espírito", não tem, segundo Strauss, nem a palavra primeira nem a principal sobre a modernidade. Ela não corresponde ao ideal de "cultura" que se encontra na base do impulso civilizatório moderno tal como ele mesmo a princípio se entendeu. Esse estado artificial de coisas só foi possível – e, na medida em que ele se prolonga ainda hoje em algumas leituras bastante influentes, só continua a ser possível – pelo esquecimento das verdadeiras fundações da casa, com o esquecimento do estado de natureza, que é, como ensinou Hobbes, o único capaz de legitimar o impulso para o estado de civilização. São fatos básicos da natureza ou da condição humana o que se tem em vista aqui. Não a revolta satânica contra a tutela divina, que não poucos historiadores e intérpretes da modernidade, em sua maior parte impressionados pelos excessos retóricos do século XIX, acreditaram ver; mas antes um anseio prosaico, humano, demasiado humano, de segurança, de paz e de tranquilidade, de gozo impenitente, é o que, segundo toda razoável aparência, está na base do grande movimento de emancipação que tem início a partir do século XVI. Com efeito, ao reconhecer no motivo epicurista o motor primeiro da apostasia moderna, a tradição da religião revelada se mostrou mais uma vez capaz de apreender o inimigo pela raiz. E a percepção da tradição é confirmada, segundo Strauss, pelo mais consciencioso trabalho do mais consciencioso historiador. Segundo ele, é possível reconhecer nas Luzes os traços da crítica epicurista da religião, do motivo epicurista para essa crítica, desde os seus primórdios até pelo menos Anatole France. Para ele, "a crítica epicurista é o fundamento, ou, mais exatamente, o primeiro plano da crítica das Luzes".[46] O que pode tornar difícil e problemática a sua identificação é o fato de que ela se vê submetida, no registro moderno, a uma mutação essencial. Embora as Luzes continuem preocupadas, precipuamente, com a felicidade e o bem-estar do homem (isso é aparente principalmente em Hobbes, o grande formulador do novo ideal de civilização), ameaçadas sobretudo ou unicamente pelas representações

---

[46] Ibidem, p. 28-29.

religiosas, elas concebem esse bem-estar e essa paz que deve ser buscada absolutamente de maneira sensivelmente diferente em relação ao que pregava a versão original do epicurismo: a paz que as luzes almejam deve ser obtida de maneira essencialmente ativa, como o fim a ser realizado pela "civilização, pela submissão, pelo melhoramento da natureza, a natureza humana em especial". E, enquanto os epicuristas antigos combatiam a ilusão aterrorizante das representações religiosas pelo que elas tinham de aterrorizantes, os epicuristas modernos a combatem, sobretudo, pelo "caráter ilusório da ilusão". Que as representações religiosas sejam aterrorizantes ou consolantes lhes parece indiferente; o problema é que, como ilusões, "elas enganam sobre os bens verdadeiros, impedindo o gozo dos bens verdadeiros, desviando o homem desse mundo, que é verdadeiro, em nome de um 'além' imaginário", que só beneficia a cupidez dos sacerdotes e demais parasitas do esforço humano, que vivem dessas ilusões. Assim, uma vez "libertado da ilusão religiosa", e "despertado para o conhecimento desencantado da sua verdadeira situação", para o conhecimento de que "uma natureza avara e hostil o ameaça" (é essa percepção que se encontra na base da formulação de um "estado de natureza" pela moderna doutrina do direito natural), o homem é levado pelo Esclarecimento, isto é, pela popularização dos resultados da filosofia, a "reconhecer como a sua única salvação e o seu único dever, não tanto cultivar o seu jardim", como preconizava o epicurismo antigo, quanto "começar a preparar para si um jardim se tornando mestre e possuidor da natureza", apropriando-se metodicamente, por meio da tecnociência e de seus produtos, das poucas coisas "sem valor" (a frase é de Locke) que a natureza imprevidente lhe oferece. O que por vezes torna difícil o reconhecimento da inspiração epicurista do projeto moderno, ademais de uma compreensão defeituosa ou insuficiente da filosofia moderna e da filosofia epicurista em seus princípios respectivos, e ademais da "mutação" que o motivo antigo sofreu na sua apropriação pela filosofia das luzes, é também, e, hoje, sobretudo, a transformação em aparência radical a que a sua expressão foi submetida especialmente no último e mais recente estágio do desenvolvimento moderno; é o fato de que a concepção "grosseiramente" epicurista, ainda aparente num Hume, por exemplo, de que os deuses teriam sido inventados pelos homens medrosos e ignorantes para se torturar,[47] transformou-se, em especial depois de Nietzsche, na concepção de que o motivo da sua

---

[47] Ver, por exemplo, *The Natural History of Religion*, mas também o final do prefácio do *Tratado Teológico-Político* de Espinosa.

invenção teria sido a fuga da dura verdade sobre a condição humana, de modo que as representações religiosas devem ser rejeitadas não porque são aterrorizantes, mas, justamente, porque oferecem consolação. Claro está que essa mudança só foi possível com a transformação radical da percepção que se tinha a respeito do valor do progresso e da civilização moderna. No momento em que essa percepção revela uma crise, e o deleite da vida confortável prometida pelo ideal das Luzes não mais se mostra capaz de oferecer uma justificação razoável para o projeto uma vez acalentado em nome de outros fins mais altos do que esse, a razão, como que desencantada e deprimida, encontra na rejeição dos deuses em nome da "probidade" a justificação última do ateísmo, que assim se revela ter sido, desde sempre, o impulso primeiro das Luzes radicais.

Como diz Strauss não sem certa ironia, esse "[...] ateísmo em toda – boa ou má – consciência se distingue do ateísmo sem consciência diante do qual tremia o passado, na medida em que ele é consciencioso, em que ele é moral: o "epicurista" que, no curso das perseguições do século XVI e XVII, tornou-se um "idealista", e que em lugar de querer a segurança de uma "vida oculta" [...]", como os adeptos antigos, "aprendeu a combater e a morrer em nome da honra e da verdade", torna-se finalmente "o 'ateu' que rejeita a crença em Deus por motivos de consciência", o que prova, segundo Strauss, na linha da "possessão" ou contaminação da filosofia moderna pela revelação que ela procurava combater, que o epicurista moderno é uma espécie de híbrido impuro entre a filosofia e a revelação, alguém que, ao contrário do que deveria fazer um filósofo, se conduz, em última instância, movido dogmaticamente por uma fé. Apesar de eventualmente grande filósofo (e é claro que nessa descrição do ateísmo *dernier cri* Strauss tem em mente ninguém menos do que Heidegger), ele continua preso na "segunda caverna" como todos e cada um de nós; ele segue fechado nos preconceitos do seu próprio tempo, afastado do lugar a partir do qual poderia, com esforço, ascender para a luz. Porque, como parece evidente, não é o caráter consolador ou aterrorizante de um pensamento que faz desse pensamento verdadeiro ou falso, e a "probidade", apesar das aparências, é algo radicalmente diferente do "amor da verdade" pela qual o filósofo deve se orientar.[48] Considerá-lo exclusiva ou principalmente sob esse aspecto é, para Strauss, tudo menos uma atitude filosófica digna desse nome.

---

[48] Essa observação certeira é feita por Jacob Klein (citado em *Leo Strauss, the Early Writings [1921-1932]*, op. cit., p. 25) ao reagir à introdução de Strauss à *Philosophie und Gesetz*, que acabamos de ler.

Por isso, isto é, em razão desse caráter essencialmente problemático da filosofia das Luzes, para todos aqueles que não podem contentar-se com a alternativa "atual" entre ortodoxia e ateísmo (considerando, como fica demonstrado, que a alternativa inicial entre a ortodoxia e as Luzes revelou-se, em sua maturidade, como a alternativa entre ortodoxia e ateísmo), mas que buscam, de algum modo, a possibilidade de uma religião – no caso de Strauss, um judaísmo – *éclairé*, ou, o que para Strauss parece dar no mesmo, de uma relação verdadeiramente esclarecida, verdadeiramente racional, com a religião, cumpre perguntar se as Luzes modernas são de fato as únicas luzes possíveis, o que levou Strauss a tentar orientar-se pelo estudo das Luzes medievais, especialmente daquele que é, no judaísmo, o "clássico do racionalismo", o judeu cordobês do século XII conhecido no Ocidente como Maimônides. Na penúltima parte deste estudo, quando abordarmos o "retorno" proposto por Strauss como saída da caverna, voltaremos a falar um pouco sobre ele.

As três ondas da modernidade

É desnecessário dizer que, a despeito das muitas peculiaridades da "questão judaica", o que vale para o judeu de fim dos anos 1920 vale simplesmente para o homem do mesmo tempo e lugar, para o europeu ou o homem ocidental, envolvido, saiba ou não disso, até o pescoço no "problema teológico-político" implicado a constituição do ideal especificamente moderno de civilização como um projeto de redenção do homem pelo homem por meio da cultura metódica da natureza que se desenvolve progressivamente através da História. De fato, tudo o que foi discutido até aqui deixa claro que o ponto de partida da reflexão de Strauss é aquilo que passou a ser conhecido classicamente como "crise da modernidade", ou, de modo mais amplo e mais preciso, como Strauss o colocava, "crise da civilização".

Os termos dessa crise ele os define de maneira muito precisa, alguns anos depois desses primeiros textos sobre a situação do judaísmo, num seminário sobre *O Niilismo Alemão* proferido em Nova York, em 1941.[49] A questão tratada nesse seminário é justamente a situação espiritual da juventude alemã no

---

[49] "On German Nihilism". In: *Interpretation*, v. 26, n. 3, 1999. ("Sur le Niilisme Allemand". In: *Niilisme et Politique*. Paris, Payot et Rivages, 2004, p. 33-78).

período que assistiu à ascensão do nacional-socialismo, e os motivos que a teriam levado a aderir de forma maciça e entusiástica a esse movimento. O ponto principal da análise de Strauss é que o niilismo dos jovens alemães teria se constituído, em sua essência, como uma espécie de reação paroxística à perspectiva que então se anunciava da vitória do comunismo como o fim da História e o estágio final da civilização Ocidental. Para Strauss, o niilismo alemão não pode ser simplesmente identificado com o nacional-socialismo, que, apesar de ser a sua encarnação mais célebre, é apenas a sua forma "mais vil, mais limitada, mais desprovida de luzes e mais vergonhosa". O móvel último do niilismo alemão não é, em si mesmo, niilista. Ele nasceu da aspiração, em si mesma perfeitamente legítima, de transcender os limites estreitos que a civilização moderna impunha às possibilidades da natureza humana e às suas expressões de grandeza e excelência. O que aterrorizava a geração dos jovens alemães do entreguerras, e os levava ao desespero, e, finalmente, com a adesão ao nazismo, ao entusiasmo de destruir, era

> [...] a perspectiva de um planeta pacificado, sem governantes nem governados, de uma sociedade planetária consagrada unicamente à produção e ao consumo, à produção e ao consumo de mercadorias espirituais e materiais [...] uma sociedade em que cada qual teria o seu pequeno prazer diurno e o seu pequeno prazer noturno, um mundo no qual nenhum grande coração poderia bater nem nenhuma grande alma poderia respirar, um mundo sem sacrifício real a não ser no sentido metafórico, um mundo que não conhece o sangue, o suor e as lágrimas [...],

um mundo, enfim, completamente transfigurado pelo princípio epicurista que se acaba de descrever.[50]

Mesmo perseguido e inimigo jurado dos nazistas, ao mesmo tempo que firme aliado da democracia liberal, Strauss sempre teve o cuidado de fazer as distinções fundamentais e separar conscienciosamente os princípios, os meios e os fins, evitando, a todo custo, a estratégia muito popular entre os sobreviventes da Segunda Guerra de demonizar a Alemanha ou recorrer à *reductio ad hitlerum*[51] como maneira de escapar à difícil tarefa do pensamento. Para

---

[50] Ibidem, p. 41-42.
[51] Versão moderna da *reductio ad absurdum*: basta remeter uma posição qualquer ao fato de que ela foi proferida ou de alguma forma apoiada por Hitler para provar que ela está errada ou, o que é pior, que ela é má ou inumana.

ele, não foi a reação ao conceito moderno de civilização, nascida da aspiração a uma representação mais alta da natureza, a um "retorno à natureza", a responsável pelo caráter destrutivo do movimento da juventude alemã. Pelo contrário, esse era o seu lado saudável, que, ao contrário do que pensam muitas das interpretações correntes, elas mesmas irracionalistas,[52] testemunhava um autêntico anseio pelo bem. A malignidade do fenômeno vinha do seu caráter paroxístico, irrefletido, desesperado, fatídico, daquilo mesmo que ele compartilhava com o pensamento que queria destruir – a crença na inevitabilidade do processo histórico e, consequentemente, a descrença nas possibilidades da razão.[53] Porque o pensamento dominante entre os jovens dessa época era que, se é esse o resultado último do progresso da razão, uma sociedade e um mundo em que as demandas maiores da natureza – a majestade da natureza – estarão completamente sufocadas pelo projeto de um ser humano prosaico e inofensivo, completamente à vontade, numa atitude de rebanho (o "último homem" de Nietzsche), na sociedade do bem-estar, é preciso dizer não a ele e a tudo o que lhe diz respeito decididamente, é preciso voltar ao "estado de natureza", é preciso tomar a decisão, por irracional que ela seja, de ficar ao lado da natureza contra a "cultura", ao lado da "vida" contra os "artefatos", cultivar as virtudes básicas, primeiras, as virtudes guerreiras, libertar as "potências da terra" e, numa palavra, rejeitar com todas as forças a própria ideia ou ideal de razão sob qualquer das suas formas. O que tornava esse anseio niilista e, portanto, meramente destrutivo, era, finalmente, a sua incapacidade de ir fundo o suficiente, de livrar-se dos prestígios do modelo que ele buscava contestar (e, entre outras coisas, da sua própria ideia de uma natureza cega, "sem fins", condicionada pela moderna ciência natural), a sua identificação equivocada da civilização moderna com a civilização pura e simples, e da razão moderna

---

[52] Leo Strauss se refere especificamente às interpretações de *pedigree* freudiano, inspiradas em *O Mal-Estar na Civilização*, que falam de um desejo obscuro de destruição pela destruição, do niilismo como um *velle nihil* essencial. Cf. ibidem, p. 35.

[53] Para Leo Strauss, o niilismo é, fundamentalmente, o "ocaso da razão", a abjuração da razão em nome da fé nas *potentiarum* irracionais, na História, no "retorno dos deuses", como diria Nietzsche. "A ausência de resistência ao niilismo parece vir em última instância da condenação e do desprezo da razão, que ou é ou não é, e da ciência [entendida em seu sentido original]. Porque se a razão muda, ela se torna dependente das forças que causaram suas mudanças; ela se põe a serviço ou se torna *escrava das emoções* e se torna difícil distinguir de maneira não arbitrária entre emoções nobres e baixas, uma vez que se tenha contestado o governo da razão" (ibidem, p. 53).

como a única forma de razão.⁵⁴ Enfim, para Strauss o niilismo dos niilistas residia na extrema voluptuosidade em dizer não e na absoluta incapacidade de dizer sim, na medida em que, exatamente como seus adversários, eles estavam sob o encanto da História, e não enxergavam nenhuma alternativa viável, positiva, à civilização moderna (e o seu projeto para o homem) tal como ela havia se afirmado até ali.⁵⁵

Já vimos isso antes. Não é precisamente essa incapacidade de voltar à natureza verdadeiramente, a um conceito essencial, não puramente negativo, de natureza e de razão, o que tem caracterizado o movimento moderno desde os seus princípios com a filosofia das Luzes? Leiamos o texto-chave outra vez: "Desde a época do Esclarecimento", diz Strauss, "tem sido *geralmente* o caso que cada geração reage à geração precedente sem colocar os seus fundamentos em questão".⁵⁶ O resultado, como vimos, é que o Ocidente não consegue mais dar razão de si mesmo, de seus fins (é isso, numa fórmula breve, que define a "crise da civilização ocidental"),⁵⁷ que o homem ocidental não consegue mais se orientar a partir da razão, incapaz que se sen-

---

⁵⁴ Se o conceito correto, original, de civilização é a "cultura consciente da humanidade, daquilo que faz de um ser humano um ser humano, isto é, a cultura consciente da razão", então é preciso reconhecer que os pilares da civilização são ou devem ser, consequentemente, "a moral e a ciência, e as duas juntas. Porque a ciência sem a moral degenera em cinismo, destruindo, com isso, a base do próprio esforço científico; e a moral sem a ciência degenera em superstição, arriscando com isso atrofiar-se numa crueldade fanática" (ibidem, p. 56).

⁵⁵ Foi essa incapacidade de escapar às teias do projeto moderno tal como teorizado por Hobbes – afinal, o anseio do decisionismo e do niilismo, com o seu cultivo das virtudes guerreiras, era nada menos que retornar do estado civil para o estado de violência original, o estado de natureza hobbesiano –, de ir além dele em uma reação verdadeiramente radical, que Leo Strauss reconheceu com olhar preciso na sua resenha de *O Conceito do Político*, a bíblia do decisionismo – e do niilismo – político, de Carl Schmitt. Cf. *Carl Schmitt and Leo Strauss: The Hidden Dialogue*. Chicago, Chicago University Press, 1995. Nesse precioso texto, Strauss sugere que a reação de Schmitt ao que ele entendia como inadmissível no ideal do liberalismo fracassa por não reconhecer que a divisão entre amigos e inimigos no estado de natureza, na qual, baseado em Hobbes, Schmitt reconhece o elemento primário da política (e, portanto, da vida humana como tal), não é fundamental, vale dizer, que a noção moderna de natureza não é ela mesma fundamental, e que as lutas e as divisões que tornam a política necessária têm como centro não a vontade de afirmação ou de sobrevivência (no fraseado Schmitteano, "a real possibilidade do assassinato físico" – *physical killing*: como Hobbes, Schmitt enfatiza a morte violenta, do homem pelo homem, em contraste com a morte simplesmente natural), a "vontade de poder" como quer que ela seja entendida, mas as diferenças entre as interpretações humanas acerca do bem (cf. Platão, *Eutífron*, 7c-d).

⁵⁶ "Religiöse Lage der Gegenwart". In: *Leo Strauss, the Early Writings*, op. cit., p. 32.

⁵⁷ "La crise de notres Temps". In: *Niilisme et Politique*, op. cit., p. 84 e 89.

te de escapar ao relativismo e ao historicismo e justificar-se, numa espécie dolorosa de refutação de si mesmo. A vida e as preferências, as metas e os fins do homem e da mulher ocidentais, passam a não ser mais racionalmente justificáveis por conta da distinção radical entre fatos e valores derivada em última instância do método da moderna ciência da natureza e empreendida, no âmbito social mais amplo, pelo positivismo, e o pensamento parece ter-se descolado definitivamente da vida e do ponto de vista do homem e do cidadão. O ensaio straussiano que busca descrever em suas particularidades filosóficas como isso se produziu encontra-se publicado nessa coletânea, e tem o título de "As três ondas da modernidade". As três "ondas" são entendidas, e se entenderam a si mesmas, como três diferentes tentativas de retorno à natureza, à situação original do homem, três diferentes esforços filosóficos de retorno à condição humana original, esforços que ao fim e ao cabo, e segundo o julgamento da História, fracassaram em seus objetivos. Recapitulemos brevemente o conteúdo da genealogia straussiana da situação moderna sob esse ponto de vista.

A primeira "onda" tem em Maquiavel seu precursor, com a formulação original do princípio da distinção entre fatos e valores e na atitude metodológica de proceder a um rebaixamento do olhar, de como devemos viver para como vivemos realmente.[58] Com essa "virada", que implica o abandono da noção clássica dos fins da ação humana implicada na discussão sobre o melhor regime, e que por isso antecipa, de maneira notável, a noção moderna de natureza que será desenvolvida apenas um século depois no campo da física, com essa virada, eu dizia, o problema político, e com ele o problema humano, torna-se eminentemente um problema técnico, de engenharia social: como alcançar e manter o poder, como conquistar a *fortuna*, na linguagem de Maquiavel, é o que cabe à ciência política determinar a partir daqui. Hobbes, ainda no contexto dessa primeira "onda", e seguindo de perto as lições de Maquiavel, busca transformar o *insight* maquiavélico em ciência rigorosa, colocando como base da construção social perfeita, concebida e executada *more geometrico,* um dado irrefutável, *low but solid*, o instinto de autopreservação. Mais do que isso, ele logra sacralizar o princípio maquiavélico do "poder" como conceito essencial da política, extirpando o que ele pudesse ter de perverso e inaceitável, isto é, transformando-o em direito natural.

---

[58] Cf. *O Príncipe*, cap. XV, *in fine.*

A partir de Hobbes (embora Bacon de certa forma já houvesse antecipado esse movimento), a acumulação de "poder" (*power, potentia*) por meio da "cultura" metódica da natureza levada a cabo pela ciência e pela tecnologia, possibilitada, em última instância, pela criação do Estado racional, protetor da vida humana e garantidor da saída do estado de natureza e, portanto, da paz, passa a ser entendida como o prolongamento e de certo modo a condição necessária do direito fundamental de autopreservação, que logo se tornará, em Locke, o direito à autopreservação confortável. O projeto moderno de civilização tal como o conhecemos, o projeto da nossa civilização (ou a nossa civilização enquanto projeto), encontra-se inteirinho aí, na revolucionária formulação hobbesiana.

A segunda onda surge quando Rousseau, rebelando-se contra a civilização do conforto (a "sociedade do luxo", como ele diz), busca retornar ao natural que Hobbes não teria apreendido corretamente, virando de cabeça para baixo, e de forma deliberada, a ideia de natureza que servia de norte para os antigos, que já havia sido abalada pela virada na "ordem das coisas humanas" operada por Hobbes e Maquiavel.[59] De acordo com essa nova noção de natureza, também ela baseada numa leitura, essa ainda mais radical, da moderna ciência matemática, o natural por excelência, o fim do ser humano (se é que se trata de fins), se encontra no começo, nos rudimentos da humanidade, e não, como pensava Hobbes, na saída desse estado promovida pela vontade informada pela paixão da sobrevivência, ou, como pensavam os antigos, na passagem "natural" e necessária para o estado social, no qual o exercício da razão – para os antigos o homem é animal político ou social *porque,* e apenas *porque* é o animal racional, e não o contrário –, e, portanto, a perfeição do ser humano, somente se torna possível. De outro lado, e quase como uma contradição em relação ao *Segundo Discurso* – contradição que o filósofo suíço simplesmente incorpora no conceito de homem, sem mais – Rousseau derruba todas as barreiras que separavam o direito natural do direito positivo, definindo o direito natural – e o homem ao qual ele se dirige – pela simples liberdade ("uma lei que se impõe a si mesmo é liberdade") e identificando-o, a partir dela, com a "vontade geral".[60]

---

[59] O "símbolo" máximo, por assim dizer, dessa "inversão" do conceito clássico de natureza é a escolha de uma citação da *Política* de Aristóteles, que resume com perfeição esse mesmo conceito, como epígrafe para o *Segundo Discurso*, justamente o texto que propõe uma versão absolutamente antitética de natureza em relação ao ideal original.

[60] Cf. *Natural Right and History*, op. cit., p. 252-93.

A terceira onda é preparada pela filosofia da história de Hegel e tem seu ponto culminante em Nietzsche, que denuncia como falácia a noção central ao hegelianismo de um progresso histórico da racionalidade, ou da história como criação do espírito e progresso da razão. Se cada época histórica tem a sua verdade, argumenta o filósofo do martelo, não existe um momento absoluto em que todas as verdades anteriores seriam integradas dialeticamente no sistema completo – o sistema do próprio Hegel –, mas apenas perspectivas incomensuráveis umas em relação às outras que competem pela supremacia, em determinado contexto e situação psicofísica e espiritual, e que são expressões da "vida" entendida como "vontade de poder". Desse modo se instaura, no nível da mais alta teoria, o relativismo na cultura e, com ele, uma ameaça não somente à integridade da vida, a "desorientação" que temos discutido até aqui, mas também aos princípios da democracia liberal, da liberdade moderna, que, como mostra a declaração de independência dos EUA,[61] tem suas raízes no direito natural, ou seja, em fontes pré-modernas às quais forçosamente se é obrigado a voltar a despeito de todo o prestígio da orientação hegemônica do pensamento do presente. Segundo Strauss, para que o homem ocidental e a democracia vençam o desafio do relativismo e do historicismo e saiam da segunda caverna é preciso ser mais radical do que têm sido as tentativas dos últimos três séculos, é preciso retornar aos termos originais do conflito que a filosofia moderna, e o projeto moderno, pretendeu haver sintetizado ou superado, deixando-o para trás. É preciso, numa palavra, fazer uma nova visita, com novos olhos, a Atenas e Jerusalém.

O retorno, enfim

Para entender em seus termos precisos o caráter particular desse "retorno", voltemos ao ponto de partida, e examinemos mais uma vez a situação em que nos encontramos dentro da "segunda caverna", sob o poder mesmerizante do prestígio do presente, e o que pode ser feito para sairmos daí. Leiamos, dessa vez por inteiro, o texto em que Strauss fala do caráter não natural da ignorância presente ocasionada pela ascensão da moderna noção de História como critério supremo. O presente, diz Strauss,

---

[61] Não por acaso citada no princípio da obra que pode ser vista como a expressão madura e rematada do pensamento straussiano, *Natural Right and History*.

Não oferece nenhuma possibilidade de um filosofar natural ou, como se diz com frequência, sistemático; porquanto o não saber que é real no presente não é de modo algum o não saber natural do qual o filosofar deve começar; portanto, *um longo desvio e um grande esforço são necessários para voltar ao estado de ignorância natural*. Para usar a apresentação clássica das dificuldades naturais do filosofar, a parábola da caverna de Platão, deve-se dizer que hoje nos encontramos em uma segunda caverna, muito mais profunda do que aquela na qual estavam os sortudos ignorantes com quem Sócrates tratava: *precisamos da história antes de mais nada para ascender à caverna a partir da qual Sócrates pode guiar-nos para a luz*; precisamos de uma propedêutica, de que os gregos não precisavam, a saber, o aprendizado através da leitura.[62]

À continuação, Strauss louva seu antigo professor, Julius Ebbinghaus, a quem esse artigo – uma resenha, na verdade – é dedicado, por ter a coragem de renunciar a todas as objeções modernas e abandonar *o* preconceito de que "*a* verdade já não foi descoberta no passado", e, nessa mesma linha, por ter a liberdade, rara nessa época em que o conhecimento está, segundo ele, "completamente em falta", de "aprender" com os antigos, de estar disposto a "abrir o velho tomo", quer dizer, "*ler*" os clássicos, "não com 'a notável indiferença, para não dizer insensibilidade, com a qual as gerações anteriores leram esses livros', mas, sim, 'com o interesse ardente de quem quer ser *ensinado*'".[63] Se a História implica a entrada numa Segunda caverna, ela é, ao mesmo tempo, o único meio e a única esperança que temos de ascender à caverna primeira (veja bem, não, ainda, à luz) por meio de um grande esforço e "um longo desvio". Sair do não saber artificial, autoimposto por uma série de equívocos propriamente filosóficos (ou melhor, não filosóficos), para o não saber natural através da leitura não é, como mostra o Sócrates platônico, em si mesmo um movimento natural. Mas como fomos levados para longe da ignorância que nos cabe por natureza, lançar-se à história, nesse caso muito claramente à história da filosofia, de um novo jeito, com novos olhos, aparece como a única solução para recuperar a ignorância de que parte a filosofia – as "dificuldades naturais" do filosofar –, para daí, quem sabe, chegar ao conhecimento que

---

[62] "Review of Julius Ebbinghaus, *On the Progress of Metaphysics* (1931)". In: *Leo Strauss, the Early Writings (1921-1932)*. New York, State University of New York Press, 2002, p. 215, grifos meus. cf. Carta a Gerhard Krüger, de 15 de outubro de 1931, cit. em ibidem, p. 215, n. 1.

[63] Ibidem, p. 214-15.

se tornou impossível no tempo presente, o conhecimento da nossa situação, da situação humana no mundo, o único ponto de partida possível e a única base concebível para a orientação que buscamos. Para Strauss, o princípio do verdadeiro retorno está aí, na necessidade da história não como metafísica (ou "filosofia da história"), mas como "propedêutica", na coragem de encarar a sério o pensamento do passado, de refazer mais uma vez todo o caminho do pensamento liberados do prestígio e dos preconceitos do tempo presente, que, testemunhas da vitória do irracionalismo, nos afastam da filosofia no seu sentido primeiro, que nos afastam do exercício legítimo da razão.

Aqueles que têm alguma familiaridade com a história da filosofia contemporânea já devem ter percebido que o retorno de Strauss, entendido em sua plena radicalidade, guarda uma semelhança de fundo com o conceito heideggeriano de filosofia. E, de fato, Strauss desde o princípio admitiu que o seu *insight* sobre a possibilidade de um retorno autêntico não teria sido possível sem a profundidade com que Heidegger e, antes dele, Nietzsche leram a filosofia do passado, sem o trabalho de destruição e de reviramento dos princípios do pensamento que esses dois grandes filósofos contemporâneos, os dois maiores filósofos contemporâneos, empreenderam de maneira tão profunda.[64] Contudo, desde cedo foi também a percepção de Strauss que, ao propor uma resposta niilista ao problema do niilismo, os dois grandes não foram fundo o suficiente, porquanto uma resposta efetiva ao niilismo do tempo presente, uma autêntica reação ao niilismo da História, tinha forçosamente que ser uma resposta não niilista, isto é, uma resposta que levasse a sério as possibilidades da razão que os dois filósofos terminaram por rejeitar em nome de outras forças, em nome de duas interpretações diversas, e insuficientemente irreverentes, do grande preconceito da "História" que justamente estava na origem de toda a perplexidade que eles buscaram compreender.

---

[64] Cf., p. ex., "An Unspoken Prologue to a Public Lecture at St. John's College in Honor of Jacob Klein", em *Jewish Philosophy and the Crisis of Modernity*, op. cit., p. 450: "Klein foi o único a ver porque Heidegger é verdadeiramente importante: ao desenraizar e não simplesmente rejeitar a tradição da filosofia, ele tornou possível pela primeira vez, depois de muitos séculos – eu hesito em precisar quantos – a ver as raízes da tradição como elas são e, assim, talvez a saber o que muitos meramente acreditam, que essas raízes são as únicas raízes naturais e saudáveis [...] Klein foi o primeiro a entender a possibilidade que Heidegger abriu sem pretendê-lo: a possibilidade de um retorno genuíno à filosofia clássica, à filosofia de Aristóteles e Platão, um retorno com os olhos abertos e com toda a clareza sobre as infinitas dificuldades que ela impõe". Para a importância de Nietzsche nesse processo, cf. "Religiöse Lage der Gegenwart". In: *Leo Strauss, the Early Writings*, op. cit., p. 32.

Essa resposta não niilista e essa nova, em nada ingênua, mas historicamente informada, historicamente forjada, e historicamente conduzida retomada da razão significou para Strauss, em sentido primário, um retorno aos clássicos da filosofia, aos contornos originais da pergunta fundamental com a qual o vimos começar todo o seu esforço de pensamento, a pergunta sobre "como devo viver". Nos termos próprios do seu percurso, ela foi possibilitada pela redescoberta da tradição do "verdadeiro platonismo", que ele encontrou em primeiro lugar nas Luzes medievais, especialmente em Al-Farabi e Maimônides, e no entendimento que esses autores desenvolveram, a partir de Platão, do conceito de "Lei".[65] A redescoberta da filosofia islâmica e judaica medieval, ensejada, mais uma vez, pelo seu estudo da crítica da religião de Espinosa, levou Strauss a redescobrir, sobretudo, a maneira original – o terreno comum – em que se encontraram pela primeira vez revelação e filosofia, Atenas e Jerusalém, as duas versões autorizadas da resposta, ou as duas tradições milenares de resposta à pergunta primeira, que oferecem duas formas contrastantes de orientação competindo eternamente pela adesão dos homens. As Luzes medievais se mostraram tão importantes para Strauss justamente pela possibilidade que elas lhe ofereceram de ter um acesso renovado à questão fundamental das relações entre a filosofia e as preocupações da vida humana, entre a filosofia e a cidade, sem as sobrecargas, as interferências ou as deturpações implicadas nas fracassadas tentativas de retorno operadas pela filosofia moderna, sem as complicações mistificadoras envolvidas na "teologia política" que a modernidade, no seu combate de vida e morte com a revelação, na sua tentativa de refutá-la e, especialmente, colocar-se no lugar dela pela construção de todo um mundo, terminou criando.

O que Strauss pensou ter descoberto estudando a filosofia medieval nas suas versões islâmica e principalmente judaica é que, ao contrário do que comumente se pensa, as relações entre a filosofia e a cidade foram entendidas pelos filósofos do Medievo em termos estritamente análogos àqueles em que as havia entendido a filosofia clássica, especialmente Platão. O seu *insight* inicial veio da leitura de um texto de Avicena, no qual o filósofo do século X coloca a profetologia entre as questões a serem tratadas pela filosofia política e,

---

[65] Cf. Daniel Tanguay, *Leo Strauss, une Biographie Intelectuelle*. Paris, Grasset & Fasquelle, 2003, p. 92-182.

em especial, na formulação específica da filosofia política proposta nas *Leis*.⁶⁶ A partir dessa pista, Strauss, que confessa não ter entendido uma palavra de Maimônides da primeira vez que o leu, viu todo um novo mundo de possibilidades abrir-se diante de si.⁶⁷ Entendendo a revelação como um ramo da política, e o profeta, ao modo platônico, como o filósofo-legislador, ele finalmente encontrou a saída que tanto procurava para o "problema teológico-político", aquela que lhe parece ser a interpretação correta do problema teológico-político, descobrindo a um só tempo a possibilidade de um retorno *éclairé* ao judaísmo e o que ele veio a chamar de "verdadeiro racionalismo". O retorno ao judaísmo, que Strauss não cansou de tematizar, e que não poucas vezes foi mal interpretado como uma adesão à Ortodoxia, era, com efeito, um retorno ao que ele via como a "verdadeira filosofia", um retorno à razão.

Em rápidas pinceladas, os termos da questão são os seguintes: com a revelação, o problema da legislação filosófica tematizado nas *Leis* justamente como um "problema", ou como uma "busca", teria sido definitivamente resolvido. No princípio, o profeta, no caso em tela Moisés, divisou uma maneira de cumprir, por meio da organização correta da cidade, o ideal filosófico de perfeição do homem, fazendo provisões legislativas, isto é, exarando mandamentos que contemplavam o que era necessário para a perfeição do corpo e apontavam para as condições necessárias à realização da perfeição da alma – sendo o homem definido essencialmente pela sua potência racional, a perfeição da alma é entendida como a possibilidade de filosofar, na linguagem profética, conhecer a Deus. Cumpria, assim, interpretar a "lei divina", em termos platônicos, como a lei racional, referindo-a diretamente às necessidades e características da natureza do homem. Segundo essa visão, todo o trabalho profético consistiu justamente em fazer o que a razão teórica, contemplativa, o exercício mais alto da razão – a razão por excelência – enunciado por Aristóteles como o campo das virtudes dianoéticas (cf. *EN* livro VI), não poderia fazer: transformar a razão em mandamento, elaborar, por meio da potência imaginativa, subutilizada na maioria dos filósofos, e exuberante no profeta enquanto legislador (e, com efeito, em todo legislador enquanto tal), as regras da cidade perfeita, a cidade criada e governada pela filosofia. No ambiente

---

⁶⁶ "Philosophie und Gesetz". In: *Maïmonide*, op. cit., p. 129-30, "A Giving of Accounts". In: *Jewish Philosophy and the Crisis of Modernity*, op. cit., p. 463, *The Argument and the Action of Plato's Laws*, op. cit., "Epígrafe" e Tanguay, op. cit., p. 106-07.
⁶⁷ "A Giving of Accounts", op. cit., p. 462.

dessa cidade, enquanto à maioria não filosófica caberia guiar-se pela letra do mandamento, ou sua interpretação literal, ao filósofo era dado interpretar os mandamentos revelados não como mandamentos revelados, mas como normas exaradas pela reta razão de um modo imaginativo, ou através da potência imaginativa própria ao profeta e ao legislador, ao alcance igualmente da minoria filosófica e da multidão dos não filósofos (como "letra" e "mandamento"), com cada tipo humano podendo desse modo ter acesso à perfeição possível à sua natureza. Esses são, numa casca de noz, os termos da interpretação da *Ummah* muçulmana e da comunidade israelita governada pela Torá como duas versões da cidade perfeita, os termos de um Judaísmo ou Islamismo "esclarecido" tal como o entenderam as Luzes medievais.

No que toca à revelação, que fica assim interpretada como a lei da cidade – mas não simplesmente como a lei da cidade –, não é a missão da filosofia tentar refutá-la, ao menos não publicamente, mas antes de mais nada oferecer dela uma leitura que esteja de acordo com os ditames da reta razão e satisfaça à exigência de compreensão e inteligibilidade da mente filosófica, e que, quem sabe, se feita com a sabedoria e a prudência requeridas, promova os ajustes necessários para que esse acordo entre convenção e natureza, entre a lei e a razão, possa efetivamente se verificar. Quanto à perfeição própria do filósofo, ela envolve, naturalmente, a discussão livre dos temas especulativos e não especulativos abordados pela revelação de forma imaginativa, ou seja, a liberdade de filosofar, envolvendo, portanto, não poucas vezes, o questionamento de muitas das interpretações literais e tradicionalmente autorizadas de pontos centrais das lições reveladas. É evidente que essa possibilidade implica um enorme potencial de conflito entre a filosofia e a cidade, um conflito que pode chegar ao ponto do rompimento e da perseguição – com, por exemplo, acusações de heresia ou até mesmo de ateísmo lançadas contra os filósofos –, o que por sua vez implica a necessidade de prudência e moderação na exposição do pensamento, na prática, o desenvolvimento e a aquisição de uma forma esotérica de debater as questões por escrito, que ao mesmo tempo que garanta a tranquilidade e a ordem da cidade, o "bem" da cidade, salvaguarde o filósofo no exercício da sua vocação. É dessa forma, e somente sob essa forma, que, na prática, os filósofos participam, ou ao menos podem ter a sua existência tolerada, na cidade (mesmo a perfeita), com cada qual tendo garantido o acesso às suas possibilidades próprias de perfeição, a maioria não filosófica a perfeição moral que lhe é própria, e o filósofo a perfeição do intelecto, a mais alta perfeição humana, que ele é chamado a realizar.

Ao que se pode aferir por essa mui breve e mui grosseira exposição, a solução medieval está longe de ser uma solução perfeita. Entre muitos outros defeitos que poderiam ser apontados, a posição da filosofia nesse esquema é, para dizer o mínimo, extremamente precária, com a tensão entre filosofia e cidade, a tensão que levou Sócrates a ser condenado ao suicídio, ficando sempre no limite do rompimento puro e simples, representando uma ameaça nada negligenciável à liberdade de filosofar a cuja salvaguarda esse esquema visa principalmente. Não espanta, em vista disso, que a filosofia tenha praticamente desaparecido entre judeus e árabes depois da grande época do Medievo, sobrevivendo apenas, ou sobretudo, no ambiente, bem mais problemático segundo os princípios da filosofia entendidos "naturalmente", do cristianismo latino. No entanto, na ótica de Strauss, a solução medieval tem vantagens que não podem ser simplesmente desprezadas. Sem contar o fato óbvio – e que no fundo é o mais importante – de que ela permite ao filósofo manter praticamente intacta a sua compreensão "natural" do mundo – inclusive do mundo da revelação – e dos problemas humanos, e, portanto, tudo somado, a autonomia e pureza originais do filosofar, ela leva em conta, sobretudo, a distinção fundamental, duramente reconhecida pela filosofia clássica justamente com a condenação de Sócrates, entre filósofos e não filósofos, entendida como um fato da simples natureza cuja desconsideração teria sido fatal para o pensamento moderno com o seu projeto de popularização da filosofia, de salvação universal pela filosofia, em grande parte responsável pelo fracasso das promessas que a modernidade não conseguiu – nem conseguiria – cumprir. Essa separação entre dois tipos de seres humanos, que, numa outra versão do mesmo problema, pode ser vista como uma figuração precisa do caráter inerradicável do mal e da insolubilidade do problema político, do problema humano, é, segundo Strauss e a tradição clássica, absolutamente invencível, independentemente das circunstâncias naturais ou induzidas em que a filosofia e a política venham a ser exercidas. Mesmo no interior da cidade perfeita a distinção entre filósofo e não filósofo, assim como o mal que ela figura, permanece, em essência, intocada, pois o governo absoluto dos filósofos, que caracteriza a cidade "segundo a natureza", não conseguiria erradicá-la e nem poderia ser almejado com esse fim: como disse, trata-se de um simples fato da natureza que a sabedoria simplesmente ordena aceitar. Em essência, o imperativo de filosofar esotericamente, de conversar livre e abertamente apenas entre amigos, tem sua raiz no reconhecimento da realidade inescapável dessa distinção, ou seja, no reconhecimento da natureza humana tal como ela é ou se apresenta factualmente, de que os filósofos, em qualquer tempo e lugar, e em qualquer regime, são e sempre serão minoria, de que eles sempre foram, são e muito provavelmente seguirão sendo objeto de perseguição, pouco importam as justificativas (ou as mentiras) das diferentes épocas e das diferentes cidades a esse respeito.[68]

Nenhuma ilusão nesse sentido a respeito do progresso da humanidade para a sabedoria ou para o bem; nenhuma pretensão de que cabe à filosofia forçar ou domesticar a natureza heterogênea e indomável, a não ser no sentido, já indicado, da promoção das boas leis, ou na ideia do governo absoluto dos filósofos, figuração da cidade perfeita, que apenas a *Fortuna*, um feliz acaso ou a *tuché* divina, seria capaz de produzir (e que os filósofos medievais já pensavam – ou se conduziam como se pensassem – haver se cumprido com as dispensações de Maomé e Moisés). Fora dessa circunstância extraordinária – a filosofia clássica se distingue, no fim das contas, da filosofia moderna, por esses dois princípios estreitamente coordenados entre si: a convicção sobre a radical e hierárquica heterogeneidade da natureza humana, da qual se acaba de falar, e a crença na impossibilidade de forçar a *Fortuna*, de "espancar" e dominar essa dama caprichosa, como queria Maquiavel,[69] e produzir, de forma deliberada, as circunstâncias para a solução do problema humano[70] –, isto é, fora da reunião da filosofia com o poder político, uma circunstância pela qual o Sócrates da *República* ousa apenas rogar aos deuses (e que, ademais, não

---

[68] Como diz Leo Strauss logo no princípio de "Educação Liberal e Responsabilidade", publicado nesta coletânea, os filósofos, que ali ele chama de "maiores mentes", "são extremamente raros. Não é provável que encontremos um deles em uma sala de aula. Não é provável que os encontremos em qualquer lugar. É uma questão de sorte ter como contemporâneo um único que seja". Sobre o caráter radical da oposição entre a filosofia e a cidade, cf. Platão, *Apologia de Sócrates*, 28 a-b.
[69] *O Príncipe*, cap. XXV, *in fine*.
[70] Sobre a distinção fundamental entre filosofia moderna e filosofia antiga, Leo Strauss diz que seus estudos sobre a filosofia "pré-moderna" o levaram a interpretá-la nos seguintes termos: "Nos tempos modernos o abismo existente entre a filosofia e a cidade foi sanado, ou acreditou-se que ele teria sido sanado, por duas inovações: 1) os fins do filósofo e do não filósofo são idênticos, porque a filosofia está a serviço do alívio da condição humana [*the relief of man's estate*], ou da 'ciência em nome do poder'" [*scientia propter potentiam* – ambas as expressões são de Bacon; 2) e a filosofia pode cumprir a sua função salutar apenas se os seus resultados forem difundidos entre os não filósofos, ou seja, se o esclarecimento popular for possível" ("A Giving of Accounts". In: *Jewish Philosophy and the Crisis of Modernity*, op. cit., p. 463).

eliminaria, como disse, a separação entre as naturezas), cabe ao filósofo reconhecer a situação incômoda e perigosa do saber no âmbito da cidade ignara, a situação precária, sempre precária, a despeito do que hoje se diga, da filosofia cercada de todos os lados pela não filosofia, e, sobretudo, que é o ditame da sabedoria conduzir-se com moderação, sabendo o que é preciso dizer a uns e o que se deve calar a outros,[71] ou, quem sabe, o que se deve apenas sugerir sob a tela translúcida da "nobre mentira".[72]

Seja como for, é por essa via, bastante oblíqua e bastante estranha aos nossos olhos modernos, é pela reflexão sobre as relações eternamente conflituosas entre a filosofia e a cidade, paradigmaticamente exemplificadas na conduta (segundo ele, "platônica") dos filósofos medievais, que Strauss propõe o retorno à natureza e à razão, o retorno aos clássicos. Através dos medievais, refletindo sobre o significado do conceito de lei, e da interpretação da revelação como lei, Strauss acreditou ter chegado ao âmago da situação original da filosofia das coisas humanas, do pensamento sobre a "ordem das coisas humanas", concentrado na pergunta socrática sobre como se deve viver, a questão da virtude. Pelo exemplo dos medievais foi-lhe sobretudo possível entender a posição original do filósofo diante do desafio que lhe impunha a cidade e os problemas e as aspirações dos homens que nela vivem forçosamente. Com efeito, cotejando de modo bastante sofisticado o Sócrates de Platão e de Xenofonte, Strauss chegou à visão de que teria existido um primeiro e um segundo Sócrates: primeiro (não exatamente no tempo) um Sócrates sofista e *phusikós*, filósofo da natureza – como é de conhecimento geral, toda filosofia foi, no princípio, e é, a princípio, investigação sobre o Todo, isto é, em sentido primário, física e cosmologia –, iconoclasta e potencialmente ateu; e, num segundo momento, pressionado pela cidade – uma pressão que Strauss identifica na crítica de Aristófanes em as *Nuvens*[73] –, o Sócrates tal como ele viria a entrar na história do pensamento, o fundador da filosofia política, investigador da

---

[71] Platão, *Fedro*, 275e e também 277c e 277e.
[72] Quem quiser saber mais sobre a representação straussiana da arte esotérica de escrever concebida e praticada pelos pensadores antigos, um dos temas pelos quais Leo Strauss é mais bem conhecido, o texto clássico é a coletânea *Persecution and the Art of Writing*, já publicada em português pela É Realizações. Aqui, talvez seja suficiente dizer que muitos dos absurdos que se ouvem por aí a respeito de Strauss e sua suposta progenitura do neoconservadorismo americano estão ligados, sem dúvida nenhuma, a uma incompreensão da escrita esotérica que o próprio Strauss praticou.
[73] Leo Strauss, *Socrates and Aristophanes*. New York, Basic Books, 1966. De fato, percebe-se a sombra de Aristófanes um pouco por toda parte nos diálogos propriamente políticos, ou nas passagens

alma humana, dos seus limites e das suas necessidades, o pensador da cidade e suas contradições.⁷⁴ Apenas nesse segundo momento Sócrates teria chegado à plena consciência, que vemos refletida nos diálogos, na *República* principalmente, do que significa colocar-se e responder à pergunta sobre como se deve viver em favor da vida filosófica como a vida mais alta possível ao ser humano, como a vida segundo a natureza, a vida da virtude em sua concepção mais radical ("virtude é conhecimento").

Bem entendido, o Sócrates de Platão jamais faria isso, ele jamais se colocaria a si mesmo e aos seus compatriotas essa pergunta que, em si mesma, dá testemunho de uma preocupação com a cidade, de livre e espontânea vontade, levado pelo desejo natural de conhecer.⁷⁵ Ele assim o fez compelido por uma circunstância a princípio inesperada: a violenta oposição que vê seus negócios "privados" sofrerem da parte da cidade, e somente por causa dessa oposição. Como sugere a *República* na parte final da parábola sobre a caverna, como filósofo o seu *eros* o conduz naturalmente para outras paragens, para a investigação do que é natural, do céu ou das coisas celestes, da realidade fora da caverna, enfim, para aquilo que Sócrates identifica com o mundo do saber por excelência.⁷⁶ Para voltar-se para a cidade de onde saiu com tanto esforço e constituir, com isso, a filosofia política, que é, ao fim e ao cabo, uma filosofia da opinião, Sócrates foi obrigado, ou obrigou-se a si mesmo, a voltar da contemplação da luz da verdade buscada em suas investigações sobre a natureza, isto é, a voltar da filosofia da natureza para dentro da caverna, para o reino da aparência e da opinião, para o mundo da convenção que é a cidade, correndo o risco, como a mesma parábola deixa claro, de não ser compreendido e padecer nas mãos do povo das sombras, que desconhece e, com efeito, abomina a verdade que o filósofo pretenderia – em vão – ensinar a ele.⁷⁷

---

mais marcadamente políticas dos diálogos. Cf., por exemplo, entre outros, *República*, 517a e d-e, *Apologia*, 18d, *Fédon*, 70c.

⁷⁴ Cf. a "Introdução" de Thomas Pangle a Leo Strauss, *Studies in Platonic Political Philosophy*, op.cit., p. 13 e s.

⁷⁵ Que Aristóteles identifica como o impulso primeiro para a filosofia, ligado ao sentido da visão. Cf. *Metafísica*, 980a. Para a má vontade "natural" do filósofo com a política ver *República*, 517c e 519c-d.

⁷⁶ *República*, 516a-c.

⁷⁷ *República*, 517 a e 519d e s. Para Leo Strauss uma indicação clara dessa obrigação e, portanto, do caráter não espontâneo do impulso para a filosofia política é o fato de que Sócrates não dá

Além disso, o que uma leitura cuidadosa dos diálogos parece indicar é que ele não se voltou para a caverna movido por uma preocupação com o ser humano não filosófico, o *demos* ou as tantas outras classes de pessoas que compõem a cidade, por uma espécie qualquer de caridade ou humanismo.[78] Com efeito, é difícil determinar com precisão até que ponto a maneira como Sócrates articulou a sua resposta à pergunta que ele mesmo fez ao constatar as diferentes visões no interior da cidade sobre o que é a virtude, propondo uma hierarquia de seres humanos através de uma hierarquia de excelências que tinha a filosofia como a expressão mais alta que os homens poderiam atingir,[79] é difícil determinar, eu dizia, até que ponto essa maneira de se conduzir não se reduziu a uma simples estratégia, ou até mesmo se ela não teve, desde o princípio, um caráter puramente irônico, como não é nada raro de acontecer em se tratando dele.[80] Sobretudo, é difícil determinar o real significado de todas as imagens que ele lança mão nessa vertente do seu discurso, como a teoria das três partes da alma principalmente, e até que ponto seria possível educar os habitantes da cidade para atingir a virtude relativa à parte mais alta, a sabedoria, a rigor a única virtude que ele reconhece como tal. Se tudo isso, quer dizer, se todo o grande discurso, articulado especialmente na *República*, que trata da

---

início à conversa que constitui a *República* espontaneamente, mas é como que obrigado por seus companheiros a lançar-se nela. Cf. *República*, 327b-328b. Sobre o Sócrates filósofo da natureza, o "primeiro Sócrates", e o que isso significa ver *Xenophon's Socrates*, op. cit., p. 8-9, 29-30, 116-117, e *Memoráveis*, I, 6, 14 e I, 4, 13 e 17, que parecem desmentir as declarações enfáticas de I, 1, 11 e 16. Cf., também, o prefácio de Pangle a *Studies in Platonic Political Philosophy*, op. cit., p. 18.

[78] Sócrates sugere de maneira bastante clara que a única cidade pela qual valeria a pena esse sacrifício é a cidade perfeita, na qual os filósofos deveriam a sua educação à cidade, e não, como acontece agora, apenas a si mesmos (*República*, 520a-b).

[79] Essa hierarquia dos seres humanos é explicitada ou sugerida no Mito de Er que fecha a *República* de modo tão dramático e espetacular.

[80] De fato, em todas essas passagens do livro VII da *República* às quais acabo de aludir no texto e nas notas anteriores, Sócrates não deixa claro o motivo que o teria feito dedicar-se à filosofia política. O tempo todo ele fala em hipóteses, na constituição da cidade que está empreendendo "em discurso" com os seus amigos. Mas o caso é que o fato de estar discutindo a cidade em um livro chamado *República* (*Politeia*) é em si mesmo uma demonstração *ad oculos* de que ele está fazendo isso, ainda que sugira que, como filósofo, só valeria a pena esse sacrifício na cidade perfeita. Essas observações parecem dar algum apoio à tese straussiana de que o motivo da "virada" para a política está oculto num pano de fundo – a necessidade, derivada da perseguição, de justificar a filosofia diante da cidade –, sendo consequência de eventos que são apenas aludidos no texto dos diálogos, como a crítica de Aristófanes ou o destino infeliz que Sócrates conheceria nas mãos dos seus concidadãos.

filosofia como *terapia da alma*, se todo o discurso platônico da alma tiver um valor apenas ou eminentemente irônico, como às vezes parece, e como Strauss parece pensar ocasionalmente, isso poderia ser uma demonstração de que o caráter exotérico da filosofia política devora o lado propriamente filosófico dessa disciplina, de que a filosofia política se constitui em pouco mais que a justificação política da filosofia, a justificação do exercício da filosofia ameaçada diante da oposição da cidade, e não em um conhecimento genuíno ao qual a cidade, ou os melhores no meio dela, ou ainda os que detêm o governo, poderiam aspirar legitimamente, e pelo qual poderiam se orientar. Essa possibilidade parece estar indicada na declaração de Strauss de que, para Sócrates, a dialética e a arte real são radicalmente diferentes entre si.[81] E, se é verdadeira a distinção radical entre as naturezas filosóficas (uma minoria) e não filosóficas, essa diferença fundamental entre filosofia e política não seria mais que a consequência necessária da diferença anterior, mais fundamental. Seja como for, o entendimento de fundo que informa a articulação de uma filosofia política parece ser que a mera existência da filosofia no meio da cidade é para a própria cidade uma espécie de dádiva, um presente dos deuses, se não por causa da presença de um modelo mais alto no qual os cidadãos, plebeus ou cavalheiros, podem buscar alguma espécie de orientação, ao menos por simplesmente colocar a pergunta "como devo viver", que desperta a cidade do seu sono para a consciência dos seus conflitos internos e, principalmente, para os seus limites, para os limites da política, que no fundo é o que está em jogo em toda essa discussão.

O problema é que ambas as alternativas despertam necessariamente ainda mais oposição da parte da cidade, que não aceitará a dádiva ofertada, que não será capaz de atingir ou espelhar-se no modelo filosófico à disposição dela e que nada fará de útil ou de concreto com a consciência dos próprios conflitos, que ela mesma, mesmo com a ajuda da filosofia – na cidade perfeita –, não conseguiria resolver completamente: espelho fidedigno do problema humano em geral, o "problema da cidade" não é, em última análise, passível de resolução.[82] Tudo se passa como se o Sócrates platônico estivesse dizendo

---

[81] *Studies in Platonic Political Philosophy*, op. cit., p. 13.
[82] A assimilação entre "religião" e "cidade" é, por vezes, tão completa no pensamento de Leo Strauss que essa afirmação que acabo de fazer vale tal e qual para o problema judaico, e para este problema, de forma eminente, na medida em que para Strauss a eleição de Israel deve ser entendida como uma imagem do problema humano e sua insolubilidade: "De todo ponto de vista parece que o povo

em resposta à crítica de Aristófanes, entendida como a crítica da filosofia empreendida a partir dos princípios da cidade: "É, de fato, uma coisa muito boa a cidade, mas cidades só valem a pena para produzir um meio punhado de filósofos. Essa é toda a justificativa que elas podem ter". Por tudo isso, a filosofia política entendida como o discurso filosófico sobre e para a cidade só será benéfica, para a filosofia e para a cidade, por meio de uma "nobre retórica", que, de um lado, atue sobre a cidade melhorando e refinando os conflitos que ela não conseguiria resolver de modo minimamente satisfatório por si mesma – a ideia aristotélica do filósofo como árbitro –, ou mesmo moderando o seu apetite sobre o homem ao ensinar-lhe a dura lição da sua insuficiência (a superioridade da vida filosófica, que é uma vida eminentemente "privada", é a prova definitiva de que o ser humano transcende a cidade); e, do outro, a leve a aceitar o governo, nesse caso indireto ("retórico", "em discurso"), dos filósofos, reservando, com isso, um lugar para a filosofia se exercer, mesmo que seja contra a sua própria vontade (a vontade da cidade e da filosofia).[83]

Mas talvez seja por isso mesmo, pelo reconhecimento das limitações intrínsecas da cidade e, com ela, da arte política, que a resposta da filosofia à questão uma vez colocada de como se deve viver (e não pode haver dúvida de que, para o filósofo, a única vida que vale a pena ser vivida é a vida da filosofia),[84] que pretende ser a resposta da natureza, não é dada em rebelião ou em combate com a resposta da cidade, a resposta do *nomos*, da lei, a resposta do cidadão ou da simples moralidade, embora seja radicalmente diversa dela; mas, antes, como uma superação ou uma subsunção dessa resposta destinada a umas poucas naturezas, às naturezas *eróticas* enamoradas da "divina" sabedoria, assim também, de certo modo, como uma justificação da resposta da cidade pela sugestão de que a cidade abra em si um espaço para a filosofia, que poderia torná-la melhor, mais próxima da natureza, tão próxima da natureza quanto pode estar a convenção. De fato, a única maneira de a caverna "abrir-se" para o

---

judeu é o povo eleito pelo menos num sentido, o de que o problema judaico é o símbolo mais manifesto do problema humano enquanto um problema político e social." *Spinoza's Critique of Religion*, op. cit., p. 6. Nesse mesmo texto ele diz que "problemas finitos e relativos podem ser resolvidos; problemas infinitos, absolutos, não podem ser resolvidos". Cf. também "Why We Remain Jews". In: *Jewish Philosophy*, op. cit., p. 340.

[83] Segundo Leo Strauss, é por isso que a *República* é o menos erótico de todos os diálogos platônicos. Basta compará-lo ao *Fedro* ou ao *Banquete* para começar a entender qual pode ser o significado dessa afirmação.

[84] Ver a citação da *Apologia de Sócrates* (38a) em epígrafe ao texto.

mundo exterior é pela mediação daqueles que ascenderam, com o seu próprio esforço, para fora dela, aceitando-os como guias e guardiões: se é verdade que a grande parte dos habitantes da caverna jamais sairá de lá de dentro, é possível, e objeto de aspiração legítima, torná-lhes a vida ao menos suportável do ponto de vista da excelência humana e das "coisas de maior valor".[85]

A fim de reforçar o entendimento das intrincadas relações entre a filosofia e a cidade, e a sua importância para se apreender o significado preciso tanto da virada socrática na direção da filosofia política quanto da filosofia no seu sentido socrático original, vale observar que a forma com que Sócrates representa-se a si mesmo, diante da cidade, no papel de "guia" e "guardião", de supremo benfeitor dos seus compatriotas, é sumamente significativa do que está envolvido nessa busca pelo verdadeiro "retorno" que estamos empreendendo sob a batuta de Strauss. Impiedade é, como sabemos, a acusação primeira que pesa sobre Sócrates diante da Assembleia de Atenas. Mas não se trata de uma impiedade qualquer: Sócrates é acusado de negar a existência dos deuses da cidade em nome de um tipo específico de sabedoria, que os acusadores (entre eles Aristófanes) definem, segundo o próprio Sócrates, como "ocupar-se de assuntos que não são da sua alçada, investigando o que existe embaixo da terra e no céu, procurando transformar a mentira em verdade e ensinando-a às pessoas". Ou seja, aos olhos da cidade a impiedade de Sócrates tem um nome: ele é ímpio por dedicar-se à física, por ser um *phusikós*, por devotar-se à filosofia no seu sentido prístino, tal como a conhecemos através dos fragmentos dos filósofos que o antecederam, os filósofos pré-socráticos. Tanto o Sócrates de Platão quanto o de Xenofonte negam veementemente ter algum dia se dedicado à física ou à cosmologia, vale dizer, ao estudo da natureza, tendo a acusação na conta de uma simples calúnia. Seja qual for o valor que estejamos dispostos a dar a essas negativas, vale notar que ao se defender da acusação de arrogar-se uma sabedoria sobre-humana, que corresponderia à sabedoria sobre o cosmos proporcionada pela física, ou, ainda mais enfaticamente, à sabedoria dos sofistas que pretendiam ensinar a um homem como ele deve viver, o que é a excelência humana, Sócrates se defende dizendo que a sua é uma sabedoria estrita ou meramente humana e que ele não conhece a sabedoria supostamente divina que fez a reputação desses doutos personagens a cujo rol ele agora está sendo acusado

---

[85] Platão, *Carta VII*.

de pertencer. Mais do que isso: a sua afirmação é que a sabedoria estritamente humana que é a sua, e que pode ser definida muito justamente como o conhecimento dos limites do saber humano, lhe teria sido ordenada, sugerida ou revelada por um deus. Sendo, assim, sabedoria da ignorância humana, e tendo a sua origem num oráculo, a sabedoria propriamente socrática vai na verdade ainda um tanto além: ela deve ser entendida, e Sócrates faz questão que ela seja entendida, como a expressão da mais perfeita piedade na medida em que ela cumpre uma missão divina, descobrindo a profunda impiedade envolvida em todas as outras alegações de sabedoria existentes na cidade, a sabedoria dos políticos, dos poetas e dos artesãos, que ao lado dos sofistas, e mui provavelmente dos físicos em sua versão pré-socrática, afirmam saber o que é o universo e a perfeição do homem, e não se dão conta dos limites do conhecimento humano impostos e agora finalmente revelados pela divindade que a cidade adora. Esses sábios autoproclamados, ou assim reconhecidos, são ainda mais ímpios por não seguirem a injunção délfica – bem mais fundamental que as palavras do oráculo sobre a sabedoria de Sócrates – de conhecerem a si mesmos, isto é, por desconhecerem radicalmente a sua própria limitação.

A argumentação socrática diante da Assembleia, a sua *apologia,* abre dois caminhos que implicam duas interpretações distintas e complementares, e que se revelam imensamente elucidativas quando consideradas em conjunto. De um lado, fazendo uso dos próprios princípios da cidade, Sócrates logra transformar com um único golpe a impiedade em piedade, justificando a vida filosófica diante da cidade como a expressão do que há de mais sagrado nela, ao mesmo tempo que coloca a cidade em xeque como a filosofia não poderia deixar de fazer: a partir de agora, o mais sagrado e o mais moral é submeter a exame incessantemente o que é mais sagrado e o que é mais moral. O que pode haver de mais "prudente" e mais "esotérico" do que esse curso de ação? Mas, de outro lado, isso que a princípio parece ser uma mera estratégia, uma mera ilustração de "esoterismo", revela ser, na verdade, ao mesmo tempo uma nova avaliação da cidade e, o que é mais importante, uma nova e radical concepção da própria filosofia, concepção que só se tornou possível por causa da cidade, por causa da crítica que a cidade fez e faz à pretensão de saber da filosofia tal como praticada pelos filósofos anteriores. Trocando em miúdos, com a sua *apologia pro vita sua*, Sócrates parece estar dizendo o seguinte aos seus compatriotas: após exame é forçoso verificar que os deuses e a piedade têm razão quando falam dos limites do pensamento humano sobre as coisas mais importantes (como a excelência humana, por exemplo, ou como o mundo é ou veio a ser). Ao contrário do que pensam os físicos e os sofistas, verifica-se que esses limites são de fato radicais. Mas, exatamente porque não conhecemos as coisas mais importantes, a vida que vale a pena ser vivida é a vida de exame incessante pela qual adquirimos a única sabedoria que nos é acessível: o conhecimento da nossa ignorância sobre as coisas mais importantes é o mais importante conhecimento que podemos ter. Os deuses têm, assim, razão quando falam dos limites da filosofia – e, assim, a filosofia é obrigada a dar razão aos deuses –, mas a filosofia também tem razão, e de forma eminente, na medida em que percebe que esses limites são apenas mais uma razão, quiçá a mais fundamental, que justifica a necessidade e a propriedade do filosofar. Com isso se percebe como as relações entre a filosofia e a cidade são bem mais complicadas do que a princípio parecem ser, como a cidade é importante, na realidade fundamental, para a própria autoconsciência da filosofia e sua correta formulação.

Coloquemos a questão de outro modo ainda: Sócrates não recebeu qualquer injunção do oráculo de Delfos. A julgar que a sua história sobre o oráculo seja verdadeira, ele apenas ficou cismado com uma proclamação do oráculo, com o enigma da afirmação oracular de que em Atenas não havia ninguém mais sábio do que ele. Na realidade, ele teve em relação ao oráculo a atitude mais irreverente que poderia ter: ele o submeteu a um exame impiedoso, ele passou a vida tentando insistentemente refutar o oráculo, mas todas as tentativas que fez nesse sentido – e esse ponto é que me parece merecer uma atenção especial –, pelo exame da sabedoria dos poetas, dos políticos e dos artesãos, isto é, dos diferentes *sophoi* cujas vidas e noções de excelência se colocavam como modelos à cidade, só acabaram por confirmar o oráculo – e o conteúdo dessa confirmação é justamente o conhecimento da radical limitação da sabedoria humana enquanto tal e, em consequência, o reconhecimento do acerto da piedade enquanto tal, ainda que num sentido absolutamente transfigurado por essa mesma confirmação. Há dois ou três pontos aqui, nesse aproveitamento e nessa "retorsão" socrática do argumento da cidade, que devem ser bem retidos e que nunca é demais repetir: o primeiro é que essa nova noção de filosofia como investigação incessante, enquanto ordenada pela lei – o oráculo é a lei da lei, a lei não escrita que fundamenta a autoridade da cidade –, deve ser entendida como um ato de piedade; o segundo é que a lei ganha uma confirmação completamente inesperada da filosofia, exatamente como depois viria a acontecer com os medievais; e o terceiro, que é, sem dúvida, o mais importante, é que a concepção propriamente socrática de filosofia, a noção zetética de filosofia, a noção de sabedoria como conhecimento da ignorância e, portanto, como necessidade potencialmente infinita de investigação, todas as características que configuram o "verdadeiro platonismo" e o "verdadeiro racionalismo" buscado e cultivado por Strauss, que essa concepção, eu dizia, só se tornou possível por causa da lei, pela aceitação do desafio que a cidade propôs ao pensamento, pensamento que antes de Sócrates parecia não dar-se conta dele, ignorante da sua própria limitação. Basta pensar no pouco que sabemos da filosofia de Heráclito, por exemplo, para começar a avaliar a importância da virada socrática especialmente nesse sentido. Quando contemplamos as coisas nesses termos, a conclusão parece inevitável de que é, com efeito, uma realização momentosa a descoberta do "verdadeiro platonismo" promovida ou ensejada pelos estudos históricos de Strauss.

Do ponto de vista da filosofia, Sócrates parece indicar, com a sua afirmação do caráter puramente humano da sua sabedoria, e com o atamento da sua radical humanidade ao princípio divino que rege a cidade, também um novo entendimento da sabedoria dos deuses: daqui por diante, conduzir-se segundo a sabedoria dos deuses da cidade implica a adoção de uma vida mais alta, que leva o ser humano à maior perfeição que lhe é possível, que – e o argumento não é insignificante como parece – proporciona o maior prazer e que, por isso mesmo, é a vida boa, a vida feliz, a vida de busca e de questionamento que se define como conduzir-se segundo a razão. Sócrates não parece nem um pouco incomodado com o fato de que essa sabedoria é ignorância, vale dizer, de que ela é uma busca e não uma solução. Ao contrário dos outros sábios que, segundo o oráculo, a sua sabedoria superava – e entre eles, de forma eminente, os primeiros filósofos, os *phusikói* –, para ele parece claro que perguntar é muito mais importante, muito mais prazeroso, e, paradoxalmente, muito mais "perfeito", quando se avalia a questão a partir da natureza da alma humana e dos seus limites,[86] do que responder – exatamente porque é essa atitude que define a vida segundo a razão, e a razão é a coisa mais perfeita, mais "divina" que o homem tem dentro de si, a parte "divina" do homem. Nenhuma surpresa, portanto, que para ele não pareça custoso entender a sua missão de questionar incessantemente a cidade sobre o que é a virtude como o mandato de um deus. E é nisso precisamente que reside a sua diferença em relação à

---

[86] De fato, a virada socrática ensejada pela oposição da cidade pode ser entendida, também, como um voltar-se da filosofia para a alma, do cosmo visível para o cosmo invisível, que se não está contido na alma, isto é, se tem uma existência separada (o que é duvidoso), tem ao menos uma enorme afinidade com ela.

cidade, o seu tipo particular de piedade, com tanta frequência enfatizada por Xenofonte:[87] segundo a sua interpretação toda particular do oráculo, o deus lhe ordena justamente perguntar, aprender, não responder ou ensinar, como fazem os "sábios" que a cidade venera ou odeia.

De outro lado, ao fracassar na tentativa de uma refutação direta dos deuses da cidade (mediante o exame incessante das diversas pretensões de sabedoria o oráculo revela-se sempre acertado sobre a maior sabedoria de Sócrates), e, ao contrário, basear, de um modo incrivelmente rico de consequências, nesses mesmos deuses a vida de exame que ele escolheu, Sócrates parece sugerir, finalmente, que a escolha da filosofia, a despeito de ser potencialmente destrutiva em relação às crenças que sustentam a cidade,[88] e sem as quais a cidade não conseguiria sustentar-se, que essa escolha de uma vida de investigação que só aceita ser guiada pelo que é evidente e pode ser demonstrado não precisa, e mesmo não deve, resultar numa oposição, posto que a diferença e o contraste percebido entre natureza e convenção, filosofia e cidade, é eterno, um fato da vida, e não tem como ser extirpado nem mesmo no "melhor regime": em consequência, uma oposição à cidade (aos seus "preconceitos") no sentido "ativo", quando encarada com um mínimo de sensatez, pressuporia justamente a possibilidade de transformação, que não existe; e, segundo, que essa postura que podemos facilmente nos representar como um certo "conservadorismo" da filosofia clássica indica simplesmente que se reconhecem os limites da razão, um reconhecimento que define, como acabamos de ver, a própria concepção socrática de filosofia, e que foi a própria cidade que propiciou.[89] Para Sócrates são essas duas coisas, de um lado a tensão erótica para o conhecimento, que não pode e não deve ser moderada (Strauss dirá que ela tem de ser absolutamente "sem vergonha"), e, do outro, a moderação (*sophrosune*) de reconhecer os limites da natureza dos homens e do próprio conhecimento (entre outras coisas, que é impossível refutar a existência dos deuses, ainda que se deva submeter a exame o que eles dizem), de reconhecer que, em certa medida, o conhecimento é ignorância, reconhecendo ao

---

[87] Cf. *Ditos e Feitos Memoráveis de Sócrates*, I, 1, 2.

[88] Afinal, a *phusis*, que se constitui na base e na meta última da vida filosófica, é percebida originalmente pelo seu contraste com o *nomos*, com a convenção, e em nome da *phusis* a razão não se cansa de questionar esse mesmo *nomos* para chegar ao que é "segundo a *phusis*", isto é, ao que é por si.

[89] Pode-se perceber, nas várias questões por que vamos passando, um realismo marcado, dir-se-ia ranhido, na representação straussiana da filosofia clássica que parece surpreendente a todos aqueles que enxergam em Platão o pai do idealismo.

mesmo tempo os limites daquela maioria cuja natureza não é capaz de guiar-se apenas pelo pensamento, que não foi feita para a filosofia, são as duas coisas juntas, eu dizia, não apenas uma delas, que compõem a conduta sábia e virtuosa, qualquer que seja o conteúdo da sabedoria "completa", virtualmente impossível para o homem.[90] Segundo Strauss, essa foi a lição que Sócrates deixou aos seus seguidores medievais, aos adeptos, entre os quais se encontrava sem dúvida alguma o próprio Strauss, do "verdadeiro platonismo".

Atenas e Jerusalém

Tudo o que foi discutido nessas últimas páginas sugere que o platonismo que define a versão straussiana do "retorno" não pode ser concebido como um corpo concreto de doutrinas, como um sistema, ou mesmo como um ou outro desenvolvimento da doutrina platônica das ideias (da qual Strauss tem uma interpretação toda particular que muito tem que ver com a sua própria concepção pessoal de platonismo),[91] mas, antes, como uma atitude filosófica radical, uma atitude que Strauss por vezes chama de "zetética" (buscadora, perscrutadora, examinadora), querendo com isso destacar seu caráter de questionamento, de procura, de contínua abertura para a realidade e para a investigação, a particularidade de que as questões são e sempre serão mais claras do que as respostas, e o fato de que a vida perfeita, a vida do filósofo, se consuma

---

[90] Leo Strauss descreve do seguinte modo sua redescoberta do "exoterismo" com o texto *The Literary Character of the Guide of the Perplexed*: "Cheguei a uma conclusão que posso colocar sob a forma de um silogismo: a filosofia é a tentativa de substituir a opinião pelo conhecimento; mas a opinião é o elemento da cidade; logo a filosofia é subversiva; logo, o filósofo deve escrever de um modo pelo qual ele melhore a cidade ao invés de subvertê-la. Em outras palavras, a virtude do pensamento do filósofo é certo tipo de *mania*, enquanto a virtude do discurso público do filósofo é a *sophrosune*. A filosofia enquanto tal é transpolítica, transreligiosa e transmoral, mas a cidade é e deve ser moral e religiosa. Nas palavras de Tomás de Aquino, apenas a razão informada pela fé sabe que Deus deve ser adorado, e as virtudes intelectuais com a exceção da prudência não pressupõem a virtude moral" ("A Giving of Accounts". In: *Jewish Philosophy, etc.*, op. cit., p. 463).

[91] Para Leo Strauss, as ideias platônicas correspondem mais aos "problemas eternos" circunscritos pela investigação, como uma coroação do seu esforço, em seus termos precisos, do que à solução para eles, mais ao "enigma" do ser do que à sua solução. Cf. "O Que É Filosofia Política", publicado nesta coletânea, *On Tyranny*, op. cit., p. 210 e a introdução de Thomas Pangle à coletânea *Studies in Platonic Political Philosophy*, op. cit., p. 5.

nesse exercício incessante de ascender de pergunta a pergunta, de enigma em enigma, numa espécie de douta ignorância infinita.[92]

Resumindo a questão de outro modo, a filosofia se constitui a partir de certa percepção original, "natural" do Todo. Logo sobrevém a consciência de que o Todo enquanto Todo não pode ser completamente conhecido, que ele é um enigma e, em consequência, que a sabedoria pura e simples é impossível para qualquer um que não seja um deus. No entanto, o Todo é evidentemente composto de partes relativamente autônomas, que a razão tem a possibilidade de perscrutar uma após a outra. A ordem da vida humana ou das coisas humanas é evidentemente uma parte que é um todo em si, e que está aberta ao Todo propriamente dito (um todo dentro do Todo), dependendo dele apenas parcialmente para ser compreendida. Ela é antes de mais nada uma parte especial, que apresenta a vantagem não negligenciável de ser mais imediata à razão e à experiência humana, sendo constituída das coisas que fazemos e dizemos, das coisas com que nos ocupamos – as *pragmata*, como bem viu Heidegger –, das nossas ações, crenças e opiniões. Por isso, não é motivo de surpresa que, de todas as partes da filosofia, a mais desenvolvida na versão clássica da filosofia seja aquela que engloba as coisas humanas, na medida em que, além de todos os motivos que já foram discutidos, essas são as coisas que temos mais possibilidade de conhecer. E embora, na avaliação dos filósofos antigos, ela esteja longe de ser a parte mais importante, ou aquela passível do maior grau de evidência (e que, portanto, mais se aproxima da perfeição do intelecto), ela tem a sua importância na medida em que é através dela que o ser humano pode descobrir qual é o seu bem nos diversos graus e estágios em que este lhe é acessível, na medida em que é ela que propõe a pergunta de "como devo viver".[93]

---

[92] Essa versão particular do platonismo que Leo Strauss teria aprendido dos filósofos judeus e muçulmanos da Idade Média é exemplificada pelo seu último livro, uma coletânea de ensaios cuja ordem de apresentação ele mesmo organizou e que ele próprio batizou de "Estudos em Filosofia Política Platônica". Segundo Pangle, editor do volume póstumo, Strauss teria escolhido esse título para o livro porque cada um dos ensaios ali publicados "é um estudo de filosofia política platônica na medida em que é uma execução dessa, ou um modelo para essa maneira de filosofar" (op. cit., p. 2). Essa infinidade potencial implicada no caráter examinativo e questionador da vida filosófica é ilustrado de maneira irônica por Sócrates quando, perto da morte, ele diz que se deliciará no Hades examinando a vida que os bem-aventurados levam depois de mortos e testando a sabedoria e a excelência que os fez célebres. O filósofo na versão socrática revela ser, assim, absolutamente impenitente. Cf. *Apologia*, 41b-c.

[93] Segundo Leo Strauss, é a fim de responder essa pergunta em favor da filosofia, ou, dito de outro modo, é com a intenção de oferecer uma justificação da filosofia a partir do ponto de vista da

Conforme vimos, no que toca ao seu aspecto propriamente cognitivo, é nesse sentido que a filosofia política se constitui originalmente com Sócrates; é animada por esse espírito que, mais à frente, ela irá se voltar para o problema da revelação, entendendo-a precípua ou exclusivamente, ao modo platônico, como lei. Já discutimos muitas das implicações, algumas altamente problemáticas, mas também altamente reveladoras, das relações essencialmente conflituosas que se estabeleceram desde o princípio entre a filosofia e a cidade, e como, na versão de Strauss para a "virada socrática", a atenção da filosofia se voltou ou teve de voltar-se para a cidade a partir daí. Agora o que parece importante ressaltar é que nesse ponto é muito fácil cometer o erro de pensar que a revelação, como a poesia (o modo tradicional de entronizar o que é sagrado para a cidade), se apresenta aos olhos da filosofia entendida em seu sentido socrático original apenas como uma "nobre mentira", uma estratégia conveniente de composição interpretada como a medida a ser tomada para o governo da plebe e defendida pelos filósofos por motivos puramente políticos para escapar à perseguição. Mas o caso é que a "nobre mentira" da religião não é apenas uma "nobre mentira". Basta pensar no problema posto pelo *Críton* a respeito da intrincada relação de dependência em que está o filósofo diante das leis da cidade para mostrar como essa interpretação pode ser problemática. Basta pensar, outrossim, e em primeiro lugar, na concepção medieval da revelação como "lei divina", que para os filósofos judeus e muçulmanos da época deve ser tomada como ponto de partida de todo esforço de reflexão. Com efeito, não estamos diante de uma questão de fácil resolução nem no âmbito do pensamento antigo e medieval nem da interpretação da posição do próprio Strauss a respeito do status respectivo de Atenas e Jerusalém.

A despeito das dificuldades, que fazem com que toda tentativa de interpretação tenha forçosamente um caráter tateante e provisório, há algumas pistas disponíveis sobre como entender essa questão. Talvez a saída mais segura seja pensar no fato básico da dependência do filósofo em relação à cidade. Porque o filósofo, antes de ser filósofo, é necessariamente um homem. E o homem, como reconhece desde o princípio a filosofia política, não nasce completo, perfeito, mas precisa da cidade para se formar.[94] A lei tem, assim – e aqui eu recorro mais uma vez ao *Críton* platônico, e ao discurso imaginário que as leis

---

cidade, de justificar a filosofia diante da cidade, que a *República* é escrita e, com ela, a filosofia política recebe sua conformação definitiva.

[94] *Philosophie und Gesetz*, op. cit., p. 68-69, e Tanguay, op. cit., p. 110.

de Atenas dirigem a Sócrates dando conta dos motivos que o levariam a não desertá-las para evitar a sua condenação –, um caráter formativo, que, apesar de com frequência ser considerado "mais baixo", voltado para a perfeição do corpo e das partes mais baixas da alma, e não propriamente do intelecto especulativo, isto é, voltado para as virtudes éticas e para a *phrónesis* em vez de para as virtudes dianoéticas e a *sophia*, é não obstante essencial. Pode ser que no âmbito socrático, puramente "natural", essa dependência do filósofo em relação à formação humana que ele recebe da cidade não seja tão fundamental quanto parece a princípio. Strauss pelo menos reconhece indicações de um caráter exotérico do discurso das leis na própria caracterização do personagem de Críton, a quem, no diálogo de mesmo nome, Sócrates justifica sua submissão às leis (o que para um grego equivale pura e simplesmente à piedade).[95]

Mas a coisa parece complicar-se bem mais quando entra em cena a religião revelada e, com ela, a concepção filosófica de "lei divina" que Sócrates a princípio não reconhecia nem nas leis nem nos deuses de Atenas, uma noção que Platão só irá tratar de forma extensiva em sua última obra, as *Leis*, e, mesmo assim, aplicando-a à fundação de uma nova cidade (uma colônia). Já vimos que o fato de que para os filósofos judeus e muçulmanos a cidade perfeita já foi constituída com a legislação concebida pelo profeta, que é ao mesmo tempo filósofo e rei, faz com que as leis da cidade sejam tratadas com uma seriedade que a filosofia não conhecia até ali. Com efeito, nesse novo registro das relações entre a filosofia e a cidade, tudo se passa como se a ideia da revelação, e o princípio da revelação enquanto "lei divina", mesmo entendida como "religião racional", e talvez inclusive por isso, tivesse imposto um desafio inaudito à filosofia, que não tem outra alternativa a não ser permanecer aberta para ele, para todo o novo conjunto de possibilidades que a revelação oferece, possibilidades que são potencialmente tão infinitas quanto aquelas que são oferecidas pelo mundo natural. Noutras palavras, a revelação, ao surgir em meio ao mundo da natureza, parece exercer uma pressão sobre a filosofia (não apenas no aspecto concreto da perseguição à heresia) da qual ela não tem como se livrar, inclusive nos temas mais especulativos, que estariam colocados "fora" dos princípios e das funções expressas da revelação entendida como lei. E isso mesmo se viermos a considerar, como veio Strauss num segundo momento, que a dependência em que a filosofia se encontra em relação à lei não

---

[95] "On Plato's *Apology of Socrates* and *Crito*". In: *Studies in Platonic Political Philosophy*, op. cit., p. 38-66.

tem que ver, como pensava a teologia latina, por exemplo, com uma suposta insuficiência da razão – uma vez que é pela razão "divina" (para os filósofos só existe uma) que o profeta se põe a legislar na fundação da cidade perfeita.

Sejamos claros: quem quer que se ponha a questão de como se deve viver já se encontra do lado de fora, pelo ato mesmo de perguntar, de toda tradição e de todo constrangimento compulsório a seguir um determinado tipo de vida derivado de uma fé ou qualquer outra instância de autoridade. Ao buscar a questão fundamental e ao colocar-se a questão fundamental, Strauss já fez a sua opção pela filosofia, ele já escolheu Atenas em detrimento de Jerusalém.[96] A escolha fica clara quando lemos com a atenção devida os textos em que ele fala de um "retorno", especialmente aquele aqui publicado com o título "Progresso ou retorno?", assim como a sua exposição clássica da alternativa entre as duas "fontes" da nossa civilização no ensaio bastante conhecido chamado "Atenas e Jerusalém". Mas ao ler a sua obra com a atenção devida fica evidente que essa escolha por Atenas não é tudo; é evidente para todo leitor atento da sua obra que a questão para Strauss – assim como provavelmente para Maimônides – está longe de se resolver aí. O que parece ocorrer é que, com o advento da revelação e suas exigências definitivas, urgentes, infinitas, assim como o seu caráter um tanto oblíquo de "lei da razão", o filósofo se vê diante de uma alternativa à altura, ele sente que a sua escolha de vida pode não ser a escolha correta, ele se vê condenado a viver sob a pressão de que a sua escolha de vida não pode mais ser vista como simplesmente evidente, por mais que a sua natureza filosófica, e a experiência de felicidade que ele tem ao lançar-se na vida filosófica, não possa autorizá-lo a simplesmente aderir àquilo que, buscador como Sócrates da sabedoria humana, não se lhe impõe pela evidência racional.[97] Se ele não pode refutá-la, e vimos de formas diferentes com Sócrates (a autoconsciência) e com os modernos (na falsa refutação) que ele não é capaz de refutá-la, fica claro para ele que a sua forma de vida pode não corresponder à vida melhor. Por isso, muito mais do que ocorria antes com a *pólis* e a religião da *polis*, ele agora se vê constrangido a manter-se aberto a essa outra alternativa, ele se vê obrigado a explorar o universo desconhecido dessa outra alternativa (não raro pelo questionamento, pela discussão ou reinterpretação

---

[96] Eu digo "em detrimento" justamente porque Jerusalém se coloca de tal modo que não pode admitir a indiferença: "quem não está comigo está contra mim".
[97] Cf. "Progresso e Retorno", publicado neste livro, e *Studies in Platonic Political Philosophy*, op. cit., p. 23.

das suas manifestações individuais) em busca de mais compreensão sobre ela e sobre si mesmo, justamente o traço definidor da vida que escolheu.

E porque essa abertura à possibilidade de um outro infinito é feita forçosamente de hesitações e reticências, a impressão que se tem é que Strauss, tendo-se decidido, como foi dito, por Atenas, foi, ao fim e ao cabo, incapaz de decidir, pelo menos no sentido fatídico em que essa "decisão" viria a ser entendida pelo pensamento moderno, dogmático em bem mais de um aspecto. Como ocorria com Sócrates, seu "demônio" parece ter-lhe poupado da tentação de incorrer nessa imoderação. Eu bem sei o quanto é difícil o movimento e a disposição de pensamento que estou tentando exprimir. Nossa interpretação seria mais fácil, e nossa perplexidade menor, se Strauss tivesse continuado a sustentar, como parece fazer na maioria dos seus escritos, o caráter meramente normativo da revelação. Mas isso parece ter mudado perto do fim da vida. Alguns textos de maturidade dão a entender que ele teria passado a reconhecer, talvez sob a influência da rica troca intelectual de vida inteira com Gershom Scholem, o grande historiador da mística judaica,[98] possibilidades propriamente cognitivas na religião que a princípio ele não via. Podem-se citar nesse sentido as suas tentativas de interpretação do Gênesis numa perspectiva "pós-crítica"[99] e, em especial, uma importante menção no texto publicado de uma palestra, que provavelmente corresponde à sua declaração menos esotérica e mais ardentemente pessoal sobre o caráter da sua aliança com o judaísmo e da sua autoconsciência como judeu. A um confundido membro da plateia que lhe interpelava insistentemente em busca de saber se ele estava propondo um retorno puro e simples à ortodoxia do judaísmo, e, com isso, um abandono da razão, Strauss responde:

> [Em seu último livro, Gershon Scholem] mostra a que incríveis distâncias alguns dos nossos místicos[100] chegaram ao refletir sobre essas crenças [as crenças tradicionais do judaísmo]; e dali eles saíram com posições com base

---

[98] A quem Leo Strauss chama de "talvez o mais profundo pensador judaico do nosso tempo". "Why We Remain Jews". In: *Jewish Philosophy and the Crisis of Modernity*, op. cit., p. 345. Para um relato bastante completo das questões que solicitavam a atenção e o diálogo dos dois grandes estudiosos, ver Gershom Scholem e Leo Strauss, *Cabale et Philosophie. Correspondance 1933-1973*. Paris/Tel-Aviv, Éd. de l'Éclat, 2006.

[99] "On the Interpretation of Genesis" (1957) e "Jerusalem and Athens" (1967), em *Jewish Philosophy and the Crisis of Modernity*, op. cit., p. 359-408.

[100] Leo Strauss se refere aos cabalistas medievais, objeto de estudo de Scholem em vários livros.

nas quais muitas das objeções que muitos de nós teríamos a essas crenças tradicionais não seriam mais sustentáveis. Esse é o tipo de coisa que eu veria como satisfatória. Porém, eu creio que ao simplesmente substituir Deus pelo gênio criativo do povo judeu, joga-se fora, nega-se a si mesmo – mesmo que não se tenha fé – uma fonte de entendimento *humano*.[101]

Essa declaração quase sem ambiguidade, que é deveras rara e mesmo única em Strauss, mostra à evidência que, na maturidade, ele veio a compreender a revelação e a tradição revelada não apenas como a lei da cidade perfeita, ou, segundo querem alguns straussianos, como um álibi habilmente forjado pela filosofia para exercer-se em tempos de opressão, mas como uma fonte legítima de "entendimento humano", sobre a qual ele exerceu o seu amor à sabedoria, o seu desejo natural de conhecer, mantendo, no entanto, tanto quanto possível separados natureza e sobrenatureza, pensamento e fé. Enfim, digamos de novo, trazendo à luz mais uma vez o outro lado – o que não equivale, como facilmente se percebe, a uma conclusão –, que é verdade que, ao não decidir, Strauss decidiu-se por Atenas, mas completemos agora: não sem um prudente "pé atrás". Respeito, probidade, consciência histórica ou qualquer outra dessas categorias nossas conhecidas, tampouco o medo de dar publicidade ao que pensava, que na sua e na nossa época não encontra justificativa, nenhuma dessas coisas tem que ver com a prudência straussiana entendida em seu sentido próprio: a revelação não pode ser descartada porque, ao ser confrontada pela razão na situação "natural" do seu surgimento, livre dos preconceitos e das contaminações do nosso tempo, sobre o terreno original da "eterna verdade" em que as alternativas de vida sempre competiram pela orientação dos homens, ela impõe ao filósofo um problema permanente, que ele sabe ou percebe não ser capaz de superar – ele sabe que não sabe. Toda a prudência de Strauss se encontra concentrada nesse saber e nessa percepção. Para colocar-se e manter-se nessa posição, que implica, como facilmente se percebe, uma tensão extrema, o filósofo não precisa ter consciência histórica, ser "probo" ou, tampouco, "honesto": ele só precisa amar a verdade. Não é essa a vida que para ele vale a pena ser vivida? Não é essa a definição filosófica da vida boa, da vida feliz?

---

[101] "Why We Remain Jews". In: *Jewish Philosophy and the Crisis of Modernity*, op. cit., p. 345. A palestra é de 1962.

Principais obras publicadas de Leo Strauss

1936 *The Political Philosophy of Hobbes* (atualmente editada pela University of Chicago Press)

1948 *On Tyranny: An Interpretation of Xenophon's Hiero* (atualmente publicado pela Free Press em edição revista e ampliada). [Edição brasileira: *Da Tirania*. Trad. André Abranches. São Paulo: É Realizações Editora, 2016.]

1952 *Persecution and the Art of Writing* (atualmente editada pela University of Chicago Press) [Edição brasileira: *Perseguição e a Arte de Escrever*. Trad. Hugo Langone. São Paulo: É Realizações Editora, 2015.]

1953 *Natural Right and History* (original e atualmente editada pela University of Chicago Press) [Edição brasileira: *Direito Natural e História*. São Paulo: WMF Martins Fontes, 2014.]

1958 *Thoughts on Machiavelli* (atualmente editada pela University of Chicago Press) [Edição brasileira: *Reflexões sobre Maquiavel*. Trad. Élcio Verçosa. São Paulo: É Realizações Editora, 2015.]

1959 *What Is Political Philosophy? and Other Studies* (atualmente editada pela University of Chicago Press)

1964 *The City and Man* (atualmente editada pela University of Chicago Press)

1966 *Socrates and Aristophanes* (atualmente editada pela University of Chicago Press)

1968 *Liberalism Ancient and Modern* (atualmente editada pela University of Chicago Press)

1970 *Xenophon's Socratic Discourse: An interpretation of the Oeconomicus* (Originalmente publicado pela Cornell University Press)

1972 *Xenophon's Socrates* (Originalmente publicado pela Cornell University Press)

1975 *The Argument and the Action of Plato's Laws* (original e atualmente editada pela University of Chicago Press)

1983 *Studies in Platonic Political Philosophy* (original e atualmente editada pela University of Chicago Press)

Índice

A Estrutura da Ciência (Nagel), 15
Abraão, 268
Ação política: conservação *vs.* mudança na, 27; dirigida para a boa sociedade, 27
Adimanto, 179, 183, 190, 202, 207, 212
Antissemitismo, 245
Apologia de Sócrates (Platão), 50-51, 220
Aristocracia, 218, 319; universal, democracia como, 296, 297
Aristóteles, 28, 51, 55, 58, 69, 77, 78, 110, 162, 166, 189, 197, 201, 218, 232, 248, 261, 268, 272 281, 302; atualização do melhor regime, 96-97; ciência política, 133-38; definição do bom cidadão, 52-53; ética de, 266-68, 269-70
Arte real: como o cuidado dos rebanhos humanos, 215-17; competição na, 218-19; de formação de casais, 221; e conhecimento do todo, 218-19; e conhecimento filosófico, 211-12; e divisão em classes, 217-18; e o império da lei 19-20; pública e privada, 214

Assimilacionismo, judeu, 244-46
Ateísmo, 232, 233
Autoemancipação (Pinsker), 30
Autopreservação, direito a, 69, 71, 72
Bacon, Francis, 289
Behavioristas, 133
Bem comum, 152-54, 173
Bergbohm, Karl, 110n-11n
Bergson, Henri, 34
Bíblia: acordo com o ponto de vista filosófico, 260-63, 273-74, 277-78; como compilação de fontes, 280; conflito com o ponto de vista filosófico, 263-73, 275-77, 278-81; e lei divina, como documento histórico, 263, 271-74, 278-79; e o problema do conhecimento humano, 275-76; moralidade da, 277-78; obediência à lei na, 250; rejeição da mitologia, 278-79; relato da criação, 269, 275, 290; *Ver também* Deus, Revelação
Bom cidadão, 52-53
Burke, Edmund, 22, 145-46, 271, 313

Cabala, 240
Causalidade, princípio da, 16-17
Cavalheiro: e ócio, 305-06; educação do, 300, 306-07, 310, 312-14 ; governo do,307-08, 309, 311; versus filósofo, 309
Céfalo, 170-72
Ceticismo, 118
Cícero, 211
Cidade justa, 173-74; abolição da família, 190, 191-92, 200; como sociedade casta, 188-89; comunismo absoluto na, 171, 173, 182-83, 189-91, 197; *contra* a cidade injusta, 203-09; dedicação ao bem comum, 173, 175, 188; dos artesãos, 175-76, 177; e a ideia de justiça, 193-96; e a natureza da justiça, 185-88, 200-02, 209-11; e educação, 182, 183; e igualdade dos sexos, 190-91, 197; e o governo dos filósofos, 171, 172, 197-200, 212, 310; fundação da, 180-84; ordem das artes na, 181-82, 207-08; origem na necessidade humana, 179-80; poesia na, 182, 206-09; possibilidade da, 192-93, 196-97, 197, 200, 203-04, 211; regulação da atividade sexual na, 192; virtudes na, 184-85; vontade dos legisladores e. 174-78; *Ver também* Regime
Cidade Perfeita. *Ver* Cidade Justa
Cidade. *Ver* Cidade justa, Regime
Ciência política, 296; aristotélica, 133-38; científica, 31; como aquisição do conhecimento político, 32; critérios de relevância, 145-47; isenta de juízos valor, impossibilidade da, 40; legalista, 137-38; relação com a filosofia política, 30-31, 34, 77-78, 133, 155; significado original da, 84-86, 81
Ciência social positivista, 35-46
Ciência: baseada em hipóteses, 254-55; e filosofia, 10, 13, 133, 254, 257, 321-22; e modernidade, 99-100, 254; e princípio da causalidade, 16-17; e progresso, 251; entendimento histórico da, 17-18; especialização em, 322; necessidade de, 294; refutação da revelação, 290; supremacia da, 321; teoria vs. prática, 135-36; *vs.* conhecimento de senso comum, 15-23; *Ver também* Ciência política
Ciro, 85
Civilização Ocidental: e a crise da modernidade, 253, 256-60; raízes da (*ver* Bíblia, Filosofia)
Clínias, 223, 224, 232
Cohen, Hermann, 34
Comte, Augusto, 35
Comunismo, 24, 230; absoluto, 171, 173, 182-83, 189-91, 197; diferença entre democracia e, 56; em relação às mulheres e crianças, 190, 191-92, 200
Conhecimento político: acadêmico e não acadêmico, 33-35; e opinião pública, 33; graus de, 32-33; pressupostos do, 34-35
Constituição de Atenas (Aristóteles), 52
Convencionalismo, 110-12
Copérnico, 42
Criação, 269, 275, 290
Críton (Platão), 385
Cronos, Idade de, 215, 216
Culpa, 263, 265
Cultura: como produto da educação, 394, 295; de massa, 297-98, 233; uso atual da, 295-96
Darwin, Charles, 215
Davi, rei, 277, 268
Declínio do Ocidente (Spengler), 93
Democracia: advogada por Espinosa, 244; atitude dos clássicos em relação à, 53-55, 171, 188, 203, 204-07, 218, 220, 225, 232; como aristocracia universal, 296, 297; como o governo dos

bem educados, 55-56; diferença entre comunismo e, 56; e a nova ciência política, 155-57; e educação liberal, 297-98, 305, 307-09, 311-17, 322-24; Strauss aliado da, 23-24; virtude como princípio da, 296, 321

Descartes, René, 41, 46, 74

Deus: aliança com, 273, 279; conhecimento da essência, 291-92; interpretação humana das ações de, 284; misterioso, 273, 279; onipotente, 269, 279, 291; perfeição de, 291-92. *Ver também* Bíblia, Revelação

Dialética, 213-14

Die Frage nach dem Ding (Heidegger), 22

Direito Natural: crise do, 130; e conhecimento universal, 121; e igualdade, 320; Hobbes sobre, 100-01; nas doutrinas pré-socráticas, 163-64; rejeição em nome da história, 12, 99-110, 111, 112, 113-14, 125, 126-27; rejeição pela nova ciência política, 155; Rousseau sobre, 100-02; visão convencionalista, 110-12

Direitos, conceito de, 257-58. *Ver também* Direito natural

Discurso público, 81

Do Cidadão (Hobbes), 66

Economia, 133

Educação liberal: como intercâmbio com as grandes mentes, 295-96, 298-99, 301-03; como meta da cultura, 295, 296; condições para, 303-04; dos cavalheiros, 300, 306-07, 310, 312-14; e educação moral, 313, 319, 322; e filosofia, 300-01, 309-10, 317; e governo responsável, 307-09, 311-12; na democracia de massa, 297-98, 305, 321, 322-24; nova orientação da, 317-18; universalismo na, 322, 323

Educação: científica, 321; para a moderação, 49-50, 224-26; para a virtude, 55-56, 224, 225-26, 234; religiosa, 312, 313; universal, 55

Engels, Friedrich, 251

Esclarecimento (Iluminismo), 42, 320

Escolásticos, 162

Espinosa, Baruch, 30, 242-44, 246-47, 286

Espírito das Leis (Montesquieu), 68

Estoicos, 162

Estrangeiro ateniense, 47-48, 50, 223-25

Estrangeiro de Eleia, 212, 214, 216, 221, 228

Empirismo e a nova ciência política, 141-46, 149, 152

Ética (Aristóteles), 263

Ética (Espinosa), 292

Eu-Tu (relações), 49

Existencialismo, 277

Fascismo, 20-21, 24

Fausto (Goethe), 104

Fedro (Platão), 257

Filosofia idealista alemã, 72-73

Filosofia política clássica: abrangência da, 45; arbitragem de reivindicações opostas, 78-80, 81, 87-88; atitude diante da democracia, 53-55, 171, 188, 203, 204-07, 218, 220, 225, 232; busca do melhor regime, 52-54, 84-88, 85, 96-97, 225, 225, 227-36 (*ver também* Cidade Justa); caráter natural da, 23, 24, 44; Cidade-Estado como tema da, 166-67; diferenças em relação à ciência política, 78-79; distinções morais da, 85-86, 87, 91-92; ensino das habilidades legislativas, 82-83, 86; fundada por Sócrates, 161, 164-65; gerenciamento da comunidade política, 80-81; justificação da, 90-92, 93; legislador humana na, 51-52; não tradicional, 44-45; oposição das escolas modernas, 9-11; preocupação com a estrutura interna, 82; principais questões, 78; rejeição da retórica, 81; relação com a vida política, 76-77, 78, 89-90; ressurgimento da, 8, 21, 24; vida filosófica como tema da, 88-89; visão do homem, 56-57 (*ver também* Homem justo). *Ver também* Aristóteles, Platão, Sócrates

Filosofia política: caráter abstrato da, 45-46; de Hobbes, 66-68, 100-01; de Locke, 68-69; de Maquiavel, 58-68, 95-99; de Montesquieu, 69; de Nietzsche, 72-73, 105-09; de Rousseau, 68-72; distinção entre fatos e valores, 14-15; diversidade da, 13; do idealismo alemão, 72-73; e a crise da modernidade, 12, 93-94; e a filosofia, 28-29, 130; e estudos não historicistas, 126; efeitos do positivismo na, 37-48; estado presente da, 34-35; padrões verdadeiros e, 29-30; princípios fundamentais da, 58-59; rejeição da filosofia clássica, 85-86; relação com a ciência política, 30-31, 34, 77-78, 133; relação com a filosofia social, 30; relação com a teologia política, 30; relação com a teoria política, 39-30, 85; significado da, 27-28, 31; tema da, 28; *Ver também* Historicismo, Filosofia

Filosofia: acordo com o ponto de vista bíblico, 260-63, 273-74, 277-78; busca da verdade, 29; busca do conhecimento do todo, 28, 285; busca pelos princípios, 270, 272-73, 278; caráter historicamente relativo da, 127-28; como modo de vida, 283-84; conceito de progresso, 247-50; conflito com o ponto de vista bíblico, 263-73, 278-81; da mente humana, 257; e ciência, 10, 13, 133, 254, 257, 284, 321-22; e educação liberal, 300-01, 309-10, 317; e filosofia política, 28-29, 130; e moralidade, 85-86, 87, 91-92, 261-62, 263-67, 277-78; e o ato de entender, 301-02; e poesia, 210; e política, 308, 310-11; fim da, 317-18; meio de realizar a cidade justa, 147, 195-200; natureza como tema da, 97-98, 269-70; obediência à lei, 262, 277; rejeição da revelação, 282-83, 284, 289, 292-93; trabalho dos indivíduos, 280; *Ver também* Filosofia política e Filosofia política clássica

Física, 13, 133, 135, 138, 254

Glauco, 85, 170, 178-79, 182, 185, 190, 194

Goethe, Johann Wolfgang Von, 104

Guerra, 174, 182-83, 224

Guia dos Perplexos (Maimônides), 269

Halevi, Yehuda, 267, 295

Hamilton, Alexander, 313

Hegel, G. W. F., 69, 73, 85, 102, 126

Heidegger, Martin, 19-20, 21, 22-23, 24

Heródoto, 272

Herzl, Theodor, 30

Hesíodo, 203-04

História, descoberta da, 246, 253, 259

Histórias florentinas (Maquiavel), 59

Historicismo: características distintivas do, 44-45; caráter mundano do, 115; crítica do direito natural, 109-10, 111, 112, 113-14, 125, 126-27; distorção da "experiência da história", 127-28; dogmatismo do, 120-21; e análise filosófica, 101-02; e as limitações do pensamento humano, 109-19, 124, 125; e fascismo, 21-22; e mudança histórica, 122-24, 128; e positivismo, 15, 41-42, 44; emergência do, 110-111, 129-30; entendimento (historicista) da ciência, 17-19; Heidegger e o, 19-20, 21, 22-23, 24; incapacidade de derivar normas objetivas do, 116-18, 128; negação das normas universais, 19, 111-14; objeção à filosofia política clássica, 9-10; plausibilidade do, 18-19; radical, 19, 125-28, 127; suposição do momento absoluto, 126; suposições a respeito dos estudos históricos, 115, 116; tese autocontraditória do, 19, 124-25, 125; tradição não cética do, 119

Hobbes, Thomas, 24, 66, 96, 98, 256; correção de Maquiavel, 67-68; crítica da filosofia política clássica, 10-11; e a ciência política, 11-12; preocupação com o poder, 69; sobre a lei natural, 68; sobre o bem comum, 145

Homem justo, 172-73, 178-80, 200-01, 263

Homem: homem natural de Rousseau, 101-02, 109; progressista, 244-45; responsável, 304-05; Super-Homem de Nietzsche, 107-08; visão bíblica do, 98, 244; visão clássica do, 97, 136; *Ver também* Cavalheiro, homem justo

Homero, 47, 162, 183, 269

Hume, David, 78n, 118

Humildade, 262, 264

Husserl, Edmund, 22, 23, 34

Idade de Ouro, 248

Ilusões do progresso, As 255

Interesse público 152-54

Isaac, 268

Isaías, 239-40

Jefferson, Thomas, 82

Jesus, 63

Jó, 263

Jônatas, 264

Judaísmo: assimilação como solução do problema do, 244-46; crença na revelação, 285-86; e o poder do passado, 246; ideia de progresso para além do, 241-44; ideia de retorno ao, 239-41, 242, 243, 246-47; Sionismo como solução do problema do, 245

Judenstaat (Herzl), 30

Juízo de valor: distinção entre fato e, 14-15, 154-56; distinções morais e, 85-86; e abandono dos princípios morais, 256; e solubilidade dos conflitos de valor, 38-39; inevitabilidade do, 38-40; invisibilidade, 39; rejeitado pela ciência social positivista, 35-36, 37; rejeitado pelo historicismo, 43

Justiça: bíblica *vs.* filosófica, 262-64; e hierarquia social, 319-20; e o governo dos cavalheiros, 307-08; opiniões sobre a, na *República* de Platão, 170-78; *Ver também* cidade justa, Lei

Kant, Immanuel, 22, 35, 69, 71, 73, 98, 102, 140, 258

Klein, Jacob, 20-21, 22

Kuzari (Halevi), 281

Legitimidade, princípio da, 149

Lei: ancestral, valor da, 223-24, 277; divina, 263, 271-74, 277, 278-79; e educação para moderação, 224-26; e o legislador humano, 51-52; império da 219-21, 230, 230; mudança da, 227, 234; obediência a, 262, 277; persuasão e, 230-31; revelada, 288-89; sobre impiedade, 50, 232-33

Leibniz, Gottfried Von, 258

Leis (de Platão), 46-51, 218-25, 261-62, 273

Liberdade e licença, 70, 257-58

Licença e Liberdade, 257-58

Linguagem política, 150-52

Locke, John, 12, 68-69, 70, 312-13, 321

Lógico (positivismo), 138, 141

Lucrécio, 248

Luria, Isaac, 240-41

Macaulay, Thomas B., 78n

Magnanimidade, 263-64

Maimônides, 247, 250, 269, 271

Maquiavel, Nicolau, 11, 137; campanha de propaganda, 63, 64-65; crítica da moralidade, 58-61, 98-99; crítica da religião, 58, 62-63; e Locke, 68-69; e o princípio da modernidade, 95-99, 100; ensinamento político de, 61-62, 65-66

Marx, Karl, 60, 73, 107-08, 152

Médici, Cósimo de, 59

Megilo, 223, 224

Messias, 240, 241

Milagres, 288, 290, 291, 292

Mill, John Stuart, 314-15

Miqueias, 264

Mishneh Torah, 270

Mitologia, rejeição da, 278-79

Modernidade: caráter antropocêntrico da, 257-58; crise da, 12, 93-94; descoberta da história, 259; e romantismo, 102-05; e secularização, 94-95; emergência da ciência, 99-100, 254; emergência do conceito de direitos, 257; Hobbes e a, 100-01; Maquiavel e a, 95-99; mudança radical na, 95; Nietzsche e a, 105-09, 253; reação contra a, 257; Rousseau e a, 101-05; substitutos dos princípios morais, 256

Moisés, 63, 240, 261, 286

Momento absoluto, 126

Monarquia, 218, 220, 232

Montesquieu, Charles Louis de, 66

Moralidade: bíblica, 253, 261-62, 263-67; filosófica, 86-87, 88, 261-62, 263-67, 277-78; substitutos dos princípios da, 256; *Ver também* Modernidade, julgamento de valor, virtude

Nagel, Ernest, 15

Natan (profeta), 268

Natureza: como tema da filosofia, 97-98, 269-70; conquista da, 100, 253; equivalente pré-filosófico da, 270-71; ignorância do poder da, 286; retorno a, 298

Nietzsche, Friedrich, 13, 209, 253, 323; ataque contra o historicismo, 119; criador solitário, 72-73; doutrina da vontade de poder, 253; e Marx, 107-08; e o processo histórico, 106-07; homem da natureza, 108-09; sentimento da existência, 105-06

Nova ciência política: 12; autoridade da, 131-32; democratismo da, 155-57; dependência da filosofia, 13-14; distinção entre fatos e valores, 155-57, 159; e Hobbes, 11-12; em uma situação política sem precedentes, 138-41; emergência da, 131, 132; empirismo e, 141-46, 149, 152; linguagem da, 149-51; lógica como base da, 141, 146; necessidade de universais, 147-49; negação do bem comum, 152-54; negação do direito natural, 155; noção de ciência, resistência a, 139-40; partes heterogêneas da, 133; resistência a, 132; tratamento da religião, 152-53; *vs.* ciência política aristotélica, 133-38; *vs.* ciência política legalista, 137-38

O Federalista, 167, 313

O Político (Platão), 211-23, 224

O Príncipe (Maquiavel), 65-66

Odisseia (Homero), 162, 268

Oligarquia, 202, 203-04, 218, 220, 230, 319-20

Opinião política, 33, 34, 144

Patriotismo, 173, 188

Personalidade, Teoria da, 148

Piedade e Temor, 265

Pinsker, 30

Platão, 24, 57, 68, 72, 82, 250, 257, 261, 265, 268, 270, 300, 311; *A República* de, 37, 58, 84, 90, 96, 164, 170170-211, 225, 225, 226, 263, 310 (*ver também* Cidade Justa); atitude para com a democracia, 54, 171, 188, 203, 204-07; conceito de progresso, 248; dialética de, 213-14; diálogos de,

301; *Leis*, 46-51, 81n, 261, 262, 273 (ver também *Leis*); *O Político*, 211-23, 224 (*ver também* Arte Real)
Poesia, na cidade justa, 182, 207-10
Polemarco, 171, 172, 173
Polis, 166
Política (Aristóteles), 28, 53-55, 219
Positivismo: e historicismo, 15, 115-16; legal, 110n; na ciência social, 35-46
Processo histórico, 256
Profeta/profecia, 62-63, 288
Progresso social, 248, 249, 251-52
Progresso: 12; conceito clássico de, 248-49; declínio da crença no, 246-47, 253, 256; e a conquista da natureza, 253; e o rompimento com o judaísmo, 241-44; ideia de, 247; infinito, 248, 250-51; social e intelectual, 248, 249, 251-52; *vs.* retorno, 239-41, 253
Protágoras, 308
Psicologia, 136
Rawls, John, 9
Reflexões sobre assuntos franceses (Burke), 21
Regime: definição do bom cidadão, 52-53; e a vontade do legislador, 174-75; misto, 311-12; o melhor possível, 52-54, 84-88, 85, 96-97, 225, 225, 227-36; significado de, 51; tipos de, 218, 225. Ver também Cidade justa
Religião: crítica maquiavélica da, 59, 62-63; e a nova ciência política, 151-52; educação e, 312, 313; histórica, 277; impiedade, 50, 232-33; natural, 277, 291; temor e piedade como raiz da, 265-66; *Ver também* Bíblia, Deus, Judaísmo, Revelação
República, A (Platão), 37, 54, 85, 96, 211, 212, 213, 214, 216, 225, 225, 263, 310
Republicanismo, moderno, 311-12
Retórica, 81, 138

Revelação: argumento em favor da, 284-89; crítica histórica a, 291; refutação pela ciência, 290; refutação pela filosofia, 282-83, 284
Romantismo, 69, 104-05
Rousseau, Jean-Jacques, 12, 14, 80n, 105, 106; afastamento de Hobbes e Locke, 69; doutrina da vontade geral, 69-71; fim da sociedade justa, 71-72; homem natural de, 101-02; limitação da licença, 70; onda de modernidade, 68-69
Samuel, 275
Saul, 264
Scholem, Gershom, 240-41
Secularização, 96-97
Sêneca, 248
Sionismo, 244, 245
Sociedade justa de Rousseau, 71-72
Sociologia, 133
Sócrates, 23, 37, 50-51, 57, 79, 81, 234, 264, 268, 285; educação para o cavalheirismo perfeito, 298-99; fundador da filosofia política, 162; personagem nos diálogos platônicos, 50-51, 54, 84-85, 220; pobreza de, 309; rejeição da revelação, 281-83; visão do homem, 56-57
Sofista (Platão), 211-12, 214
Sorel, Georges, 255
Spengler, Oswald, 93, 105, 255
Teeteto (Platão), 211, 213
Teeteto, 211
Temístocles, 79
Temor e piedade, 265
Temple, William, 78n
Teodoro, 211, 212
Teologia Natural, 291-92
Teoria da Justiça, Uma (Rawls), 10
Timeu (Platão), 250, 262
Timocracia, 203, 204, 225
Tirania, 218, 220

Tocqueville, Alexis de, 78n
Tomás de Aquino, 29
Torá, 240, 246, 270, 285
Tragédia, 265, 266
Trasímaco, 37, 174-9, 190, 207, 213
Tratado Teológico-Político (Espinosa), 333
Virtude: bíblica e filosófica, 261-62, 263-65; como paixão, 257; como princípio da democracia, 296, 321; educação para a, 224, 225-26, 234; fim da ação política, 235; hierarquia da, 92; meta da vida humana, 55-56; na cidade justa, 184-85; questão filosófica sobre a, 88, 92; reinterpretação da, 60-62, 98-99; *vs.* Natureza, 103
Voltaire, 120-21
Vontade geral, 69-71
Weber, Max, 40
Whitehead, Alfred North, 34
Xenofonte, 85
Zeus, Idade de, 215-16

Do mesmo autor, leiam também:

Reflexões sobre Maquiavel é já uma obra da maturidade de Leo Strauss. Se, conforme a classificação de Allan Bloom, na primeira fase de sua obra Leo Strauss permanecia preso aos cânones da erudição moderna e na segunda ganha relevância a descoberta da chamada "escrita esotérica", nesta terceira fase Strauss assume um estilo bastante peculiar, em que "fala com os escritores como alguém fala com um contemporâneo sábio e sutil sobre a natureza das coisas". Não por acaso, encontra-se aqui não um comentarista do pensador florentino, mas um filósofo em plena forma, que "identifica em Maquiavel a principal fonte do pensamento moderno e o iniciador da primeira ruptura verdadeira com a filosofia política platônico-aristotélica".

A perseguição dá origem a uma técnica de escrita peculiar e, com ela, também a um tipo de literatura peculiar, na qual a verdade sobre todas as coisas cruciais é apresentada exclusivamente nas entrelinhas. Essa literatura possui todas as vantagens da comunicação privada sem padecer, porém, de sua grande desvantagem, isto é, do fato de só alcançar os conhecidos do autor. Possui também todas as vantagens da comunicação pública sem ter a maior das desvantagens: a pena de morte imposta ao autor.

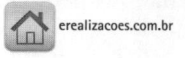